卓越学术文库

U0558551

缺陷产品侵权责任研究

QUEXIAN CHANPIN QINQUAN ZEREN YANJIU

河南省高等学校哲学社会科学优秀著作资助项目

高完成　著

郑州大学出版社

图书在版编目(CIP)数据

缺陷产品侵权责任研究 / 高完成著. — 郑州 : 郑州大学出版社，2023.9

（卓越学术文库）

ISBN 978-7-5645-9971-3

Ⅰ. ①缺⋯ Ⅱ. ①高⋯ Ⅲ. ①产品－侵权行为－法律责任－研究－中国 Ⅳ. ①D923.84

中国国家版本馆 CIP 数据核字（2023）第 189044 号

缺陷产品侵权责任研究

策划编辑	孙保营	封面设计	苏永生
责任编辑	郜　毅	版式设计	苏永生
责任校对	宋妍妍	责任监制	李瑞卿

出版发行	郑州大学出版社	地　　址	郑州市大学路 40 号（450052）
出 版 人	孙保营	网　　址	http://www.zzup.cn
经　　销	全国新华书店	发行电话	0371-66966070
印　　刷	河南龙华印务有限公司		
开　　本	710 mm×1 010 mm　1 / 16		
印　　张	19.5	字　　数	302 千字
版　　次	2023 年 9 月第 1 版	印　　次	2023 年 9 月第 1 次印刷

书　　号	ISBN 978-7-5645-9971-3	定　　价	98.00 元

本书如有印装质量问题,请与本社联系调换。

前　言

在现代工业化生产背景下,大量消费的社会需求使得人们对产品的依赖程度不断加深,但因产品存在缺陷给广大消费者的人身、财产安全造成不同程度的损害。近年来,我国产品安全事件屡次发生,甚至构成大规模产品侵权责任事故,产生了恶劣的社会影响,反映出产品责任领域的问题日趋严峻。目前我国产品责任立法规范、司法实践以及理论研究仍面临一些亟待解决的突出问题。此外,以人工智能为典型的新兴科技发展迅猛,智能机器人、智能网联汽车等人工智能产品已经从科幻小说进入现实社会。由于人工智能产品是由一系列硬件和软件设备组合而成的高度复杂产品,具有一定程度的自主性和学习能力,当因人工智能产品存在缺陷发生致损事故后,将给现行产品责任规则带来新的挑战与应对难题。尤其是在我国《民法典》实施的背景下,上述问题的探讨具有极为重要的理论与实践意义。基于此,本书围绕缺陷产品侵权责任制度中的重要理论与实务问题展开研究,以期完善我国产品责任制度及其适用意义。

本书是在作者博士学位论文《产品责任制度研究》基础之上撰写完成的,同时也是作者主持的 2022 年度河南省高等学校哲学社会科学优秀著作资助项目"缺陷产品侵权责任研究"的最终成果。感谢郑州大学出版社孙保营社长及郜毅、成振珂老师,他们为本书的出版倾注了很多精力,如果没有他们的辛勤付出,就不会有本书的顺利面世。本书中的若干内容曾在《私法》《判解研究》《科技与法律(中英文)》等刊物发表,刊物编辑老师们的辛勤劳动使得本书增色不少,特此致谢!

感谢梁慧星教授、张建文教授长期以来对作者从事民法学研究给予的具体指导。感谢西南政法大学谭启平教授、王洪教授、孙鹏教授、徐洁教授、张力教授、侯国跃教授、黄忠教授等前辈学者对作者从事本项研究提供的宝贵建议。感谢梁庆亚书记、苗连营院长、高留志教授、王玉辉教授、张嘉军教授等各位领导的指导和关爱，让我感受到郑州大学法学院大家庭的温暖。感谢郑州大学法学院田土城教授、申惠文教授等对此书出版的热心关怀和真诚襄助！特别感谢我的妻子左冬雪女士，她是我科研道路上最坚实的后盾。

本书是作者的第一部学术著作，青葱之作承载着作者初入学术殿堂的赤诚之心。本书着力于缺陷产品侵权责任理论的丰富完善和具体规范的解释适用，期望所从事之研究对助力我国产品责任立法与实务有所裨益。对于书中不太成熟的观点，恳请各位专家批评指正。

高完成

2022 年 4 月

目 录

绪　论

一、研究背景及意义

随着工业技术的发展和生产方式的革新,人类社会生活呈现科技化与危险化的趋势。在大量生产、大量消费的社会环境中,产品因所具有的缺陷给广大消费者的人身、财产安全造成了严重的损害。近年来,我国产品安全事件屡次发生,甚至导致大规模产品侵权责任事故,造成恶劣的社会影响,以致产品责任领域的问题越发突出。

从世界范围内产品责任法律体系较为完备的国家立法经验来看,强化缺陷产品致损责任制度的规范功能,对于促进企业产品安全具有重要作用。我国早期的产品责任法律规范分散规定在《中华人民共和国民法通则》(以下简称《民法通则》)、《中华人民共和国产品质量法》(以下简称《产品质量法》)、《中华人民共和国消费者权益保护法》(以下简称《消费者权益保护法》)、《中华人民共和国食品安全法》(以下简称《食品安全法》)等多部法律之中。2009 年通过的《中华人民共和国侵权责任法》(以下简称《侵权责任法》)①第五章专门规定了"产品责任"一章(第 41 ~ 47 条),在特殊侵权责任类型之下对产品责任制度进行了重要的创新性规定。2020 年通过的《中华人民共和国民法典》(以下简称《民法典》)侵权责任编在承继《侵权责任法》第五章的基础上对产品责任规则做了进一步细化规定。以上法律规范构成了我国关于产品责任的基本法律体系。但从现行产品责任制度的规定来看,在一般法层面意义上仍存在以下问题:①产品的外延尚不清晰,对于电

---

① 2021 年 1 月 1 日起《民法典》施行,《民法通则》《侵权责任法》同时废止。

力、初级农产品、智力产品、血液等是否应当纳入产品的范畴争议较大。②产品缺陷的类型划分并不明确,产品缺陷的判断标准尚不统一(存在"单一标准说"与"双重标准说"之分),且"不合理的危险"标准过于模糊,司法实践难以操作。③作为产品责任主体的生产者、销售者承担责任是否适用相同的严格归责原则,现行条文规范之间相互矛盾。④《民法典》与《产品质量法》对于产品责任损害范围的规定并不一致,这就导致当前理论与实务上针对产品自身损失是否应当纳入产品责任予以救济存在分歧。⑤在我国现行产品责任法律框架中,如何化解发展风险抗辩与严格责任体系之间的逻辑冲突,亟待寻求妥当的解释路径;另外,发展风险抗辩的界定标准、适用范围以及补救机制均有待进一步明晰。⑥生产者、销售者违反售后警示、召回等产品跟踪观察义务的责任性质并不清晰,责任承担方式尚不明确,这将有损产品跟踪观察义务的规范价值。⑦为了合理发挥产品责任惩罚性赔偿制度的功能,对惩罚性赔偿的适用条件、赔偿数额量定,以及不同类型惩罚性赔偿规范之间的适用关系仍需要进一步厘清。当前,我国已经步入"民法典时代",但并不意味着我国民事立法从此停滞不前,在《民法典》实施的背景下,既要对《民法典》中产品责任规则进行科学的解释,也有必要考虑如何对"后民法典时代"产品责任制度进一步完善。

我国的产品责任制度一直将严格责任作为基本的归责原则,统一适用于所有产品缺陷类型造成的侵权责任,并认为严格责任代表世界范围内的立法潮流。然而,近几年来,理论上开始对我国产品责任制度提出了一些基础性的反思:严格责任是否应根据产品缺陷类型的不同而考虑区别适用?严格责任是否能够妥善平衡保护消费者合法权益和鼓励生产者研发创新之间的关系?作为现代产品责任法发源地之一的美国,已经在《侵权法重述第三版:产品责任》中对于严格责任进行重新调整并限缩其适用范围,这在一定程度上反映了当前美国产品责任法的最新发展趋势,对此我国是否有必要采取借鉴的立场?上述诸多疑问值得进一步深入探究。

另外,目前人工智能技术发展迅猛,深刻改变着人类的社会生活。以智能机器人和自动驾驶汽车等为典型的人工智能产品已经从科幻小说进入现实社会。国外纷纷出台关于人工智能产品致人损害侵权责任方面的相关规范,旨在为人工智能技术的快速发展及应用扫清法律上的障碍。以欧盟为例,2018 年 5 月,欧盟委员会向欧洲议会提交的《关于〈欧共体产品责任指令〉(85/374/EEC)最新执行情况的报告》[*Report on the Application of the Council Directive on the Approximation of the laws , Regulations , and Administrative Provisions of the Member States Concerning Liability for Defective Products* (85/374/EEC)]尤其关注了人工智能技术给《欧共体产品责任指令》带来的深刻影响并进行了全面评估,旨在为适应数字工业革命的产品责任框架铺平道路。2019 年 11 月,欧盟委员会设立的"责任和新技术专家组"发布了《人工智能和其他新兴数字技术的责任报告》(*Expert Group on Liability and New Technologies—New Technologies Formation , Liability for Artificial Intelligence and Other Emerging Digital Technologies*),特别强调新兴数字技术背景下产品责任制度将会遭遇的现实难题,并对产品、缺陷、发展风险抗辩以及责任主体等重要概念进行了重新评估,同时指明了产品责任法律规则需要调整的方向。

2017 年 7 月,国务院印发了《新一代人工智能发展规划》,明确提出要围绕智能机器人、智能网联汽车等应用基础较好的领域,加快研究制定相关法律法规,从而为人工智能的健康发展奠定法律基础。2017 年 12 月,我国工业和信息化部印发的《促进新一代人工智能产业发展三年行动计划(2018—2020 年)》明确提出,"促进人工智能技术的产业化,推动智能产品在工业、医疗、交通、农业、金融、物流、教育、文化、旅游等领域的集成应用"。这预示着人工智能技术与产业领域深度融合的智能经济形态将逐渐形成,种类丰富的人工智能产品也将被投入市场应用。由于人工智能产品是由一系列硬件和软件设备组合而成的高度复杂产品,具有一定程度的自主性和学习能力,当因产品缺陷发生致人损害的事故后,现行产品责任法律规则在具体适用时将面临挑战。如人工智能产品缺陷的认定非常复杂、产品缺陷与损害之间因果关系的证明难度较大、产品责任主体不易确定等,相关规则亟待作出调整。如果不能妥善解决人工智能产品致人损害所引发的侵权责任认定与损害分配等问题,将可能给人工智能产业市场化发展埋下隐患。因此,我国应当积极探索适用于人工智能产品的法律规制路径,在既有产品责任法律框架内提出应对之策。

本书旨在对上述有关产品责任制度中的重要理论与实践问题展开研究，重点阐释和分析产品责任的发展历程，产品责任的归责原则，产品的内涵和外延，产品缺陷的类型划分与判定标准、损害范围、因果关系、抗辩事由以及责任承担规则，并围绕理论与实务中的争议焦点问题深入剖析和评判，对我国司法实务中最新的裁判规则加以总结和提炼，同时注重结合新兴科技发展对产品责任制度带来的挑战，提出有针对性的解决对策，以完善我国产品责任制度及其适用意义。

二、研究现状与文献综述

（一）国外研究现状

美国和欧盟作为世界上对消费者权益保护较为完备的法域，其产品责任制度在相关判例、学说、规则以及成文法制定等各方面积累了复杂多样的经验，已经拥有较为丰富、完备、先进的相关理论与实践。

作为现代产品责任法发源地之一的美国，其产品责任制度自创立严格责任以来不断发展。可以说，产品责任法律制度一直是美国侵权责任法中发展最快、最具经济意义、对经济与社会影响最为广泛和显著的组成部门之一。[①] 美国《侵权法重述第二版》第 402A 节采纳了严格产品责任原则，后来由于特定的社会经济因素，严格责任原则发生了新的转向。《侵权法重述第三版：产品责任》是美国法律研究院对《侵权法重述第二版》第 402A 节进行修订和更新的成果，代表当前美国司法实践中产品责任规则的主流见解。《侵权法重述第三版：产品责任》对美国产品责任制度作出重新调整，根据产品缺陷类型，适用不同的归责原则，限缩了严格责任原则的适用范围。《侵权法重述第三版：产品责任》还对商业产品销售者非基于产品销售时的缺陷之责任、产品责任中的因果关系、抗辩事由等进行了详细阐释。[②]《侵权法重述第三版：产品责任》至今也已经颁布 20 余年，在一定程度上反映了美国产品责任法的发展趋势。

[①]　许传玺：《美国产品责任制度研究》，北京：法律出版社，2013 年版，第 1 页。

[②]　美国法律研究院：《侵权法重述第三版：产品责任》，肖永平、龚乐凡、汪雪飞译，北京：法律出版社，2006 年版，第 1-563 页。

美国学者对产品责任制度进行了较多研究,注重分析产品责任赔偿理论的演变、严格产品责任的形成原因与适用过程、产品缺陷区分的必要性与具体标准、使用者不当行为之抗辩与特殊抗辩事项、特殊责任主体与特殊产品种类、惩罚性赔偿的功能与变革。杰瑞·菲利普斯(Jerry J. Phillips)在《产品责任法》(*Products Liability Law*)一书中详细介绍了美国产品责任法的主要内容,主要涉及产品、缺陷和销售的概念,产品责任诉讼的诉因、损害、当事人、管辖权、举证责任和其他程序性问题,不仅介绍已经建立的规则,还分析了这些规则在适用中与其他有关问题的关系,并全面客观地介绍了不同州的司法实践。大卫·欧文(David G. Owen)在《产品责任法》(*Products Liability Law*)一书中对美国现代产品责任的主要理论、产品缺陷、因果关系、抗辩事由、惩罚性赔偿以及特殊种类的产品诉讼进行了详细的研究。小詹姆斯·亨德森(James A. Henderson, Jr.)、亚伦·特沃斯基(Aaron D. Twerski)在《产品责任:问题与程序》(*Products Liability:Problems and Process*)一书中对产品责任制度的产品缺陷分类、严格归责原则、因果关系以及显而易见的危险产品的责任等内容进行了详细阐述。

在欧盟层面,《欧共体产品责任指令》(85/374/EEC)是有关产品责任的重要法律文件,其亦对我国产品责任立法产生了深远影响。1999年《欧共体产品责任指令》作出重要修订,扩大了产品责任的适用范围,并继续实行统一的严格责任原则。《欧共体产品责任指令》中发展风险抗辩条款争议较大,最终允许成员国在转化为国内法时采取克减性规定。在欧盟成员国中,芬兰和卢森堡在其产品责任执行立法中完全排除发展风险抗辩,其余大多数成员国均在不同程度上承认了发展风险抗辩的规则。按照《欧共体产品责任指令》的要求,欧盟委员会应当每隔5年向欧盟理事会和欧洲议会提交有关该指令执行情况的报告。在2018年提交的最新一次报告中,欧盟委员会评估了新兴科技背景下产品责任制度可能面临的挑战并提出了如何应对的思路。德国于1990年制定的《产品责任法》正式确立了严格责任原则。目前,德国法上因产品缺陷致人损害的责任,存在着"生产者责任"与"产品责任"两种责任规范,受害人可以选择适用。法国有关产品缺陷的立法条文集中规定在修订后的《法国民法典》第 1386-1 至 1386-18 条,并在第 1386-1 条①正式确立了以严格责任为基础的产品责任法律制度。

此外,邓肯·费尔格里夫(Duncan Fairgrieve)在《比较法视角下的产品责任》(*Product liability in Comparetive Perspective*)一书中对世界上主要国家的产品责任制度进行了详细梳理和对比考察。② 2013 年 9 月,"世界侵权责任法学会成立大会暨第一届学术研讨会"以"产品责任"为议题,欧洲、北美、亚洲等法域的学者各自围绕产品责任中严格归责原则的原因、正当性、与产品责任相关联的矛盾、概念性问题和实践中的规则等基本问题做了报告和研讨,主要展示了世界范围内不同法律体系对产品责任问题的解决方式。③

(二)国内研究现状

产品责任制度是近年来我国学术研究的热点话题,目前国内相关研究取得了不少成果。其中一些成果散见于侵权责任法教材,也有一些成果以专著或论文的形式呈现,以下对产品责任制度的研究现状作概括性说明。

1. 已出版著作对产品责任相关研究的概述

刘静的专著《产品责任论》(2000 年),较早探讨了产品责任法的概念性质、归责原则、责任构成以及产品责任的诉讼法理论、保险法理论和冲突法理论,并涉及各国产品责任法的历史和现状。④ 赵相林、曹俊的专著《国际产品责任法》(2000 年),对各国产品缺陷基本问题、责任基础进行了较早阐述。⑤ 周新军的专著《产品责任立法中的利益衡平》(2007 年),以我国《产品质量法》为基础,结合大陆法系、英美法系的产品责任法,对产品责任法进行

---

① 《法国民法典》第 1386-1 条规定:"产品的生产者应对其产品的缺陷造成的损害负责,不论其与受害人是否有合同关系。"参见《法国民法典》,罗结珍译,北京:北京大学出版社,2010 年版,第 353-355 页。

② Duncan Fairgrieve, Product liability in Comparetive Perspective, Cambridge:Cambridge University Press,2005,PP. 1-363.

③ 杨立新:《世界侵权责任法学会报告(1)产品责任》,北京:人民法院出版社,2015年版,第 1-406 页。

④ 刘静:《产品责任论》,北京:中国政法大学出版社,2000 年版,第 1-302 页。

⑤ 赵相林、曹俊:《国际产品责任法》,北京:中国政法大学出版社,2000 年版,第 1-468 页。

历史考察与比较研究,分析了法律背后的利益平衡与价值选择。① 段晓红的专著《产品责任适用范围研究》(2009 年),以产品责任适用范围的限制为主线,对产品的内涵、外延和产品责任的责任主体进行了研究。② 李响的专著《美国产品责任法精义》(2009 年),主要围绕美国产品责任司法案例,介绍了产品责任的诉由、类别、证明、抗辩理由、损害赔偿等。③ 董春华的专著《中美产品缺陷法律制度比较研究》(2010 年),主要是以产品缺陷为主线,介绍了中美两国在产品缺陷的分类、判断标准、归责理论以及惩罚性赔偿等法律问题方面的差异。④ 陈璐的专著《药品侵权责任研究》(2010 年),主要是对我国药品侵权责任法律条文及其相关典型案例进行研究。⑤ 许传玺的专著《美国产品责任制度研究》(2013 年),主要是从具体案例的视角对美国产品责任法进行了集中讨论和分析,分别梳理了美国基于过失理论的产品责任、基于明示或默示保证的产品责任,以及严格产品责任的基本原理、责任主体、请求权主体、抗辩事由、损害赔偿等。⑥ 冉克平的专著《产品责任理论与判例研究》(2014 年),全面梳理了产品责任制度的内容,包括产品责任的归责原则、概念和范围、责任主体、产品缺陷的分类与判断标准以及损害赔偿等。⑦

2. 现有博士学位论文对产品责任相关研究的概述

白峻的博士学位论文《产品责任惩罚性赔偿制度比较研究》(2013 年)对产品责任惩罚性赔偿的发展规律、功能、正当性及其构成要件进行了有益

---

① 周新军:《产品责任立法中的利益衡平——产品责任法比较研究》,广州:中山大学出版社,2007 年版,第 1-354 页。

② 段晓红:《产品责任适用范围研究》,北京:中国社会科学出版社,2009 年版,第 1-252 页。

③ 李响:《美国产品责任法精义》,长沙:湖南人民出版社,2009 年版,第 1-415 页。

④ 董春华:《中美产品缺陷法律制度比较研究》,北京:法律出版社,2010 年版,第 1-328 页。

⑤ 陈璐:《药品侵权责任研究》,北京:法律出版社,2010 年版,第 1-262 页。

⑥ 许传玺:《美国产品责任制度研究》,北京:法律出版社,2013 年版,第 1-314 页。

⑦ 冉克平:《产品责任理论与判例研究》,北京:北京大学出版社,2014 年版,第 1-308 页。

探讨。① 骆东升的博士学位论文《缺陷产品侵权的比较法研究》(2013 年)在比较法层面较为系统地研究了产品的概念,产品缺陷的类型、归责原则、构成要件、惩罚性赔偿等问题。② 冯志军的博士学位论文《产品责任归责原则的法经济学分析》③(2008)与吴晓露的博士学位论文《多重均衡的刀刃解:产品责任制度的法经济学分析》④(2009 年)主要是从法经济学视野对产品责任制度展开研究,侧重从经济学的理论来分析产品责任制度的法律架构。

3. 关于已发表期刊论文对产品责任相关研究的概述

我国学者围绕产品责任制度中的一些重要问题发表了一系列学术论文,取得了较为丰硕的研究成果。早期产品责任领域的研究侧重对国外产品责任法的介绍,其中又以美国为主要研究对象,重点对美国产品责任法的理论基础、形成过程及其对我国产品责任法的启示进行探究;⑤也有学者关注欧盟国家产品责任法的发展状况。⑥ 随着《产品质量法》《消费者权益保护法》《食品安全法》《侵权责任法》《民法典》先后得以制定,我国产品责任制度形成了多部法律规范并存的格局,各相关规范之间如何保持理解与适用

---

① 白峻:《产品责任惩罚性赔偿制度比较研究》,武汉大学博士学位论文,2013 年,第 1-210 页。

② 骆东升:《缺陷产品侵权的比较法研究》,大连海事大学博士学位论文,2013 年,第 1-143 页。

③ 冯志军:《产品责任归责原则的法经济学分析》,上海财经大学博士学位论文,2008 年,第 1-346 页。

④ 吴晓露:《多重均衡的刀刃解:产品责任制度的法经济学分析》,浙江大学博士学位论文,2009 年,第 1-328 页。

⑤ 张骐:《在效益与权利之间——美国产品责任法的理论基础》,《中国法学》,1997 年第 6 期,第 103-109 页;张桂红:《美国产品责任法的最新发展及其对我国的启示》,《法商研究》,2001 年第 6 期,第 100-105 页;张岚:《产品责任法发展史上的里程碑》,《法学》,2004 年第 3 期,第 118-123 页;梁亚:《美国产品责任法中归责原则变迁之解析》,《环球法律评论》,2008 年第 1 期,第 104-109 页;郝建志:《美国产品责任法归责原则的演进》,《河北法学》,2008 年第 10 期,第 141-144 页;董春华:《论美国侵权责任法限制运动及其发展趋势》,《比较法研究》,2014 年第 2 期,第 59-76 页。

⑥ 张民宪、马栩生:《荷兰产品责任制度之新发展》,《法学评论》,2005 年第 1 期,第 102-106 页;宋锡祥:《欧盟产品责任法的最新修正及其在英国的实施——兼论我国的法律对策》,《政治与法律》,2005 年第 2 期,第 151-154 页;沈贵明、陈书鹏:《英国产品责任的归责制度》,《河南省政法管理干部学院学报》,2001 年第 5 期,第 47-50 页。

的统一存在诸多争议。在这个阶段,学界迎来了有关产品责任制度研究的活跃期,主要围绕产品责任的相关规则展开探究。

具体而言,目前国内有关产品责任制度的研究主要集中在以下几个方面。

第一,在产品的界定方面,我国学界对作为产品构成要素的"加工、制作""用于销售"以及产品范围的理解存在分歧,并未形成一致的意见。对于"加工、制作"的理解,有三种不同的观点:"机械化的、工业生产方式"①"工业、手工等生产方式"②"任何改变物质品质的一切方式"③;对于"用于销售"的理解,有观点主张应为"流通"的含义④,也有观点认为是指"为了进入市场"⑤。对于是否将电力、初级农产品、智力产品、血液纳入产品的范围,学界存在较多争议。⑥

第二,在产品缺陷判断方面,我国学界对现行法上有关产品缺陷的判断标准存在不同的认识。由于《产品质量法》第 46 条前半句采取了"不合理的危险"标准,同时该条文后半句也认可了"强制性标准"在产品缺陷认定时的

---

① 参见梁慧星:《中国产品责任法——兼论假冒伪劣之根源和对策》,《法学》,2001年第 6 期,第 38–44 页。

② 参见房维廉、赵惜兵:《新产品质量法释义与问答》,北京:中国工商出版社,2000年版,第 11 页。

③ 参见孙宏涛:《产品责任立法中的产品概念分析》,《海南大学学报》(人文社会科学版),2012 年第 4 期,第 74–79 页;程啸:《侵权责任法》(第二版),北京:法律出版社,2015 年版,第 487 页。

④ 丁峻峰:《对产品责任法中的"产品"的再思考》,《法学》,2001 年第 1 期,第 60–64 页。

⑤ 周友军:《民法典编纂中产品责任制度的完善》,《法学评论》,2018 年第 2 期,第 138–147 页。

⑥ 温世扬、吴昊:《论产品责任中的〈产品〉》,《法学论坛》,2018 年第 3 期,第 71–80 页;张新宝、任鸿雁:《我国产品责任制度:守成与创新》,《北方法学》,2012 年第 3 期,第 5–19 页;孙宏涛:《信息产品责任之正当性分析》,《兰州学刊》,2012 年第 10 期,第 156–160 页;董春华:《种子致害责任属性探究》,《兰州学刊》,2013 年第 10 期,第 135–140 页;谭玲:《"产品"范围的比较分析》,《政法学刊》,2004 年第 1 期,第 13–15 页;李胜利:《论产品责任法中的产品》,《法商研究》,2000 年第 6 期,第 87–93 页;季义流:《论产品的范围》,《当代法学》,2002 年第 11 期,第 133–135 页。

法律效力。对此,理论上存在"单一标准说"(不合理的危险标准)①和"双重标准说"(不合理的危险标准和强制性标准)②的不同理解。另外,还有学者探讨了产品设计缺陷与警示缺陷类型中不合理危险的认定标准。③

第三,在产品责任的归责原则方面,学界主流观点认为生产者应当适用严格责任原则④,而对于销售者应当适用何种归责原则存在分歧,有"严格责任说"⑤"过错责任说"⑥"严格责任与过错责任二元并立说"⑦三种观点。

第四,在产品责任的损害范畴方面,学界重点关注了产品自身损失的法律定性及救济方式。由于《民法典》与《产品质量法》对于产品责任中损害的规定并不一致,这就导致当前针对产品自身损失是否应纳入产品责任的损

①　姚建军:《产品质量检验合格并不等于产品无缺陷》,《人民司法》,2014 年第 2 期,第 42-46 页;谭玲:《我国〈产品质量法〉关于缺陷的界定标准问题》,《学术研究》,2003 年第 8 期,第 94-97 页。

②　王利明:《中华人民共和国侵权责任法释义》,北京:中国法制出版社,2010 年版,第 192-193 页。

③　冉克平:《论产品设计缺陷及其判定》,《东方法学》,2016 年第 2 期,第 12-22 页;周新军:《关于产品设计缺陷与警示缺陷的法律分析》,《广东外语外贸大学学报》,2007 年第 4 期,第 83-86 页。

④　张新宝、任鸿雁:《我国产品责任制度:守成与创新》,《北方法学》,2012 年第 3 期,第 5-19 页;高圣平:《产品责任归责原则研究——以〈侵权责任法〉第 41 条、第 42 条和第 43 条为分析对象》,《法学杂志》,2010 年第 6 期,第 9-12 页;刘大洪、张剑辉:《论产品严格责任原则的适用与完善——以法和经济学为视角》,《法学评论》,2004 年第 3 期,第 107-112 页;董春华:《再论产品责任的责任主体及归责原则》,《法学论坛》,2011 年第 5 期,第 112-118 页;周新军、容缨:《论我国产品责任归责原则》,《政法论坛》,2002 年第 3 期,第 67-71 页。

⑤　高圣平:《论产品责任的责任主体及归责事由——以〈侵权责任法〉"产品责任"章的解释论为视角》,《政治与法律》,2010 年第 5 期,第 2-9 页;张江莉:《论销售者的产品责任》,《法商研究》,2013 年第 2 期,第 122-130 页。

⑥　李剑:《论销售者的产品缺陷责任——兼议〈产品质量法〉第 42 条与第 43 条的关系》,《当代法学》,2011 年第 5 期,第 115-121 页。

⑦　钱玉文:《论我国产品责任归责原则的完善——以〈产品质量法〉第 41、42 条为分析对象》,《中国政法大学学报》,2017 年第 2 期,第 84-91 页。

害范畴的理论存在重大分歧,有"肯定说"①"否定说"②"折中说"③三种
观点。

第五,在产品责任的抗辩事由方面,学界主要围绕发展风险的抗辩与符
合强制性标准的抗辩进行研究,注重探讨其抗辩效力、适用条件及适用标准
问题。在现代产品责任适用严格归责原则的法律框架中,关于发展风险抗
辩的主要争论焦点在于其能否与严格责任原则相融合。④ 关于产品责任中
生产者符合强制性标准是否构成有效的抗辩,我国学理上主要存在"绝对抗

---

① 持"肯定说"的观点认为,产品自身损失应当包括在产品责任的损害赔偿范围之
内。《侵权责任法》对产品责任损害概念进行了扩张,将产品自身损失纳入产品责任损害
赔偿范围对于受害人的救济较为有利。参见王利明:《论产品责任中的损害概念》,《法
学》,2011 年第 2 期,第 45-54 页;高圣平:《论产品责任损害赔偿范围——以〈侵权责任
法〉〈产品质量法〉相关规定为分析对象》,《华东政法大学学报》,2010 年第 3 期,第 107-
113 页;马一德:《论消费领域产品自损的民事责任》,《法商研究》,2014 年第 6 期,第
107-115 页;董春华:《产品自身损害赔偿研究——兼评〈侵权责任法〉第 41 条》,《河北法
学》,2014 年第 11 期,第 44-53 页。

② 持"否定说"的观点认为,产品自身损失不应当纳入产品责任的损害赔偿范围,
而是应当适用合同法上的违约责任予以救济。参见冉克平:《缺陷产品自身损失的救济
路径》,《法学》,2013 年第 4 期,第 92-103 页;李永军:《"产品自损"的侵权责任法救济置
疑》,《中国政法大学学报》,2015 年第 3 期,第 90-98 页;张新宝、任鸿雁:《我国产品责任
制度:守成与创新》,《北方法学》,2012 年第 3 期,第 5-19 页;周友军:《民法典编纂中产
品责任制度的完善》,《法学评论》,2018 年第 2 期,第 138-147 页;李昊:《对民法典侵权
责任编的审视与建言》,《法治研究》,2018 年第 5 期,第 64-76 页。

③ 持"折中说"的观点认为,《侵权责任法》第 41 条中的"损害",既包括人身、其他
财产损害,也包括缺陷产品本身损失。参见杨立新、杨震:《有关产品责任案例的中国法
适用——世界侵权责任法学会成立大会暨第一届学术研讨会的中国法报告》,《北方法
学》,2013 年第 5 期,第 5-17 页。

④ 贺琛:《我国产品责任法中发展风险抗辩制度的反思与重构》,《法律科学》,2016
年第 3 期,第 135-144 页;范小华:《发展风险抗辩制度的启示》,《法律适用》,2013 年第
5 期,第 44-48 页;李俊、马春才:《欧美发展风险抗辩制度及其启示》,《河南社会科学》,
2018 年第 12 期,第 22-27 页;刘彤:《发展水平抗辩的制度构建与消费者保护的协调》,
《北京联合大学学报》(人文社会科学版),2017 年第 1 期,第 48-56 页。

辩说"①"相对抗辩说"②"不得抗辩说"③三种观点。

第六,在产品责任的承担方面,我国学界主要围绕产品责任的承担主体及其责任形态,产品售后警示、召回的法律性质与适用情形,以及惩罚性赔偿的适用规则等问题展开研究。其中,对于生产者、销售者之间的责任形态,理论上存在"连带责任说"④与"不真正连带责任说"⑤两种观点,有学者主张由产品代言人与生产者或销售者共同承担连带责任⑥。关于产品召回

---

① "绝对抗辩说"主要是基于强制性标准的权威性出发而得出的结论。参见王翔:《关于产品责任抗辩事由的比较研究》,《政治与法律》,2002年第4期,第25-28页;李传熹、贺光辉:《中外产品责任抗辩事由比较研究》,《武汉科技大学学报》(社会科学版),2007年第3期,第281-285页。

② "相对抗辩说"有两种解释路径。一种观点认为,符合强制性标准抗辩权是必要的,但不具有决定意义,而必须综合各方面证据进行评估。参见董春华:《论产品责任法中的符合强制性标准抗辩》,《重庆大学学报》(社会科学版),2015年第4期,第141-147页。另一种观点认为,需要区分情形进行分析,如果强制性标准的内容是相关法律的解释或具体化,可以作为抗辩事由;否则,并不能作为法定的抗辩事由,而仅仅是满足法律要求的必要条件。参见何鹰:《强制性标准的法律地位——司法裁判中的表达》,《政法论坛》,2010年第2期,第179-185页。

③ "不得抗辩说"认为,符合强制性标准只是表明行为人符合行政规范的根据,并不能据此认为产品就不构成"缺陷",因此不能构成免除侵权责任的抗辩事由。参见谭启平:《符合强制性标准与侵权责任承担的关系》,《中国法学》,2017年第4期,第174-187页;宋华琳:《论政府规制与侵权责任法的交错——以药品规制为例证》,《比较法研究》,2008年第2期,第32-45页。

④ 陈现杰:《产品责任诉讼中责任主体与责任形态》,《人民司法》,2016年第13期,第37-41页。

⑤ 杨立新:《论不真正连带责任类型体系及规则》,《当代法学》,2012年第3期,第57-64页;高圣平:《产品责任中生产者和销售者之间的不真正连带责任——以〈侵权责任法〉第五章为分析对象》,《法学论坛》,2012年第2期,第16-22页;王竹:《论法定型不真正连带责任及其在严格责任领域的扩展适用》,《人大法律评论》,2009年第1期,第163-172页。

⑥ 杨立新:《论产品代言连带责任及法律适用规则——以〈食品安全法〉第55条为中心》,《政治与法律》,2009年第10期,第72-80页。

制度的法律性质,理论上存在"法律义务说"①"法律责任说"②"折中说"③三种观点。关于生产者、销售者因违反售后警示、召回等跟踪观察义务而承担侵权责任的归责原则,理论上也存在认识分歧,主要存在"过错责任说"④"过错推定责任说"⑤"无过错责任说"⑥三种观点。对于产品责任惩罚性赔偿的

---

① "法律义务说"认为,召回产品是生产者承担的一项法定义务,而不是生产者违反义务的后果。参见王利明:《关于完善我国缺陷产品召回制度的若干问题》,《法学家》,2008年第2期,第69-76页;杨立新、陈璐:《论药品召回义务的性质及其在药品责任体系中的地位》,《法学》,2007年第3期,第91-98页;周友军:《论侵权责任法上的产品跟踪观察义务》,《法律科学》,2014年第4期,第127-132页;马一德:《论生产者的产品后续安全保障义务》,《法学》,2015年第6期,第44-53页;陶丽琴、陈佳:《论〈食品安全法〉的法定召回义务及其民事责任》,《法学杂志》,2009年第11期,第46-49页。

② "法律责任说"认为,应当将产品召回制度理解为一种新型的预防性法律责任,能够适应现代社会法律责任的新发展。参见李友根:《论产品召回制度的法律责任属性——兼论预防性法律责任的生成》,《法商研究》,2011年第6期,第33-43页;冉克平:《产品责任理论与判例研究》,北京:北京大学出版社,2014年版,第163页;杨慧:《论缺陷产品召回制度对消费者权益的保护》,《安徽大学学报》(哲学社会科学版),2007年第4期,第88-92页。

③ "折中说"认为,召回措施是侵权责任法上的一项作为义务,同时还构成一种侵权预防责任。参见郗伟明:《论我国汽车召回制度缺漏及民事责任完善——以速腾车辆召回案件为例》,《当代法学》,2015年第3期,第96-105页。

④ "过错责任说"认为,违反跟踪观察义务的责任是不作为的责任,此种解释有利于减轻生产者的责任。参见周友军:《论侵权责任法上的产品跟踪观察义务》,《法律科学》,2014年第4期,第127-132页;郗伟明:《论我国汽车召回制度缺漏及民事责任完善——以速腾车辆召回案件为例》,《当代法学》,2015年第3期,第96-105页;焦艳玲:《论产品售后义务——兼评〈侵权责任法〉第46条》,《重庆大学学报》(社会科学版),2016年第2期,第160-166页。

⑤ "过错推定责任说"认为,鉴于消费者与制造商之间的实力对比,以及生产者在跟踪观察义务履行中的积极地位,应先推定生产者存在过错,然后由其反证其没有过错。参见杨立新:《侵权责任法》(第三版),北京:法律出版社,2018年版,第341页。

⑥ "无过错责任说"认为,关注个别性缺陷引致的产品责任适用无过错责任,跟踪观察义务主要是基于系统性缺陷而对公共安全和公共政策的保障,更应当适用无过错责任。参见张云:《突破与超越:〈侵权责任法〉产品后续观察义务之解读》,《现代法学》,2011年第5期,第174-183页。

研究,理论上主要探讨了"主观恶意"与"客观严重损害后果"的认定标准①以及惩罚性赔偿数额的量定因素②。

纵观学界对于产品责任制度的研究现状,目前仍存在一些亟待解决的突出问题:如产品的法律内涵尚不清晰,缺乏对特殊类型产品外延的梳理,产品的界定未能适应当前社会的发展;产品缺陷的判断标准尚不统一,且"不合理的危险"标准过于模糊而难以操作;有关责任主体适用何种归责原则争议持久且尚未形成定论;产品自损是否属于产品责任的损害范畴,相关立法表述不一致并导致理论与实务存在重大分歧;大规模产品责任案件中受害人面临因果关系证明的难题亟待克服;严格责任体系中发展风险抗辩事由存在逻辑困境且缺乏具体适用标准,产品符合强制性标准的抗辩效力究竟如何定性有待进一步明确;生产者、销售者违反售后警示、召回等产品跟踪观察义务的责任性质及责任承担方式尚不清晰,这将可能减损该项义务的规范价值;产品责任惩罚性赔偿的适用条件、数额量定以及不同类型惩罚性赔偿规范之间的适用关系均有待进一步厘清。

三、研究思路、方法及创新点

(一)研究思路

本书围绕产品责任制度试图从以下五个部分展开研究。

第一部分主要探究缺陷产品侵权责任的发展历程,对两大法系(大陆法

---

① 杨立新:《对我国侵权责任法规定惩罚性赔偿金制裁恶意产品侵权行为的探讨》,《中州学刊》,2009 年第 2 期,第 67–72 页;高圣平:《论产品责任损害赔偿范围——以〈侵权责任法〉、〈产品质量法〉相关规定为分析对象》,《华东政法大学学报》,2010 年第 3 期,第 107–113 页;张保红、唐明:《惩罚性赔偿条款"明知产品存在缺陷"之证明》",《人民司法》,2016 年第 1 期,第 88–91 页;黄娅琴、叶萍:《我国产品责任的惩罚性赔偿研究》,《南昌大学学报》(人文社会科学版),2012 年第 4 期,第 109–113 页。

② 周江洪:《惩罚性赔偿责任的竞合及其适用——〈侵权责任法〉第 47 条与〈食品安全法〉第 96 条第 2 款之适用关系》,《法学》,2010 年第 4 期,第 108–115 页;高圣平:《食品安全惩罚性赔偿制度的立法宗旨与规则设计》,《法学家》,2013 年第 6 期,第 55–61 页;高圣平:《论产品责任损害赔偿范围——以〈侵权责任法〉、〈产品质量法〉相关规定为分析对象》,《华东政法大学学报》,2010 年第 3 期,第 107–113 页;白峻:《产品责任惩罚性赔偿数额量定的比较研究》,《东南学术》,2013 年第 3 期,第 182–190 页。

系和英美法系）产品责任的历史演进予以梳理，以及对我国产品责任制度的发展过程进行回顾和总结。通过对产品责任制度追本溯源，探究其发展脉络，能够较为深刻地理解产品责任制度的发展规律及其背后所蕴含的法律政策因素，从而对现代产品责任制度的总体发展趋势保持清醒的认识。

第二部分主要探究缺陷产品侵权责任的归责原则。首先对产品责任适用严格归责原则的理论基础进行挖掘；接着对美国产品责任归责原则的最新改革动向进行考察并剖析其原因与实质；最后对我国现行法中产品责任主体适用归责原则的学说争议进行梳理和评析，以期在此问题上尽可能达成理论共识。

第三部分主要探究缺陷产品侵权责任的构成要件。该部分首先探讨产品责任体系中的基础性问题——产品的概念，对产品的内涵进行界定并梳理了特殊类型产品的外延；然后对产品责任构成要件中的缺陷判断标准、损害范畴以及因果关系逐一进行深入研究。

第四部分主要探究缺陷产品侵权责任的抗辩事由。该部分主要针对产品责任抗辩事由的规范价值、发展风险抗辩的争议焦点与适用标准，以及其他抗辩事由的具体规则展开研究，以实现产品责任领域中生产者与消费者之间的利益平衡。

第五部分主要探究缺陷产品侵权责任的承担规则。该部分对产品责任的承担主体及其责任形态进行界定；对产品责任中损害预防性方式的理论基础、适用意义、主要内容以及履行规则进行探讨；对产品责任惩罚性赔偿的适用条件、数额量定、规范体系及其适用关系进行研究，以合理发挥惩罚与威慑功能。

（二）研究方法

1.概念分析法

概念分析是现代法学研究的主要方法之一，探究概念的本质属性有助于准确理解其法律内涵。本书以缺陷产品侵权责任制度为研究对象，探究产品的内涵与外延、产品缺陷的法律含义及判定标准、严格责任的本质属性和适用范围等一系列重要的法律概念及范畴。因此，概念分析法将是本书采用的重要研究方法。

2. 历史分析法

本书将对两大法系主要国家产品责任的历史演进予以梳理,以及对我国产品责任的形成过程进行回顾。通过对产品责任制度追本溯源,探究其发展脉络,能够较为深刻理解产品责任制度的发展规律及其背后所蕴含的法律政策因素,预判产品责任制度未来可能的发展方向。本书对我国产品责任的发展过程进行梳理和总结,以探求我国产品责任制度中的本土化元素,更加深刻地理解我国现行产品责任制度所具备的典型特色。

3. 实证分析法

产品责任制度具有较强的实践性,产品责任制度中的一些规则多是建立在大量司法判例基础之上而逐步发展起来的。本书不仅将对美国等国家的产品责任重要典型案例进行梳理和分析,而且更加注重对我国司法实践中有关产品责任的最新裁判规则进行总结与提炼,以探究在具体司法实践适用中所呈现的产品责任制度相关内容。

4. 比较分析法

缺陷产品致损责任作为一个世界性的侵权责任类型,不同法律体系对产品责任的规制存在差异,对此有必要运用比较分析方法。本书将重点对美国、欧盟、日本产品责任的立法、判例及学说进行深入的考察和分析,准确认识当前世界范围内产品责任法的最新发展趋势,以便总结出可供借鉴的有益经验。

(三)本书的创新点

1. 对我国产品缺陷的判断标准提出完善之策

由于产品缺陷"不合理的危险"标准过于抽象,为了增强法律适用的可操作性,需要进一步细化该标准的具体判定方法。本书认为,我国可以在产品缺陷类型划分的基础上,将产品缺陷的"不合理的危险"标准予以细化,针对不同的产品缺陷类型分别适用对应的判断方法。其一,对于制造缺陷,可以依据产品违反既定设计标准和产品发生故障的规则;其二,对于设计缺陷,可以综合运用消费者合理期待标准和风险—效用标准进行判定,以消费者合理期待标准来辅助风险—效用标准的适用,并依据现实科学技术水平的依托;其三,对于警示缺陷,需要结合产品警示的内容与形式是否达到充分性的要求,并综合考虑产品的用途、通常的使用方式、消费者的知情程度,以及事故发生的可能性等因素。

2. 对于将产品自身损失纳入我国产品责任的损害范畴提出了理论上的建构

本书认为,将产品自身损失纳入《民法典》第1202条中"损害"的范围未尝不可,而完全将其排除在产品责任的损害赔偿范围并不合理。将产品自身损失纳入产品责任的损害范畴,符合产品责任制度的法益保护范围,有利于督促生产商严格把控产品质量,提升产品安全,有利于受害人获得充分救济,减少诉讼成本。同时,为了防止产品责任法益保护范围的过度扩张,避免责任无限制扩大导致的生产者与消费者之间的利益失衡,应当对产品自身损失进行严格限定。"产品自身损失",并非一般意义上的产品瑕疵损失,关键在于产品自身损失的发生原因和发生方式。只有当产品自身损失是因产品缺陷的原因,并以一种危及他人人身、财产安全的不合理的危险方式而发生自损,才能够依据产品责任的路径主张损害赔偿。

3. 对于发展风险抗辩融入严格责任体系提供理论上的解释路径

在我国现行的产品责任框架中,为了避免严格责任原则与发展风险抗辩之间发生直接的逻辑冲突,可以采取将发展风险抗辩融入产品缺陷判断标准这一可行的解释路径,从而消除具有过错性质的发展风险抗辩与严格责任体系不能兼容的困境。发展风险抗辩在产品责任中所发挥的作用不再是针对产品缺陷侵权责任成立基础之上实际责任承担的抗辩,而是直接针对产品缺陷认定方面的抗辩。这种采取将发展风险抗辩中科学技术水平证据作为产品缺陷判断标准相关性的适用方式,能够使得具有过失性质的发展风险抗辩事由被限定在产品缺陷的判断过程,并不影响产品责任严格归责原则的基本法律架构。

4. 对违反产品跟踪观察义务的责任性质进行了合理界定

对于生产者和销售者而言,其履行产品跟踪观察义务的法律意义在于避免承担过重的惩罚性赔偿责任。产品跟踪观察义务与发展风险抗辩之间存在密切的逻辑关联,前者对于后者能够发挥功能上的补救作用。如果生产者、销售者未履行产品跟踪观察义务,那么对由此造成的实际损害,则不能再主张发展风险的抗辩以逃避责任。违反产品跟踪观察义务的侵权责任本质上仍属于产品责任的范畴,那么生产者、销售者在发现产品存在缺陷后未有效采取相应的补救措施,而是放任缺陷产品潜在危险的发生,对由此造成的严重损害后果,应当承担比补偿性赔偿责任较重的惩罚性赔偿责任。

第一章
缺陷产品侵权责任的发展历程

在世界范围内,大陆法系和英美法系主要国家的产品责任制度表现出趋同化的发展特点,大体上经历了从合同责任到过失侵权责任再到严格责任的演变过程。两大法系产品责任制度的演进规律,同一定社会的发展阶段和公共政策因素密不可分。以美国《侵权法重述第三版:产品责任》和《欧共体产品责任指令》为典型代表的两种产品责任制度模式在诸多方面存在个性化的特点,通过考察两种制度模式的发展沿革情况,有助于准确认识两大法系产品责任在具体规则方面的差异。我国的产品责任制度历经三十多年的发展,整体上呈现出平稳渐进的发展态势,早期经历了从"产品质量责任"向"产品缺陷责任"的过渡阶段,此后开始与国际上通行的产品责任立法模式相接轨。从《产品质量法》开始确立产品缺陷责任的法律框架以来,我国产品责任在立法层面不断发展,《侵权责任法》《食品安全法》及新修订的《消费者权益保护法》对产品责任制度进行了相应完善,具有不少创新性的规范内容。当前我国正在实施的《民法典》侵权责任编关于"产品责任"的部分也得到了进一步的完善,标志着我国的产品责任制度迈向新的发展阶段。

第一节　英美法系产品责任的演进

英美法系的法律制度基本上采用"普通法",亦称"判例法"。普通法是由法官依据一般习惯、司法实务之原理、同一法域之上诉法院或最高法院的先例,而作出的判决。① 但从近年来英美法系国家法律制度的发展来看,立法机关制定的成文法也日益增加,形成了判例法与制定法共存的法律体系。英美法系的这一特点在产品责任法领域得以充分体现。可以说,在英美法系国家产品责任法的历史演进过程中,判例法和制定法均发挥了重要的推动作用,先后形成了过失侵权责任、合同担保责任和严格责任的发展阶段。

一、基于过失侵权理论的产品责任

(一)严守合同相对性责任及其突破

英美法系国家在早期很长一段时间内针对产品质量问题坚持"无合同即无责任"(No Contract,No Liability)的原则。② 当事人之间的合同条款在处理产品质量纠纷中扮演了重要作用。有学者将其称之为"合同责任的相互关系理论"。③

有关产品责任严守合同相对性的原理始于 1842 年英国的"温特博特姆诉怀特案"(Winterbottom v. Wright)④。由于受到上述案件的影响,在其后的数十年里,对合同相对性的强制性要求成为禁锢英美法产品责任中受害人获得救济的主要障碍。对于非产品买卖合同的当事人,无论其因产品质量问题受到多大的伤害,都难以在普通法上得到救济。早期英美法上产品责任制度的这种局限性亟须克服。

较早对合同相对性责任规则适用的例外主要是指具有"紧急危险性"(imminently dangerous)的缺陷产品,其代表性案例是 1852 年美国的"托马斯诉温切斯特案"(Thomas v. Winchester)。在该案中,原告从药店零售商那里

---

① 王泽鉴:《英美法导论》,北京:北京大学出版社,2012 年版,第 1 页。

② 赵相林、曹俊:《国际产品责任法》,北京:中国政法大学出版社,2000 年版,第 144 页。

③ 刘静:《产品责任论》,北京:中国政法大学出版社,2000 年版,第 50 页。

④ "温特博特姆诉怀特案"(Winterbottom v. Wright)的原告是一位马车夫,因驾驭雇主从被告那里买来的有缺陷的马车而受伤,遂向被告提起赔偿诉讼。被告辩称原告与他无直接合同关系而不负担赔偿责任。审理该案的法院基于合同相对性的原理,认为被告的抗辩有效,最后判决原告败诉。参见 Prosser;Keeton,Prosser and Keeton on the Law of Torts,5th Edition,Eagan:West Group,1984,p. 99.

购买了误贴标签的药品,实为一瓶毒药但是却被标注为性质温和,原告服用后身体受到伤害。原告以过失侵权为由起诉药品零售商以及错帖药品标签并卖给零售商的药剂师。初审法院作出了对药剂师不利的判决,被告药剂师提起上诉。尽管上诉法院援引了"温特博特姆诉怀特案"(Winterbottom v. Wright)的判决,但仍认定被错误标注的毒药不同于有缺陷的邮政马车,而属于具有"紧急危险性"产品,从而维持了初审法院的判决。①

在作为对合同相对性规则例外的"托马斯诉温切斯特案"之后的几年里,纽约州上诉法院对"紧急危险性"产品的内涵进行不断的精炼和扩展。由于此类产品的特殊性,尽管使用该产品的受害人与产品生产者、销售者之间并无直接的合同关系,也能够获得赔偿。在这些案件中,法院逐渐突破合同相对性规则的束缚,实际上承认了生产者、销售者对"紧急危险性"产品的安全状态负有注意义务,这也意味着产品责任开始摆脱合同责任的限制而转向过失侵权责任。

(二)过失侵权责任的确立:以"麦克弗森诉别克汽车公司案"为标志

美国产品责任法上废除合同相对性要求,从而确立过失侵权责任的最具影响性案例为1916年的"麦克弗森诉别克汽车公司案"(Macpherson v. Buick Motor Co.)。在该案中,由于别克汽车木制轮胎车轴本身的缺陷造成车轴断裂,导致行驶中的汽车车身突然散架,原告被抛出车外并因此受伤,原告以别克汽车公司存在过失为由向其主张损害赔偿责任。有证据表明,如果被告在向零售商出售汽车前对车轮进行合理的检验,将能够轻易发现车轮存在的缺陷,然而事实上被告并未进行检查。被告辩称,车辆木质轮胎车轴并不是被告自己生产的,而是从另一家轮胎制造商购得,因此不应当为该产品的缺陷负责。同时,被告援引合同相对性理论,认为原告并非从被告处购买汽车,其不应当对合同之外的第三方承担过失责任。初审法院支持原告的诉讼请求,于是被告别克汽车公司提起上诉。

审理该案的纽约州上诉法院卡多佐(Cardozo)大法官首先对纽约州的类

---

① Thomas v. Winchester,6 N. Y. 397 (1852).

似案件判决进行了回顾,然后阐明了有关产品的过失侵权责任的一般性规则。

"'托马斯诉温切斯特案'的裁判规则所适用的产品范围并不仅限于毒药、爆炸物和类似的物品,而且包括连正常操作也会引发毁灭性后果的产品。如果一个产品的性质决定了一旦出现过失,使用人的生命和健康必定受到威胁,那么这个产品便是危险性产品。无论是否存在合同关系,如果已经知道该物品会被购买者之外的其他人,在对其危险特性没有经过重新检验的情况下使用,那么该危险物品的制造者都有义务仔细地检验该产品。这是我们在作出本案判决前必须明确的。如果存在缺陷,对任何产品进行使用都可能是以一种导致其变得危险的方式,这对于要求制造者承担独立于合同的义务是不够的。只要制造者对能够预见的产品使用危险存在过失,其就应该承担责任。

"我们认为,不能因为被告是从一家声誉良好的制造者那里购买了车轮,就能免除被告实施检验的义务。被告不仅是汽车经销商,而且还是汽车制造商。他对成品汽车负有责任,在没有对零部件进行常规和简单的检验前,他不得随意将成品汽车放在市场上销售,检验业务必须随着检验对象特性的变化而发生变化,危险性越大的部件,越需要谨慎检验……"①

"麦克弗森诉别克汽车公司案"的主要意义在于废除了合同相对性关系对产品责任案件中受害人救济的束缚,确立了制造商对产品责任承担的一般过失侵权责任规则,该案判决被美国各州普遍认可。然而,过失侵权责任也有一定的局限性,其要求受害人举证证明产品致人损害的后果是因产品的缺陷引起,以及产品的缺陷是由于产品制造者的过失所导致。这对于缺陷产品案件的受害人而言,其承担的举证责任过重。

英国产品责任法开始从合同责任转向过失侵权责任的典型案例为1932年的"多诺霍诉史蒂文森案"(Donoghue v. Stevenson)。在该案中,由于原告在朋友家饮用姜汁啤酒时目睹瓶内有腐烂的蜗牛而过度恶心并因此患上肠胃疾病,于是起诉啤酒制造商,要求其承担赔偿责任。审理该案的法院在判

---

① Macpherson v. Buick Motor Co. ,111 N. E. 1050 (N. Y. 1916).

决书中认为："任何人都必须尽到合理的谨慎以避免可合理预见到的任何可能会损害法律上邻人的行为。所谓法律上的邻人可能是如此直接和密切的受行为人的影响,以致行为人应当在行为时合理考虑在内的人……产品制造商应对消费者负有此种合理的谨慎义务。"①

"多诺霍诉史蒂文森案"对英国产品责任法的主要贡献在于承认了产品制造商对消费者应负有的不限于合同关系当事人之间的注意义务,而且针对因产品缺陷而受到损害的广大消费者。该案在产品责任中引入制造商负有注意义务的规则,表明了英国产品责任法开始从合同责任过渡到了过失侵权责任的阶段。

总体来看,产品责任从合同责任发展到过失侵权责任,主要是为了应对19世纪末20世纪初发生的大量不具有合同关系的产品致人损害诉讼案件。在产品责任法上,合同相对性关系被过失侵权责任所突破的主要原因在于侵权行为责任理论更能够适应社会需求。易言之,侵权行为责任法的构成要件及立法精神能够配合具有经济结构转变、加害行为多元化及加害行为危险高度化等特性的大量消费社会,并能够及时修正其理论基础以达到维持产品制造者与消费者利益衡平的结果,从而使得消费者获得更合理的赔偿。②

二、基于合同担保理论的产品责任

在英美产品责任法的历史上,产品的购买者可以基于该产品有违合同约定这一理由对直接销售商提起诉讼,此类诉因通常被称为"违反担保"(breach of warranty)之诉。③ 产品出售者的担保义务最初源于市场交易习惯,要求他们对其产品质量进行保障,如果产品质量没有达到承诺的性能指

---

① 审理该案的法院进一步认为,产品制造商以某种方式出售产品时,已经表明他意图使得这些产品在到达直接消费者那里时处于离开他的状况,而消费者没有进行中间检查的适当可能性,制造商也明知在提供这些产品时如果缺乏合理的注意将导致消费者人身、财产的损害后果,那么该制造商应对消费者负有合理的注意义务。参见 Donoghue v. Stevenson,［1932］AC 562 HL.

② 刘文琦:《产品责任法律制度比较研究》,北京:法律出版社,1997年版,第9页。

③ 许传玺:《美国产品责任制度研究》,北京:法律出版社,2013年版,第65页。

标或合理预期,应当对购买者进行全额赔偿。随着时间的推移,有关产品质量的担保规则通过法规的形式被固定下来。在美国,第一部规范销售担保的立法是《统一买卖法》(Uniform Sales Act),在20世纪50年代末至60年代初,《统一买卖法》一直发挥着调整商品销售领域商业实践活动的功能。后来,美国州立法机构颁布《统一商法典》(Uniform Commercial Code)取代了《统一买卖法》。

从担保理论的产品责任发展过程来看,违反担保之诉实为合同法与侵权责任法的融合。通常而言,在普通法上,担保仅存在于合同当事人之间,但是由于近几十年美国发展起来的废弃合同相对性要求的司法实践的影响,购买者针对产品出售者提起的违反担保之诉并不局限于存在合同关系的主体之间。尽管美国《统一商法典》对有关产品的担保进行了规定,但仍有一些判例对担保规则不断予以发展。

(一)违反明示担保的产品责任

明示担保(express warranty)是指产品出售者对于产品将以某种方式发挥功效做出的承诺,用于证明产品符合规定的标准。如果产品不符合出售者的此类担保,并且造成了购买者的人身、财产损害,则购买者可以以违反担保为由直接提起诉讼。美国《统一商法典》第2-313条对明示担保有明确规定。①

有关明示担保的著名判例为1932年美国华盛顿州最高法院审理的"巴克斯特诉福特汽车公司案"(Baxter v. Ford Motor Co.)。华盛顿州最高法院在审理此案时认为,被告福特汽车公司与原告虽然不存在直接合同关系,但由于被告宣称自己生产的汽车具备特殊性能,而事实上被告却违反了此种担保义务,并且导致原告受伤,被告福特汽车公司应当向原告承担违反明示担保的法律责任。② 该案也反映了违反担保的责任不局限于合同相对性关

---

① 美国《统一商法典》第2-313条对明示担保进行了规定,并列举了明示担保的方式:①对有关该产品的事实或承诺做出确认;②对该产品进行描述;③使用样品或样式。

② 在该案中,被告福特汽车公司在其广告宣传中表明其生产的汽车玻璃不会破裂,原告相信广告内容并购买了汽车。在一次驾驶中,汽车挡风玻璃被一块小石子击中而破碎,导致原告眼睛失明。参见 Baxter v. Ford Motor Co.,456P. 2d 409 (1932).

系。即使不具有直接合同关系的受害人，也可以以违反担保为由要求赔偿。

美国现行的判例法和《统一商法典》已经明确废弃要求原告证明对被告的有关担保产生的实际信赖这一要件，仅仅要求该担保构成原告与被告交易基础的组成部分。由于明示担保责任旨在保护消费者对正如出售者宣称的产品质量的正当预期，并不建立在出售者的行为存在过错的基础之上，因此只要产品与商家在生产销售过程中许下的承诺不一致，消费者就有权提起违反明示担保责任的诉讼，从而极大减轻了消费者的举证负担。①

（二）违反默示担保的产品责任

默示担保（implied warranty），是指依据法律推定产品具备相应的基本标准，如果产品不符合该标准，则购买者可以据此提起诉讼。在美国司法实践中，产品出售者的大部分担保行为系基于默示担保，而非明示担保，因此，默示担保对产品责任的发展更具有重要性。默示担保可分为适销性的默示担保和特定目的适用性的默示担保。前者是指出售者作出的对于产品没有缺陷，符合可接受性的一般标准的法律默示义务；后者是指出售者就其推荐的产品能够满足购买者特殊需求的法律默示义务。

适销性的默示担保对于出售者针对缺陷产品造成的损害承担严格侵权责任起到了重要的促进作用。其中，比其他任何产品领域发展都要快的是涉及日常消费和直接接触身体的产品。一个典型的案例为"库欣诉罗德曼案"（Cushing v. Rodman）。在该案中，原告在吃早餐面包卷时，被隐藏在面包中的一粒小石子崩断了牙齿而受到伤害。原告以出售面包卷的餐馆违反了有益健康的默示担保为由，向其主张赔偿。初审法院作出了对被告有利的判决，之后上诉法院撤销了初审判决。上诉法院认为，在那种情况下，有益健康的担保从被告身上转移到了原告身上。原告无法证明被告存在过失，因为面包卷是被告从一家声誉良好的面包店购买的，合理的检测工作也无法确保其发现小石子。但是默示担保意味着餐馆的经营者需要对顾客承担严格责任。②

---

① 冉克平：《产品责任理论与判例研究》，北京：北京大学出版社，2014年版，第17页。

② Cushing v. Rodman, 82F. 2d 864（D. C. Cir. 1936）.

法院在此案中适用的适销性默示担保责任来自《统一买卖法》，随后美国的多数法院都采纳了该规则。当前占主导地位的《统一商法典》第2-314条也对适销性默示担保进行了如下规定：

（1）如果出售者是该类商品领域的商人，除非被排除或更改，否则在买卖合同中货物具有适销性的担保。在该条规定之下，无论是在建筑中还是在其他地方以某种价格提供消费用的食品或饮料的行为，都是销售行为。

（2）具有适销性的商品至少应该满足以下条件：

（a）根据合同描述，在交易过程中流通不被拒绝；

（b）对于可替代商品，在描述范围之内具有很好的平均质量；

（c）适用于使用该商品的通常目的；

（d）在协议允许的误差范围之内，所涉及的每个产品单位和所有产品单位都有均匀的种类、质量和数量；

（e）根据协议可能的要求，足量装箱、包装和标识；

（f）如果有包装物或标签，应该符合包装物或标签上写明的承诺或确认。

（3）除非被排除或更改，否则交易或行业惯例过程可能产生其他默示担保。

在违反适销性默示担保的案件中，原告需要证明出售者违反担保义务与损害事实之间存在因果关系。出售者在制造、加工或商品的选择过程中是否尽到了注意义务的证据，对于确认其是否违反担保义务也非常重要。[①]另外，根据《统一商法典》第2-314条的规定，适销性默示担保只存在于出售者与购买者之间，受到合同相对性的要求。后来的司法实践才开始逐渐突破合同相对性对适销性默示担保的限制。

1960年新泽西州最高法院审理的"亨宁森诉布卢姆菲尔德汽车公司案"

---

① ［美］小詹姆斯·A. 亨德森（James A. Henderson, Jr.）、［美］理查德·N. 皮尔森（Richard N. Pearson）、［美］道格拉斯·A. 凯萨（Douglas A. Kysar）等：《美国侵权责任法：实体与程序》，王竹、丁海俊、董春华等译，北京：北京大学出版社，2014年版，第449页。

（Henningsen v. Bloomfield Motors. Inc. ）是一个具有重要影响的典型案例。① 在该案中,新泽西州最高法院认为,应当将汽车制造商和经销商担负的适销性默示担保延伸至汽车购买者之外的其他主体,如购买者的家人和经购买者同意占有或使用汽车的相关主体。汽车制造商和经销商没有预料到这些人会使用汽车的理由根本不符合现实情况,这些主体必须被考虑到分销链条之中。②

"亨宁森诉布卢姆菲尔德汽车公司案"的主要意义在于突破了默示担保责任中有关合同相对性关系的束缚。该案判决成了后来证明严格责任合理性的理论基础。③ 美国学者普罗瑟（Prosser）教授认为,随着"亨宁森诉布卢姆菲尔德汽车公司案"的出现,严格责任的一般理论得以确立。④

三、严格产品责任的形成过程

正如前文所述,在产品责任的发展演变进程中,过失侵权与担保责任的归责理论对于消费者利益的保护存在一定程度的局限性。尤其是随着科学技术的发展,产品变得日趋复杂,因缺陷产品致损的受害人所担负的举证难度不断增大,这对于产品责任案件中受害人的救济非常不利。为了进一步改善产品责任领域消费者所处的不利地位,有必要衍生严格责任原则。在产品责任领域实施严格责任,主要是出于公共政策的考虑,目的是尽量避免缺陷产品给公众带来实质性的伤害风险。支持严格产品责任的主要理由:首先,与原告相比,被告显然更有能力监控其产品致害的风险,可以更好地评估和降低该风险,并将用于改进其产品安全性的研发和其他费用以更高的价格形式分摊给公众消费者;其次,由于在产品责任领域,特别是涉及科

---

① 在该案中,原告的丈夫从经销商那里购买了一辆汽车并作为礼物送给原告,原告在驾驶外出时因方向盘失灵发生撞车事故而受伤,原告遂起诉汽车制造商和经销商,要求他们承担损害赔偿责任。该案中汽车制造商辩称自己与原告之间不存在合同相对性,因此也就不存在任何此类默示担保。

② Henningsen v. Bloomfield Motors. Inc. 32 N. J. 358,161 A. 2d 69（1960）.

③ Roger J. Traynor, The Ways and Meanings of Defective Products and Strict Liabilty, Tennessee Law Review, Vol. 32, Issue 2,1965, p. 364.

④ William L. Prosser, The Fall of the Citadel（Strict Liability to the Consumer）, Minnesota Law Review, Vol. 50, Issue 5,1966, p. 793.

技产品时,过失责任通常难以证明,原告在过失责任制度下往往不能得到充分的救济;最后,由于严格责任使被告败诉的可能性大大提高,因而更能促使其为公众设计生产和提供安全的产品。①

(一)美国严格产品责任的形成与确立

严格产品责任最早是在美国形成。1944 年美国加州最高法院审理的"埃斯克拉诉可口可乐瓶装公司案"(Escala v. Coca Cola Bottling Company)较早提出产品责任适用严格原则的思想。② 特雷纳(Traynor)法官在该案判决意见中指出:"不应继续以制造者的过失为追究责任的根据……在产品缺陷造成损害时,应由制造者承担一种严格责任。"上述案件的裁判观点率先以公共政策为依据向过失侵权责任发起了挑战,该案所确立的公共政策理论后来成了产品责任严格归责原则的主要论据,具有重要的意义。

严格责任原则在产品责任领域的正式确立得益于 1963 年"格林曼诉尤巴电力产品公司案"(Greenman v. Yuba Power Products, Inc.)。原告格林曼(Greenman)在使用被告生产的动力车床进行木料处理时,动力车床尾部出现异常震动,一块木头突然从车床中飞出击中原告,致使其受伤。原告以制造商违反担保为由向法院提起诉讼,请求承担损害赔偿责任。制造商以原告未在合理时间内向其通知违反担保的事实为由抗辩。

加州最高法院特雷纳(Traynor)法官认为,本案中原告并没有向制造商发出违反担保的适时通知,其担保之诉可能无法提起;但是,在本案中要使制造商承担严格责任,无须依据担保责任……只有其将具有致人损害的缺陷产品投入市场时,才应当承担严格责任。起初,严格责任在食品类案件中得到承认,后来已经扩展到各种因存在缺陷而造成较大危险的其他产品中,包括汽车、飞机、瓶子、疫苗和汽车轮胎等各类缺陷产品。在严格责任案件

---

① 许传玺:《美国产品责任制度研究》,北京:法律出版社,2013 年版,第 6 页。

② 在该案中,作为原告的餐厅服务员在将可口可乐放进冰箱时,一瓶可口可乐突然爆炸并导致其受伤。原告提起诉讼,但却无法举证证明可口可乐瓶装公司存在过失行为。法院认为,当制造商把产品投放市场时明知其产品将不检验就使用,一旦这种产品有致人损害的缺陷,则制造商应负严格责任……即使没有过失,但公众普遍认为制造商最能够有效地减少市场上有缺陷产品对人们的生命与健康的威胁,则应当由其承担责任。参见 Escala v. Coca Cola Bottling company, 24 Cal. 2d 453, 150 P. 2d 436 (1994).

中,法院放弃了对制造商和消费者之间合同相对性的要求,认为责任的认定并非根据合同推定,而是应当由法律进行规定,并拒绝制造商自行确定的缺陷产品致害范围。这些都足以表明制造商因产品缺陷对受害人应承担的赔偿责任,不应适用担保责任规则,而应由侵权责任法上的严格责任理论进行规制。①

"格林曼诉尤巴电力产品公司案"是美国产品责任法上的一个里程碑案件。在该案之后,关于严格产品责任的理论与司法实践得到了迅猛的发展,也标志着严格责任成为美国产品责任法上的基本归责原则。1965年美国法律研究院颁布的《侵权法重述第二版》也吸纳了产品责任的严格原则,其中第402A节"产品出售者对使用者或消费者的人身伤害的特殊责任"集中反映了严格责任原则的基本精神。②

《侵权法重述第二版》代表当时美国法学会最权威的观点,尽管其不具有正式的法律效力,但是却经常被美国法院所引用,对美国产品责任司法实践产生较大影响。1979年,美国商务部颁布的《统一产品责任示范法》(Model Uniform Products Liability Act)也采纳了严格责任原则。美国所确立的严格产品责任制度还对其他国家和地区的产品责任立法产生了深远影响。

(二)英国产品责任严格原则的形成与确立

英国在1932年"多诺霍诉史蒂文森案"(Donoghue v. Stevenson)中确立了过失责任原则,在此后的很长时期内一直坚持该原则。但是由于过失责任原则要求受害人负担过重的举证责任,在有些情况下难以给予受害人公

---

①　Greenman v. Yuba Power Products, Inc. ,59 Cal. 2d 57,377 P. 2d 897(Cal. 1963).

②　《侵权法重述第二版》第402A节规定:"(1)出售任何处于对于使用者或者消费者及其财产具有不合理的危险的缺陷状况产品的人,对由此造成的最终使用者或者消费者人身伤害承担责任,如果:(a)该出售者从事出售该种产品的经营,并且(b)产品被预期且实际到达消费者或使用者时,其在出售时所处的状况没有实质性改变。(2)在下列情形中,在第(1)款中规定的规则也应当适用:(a)该出售者在准备和出售其产品过程中尽到了所有可能的义务;并且(b)该使用者或消费者没有从出售者处购买该产品,或与出售者建立任何合同关系。"参见美国法律研究院:《侵权法重述第二版:条文部分》,许传玺、石宏、和育东译,北京:法律出版社,2012年版,第167-168页。

平合理的救济。为了加强对消费者的保护,英国产品责任法也开始转向严格责任原则。1977 年英国法律委员会发布的《有关缺陷产品责任的报告》(*The Law Commision and The Scottish Law Commision on Liability for Defective Product*)与 1978 年皮尔逊皇家委员会发布的《对个人伤害的民事责任及其赔偿问题的报告》(*Royal Commission on Civil Liability and Compensation for Personal Injury*)较早提出了在产品责任领域实行严格责任原则的立法构想。其中,《对个人伤害的民事责任及其赔偿问题的报告》还列举了适用严格责任的若干理由,如严格责任将鼓励更高程度的安全标准、生产者可通过价格机制将额外的费用转嫁给消费者以及不应忽视欧洲严格责任发展的趋势等。但严格责任原则在英国产品责任领域的正式确立则为 1987 年制定的《消费者保护法》(Consumer Protection Act),该法第一章"产品责任"对缺陷产品的责任、缺陷的定义、抗辩事由、损害等内容进行了详细规定,以弥补普通法上过失责任一般规则的不足。[①]

回顾英国产品责任法的发展历程可知,早期英国法院多借用合同责任和过失侵权责任以解决产品责任的问题,但由于这两种归责方式存在难以克服的局限性,并不利于对消费者的保护。1987 年《消费者保护法》对严格责任原则的正式确立,深受美国产品责任法的间接影响,也是迎合《欧共体产品责任指令》的立法要求。至此,英国产品责任领域的严格责任体系得以形成。

第二节　大陆法系产品责任的沿革

与英美法系主要以判例法为法律渊源相区别,大陆法系的主要法律渊源是成文法典。在产品责任领域,大陆法系国家主要是依据民法典有关合同责任和侵权责任的规定,并结合判例和学说的补充发展,对因产品缺陷遭

---

① 宋锡祥:《欧盟产品责任法的最新修正及其在英国的实施——兼论我国的法律对策》,《政治与法律》,2005 年第 2 期,第 151 页。

受损害的原告提供救济。随着 1985 年《欧共体产品责任指令》对于产品责任统一化的立法要求,大陆法系国家纷纷制定了专门的产品责任法律,实行以严格责任原则为基础的产品责任制度,或者通过对现行民法典予以修改的方式将《欧共体产品责任指令》的立法精神纳入民法典之中。① 大陆法系国家产品责任大致经历了从合同责任转向过错侵权责任,从过错侵权责任转向严格责任的发展轨迹。

一、以合同责任为基础的产品责任阶段

在大陆法系产品责任发展的早期阶段,主要依据合同责任来解决产品缺陷问题产生的赔偿责任,主要的归责理论有物之瑕疵担保责任和积极侵害债权两种类型。

(一)物之瑕疵担保责任

在传统大陆法系民法理论中,物之瑕疵担保责任被视为一种特别的法定责任而存在。② 在法国民法上,出卖人对其标的物不符合一般用途或双方约定的特殊用途时负有瑕疵担保责任。依据《法国民法典》第 1641 条和第 1643 条的规定,当买卖标的物具有隐蔽的瑕疵,致使丧失或减少其通常效用时,出卖人应当负有瑕疵担保责任。原则上,出卖人的瑕疵担保责任适用于所有产品的买卖。但是依据《法国民法典》第 1642 条的规定,出卖人对于明显的且买受人自己得以辨认的产品瑕疵不负有瑕疵担保责任。对于产品存在瑕疵的,买受人可以要求出卖人返还价款或者减少价款。③

在德国民法上,出卖人因产品不符合其保证的品质而承担的损害赔偿范围,根据情形可以区分为瑕疵损害和瑕疵结果损害。瑕疵损害又称为直接损害,是指出卖人给付带有瑕疵之物相较于无瑕疵所减少的价值。瑕疵结果损害又称为附带损害或间接损害,是指因买卖标的物所造成的人身或

---

① 刘静:《产品责任论》,北京:中国政法大学出版社,2000 年版,第 81 页。
② 韩世远:《合同法总论》(第三版),北京:法律出版社,2011 年版,第 594 页。
③ 《法国民法典》(下),罗结珍译,北京:法律出版社,2005 年版,第 1249-1250 页。

其他财产损害。[①] 易言之,瑕疵损害是标的物价值降低的损失,实质为履行利益的损失;瑕疵结果损害是买受人在标的物之外的其他损失,实质为固有利益的损失。1900 年施行的《德国民法典》第 463 条规定:"出卖物在买卖时欠缺保证品质的,买受人可以不请求解约或者减价而请求不履行的损害赔偿。出卖人恶意不告知瑕疵的,适用相同规定。"该条文中所谓"不履行的损害赔偿"的范围是否包括瑕疵结果损害,在学理上存在一定的争议。德国早期学说肯定了瑕疵结果损害为买卖契约瑕疵担保损害赔偿的范围。后来,德国司法实践就瑕疵结果损害之请求权依据,究竟是否为契约法上之瑕疵担保责任所涵盖,分别针对买卖契约、承揽契约与租赁契约做不同解释;认为原本之瑕疵损害为瑕疵担保责任规范的范畴,并逐渐将瑕疵结果损害抽离出来。德国学说与实务分别基于不同之立论,试图将买卖契约瑕疵担保损害赔偿范围限缩为瑕疵损害,而瑕疵结果损害则依积极侵害债权来主张。[②]

(二)积极侵害债权的责任

在德国法上,积极侵害债权是指因过失引起的、在债务人给付不能与给付迟延两种法定类型之外的一切形态的给付障碍。[③] 积极侵害债权包括债务人不良履行主给付义务和违反保护义务两种基本类型。前者是指债务人可以担负正常的给付义务,而且也不涉及迟延给付的情形,由此而产生的损害位于合同之外的法益之上,理论上将此称作附随损害。[④] 违反保护义务是指债务人应当为合同对方当事人提供适当的保护,以避免其身体或所有权受到侵害,但是债务人却未尽到此种注意义务。[⑤] 由于《德国民法典》并未规

---

① 郭丽珍:《瑕疵损害、瑕疵结果损害与继续侵蚀性损害》,台北:翰芦图书出版有限公司,1999 年版,第 7-8 页。

② 郭丽珍:《瑕疵损害、瑕疵结果损害与继续侵蚀性损害》,台北:翰芦图书出版有限公司,1999 年版,第 27 页。

③ 杜景林、卢湛:《论德国新债法积极侵害债权的命运——从具体给付障碍形态走向一般性义务侵害》,《法学》,2002 年第 2 期,第 112 页。

④ 参见[德]迪特尔·梅迪库斯:《德国债法总论》,杜景林、卢湛译,北京:法律出版社,2004 年版,第 313-314 页。

⑤ 参见[德]迪特尔·施瓦布:《民法导论》,郑冲译,北京:法律出版社,2006 年版,第 136 页。

定积极侵害债权的类型,德国学说和司法判例发展出的积极侵害债权就成为弥补法律漏洞的一项制度。拉伦茨教授认为,人们应当从履行迟延和履行不能的规则中导出一项原则,即债务人因由可归责之事由的义务违反,致使债权人人身或其他法益遭受损害的,应负损害赔偿责任。此项虽不被承认却可以从立法本身推导出来的原则,已经成为当时债务法的一部分。①

随着2001年《德国债法现代化法》的颁布,积极侵害债权在德国法上发生了根本性的变革。《德国民法典》第280条第1款以统一的"义务违反"概念来构建债务履行障碍体系,基本上不再区分各种具体的违约形态。可以说,在全新面貌的《德国民法典》给付障碍法之中,积极侵害债权已经由以前的单纯作为债务人给付不能与给付迟延这两种法定给付障碍的"填补漏洞"工具,而上升为超越具体给付障碍形态的一般性法律原则。②

从前述分析可知,物之瑕疵担保责任与积极侵害债权分别作为出卖人对产品瑕疵承担损害赔偿的责任依据,二者在关注对象、赔偿范围以及归责原则等方面存在差异。物之瑕疵担保责任关注的是产品的可用性,其赔偿范围为买受人遭受履行利益的损害,适用无过错责任的原则。与之相对应,积极侵害债权关注的是出卖人针对产品危险性而履行的正常给付行为与保护义务,其赔偿范围为买受人遭受的固有利益的损害,适用过错责任的原则。③自《德国债法现代化法》颁行以来,德国法上物的瑕疵担保责任与积极侵害债权被整合到一般意义上的违约责任之中,而不再具有单独适用的空间。④

消费者因使用缺陷产品而遭受损害时,依据合同责任的救济路径,往往存在很大的局限性,经常出现瑕疵担保请求权的时效期间已经届满,或者受害人不属于产品买卖合同关系的相对人。由于合同相对性的限制对受害人

---

① 冉克平:《产品责任理论与判例研究》,北京:北京大学出版社,2014年版,第5-6页。

② 杜景林、卢湛:《论德国新债法积极侵害债权的命运——从具体给付障碍形态走向一般性义务侵害》,《法学》,2002年第2期,第117页。

③ 参见桂菊平:《论出卖人瑕疵担保责任、积极侵害债权及产品责任之关系》,梁慧星:《民商法论丛》(第2卷),北京:法律出版社,1994年版,第394页。

④ [德]迪特尔·梅迪库斯:《德国债法分论》,杜景林、卢谌译,法律出版社,2007年版,第36页。

来说是无法克服的,因此有学者主张可以通过合同请求权或准合同请求权对受害人予以救济。[①] 但德国司法实践并未采纳这种解决问题的建议。对于合同关系以外的第三人的责任,德国联邦最高法院拒绝了借助合同的法律体系来解决问题,并认为借助合同来划分的债法责任范围和侵权责任范围之界线会被突破,从而造成严重的后果。[②] 在此之后,大陆法系民法对缺陷产品致损责任的归责依据逐渐从合同责任转向侵权责任。

二、以过失侵权责任为基础的产品责任阶段

消费者因产品缺陷受到人身或财产损害时,虽然合同责任可以在一定程度上为受害人提供相应的救济,但是合同责任也具有难以克服的局限性。在欧洲国家,消费者对制造者的产品责任赔偿请求都被认为是侵权行为法上的请求。[③]

(一)法国过失侵权领域中的产品责任

在法国法上,由于受到合同相对性的限制,非合同关系的第三人在遭受瑕疵产品的损害时,其不能依据《法国民法典》第 1641 条的规定向产品的生产商或销售商主张合同责任,而只能根据《法国民法典》第 1382 条和第 1383 条的规定向生产商或销售商主张侵权责任法上的责任。对于因产品瑕疵所产生损害赔偿的救济路径,从合同责任转向侵权责任具有明显的进步,能够摆脱合同关系的相对性限制,从而为合同外的第三人提供救济。依据侵权责任的一般构成要件,因产品瑕疵致损的第三人需要证明瑕疵产品的生产商或销售商具有过错。但是由于该侵权责任建立在一般过错责任的基础之上,瑕疵产品的受害人在证明生产商或销售商存在主观过错时面临较大的举证困难,这对受害人而言极不公平。

---

① [德]马克西米利安·福克斯:《侵权行为法》,齐晓琨译,北京:法律出版社,2006年版,第 114 页。

② [德]马克西米利安·福克斯:《侵权行为法》,齐晓琨译,北京:法律出版社,2006年版,第 114–115。

③ [德]克雷斯蒂安·冯·巴尔:《欧洲比较侵权行为法》(上卷),张新宝译,北京:法律出版社,2004 年版,第 589–590 页。

针对上述问题,法国学者提出,因使用产品而遭受损害的人可以依据《法国民法典》第1384条①规定的"物的管理人"所承担的无过错责任进行救济。② 后来,法国司法实践将"物的管理人"责任扩充至适用于火车、汽车、电气等产品缺陷造成的损害。③ 因此,产品缺陷的受害人在请求侵权损害赔偿时,就不需要证明生产商或销售商具有的过错情形,对受害人的权益保护又前进了一步。然而,将产品缺陷责任纳入"物的管理人"责任这种救济方式也仅在有限的范围内适用,该理论面临的一个重要难题就是"物的管理人"应当如何界定。《法国民法典》第1384条第1款规定的无过错责任实际上是基于"物的管理人"能够对物进行使用、管理和控制的状态。④ 但是,生产商或销售商在将产品投入流通领域之后,事实上丧失了对产品的管控状态,难谓符合《法国民法典》第1384条第1款规定的责任要求。因此,通过"物的管理人"责任理论较少能够使缺陷产品的生产商或销售商承担侵权损害赔偿责任。⑤

(二)德国过失侵权领域中的产品责任

德国产品责任的归责理论从合同责任转向侵权责任,其背后存在不可抗拒的社会因素。首先,第二次世界大战以后,新型侵权行为不断登场,使得侵权责任的地位备受重视,导致侵权行为法理论发生重大变革;其次,合同法理论对于作为非合同关系当事人的第三受害人无法提供直接有效的保护;最后,德国产品责任法受到同时期美国产品责任理论的支配与影响更是

---

① 《法国民法典》第1384条第1款规定:"任何人不仅对其自己行为所致的损害,而且对应由其负责的他人的行为或在其管理之下的物件所致的损害,均应负赔偿的责任。"

② 张民安:《现代法国侵权责任制度研究》,北京:法律出版社,2007年版,第254-255页。

③ 刘静:《产品责任论》,北京:中国政法大学出版社,2000年版,第85-86页。

④ Arthur Taylor von Mehren; James Russell Gordley, The Civil Law System: An Introduction to the Comparative Study of Law, Boston: Little Brown & Co Law & Business, 1977, p. 671.

⑤ 冉克平:《产品责任理论与判例研究》,北京:北京大学出版社,2014年版,第10页。

不容忽略的因素。①

在《德国民法典》中,能够用来规范生产者因产品缺陷致人损害承担侵权责任的直接法律依据主要就是第 823 条第 1 款。由于《德国民法典》第823 条第 1 款作为过错侵权责任的一般条款,通常而言,受害人需要证明符合过错侵权责任的全部规范构成要件,如侵权人的行为具有违法性和过错的情形,这对于因缺陷产品致损的受害人来说面临着较大的举证困难。20 世纪 50 年代后半期,一些重要的产品致损责任案件在德国仍未得到有效赔偿。② 德国为了克服当时产品缺陷致损责任存在的弊端,制定了有关生产者赔偿义务的一套内容全面的适用规则,这使得生产者责任成为侵权责任法内部相对独立的一个部分。最典型的是,司法实践逐渐确定了因违反生产者特殊交往安全义务的生产者责任。③ 具体而言,缺陷产品的生产者如果不能防止产品缺陷及其引发的后果,则须对该缺陷产品造成的损害承担赔偿责任。

通常而言,生产者的交往安全义务可区分为提供产品前和提供产品后两个时间阶段:提供产品前的交往安全义务,可具化为制造义务、设计义务和说明义务;提供产品后的交往安全义务,主要是指产品跟踪观察义务。

生产者的制造义务,要求生产者在合理的限度内确保单个产品能够被安全使用的义务,不能有原材料缺陷或者制造缺陷,并且要对产品进行最后的检测。④ 生产者的设计义务,要求产品的生产者在设计阶段尽到合理谨慎的义务,能够保证他人的法益不会受到侵害。⑤ 生产者的警示义务,要求在

---

① 朱柏松:《商品制造人侵权行为责任法之比较研究》,台北:五南图书出版有限公司,1991 年版,第 283 页。

② 冉克平:《产品责任理论与判例研究》,北京:北京大学出版社,2014 年版,第 11 页。

③ 生产者违反了特殊的交往安全义务是生产者责任产生的前提条件。所谓特殊的交往安全义务主要是指产品被投入流通领域时,产品的设计、制造以及说明须达到人们对一名认真负责的生产者的基本要求。参见[德]马克西米利安·福克斯:《侵权行为法》,齐晓琨译,北京:法律出版社,2006 年版,第 115 页。

④ [德]克雷斯蒂安·冯·巴尔:《欧洲比较侵权行为法》(下卷),焦美华译,北京:法律出版社,2004 年版,第 342 页。

⑤ Duncan Fairgrieve, Product liability in Comparetive Perspective, Cambridge: Cambridge University Press,2005,p. 104.

必要的范围内使最终购买者了解产品的品质以及在必要时警示非明显的危险。生产者不仅需要对产品在日常使用中存在的危险提出警示,而且还需要对与任何可预见的滥用有关的危险提出警示。警示义务的范围一般取决于危险的程度和性质,以及危险出现的可能性。① 生产者的跟踪观察义务,是指产品生产者把产品投入流通后应当继续关注产品的使用状况,并在发现产品出现危险时采取适当的干预方式。②

德国产品责任法上关于生产者过错责任具有重要指导意义的著名案例为 1968 年联邦最高法院审理的"鸡瘟案"。在该案中,由于被告生产的疫苗侵染了病毒,导致被注射疫苗的鸡都生病死亡。至于病毒如何进入疫苗已无法查明。原告向疫苗生产者主张损害赔偿责任。德国联邦最高法院在该案中创造性地引入举证责任倒置的规则:当受害人能够证明损害发生的原因属于生产者组织及风险领域范围,且损害是因客观上的缺陷或因违反交往安全义务的状态而发生时,可以适用举证责任倒置规则。后来,随着德国联邦最高法院多次指明,举证责任倒置规则不仅适用于对生产者"过错"的举证问题,而且在对生产者偏离合理谨慎之客观不当行为进行举证的阶段也已经适用。③

(三)日本过失侵权领域中的产品责任

在日本法律中,早期产品缺陷的侵权责任适用《日本民法典》第 709 条④关于一般过错侵权责任的规定。依据该条规定,生产商或销售商因产品缺陷致人损害承担侵权责任的前提是要求其具备"故意或过失",系以其主观意思为责任成立之要件,这对于受害人的救济非常不利。尤其是随着新型侵权行为的出现,若仍以第 709 条作为法律依据,则在现存法律事实与实定

---

① Duncan Fairgrieve, Product liability in Comparative Perspective, Cambridge: Cambridge University Press,2005,p.105.

② [德]马克西米利安·福克斯:《侵权行为法》,齐晓琨译,北京:法律出版社,2006年版,第 122 页。

③ [德]克雷斯蒂安·冯·巴尔:《欧洲比较侵权行为法》(下卷),焦美华译,北京:法律出版社,2004 年版,第 338-339 页。

④ 《日本民法典》第 709 条规定:"因故意或过失不法侵害他人权利者,对于因此而产生的损害,负赔偿责任。"

法理论之间呈现出矛盾,因此对第 709 条中过失要件进行新的解释已经成为必然趋势。① 在 20 世纪 60 年代中期以后,学者针对第 709 条提出了各种新过失责任理论学说,主要有"预见可能性说""新过失说""信赖原则说""忍受限度说"等。这些理论学说使过失的认定转向客观的标准,从而使得受害人的不利地位有所缓和。② 如针对当时具有较大社会影响性的斯蒙病集团诉讼案件,东京地方裁判所在对生产商的过失认定方面采用"预见可能性说",认为预见可能性所要求的是对可能的结果应该回避其发生的法律义务。法院在维持预见可能性这一过失要件的同时,进一步扩大预见对象,通过加入预见义务或调查研究义务,使预见可能性的存在较为容易地得到认定。③

　　在日本法律中,对制造者因产品缺陷致损承担侵权责任的过失要件而言,经历了从考虑其主观心理状态到关注其违反可预见性客观注意义务的阶段。并且,按照制造物的不同类型,对制造者注意义务的认定也有所区分。④ 然而,由于《日本民法典》第 709 条并未彻底摆脱过失概念的束缚,即使是运用新过失理论试图去解决制造者的产品责任问题,仍然遭遇适用上的难题,这种方式并不意味着所有产品事故的受害人都能够得到恰当的救济。此外,即便是在这些认可损害赔偿的案件中,对于过失的证明也需要耗费大量的劳力和时间,存在诉讼长期化等问题。⑤ 因此,日本学说又通过将制造者侵权行为的归责理论扩张解释为结果责任以及类推适用《日本民法

---

①　朱柏松:《商品制造人侵权行为责任法之比较研究》,台北:五南图书出版有限公司,1991 年版,第 106 页。

②　刘静:《产品责任论》,北京:中国政法大学出版社,2000 年版,第 94—95 页。

③　于敏:《日本侵权行为法》(第三版),北京:法律出版社,2015 年版,第 519 页。

④　具体而言,一般的制造业者负有"应该注意不招致生命、身体危害的高度注意义务"。例如,在食品中,指停止制造销售义务和警告召回义务;在医药品中,指关于副作用的指示警告义务;在机械产品和机动车中,指利用者的注意义务和制造业者应制造出何种程度上安全的产品这一结果回避义务。通过将这种过失客观化、抽象化,使制造物事故在相当程度上得到救济。参见于敏:《日本侵权行为法》(第三版),北京:法律出版社,2015 年版,第 529 页。

⑤　[日]吉村良一:《日本侵权行为法》,张挺、文元春译,北京:中国人民大学出版社,2013 年版,第 205 页。

典》第717条有关土地工作物占有人的责任。[1] 至此,日本学说通过法解释学的方法逐渐推导出了制造者承担无过失责任的归责原则。

三、以严格责任为基础的产品责任之确立

1985年7月,欧共体通过了一项针对成员国的指导方针——《欧共体产品责任指令》,这一举措改变了欧共体大陆传统过失责任的归责原则,此后产品责任开始转向以严格责任为基础的归责阶段。欧共体内部制定统一的产品责任规范,旨在实现公平竞争和保护消费者两个政策方面的目标。一方面,由于各个成员国针对产品瑕疵的责任规范在严格程度上有所差别,这就导致了企业之间竞争条件的不同,为了防止竞争的不公平,《欧共体产品责任指令》实行了统一的严格责任原则;另一方面,为了加强对消费者的保护,避免消费者在产品责任案件中出现无法克服的举证困难,《欧共体产品责任指令》确立了一个不取决于生产者过错的归责原则,这样才能更有效地保护消费者的权益。[2]

(一)法国产品责任严格原则的确立

正如前文所述,为了克服过失侵权责任对消费者保护的局限性,法国理论学说通过扩大解释《法国民法典》第1384条第1款有关"物的管理人"责任,将产品生产者纳入"物的管理人"范畴,从而适用无过错责任原则。但是囿于生产者在将产品投入流通领域后脱离了对产品的实际管控,因此上述理论也较少得到适用。基于此,有学者进一步提出了"物的管理人区分理论",将物的管理人内涵区分为物的行为管理人和物的结构管理人。这样,产品的生产者就可以被认定是对产品的内部结构保持了管理与控制,即使生产者将产品交付给消费者也并不丧失对产品内部结构的管理状态。[3] 尽管"物的管理人区分理论"巧妙地解决了对生产者保持产品管理状态的问

---

[1] 朱柏松:《商品制造人侵权行为责任法之比较研究》,台北:五南图书出版有限公司,1991年版,第200页。

[2] [德]马克西米利安·福克斯:《侵权行为法》,齐晓琨译,北京:法律出版社,2006年版,第302页。

[3] Duncan Fairgrieve, Product liability in Comparetive Perspective, Cambridge: Cambridge University Press, 2005, p.91.

题,但是该理论在产品责任案件中的适用范围也非常有限。为了能够对产品的行为管理和结构管理进行区分,法院通常要求受害人证明"产品本身具有内在的动力"(its own internal dynamism),而这些情况一般仅限于爆炸的产品案件,因此"物的管理人区分理论"在司法实践中的适用效果被大打折扣。①

　　在 1985 年《欧共体产品责任指令》生效后的很长一段时间内,法国立法者都未遵照执行指令所要求转化为国内法的任务。在这个过程中,法国法院发挥了更主动的作用,通过判例法的形式,积极推动法国产品责任采取以严格责任为基础的归责原则,试图与《欧共体产品责任指令》保持一致。② 按照法国的司法实践,只要受害人能够证明产品存在缺陷,并且产品缺陷与损害事实存在因果关系,那么生产者就应当对受害人的损害负有赔偿责任。这表明法国司法实践开始重点关注产品缺陷的概念,而非仅停留在合同法与侵权责任法上有关生产者的义务。③ 相比之下,法国立法者将《欧共体产品责任指令》转化为法国国内法律,则是一个复杂而纠结的过程。直到 1998 年 5 月 19 日,法国在面临严重财政处罚的局面下,才通过修订《法国民法典》的方式,最终执行《欧共体产品责任指令》对成员国的立法要求。法国有关产品缺陷的立法条文集中规定在《法国民法典》第 1386-1 至 1386-18 条,并在第 1386-1 条④正式确立了以严格责任为基础的产品责任法律制度。⑤

(二)德国产品责任严格原则的形成

　　通过社会安全义务之理论,试图去解决产品责任问题,在工业化的时代,终究只是一种权宜性的解决方案,根本的解决方法当只有本诸对于危险

---

　　①　Duncan Fairgrieve, Product liability in Comparative Perspective, Cambridge: Cambridge University Press,2005,p. 91.

　　②　[德]克雷斯蒂安·冯·巴尔:《欧洲比较侵权行为法》(上卷),张新宝译,北京:法律出版社,2004 年版,第 591 页。

　　③　Duncan Fairgrieve, Product liability in Comparative Perspective, Cambridge: Cambridge University Press,2005,p. 90.

　　④　参见《法国民法典》第 1386-1 条规定:"产品的生产者应对其产品的缺陷造成的损害负责,不论其与受害人是否有合同关系。"

　　⑤　《法国民法典》,罗结珍译,北京:北京大学出版社,2010 年版,353-355 页。

之分配所为法政策之考量而导入危险责任。① 德国最早的一部有关严格产品责任的立法是1976年通过的《药品法》。由于当时德国出现了严重的"反应停"药品责任事件,孕妇在服用"反应停"药品后,导致婴儿出现先天性畸形的不良后果,但是却无法证明"反应停"药品制造者存在过错。德国立法者试图通过规定一项危险责任来消除受害人的举证困难,对于药品制造者因研发风险产生的责任,并不取决于其过错。②《药品法》第84条规定,如果一个药品在符合规定的使用时引发了有害后果,并且其有害性超过了目前医学知识的合理程度,同时该后果是药品的研发或制造领域的原因导致的,那么药品的生产者要对该损害承担赔偿责任。《药品法》确认了药品制造者研发缺陷和生产缺陷适用严格责任的原则,但严格责任原则仅限于药品,并不涉及其他产品种类。

　　德国基于1985年的《欧共体产品责任指令》,为了履行将欧共体指令转化为国内法的义务,于1990年制定了《产品责任法》,这标志着德国在产品责任领域正式确立了严格责任原则。③ 由此,德国法上关于因产品缺陷致人损害的责任,存在着"生产者责任"与"产品责任"两种表述。④ "生产者责任"这个词反映生产者个人主观上的责任,即违反了义务;产品责任则与缺陷产品直接相关,因而体现出一种客观责任。⑤ 这两种责任在适用的产品范

---

　　① 朱柏松:《商品制造人侵权行为责任法之比较研究》,台北:五南图书出版有限公司,1991年版,第275页。

　　② [德]马克西米利安·福克斯:《侵权行为法》,齐晓琨译,北京:法律出版社,2006年版,第311页。

　　③ 德国立法者在立法理由书中指出,作为《产品责任法》中的一个重大变化,未来的产品责任属于与过错无关的责任,这一责任制度在很大程度上与《德国民法典》第833条第1款,以及《赔偿义务法》《航空交通法》《水务法》和《药品法》中已经规定的危险责任是一致的,同时,在该理由中也恰当地指出,新的规范与联邦最高法院以往通过审判实践而阐发出的产品缺陷责任是相适应的。参见[德]马克西米利安·福克斯:《侵权行为法》,齐晓琨译,北京:法律出版社,2006年版,第302页。

　　④ 在德国,有关"生产者责任"的法律依据是《德国民法典》;有关"产品责任"的法律依据是《产品责任法》。当前,德国现有的产品责任体系形成了双轨制的格局,生产者责任适用过错责任原则,产品责任适用严格责任原则。

　　⑤ [德]埃尔温·多伊奇(Erwin Deutsch)、[德]汉斯-于尔根·阿伦斯(Hans-Juergen Ahrens):《德国侵权责任法——侵权行为、损害赔偿及痛苦抚慰金》(第五版),叶名怡、温大军译,北京:中国人民大学出版社,2016年版,第129页。

围、赔偿范围、赔偿限额、诉讼时效和除斥期间等问题上存在着不同的规定。例如《产品责任法》存在门槛限制,受害人须自己承担 500 欧元以内的部分损害。同时,该法还排除了商业消费者的请求,在损害赔偿范围上,它还排除了产品自损和继续侵蚀性损害等纯粹经济上损害的类型,并且规定了人身伤害的最高赔偿限额,此外还排除了发展风险。由于德国《产品责任法》在对受害人的救济范围上存在一定程度的不足之处,因此《德国民法典》中的生产者责任仍然保持着重要的意义,受害人可以选择最有利于自己的责任规范以寻求救济。①

(三)日本产品责任严格原则的立法确认

尽管日本学说通过扩张解释的方式对制造者承担产品责任的归责原则实现了从过错责任向无过错责任的转变,但是这种努力大多表现在重大产品责任事故的案件上,能否适用于所有的产品责任事故则没有任何保障,这就可能导致法律适用缺乏足够的安定性。② 同时期,日本产品责任法受到美国严格责任制度的影响,也开始考虑构建以产品缺陷为核心的制造物责任法律体系。③ 1975 年,日本产品责任研究会发表了《制造物责任法纲要草案》,该草案主张以制造物的缺陷代替过失要件。到了 20 世纪 80 年代后半叶以后,立法的呼声日益高涨,日本最终于 1994 年 6 月通过了《制造物责任法》。

依据《制造物责任法》第 3 条的规定,制造、加工及进口的产品或标识生产商及标示实际生产商的产品,由交付之物的缺陷而造成侵害他人生命、身体或财产时,制造者应承担损害赔偿责任。④ 该条从立法规范层面正式确立

---

① 冉克平:《产品责任理论与判例研究》,北京:北京大学出版社,2014 年版,第 20—21 页。

② 于敏:《日本侵权行为法》(第三版),北京:法律出版社,2015 年版,第 529—530 页。

③ 参见[日]圆谷峻:《判例形成的日本新侵权行为法》,赵莉译,北京:法律出版社,2008 年版,第 31 页。

④ [日]田山辉明:《日本侵权行为法》,顾祝轩、丁相顺译,北京:北京大学出版社,2011 年版,第 203 页。

了以缺陷产品为核心的制造物责任,适用的是无过错责任原则。[①] 同时,《制造物责任法》第 3 条还将产品缺陷的损害范围限于生命、身体以及财产的损害,但是将产品自身的损害进行了例外排除。值得注意的是,《制造物责任法》并不排除瑕疵担保责任、债务不履行责任以及侵权行为责任的适用,受害人可以根据情况选择适用请求权依据。

第三节　我国产品责任的发展阶段

与前述两大法系主要国家和地区产品责任曲折演变的历史不同,我国的产品责任制度自产生至今,经历了 30 多年的短暂发展过程,整体上呈现平稳渐进的发展态势。我国产品责任制度大致经历了从"产品质量责任"过渡到"产品缺陷责任"的阶段,此后在"产品缺陷责任"的体系之下不断创新和发展。2020 年通过的《民法典》侵权责任编关于"产品责任"的部分得到了进一步的修改和完善,标志着具有中国特色的现代产品责任制度趋于形成。

一、"产品质量责任"的创设阶段

(一)早期产品质量标准化管理法规的出台

产品责任是由于工业化发展所引发的侵权责任法上的后果,其与商品经济的发展程度密切相关。国内商品经济的发展囿于行政经济体制的限制,很长一段时间并未形成大生产、大消费的现代化商品经济社会,对于消费者的保护并未引起立法机关的足够重视。新中国成立后,在前三次民法典的起草中,各个版本的民法典草案都没有涉及对产品致人损害侵权责任

---

① 制造物责任是作为一般侵权行为责任的特别规则被制定出来的,其特殊性在于责任原理从民法上的"制造者等的过失"到"制造物的缺陷"的变更。制造业者等在制造构成事故原因的产品缺陷之处,本身就存在着制造业者等负担制造物责任这一严格的损害赔偿责任的根据。因此,制造物责任是不以制造业者等对产品缺陷的故意与过失为其责任承担的依据。参见于敏:《日本侵权行为法》(第三版),北京:法律出版社,2015 年版,第 529 页。

的规范内容。

随着改革开放政策的实行,我国商品经济得以快速发展,种类丰富的消费品涌入市场。但同时一些产品生产者为了片面追求利润,粗制滥造假冒伪劣产品,甚至不考虑消费者的人身和财产安全,因产品缺陷导致的损害事故层出不穷,极大地损害了广大消费者的利益,引发了不良的社会问题。

在上述社会背景下,国家开始运用行政手段,对生产领域依法进行行政干预,加强对产品生产的质量管理。[①] 在这个时期,围绕"产品质量标准化管理"的思路,国家陆续出台了一系列产品质量管理的法规,旨在要求工业企业推行全面质量管理,不断提高产品质量。1979 年国务院发布的《中华人民共和国标准化管理条例》(现已失效)[②]与当时的国家经济委员会于 1980 年发布的《工业企业全面质量管理暂行办法》(现已失效)[③]均侧重对产品质量的严格管理。1984 年国务院发布的《工业产品生产许可证试行条例》(〔1984〕54 号)(现已失效)在第 1 条中明确立法目的,旨在"加强产品质量管理,确保重要工业产品的质量"。在当时我国的经济管理体制之下,推行有关产品质量管理的措施对于提升企业产品质量发挥了一定作用。但是,过于偏重行政责任的产品质量管理法规,对于因产品缺陷遭受损害之消费者的民事权益救济并未给予有效规范。

(二)《民法通则》时期"产品质量责任"的创设

随着我国转向市场经济的发展模式,到了 20 世纪 80 年代中期,因产品缺陷导致消费者利益损害的社会问题愈发严重。为了回应当时我国经济生

---

① 马凌:《谈谈建立我国的现代产品责任制度》,《法学研究》,1985 年第 2 期,第 46 页。

② 《中华人民共和国标准化管理条例》第 2 条规定:"技术标准是从事生产、建设工作以及商品流通的一种共同技术依据。凡正式生产的工业产品、重要的农产品、各类工程建设、环境保护、安全和卫生条件,以及其他应当统一的技术要求,都必须制定标准,并贯彻执行。"

③ 《工业企业全面质量管理暂行办法》第 2 条规定:"全国质量管理是现代工业生产中一种科学的质量管理方法,是企业管理的中心环节。是对产品从设计、试制、生产制造到售后服务的整个过程进行的质量管理。"

活中发生的严重危害消费者人身、财产安全的新情况和新问题,[①]1986 年 4 月 12 日通过的《民法通则》首次以基本法的形式专设一个条文规定了产品致人损害的特殊侵权责任。[②]《民法通则》第 122 条的规定标志着我国从基本法律层面正式创设了产品责任制度,可谓一个重大的突破。

《民法通则》第 122 条使用了"产品质量不合格"的表述,并未与美国、欧盟产品责任法上的"产品缺陷"概念相一致。有学者考证,我国《民法通则》第 122 条在起草之初并未体现参考借鉴同时期美国《侵权法重述第二版》第402A 节和《欧共体产品责任指令》相关规定的明显意图,是原发性地创设了该条文,属于较为例外的制度产生方式。[③] 笔者认为,《民法通则》的起草者在很大程度上受 20 世纪 70 年代末至 80 年代初我国关于产品质量标准化管理工作思路的影响。正如《民法通则》的起草负责人在"关于《中华人民共和国民法通则(草案)》的说明"中指出,《民法通则》第 122 条的立法目的在于保护消费者的利益,促进改进产品质量。[④] 这就不难解释该条文是以"产品质量"为中心而创设的特殊侵权责任,与同时期比较法上以"产品缺陷"为原型而设计的"产品缺陷责任"有着完全不同的出发点。[⑤] 申言之,《民法通则》第 122 条实际上规定的是"产品质量责任",可谓是我国立法机关独创的具有中国元素的一种产品责任制度模式。

值得注意的是,依据《民法通则》第 122 条的规定,产品制造者、销售者因产品质量不合格造成他人损害的,应当"依法承担民事责任"。这种责任承担的规范方式与《民法通则》中其他特殊类型的侵权责任,如高度危险作

[①]　梁慧星:《论产品制造者、销售者的严格责任》,《法学研究》,1990 年第 5 期,第 59 页。

[②]　《民法通则》第 122 条规定:"因产品质量不合格造成他人财产、人身损害的,产品制造者、销售者应当依法承担民事责任。运输者、仓储者对此负有责任的,产品制造者、销售者有权要求赔偿损失。"

[③]　王竹:《侵权责任法疑难问题专题研究》(第二版),北京:中国人民大学出版社,2018 年版,第 81 页。

[④]　参见王汉斌:"关于《中华人民共和国民法通则(草案)》的说明——1986 年 4 月 2 日在第六届全国人民代表大会第四次会议上",《中国人大网》,http://www. npc. gov. cn/wxzl/gongbao/2000-12/26/content_5001774. htm,最后访问日期:2019 年 11 月 12 日。

[⑤]　参见王竹:《侵权责任法疑难问题专题研究》(第二版),北京:中国人民大学出版社,2018 年版,第 83 页。

业致人损害、物件致人损害、动物致人损害等民事责任承担的规范表述并不一致。此处的"依法承担民事责任"具有指引性的规范性质,在当时法律体系的框架之下,"依法"具体是指依据 1986 年 4 月 5 日国务院通过的《工业产品质量责任条例》(国发〔1986〕42 号)有关产品质量责任的相应规定。《工业产品质量责任条例》是为了明确工业产品质量责任、维护用户和消费者的合法权益而专门制定的行政法规,对产品的生产、储运、经销企业的产品质量责任进行了详细规定。该条例第 2 条对产品质量责任的概念进行了明确。① 依据《工业产品质量责任条例》的规定,产品质量责任实际上包含民事责任、行政责任和刑事责任三种法律责任形式②,其中民事责任是指产品质量不合格造成他人人身、财产损害的侵权责任,当时主要对应于《民法通则》第 122 条的规定。

从《民法通则》关于侵权责任立法体例的设置来看,第 122 条适用的是严格责任,表明我国的产品责任制度自产生之初便确立了严格责任的规范模式,这与同时期比较法上产品责任归责原则的主流发展趋势一致。从全球范围内来看,产品责任呈现出"趋同进化"③的发展特点。此外,为了便于受害人的救济,《民法通则》第 122 条将产品制造者、销售者同时并列作为直接的责任主体,初步确立了制造者和销售者之间不真正负有连带责任的基本责任形态。

可以说,《民法通则》第 122 条所确立的"产品质量责任"是我国立法机关为了强化消费者利益的保护,应对当时特定社会背景之下产品致人损害的民事救济问题而自行创设的责任模式,具有重要的意义。"产品质量责任"是我国产品责任制度初步形成的一个特定阶段,这对于产品责任制度的后续发展奠定了坚实的基础。

---

①　《工业产品质量责任条例》第 2 条规定:"产品质量是指国家的有关法规、质量标准以及合同规定的对产品适用、安全和其它特性的要求。产品质量责任是指因产品质量不符合上述要求,给用户造成损失后应承担的责任。"

②　梁慧星:《中国产品责任法——兼论假冒伪劣之根源和对策》,《法学》,2001 年第 6 期,第 39 页。

③　王竹:《"趋同进化"、"杂交育种"与"基因遗传"——中国大陆产品责任制度的三大发展阶段》,《月旦民商法杂志》,2016 年 9 月,总第 53 期,第 54 页。

二、"产品缺陷责任"的形成阶段

《民法通则》和《工业产品质量责任条例》的实施,对于提高产品质量,保护消费者的合法权益发挥了一定的成效。但是,从总体上来看,产品质量低、经济效益差、物质消耗高,仍然是我国当时阶段经济发展中的一个突出问题。① 假冒伪劣产品屡禁不止,极大地损害了国家和消费者的利益,产品质量问题已经成为整个国民经济发展的公害。随着我国经济体制改革的不断深化,市场机制逐渐形成,以往制定的产品质量行政法规由于受当时历史条件的局限,已经不能适应经济建设的客观需要。因此,制定一部内容比较系统、完整的产品质量方面的法律已经成为当时社会的迫切需求。正是在这种背景下,1993 年《产品质量法》得以顺利通过。

《产品质量法》的起草者充分认识到《民法通则》第 122 条关于"产品质量责任"的规范内容过于原则和简略,给各级人民法院审理产品责任案件带来了理解与适用上的困惑。因此,《产品质量法》的起草者在《民法通则》第 122 条的基础上,参考了欧美产品责任法的规范,对产品致人损害的侵权责任作出了细致的规定。相较于《民法通则》第 122 条所表述的"产品质量不合格"的规范用语,《产品质量法》第 31 条②则直接借鉴了比较法上有关"产品缺陷"的规范表达。产品责任立法规范的这种显著变化,表明《产品质量法》的起草者旨在将《民法通则》所创设的"产品质量责任"改造为"产品缺陷责任",③从而与国际上通行的产品责任立法模式接轨。

1993 年《产品质量法》的起草者在参考同时期欧美产品责任法律制度时,对于所借鉴对象的具体选择有所区分。关于产品缺陷的界定,美国《侵权法重述第二版》第 402A 节是以"产品对使用者的人身、财产具有不合理的

---

① 徐鹏航:《关于〈中华人民共和国产品质量法(草案)〉的说明——1992 年 10 月 30 日在第七届全国人民代表大会常务委员会第二十八次会议上》,载"中国人大网",http://www.npc.gov.cn/wxzl/gongbao/1992-10/30/content_1481235.htm。

② 《产品质量法》第 31 条规定:"因产品存在缺陷造成人身、他人财产损害的,受害人可以向产品的生产者要求赔偿,也可以向产品的销售者要求赔偿。"

③ 王竹:《侵权责任法疑难问题专题研究》(第二版),北京:中国人民大学出版社,2018 年版,第 86 页。

危险"来定义缺陷,《欧共体产品责任指令》第 6 条是以"产品不具备人们有权期望的安全性"来界定缺陷。我国长期贯彻"产品质量标准化管理"的思路,在思维模式上与美国法上看似更加客观的"产品对使用者的人身、财产具有不合理的危险"标准更为契合,而《欧共体产品责任指令》看似更加主观的"产品不具备人们有权期望的安全性"标准则显得难以把握和融入。① 《产品质量法》第 34 条②对于产品缺陷的概念界定,显然是主要借鉴了美国《侵权法重述第二版》第 402A 节的规范表述。由于受我国"产品质量标准化管理"固有思维的影响,《产品质量法》的起草者在借鉴美国法上产品缺陷概念的同时,也保留了我国产品质量法定标准对于缺陷判断的重要参考依据,这集中体现在《产品质量法》第 34 条的规定。1993 年《产品质量法》除了对于缺陷的概念界定借鉴了美国产品责任法之外,对于产品责任其他部分的规则,如产品的概念、损害的范围、抗辩事由以及诉讼时效等主要参考了《欧共体产品责任指令》的内容,具体分析比较将在文中相应部分予以详细阐述。

在 1993 年《产品质量法》实施以后,该法第四章关于产品缺陷责任的规范内容实际上基本取代了《民法通则》第 122 条的规定。《产品质量法》第四章的规定与《民法通则》第 122 条的规定是特别法与一般法的关系,按照特别法优于一般法的适用规则,人民法院裁判产品缺陷致人损害的案件,应当优先适用于《产品质量法》第四章的相关规定。1993 年《产品质量法》所形成的"产品缺陷责任"在同年度通过的《消费者权益保护法》中也得以确认和规范。③ 产品责任制度能够为因产品缺陷遭受损害的消费者提供有效的救济,是消费者安全的一项重要法律保障。

---

① 王竹:《侵权责任法疑难问题专题研究》(第二版),北京:中国人民大学出版社,2018 年版,第 87 页。

② 1993 年《产品质量法》第 34 条规定:"本法所称缺陷,是指产品存在危及人身、他人财产安全的不合理的危险;产品有保障人体健康,人身、财产安全的国家标准、行业标准的,是指不符合该标准。"

③ 《消费者权益保护法》第 35 条第 1 款规定了销售者承担产品瑕疵担保责任,第 2 款则规定了生产者、销售者的产品缺陷责任:"消费者或者其他受害人因商品缺陷造成人身、财产损害的,可以向销售者要求赔偿,也可以向生产者要求赔偿。属于生产者责任的,销售者赔偿后,有权向生产者追偿。属于销售者责任的,生产者赔偿后,有权向销售者追偿。"

1993 年《产品质量法》对于产品责任规范方式的重新表达,标志着我国的产品责任制度开始从"产品质量责任"的阶段过渡到"产品缺陷责任"的阶段,并迎头赶上了国际立法潮流。[①] 我国之后的产品责任法律制度在"产品缺陷责任"体系的基础上不断发展和完善。

三、"产品缺陷责任"的完善阶段

自 1993 年《产品质量法》确立产品缺陷责任的法律框架以来,我国产品责任的理论与实践不断发展,取得了长足的进步,在立法层面也不断修订和完善,逐渐形成了较为先进的现代产品责任制度。

(一)民法典编纂之前产品责任制度的发展

《产品质量法》于 2000 年进行了第一次修订,其中涉及产品责任部分的主要内容包括增加第 2 条第 3 款的但书条款,将"建设工程使用的建筑材料、建筑构配件和设备"明确纳入产品责任的适用范围,并在修改后的第 44 条中增加有关人身损害赔偿的项目。[②] 总体而言,《产品质量法》的第一次修订并未对产品责任的基本规则作出实质改动。

2009 年通过的《侵权责任法》专设"产品责任"一章,对作为特殊侵权责任类型的产品责任予以规范,具有不少创新性的规定,对产品责任制度进行了实质性的完善。其一,《侵权责任法》第 45 条规定了排除妨碍、消除危险等预防性的产品责任承担方式,有助于避免潜在的产品缺陷致损事故。[③] 其二,《侵权责任法》第 46 条规定了产品跟踪观察义务,能够防止产品缺陷损

---

① 梁慧星:《中国产品责任法——兼论假冒伪劣之根源和对策》,《法学》,2001 年第 6 期,第 39 页。

② 2000 年修订后的《产品质量法》第 44 条规定:"因产品存在缺陷造成受害人人身伤害的,侵害人应当赔偿医疗费、治疗期间的护理费、因误工减少的收入等费用;造成残疾的,还应当支付残疾者生活自助费、生活补助费、残疾赔偿金以及由其扶养的人所必需的生活费等费用;造成受害人死亡的,并应当支付丧葬费、死亡赔偿金以及由死者生前扶养的人所必需的生活费等费用。"

③ 王胜明:《中华人民共和国侵权责任法解读》,北京:中国法制出版社,2010 年版,第 228 页。

害后果的扩大。[①] 其三,《侵权责任法》第 47 条还首次在侵权责任领域确立了惩罚性赔偿责任,有利于惩罚和阻遏恶意产品责任事件的发生。[②] 此外,《侵权责任法》第 59 条还规定了因医疗产品缺陷及输入不合格的血液造成患者损害的情形适用产品责任的承担规则,为患者提供了更为有利的救济路径。

2009 年通过的《食品安全法》是有关食品领域的特殊产品责任法,对于食品安全标准及其违反的民事责任进行了详细规定。其中,《食品安全法》第 96 条第 2 款[③]对食品领域的惩罚性责任作出了规定,实质上赋予了消费者要求生产者或销售者支付惩罚性赔偿金的权利,并对惩罚性赔偿金的数额规定了具体标准。

2013 年修改后的《消费者权益保护法》第 55 条第 2 款新增了消费领域的惩罚性赔偿责任,[④]再次彰显了我国产品责任在立法层面的重要进步。该条款实际上吸收了《侵权责任法》第 47 条和《食品安全法》第 96 条第 2 款的规范要素,首次将受害人"所受损失"规定为惩罚性赔偿数额的量定基础,确立了一种相当典型的惩罚性赔偿方式,[⑤]标志着我国产品责任领域的惩罚性赔偿制度趋于成熟。

(二)民法典对产品责任制度的完善

2020 年 5 月 28 日,十三届全国人大三次会议表决通过了《民法典》。《民法典》作为新中国的第一部法典,在民法史上具有举足轻重的地位。《民

---

① 张新宝、任鸿雁:《我国产品责任制度:守成与创新》,《北方法学》,2012 年第 3 期,第 13 页。

② 张新宝:《侵权责任法立法研究》,北京:中国人民大学出版社,2009 年版,第 447 页。

③ 《食品安全法》第 96 条第 2 款规定:"生产不符合食品安全标准的食品或者销售明知是不符合食品安全标准的食品,消费者除要求赔偿损失外,还可以向生产者或者销售者要求支付价款十倍的赔偿金。"

④ 2013 年修改后的《消费者权益保护法》第 55 条第 2 款规定:"经营者明知商品或者服务存在缺陷,仍然向消费者提供,造成消费者或者其他受害人死亡或者健康严重损害的,受害人有权要求经营者依照本法第四十九条、第五十一条等法律规定赔偿损失,并有权要求所受损失二倍以下的惩罚性赔偿。"

⑤ 朱广新:《惩罚性赔偿制度的演进与适用》,《中国社会科学》,2014 年第 3 期,第 110 页。

法典》侵权责任编在吸收《侵权责任法》及其司法解释的基础上作出了进一步创新和发展,《民法典》侵权责任编关于"产品责任"的部分也得到了进一步修改和完善。

其一,在归责原则方面,《民法典》侵权责任编删去了《侵权责任法》第42条的规定,更加明确了销售者承担产品责任适用严格责任的归责原则,有助于进一步消除对立法条文中关于销售者承担产品责任适用归责原则的理论争议。

其二,在预防性责任承担方面,《民法典》第1205条增加规定了"停止侵害"的责任方式,进一步明确扩充了缺陷产品预防性责任的承担方式,有利于被侵权人自主选择请求适用。

其三,在生产者、销售者的产品跟踪观察义务方面,《民法典》第1206条第1款增加规定了"停止销售"的补救措施,有利于减少缺陷产品造成损害后果的扩大;同时该条第2款增加规定了生产者、销售者担负被侵权人因产品召回措施所支出的必要费用。

其四,在惩罚性赔偿方面,《民法典》第1207条增加规定了生产者、销售者未依法采取补救措施造成严重损害后果的惩罚性赔偿责任,该规定扩大了产品责任领域惩罚性赔偿的适用范围,有利于督促生产者、销售者在发现产品存在缺陷后积极采取必要的补救措施,从而防止损害后果的发生或扩大。

本章小结

本章主要对两大法系国家产品责任的历史演进予以梳理,并对我国产品责任的发展过程进行回顾和总结。通过对产品责任制度追本溯源,探究其发展脉络,能够较为深刻地理解产品责任制度的发展规律及其背后所蕴含的法律政策因素,从而对现代产品责任制度的发展趋势保持清醒、准确的认识,有助于避免我国盲目追随其他国家出现的产品责任改革动向。

在世界范围内,大陆法系和英美法系主要国家的产品责任制度表现出趋同化的发展轨迹,大体上经历了从合同责任到过失侵权责任再到严格责任的演变过程。在英美法系产品责任的历史演进过程中,产品缺陷致人损害的责任最初被纳入合同责任予以调整并坚守"无合同即无责任"的原则。较早对合同相对性责任规则适用例外的主要是指具有"紧急危险性"的缺陷产品,这实际上承认了生产者、销售者对"紧急危险性"产品的安全状态负有注意义务,也意味着产品责任开始摆脱合同责任的限制而转向过失侵权责任。另外,产品的购买者可以基于"违反担保"之诉对销售商提起诉讼,其中适销性的默示担保对于销售商因缺陷产品造成的损害承担严格侵权责任起到了重要促进作用。严格产品责任最早是由美国通过典型司法判例形成的,后被《侵权法重述第二版》第402A节所采纳,最终成为现代产品责任法的基本原则。

在大陆法系产品责任制度发展的早期阶段,主要依据物之瑕疵担保责任和积极侵害债权理论解决产品缺陷引发的责任问题。但是受害人往往囿于合同相对性限制或者瑕疵担保请求权时效期间较短而难以获得有效救济。无论是依据《法国民法典》第1384条第1款规定的"物的管理人"责任,还是德国理论与司法实践发展出的违反生产者特殊交往安全义务的生产者责任,都使得产品责任成为侵权责任法内部一个相对独立的类型。随着1985年《欧共体产品责任指令》有关产品责任统一化的立法要求,大陆法系国家纷纷制定了专门的产品责任法律,或者通过对现行民法典予以修改的方式将《欧共体产品责任指令》的立法精神纳入民法典之中,实行以严格责任为基础的产品责任制度。

我国的产品责任制度自产生至今,经历了30多年的短暂发展过程,大致经历了从"产品质量责任"过渡到"产品缺陷责任"的阶段,整体上呈现平稳渐进的发展态势。《民法通则》第122条使用"产品质量不合格"的表述,实际上确立的是"产品质量责任",是我国立法机关应对当时特定社会背景之下产品致人损害的民事救济问题而独创的具有中国元素的一种产品责任制度模式。1993年《产品质量法》的起草者直接借鉴了比较法上有关"产品缺陷"的规范表达,从而与国际上通行的产品责任立法模式相接轨。此后,在

"产品缺陷责任"体系之下,我国产品责任规则不断创新和发展。《民法典》第7编侵权责任中关于"产品责任"的部分得到了进一步的修改和完善,标志着具有典型中国特色的现代产品责任制度趋于形成。

第二章
缺陷产品侵权责任的归责原则

行为人依据过错责任原则或者无过错责任原则承担侵权责任法上损害赔偿责任的原因，事实上涉及受害人损失转移的内在合理性，此类内在合理性本质上在于对某一类型责任所适用的统一责任原则，即所谓的侵权责任之归责原则。① 归责原则在一定程度上体现了法律的价值判断因素，它所解决的是侵权责任的基础问题。现代产品责任普遍实行严格责任原则，传统危险责任理论则难以提供圆满解释，对此还应当从产品责任自身体系中寻求妥当的理论依据。自 20 世纪 80 年代后，美国对于产品责任归责原则的发展反其道而行之，根据产品缺陷类型限缩严格责任原则的适用范围，《侵权法重述第三版:产品责任》集中反映了美国产品责任法的改革成果和发展趋势。我国学理上对于生产者、销售者适用归责原则的现行立法规范存在认识分歧，尤其是关于销售者是否承担严格责任，理论学说与司法实践仍然存在较大争议。我国《民法典》对于产品责任归责原则的条文规则作出了新的修改，这有助于从法律体系上消解对于产品责任归责原则规范内容的理论分歧。

第一节　产品责任严格归责原则的理论基础

随着科技进步和社会结构的转型，因产品缺陷致人损害的民事责任逐渐演化成一种独立的侵权责任类型。现代产品责任制度普遍奉行严格责任

---

① ［瑞］海因茨·雷伊:《瑞士侵权责任法》，贺栩栩译，北京:中国政法大学出版社，2015 年版，第 15 页。

原则的基本精神,但是在产品责任领域确立严格归责原则并非完全基于传统危险责任的归责事由。探究产品责任严格归责原则适用的正当性基础,不仅应当结合其形成时期的社会环境因素,而且应当注重从产品责任自身体系中寻求其特殊的妥当性归责理论依据。

一、产品责任严格归责原则的产生原因

(一)现代工业化背景下缺陷产品致损问题严重

因产品安全问题导致损害发生,并非在近现代社会才出现,而是自古有之。产品因缺陷致人损害之所以在 20 世纪 60 年代以来备受关注,主要是因为现代工业化生产背景下产品缺陷致损后果日趋严峻,已经演变为极其突出的社会问题。第二次世界大战以后,各国大力发展经济以谋求复兴,科学技术日新月异,生产工艺水平不断提高,产品市场化程度逐渐加深。同时,产品的生产状况也发生了巨大变化,产品的制造过程更加机械化,产品的产销环节更加多层次化,产品的流通渠道更加国际化。上述有关现代工业化生产背景下产品制造及销售的诸多特征也隐藏着产品安全的巨大风险。

种类丰富的产品在满足人们生活需要的同时,也由于其自身缺陷问题给广大消费者的人身、财产安全带来了严重的损害后果。1970 年美国联邦政府消费者产品安全委员会的一项统计报告显示,全世界每年因产品缺陷遭受损害的人约有 2000 万人,其中 11 万人落下终身残疾,3 万人失去生命。[1] "日本米糠油中毒事件"中的受害人达 14 000 人之多。"沙利窦迈度事件"的受害者更是遍布全球,由此导致的畸形婴儿给无数个家庭带来了沉重的伤害。另外,据统计,美国产品责任诉讼从 1960 年的几十件增加到 1976 年的 50 万件,产品缺陷诉讼纠纷案件呈现爆发性增长。[2] 同时,这也反映了此类案件背后的产品缺陷致人损害事故触目惊心。产品缺陷致害已经成为与劳动灾害、汽车事故相并列的现代工业社会所出现的主要意外灾害

---

[1] 赵相林、曹俊:《国际产品责任法》,北京:中国政法大学出版社,2000 年版,第 18 页。

[2] 曹建明:《国际产品责任法概说》,上海:上海社会科学院出版社,1987 年版,第 14 页。

类型。在现代工业化生产的背景下,大量消费的社会需求使得人们对产品的依赖程度不断加深,由此引发的产品缺陷致人损害事故层出不穷,甚至愈演愈烈。针对这个时期出现的产品缺陷致损事故的极端严重后果,需要从法律制度层面进行严格规制,因此在产品责任领域适用严格责任原则也就成了必要的应对策略。

(二)消费者权利保护思想的兴起

科技的进步与生产的发展,在带来社会繁荣和生活改善的同时,也导致现代工业消费社会所特有的消费者问题的出现。由于产品的构造日趋复杂,产品是否具有危险性或副作用,一般消费者都难以做出判断。现代企业营销方式多种多样,由于消费者与经营者之间的信息不对称现象愈发突出,消费者很容易被误导消费。在这种环境下,消费者与经营者之间的地位严重失衡,消费者已经沦为法律上的弱者,正在遭遇超乎以往的伤害风险。消费者问题的存在催生了消费者运动的产生。消费者运动是 20 世纪 60 年代新兴的一种特殊社会运动,其通过宣传激进的消费者保护思想挑战和改变了消费关系的方方面面,并试图改变围绕消费和营销而形成社会秩序的各种要素。相当多的理论发展已经把消费者运动的目标定为改变组织、商业、工业,以及政府的原则、实践和政策。[①] 实际上,消费者权利保护的思想正是随着消费者运动的发展而逐步得到认同的。

消费者运动发端于美国。美国的消费者运动最初是在与消费者利害关系最大、问题最多的食品和药品领域掀起的一场以争取安全食品和药品为目标的斗争。消费者安全之所以特别受到重视,主要是因为产品具有缺陷造成的损害事故层出不穷,严重威胁消费者的人身健康与生命安全。随着消费者运动的广泛开展,在各国消费者安全保护意识的共同形成之下,消费者运动逐渐成为一种国际性的社会运动。社会公众对于消费者基本权利保护的呼声日益高涨,消费者权利保护已经悄然演变为国家的一项基本政策,成为政府对经济活动进行干预的一种形式。消费者运动倡导消费者权利,

---

① Robert V. Kozinets; Jay M. Handelman, Adversaries of Consumption: Consumer Movements, Activism, and Ideology, Journal of Consumer Research, Vol 31, Issue 3, 2004, p. 691.

对于消费者权利的保障最终又以法律制度的形式予以实现。[①] 在消费者权利保护的法律体系中,产品责任制度无疑是其重要的组成部分,甚至是消费者权利保护最有效的救济制度。在实际生活中,大量的消费者受害案都是产品责任案件,消费领域的损害大多表现为产品责任侵权的形式。[②] 加强对消费者权利的保护需要制定更为严格的产品责任制度。通过严格产品责任制度的实施,能够有效制止损害消费者利益的行为,督促生产者、销售者真正提高产品质量,从而为消费者提供更加安全的产品。

(三)产品责任作为新型侵权责任形态的特殊性

随着科技进步和社会结构的转型,因产品缺陷致人损害的民事责任与传统侵权责任形态相比具有显著的特殊性,并逐渐演化成为一种独立的侵权责任类型。利用现代工业化生产技术,产品需经设计、制造、加工等过程后方能投入流通,可能再经由经销商、进口商、批发商、零售商等层层环节后到达消费者的手中,最终消费者与产品制造商之间的距离愈来愈远。科技成果被大量运用于产品制造,也使得产品结构变得更加复杂,而危险性也有所提高。另外,产品交易逐渐国际化,因产品缺陷致人损害也产生跨国的法律适用问题。依据传统民法上的合同责任或过错侵权责任去试图调整产品缺陷致人损害责任,都面临无法克服的法律难题。由于制造商与因产品缺陷遭受损害的消费者或使用者之间通常并无直接的合同关系,而基于传统过错侵权责任,受害人亦将遭遇举证责任的困难。再者,产品责任系以产品缺陷为要件,而这与传统的危险责任系以"特殊危险"为要件又有所区别。[③] 产品责任作为一种新型的侵权责任形态,其表现出的特殊性并非传统民法所能有效调整的。

产品因具有缺陷致人损害,已经成为现代社会的重要问题。为了保护消费者的利益,使受害人得到适当的救济,并且减少产品致损事故的发生,

---

① 姚佳:《中国消费者法理论的再认识——以消费者运动与私法基础为观察重点》,《政治与法律》,2019 年第 4 期,第 135 页。

② 李昌麒、许明月:《消费者保护法》(第四版),北京:法律出版社,2014 年版,第202 页。

③ 郭丽珍:《产品瑕疵与制造人行为之研究——客观典型之产品瑕疵概念与产品安全注意义务》,台北:台湾神州图书出版有限公司,2001 年版,第 9 页。

有必要对传统民法作出必要的修正。产品责任是以产品缺陷为核心而形成的一种侵权责任类型,有关产品缺陷的判断标准、产品缺陷与损害之间的因果关系、产品责任的承担方式等问题都需要建立相应的规则,而对于归责原则的确立无疑是产品责任制度首先应当明确的一项法律原则。在侵权责任领域,自19世纪末以来,严格责任在世界范围内得到了逐步扩张。① 从产品责任的总体发展趋势来看,先是因为侵权责任法无法克服的问题,而试图透过契约法或准契约法之架构寻求突破,但最后还须回归侵权责任法的发展轨道。产品责任转向以产品缺陷为核心,也预示着其责任规范重心应以客观标准为基础,因此产品责任适用严格责任原则也是其必然的发展方向。

二、产品责任严格归责原则的理论依据

(一)危险责任理论适用于产品责任的局限性

产品责任由一般过错责任演变为严格责任,表明其已经形成了一个相对独立的侵权责任类型。在产品责任领域适用严格责任原则的各国立法中,法律规范的重心开始从责任主体转向责任客体,即直接以产品缺陷所造成受保护权利的损害作为责任依据。对于产品缺陷的判断不再依据生产者是否尽到其责任范畴内的注意义务,而是以产品客观典型之合理可期待安全性为标准。在世界范围内,尽管现代产品责任大都实行严格责任原则,但是同时也都规定了大致相似的法定免责事由(尤其是承认发展风险的抗辩),以平衡生产者与消费者之间的利益关系。在无过错侵权责任的类型中,产品责任无疑是具有其特殊性的,学理上围绕产品责任的性质也存在争议。② 关于产品责任实行严格责任原则的理论依据,除了能够借助侵权责任

---

① [德]格哈特·瓦格纳:《当代侵权责任法比较研究》,高圣平、熊丙万译,《法学家》,2010年第2期,第120页。

② 德国学界关于产品责任的本质引发争议,理论上存在“危险责任”“无过错责任”“非传统之危险责任”“扩张之危险责任”等观点。参见郭丽珍:《产品瑕疵与制造人行为之研究——客观典型之产品瑕疵概念与产品安全注意义务》,台北:台湾神州图书出版有限公司,2001年版,第16页。我国有学者认为产品责任属于典型的危险责任类型。参见朱岩:《危险责任的一般条款立法模式研究》,《中国法学》,2009年第3期,第31页;周友军:《我国危险责任一般条款的解释论》,《法学》,2011年第4期,第152页。

法上无过错责任原则的理论正当性以获得一般性支持之外,还应当从产品责任自身体系中寻求妥当的理论立足点。

尽管在侵权责任法上,"危险责任"通常被用来表述为各种类型的无过错责任,但值得注意的是,危险责任并不直接等同于无过错责任,其仅仅属于无过错责任的一种重要类型。严格来说,无过错责任可以分为普通无过错责任与危险责任(危险责任或称为严格无过错责任),这两种责任类型的显著区别在于责任的构成是否以客观违法性为必要。[①] 普通无过错责任须以客观违法性为要件,而危险责任并不以客观违法性为要件。目前,《欧洲侵权责任法原则》和《欧洲民法典》都采取了"严格责任"的概念表述。尽管无过错责任的大部分情形都涉及物或者行为的特殊危险性,但也并非全部如此。在欧洲范围内已经实行统一立法的产品责任,虽然这是一种典型的无过错责任,但其并非真正严格意义上的危险责任。这是由于产品责任并非建立在一般意义上的高度危险性之上,相反,其建立在具体情况中产品的缺陷之上。易言之,产品责任的成立须以产品存在缺陷的客观违法性为前提,并不是由于产品或制造过程本身所隐含固有的高致害危险源,这与核设施致害责任、动物饲养人责任等特殊危险责任中具有较高危险性的设备或行为致人损害,从而成立侵权责任存在较大的差异。

申言之,根据一般生活经验的判断,在适用危险责任的领域,通常会由于危险设备或危险行为的存在而对周围环境形成特殊危险性的状态。对于"危险性"的判断,主要有三个重要的考量因素:发生损害的盖然性、可能发生损害的程度以及风险的可控制性。以高度危险责任为例,其表现为高损害的发生率、损害范围和损害数额较为巨大以及可能发生的危险难以控制。鉴于上述危险设备或危险行为致害源的危险性,基于社会公众安全的视角应当对其进行全面禁止。但与此同时,社会和经济利益的实现有赖于这些具有潜在危险的活动,因此法秩序接受和容忍了这些活动导致的损害后果。具体当事人所受之损害则通过危险责任的承担得到赔偿,危险活动带来的

---

① 　[瑞]海因茨·雷伊:《瑞士侵权责任法》,贺栩栩译,北京:中国政法大学出版社,2015 年版,第 319 页。

经济风险不应当由受害者承担,而应当由通过从事危险活动的获利者承担。① 危险责任存在的法政策合理性依据正是基于此。

相比较而言,产品责任则是建立在缺陷产品致人损害的基础之上的。产品责任实质上是缺陷产品致人损害的责任,仅仅是指缺陷产品因具有的不合理危险而导致的损害后果,这与一般的危险责任有所差别。传统的危险责任,如危险设施、危险行为,其本身即蕴含着较高程度的危险状态。通过产品缺陷的要件可以看出,是因为产品具有缺陷而导致损害后果的发生,而非产品具有一般危险性引发此种损害。当产品不具备综合考虑各种情况下消费者可以期待的安全性时,产品即具有缺陷,然而并不能将产品所具有的此种缺陷危险定位在很高的程度。因为即使很多产品具有缺陷,但其并不必然引发严重的损害后果,也并不必然大大提高损害发生的概率。② 通过将产品责任与其他类型的危险责任规则进行比较可以发现,仅仅凭借产品缺陷所产生的危险状态并不足以对其适用以严格责任为基础的归责原则。

由此可见,对产品责任实行严格责任原则,并非完全是基于传统危险责任的归责事由。在产品责任领域确立严格归责原则的法律正当性基础,还应当从产品责任自身体系中寻求其他特殊的归责理论依据。

(二)产品责任适用严格责任原则的归责理论

产品责任作为一种特殊类型的侵权责任,其适用严格责任原则具有其自身独特的理论依据。美国学者对此进行了深入的探讨,提出了具有重要影响力的归责理论,主要包括"损失分散理论"(loss spreading)、"威慑与激励理论"(deterrence and incentive)及"市场遏制理论"(market deterrence)。

1. 损失分散理论

对于产品的生产过程已经尽到必要注意义务的制造商在将产品投入市场后,因产品具有缺陷导致消费者或使用者遭受损害的事实是工业化生产背景下存在的一种社会风险。产品缺陷致人损害的风险究竟应该落在消费

---

① [瑞]海因茨·雷伊:《瑞士侵权责任法》,贺栩栩译,北京:中国政法大学出版社,2015年版,第341-342页。

② [奥]海尔姆特·库齐奥:《侵权责任法的基本问题(第一卷):德语国家的视角》,朱岩译,北京:北京大学出版社,2017年版,第231页。

者身上,还是应该返还给制造商,再或者是转移给其他主体,这归根结底是一个法律政策的问题。① 产品缺陷所导致的损失不应该停留在受害方身上,而是应该转移给制造商,这是由于制造商通过对产品进行定价的方式将损失分散给所有消费者。② 此种损失分散的理论也可称为"风险共同体理论",即由企业经营生产者与消费者共同分担产品可能带来的损害风险。

从经济学的角度来看,如果生产者在设计、制造产品时并未采纳最高的技术安全和质量标准,并不意味着此种行为构成违法生产行为。降低产品质量安全措施可使生产者的产品成本下降,但同时也导致产品致害风险上升。对于那些因生产者降低生产安全标准而遭受缺陷产品侵害的消费者而言,其将承受这种不利后果,而其他消费者却从此种商品减价中获益。由于全体消费者都从低价商品中获益,因此遭受缺陷产品侵害的个体消费者不应当独自承担此种损害后果。生产者应当对具体遭受损害的消费者作出补偿,因为生产者有能力通过价格机制将此种损害分担给所有的消费者,从而达到所有受益人共担风险的效果。③ 另外,产品生产者还可以通过购买保险的方式将所承担的赔偿损失转移给保险机构,进而分散给社会公众,这种针对产品责任风险而形成的损失分散方式被称为对产品缺陷进行经济分析的一种新型侵权责任理论方法。④ 损失分散理论对于在产品责任领域适用严格责任原则发挥了重要的理论支撑作用。

在 1944 年美国加州最高法院审理的"埃斯克拉诉可口可乐瓶装公司案"(Escala v. Coca Cola Bottling Company)中,特雷纳(Traynor)法官明确阐述了将损失分散理论适用于严格产品责任的正当性理由:无论生产者是否存在过错,他都处于采取措施预防产品缺陷的有利地位,并且可以通过保险

---

① Thomas A. Cowan, Some Policy Bases of Products Liability, Stanford Law Review, Vol. 17, Issue 6, 1965, p. 1092.

② John W. Wade, On the Nature of Strict Tort Liability for Products, Mississippi Law Journal, Vol. 44, Issue 5, 1973, p. 826.

③ [奥]海尔姆特·库齐奥:《侵权责任法的基本问题(第一卷):德语国家的视角》,朱岩译,北京:北京大学出版社,2017 年版,第 251 页。

④ Virginia E. Nolan; Edmund Ursin, Enterprise Liability and the Economic Analysis of Tort Law, Ohio Staw Law Journal, Vol. 57, Issue 3, 1996, pp. 842–843.

和提高产品价格的方式将赔偿损害的风险分散给社会公众。① 在该案之后，损失分散理论对美国司法实践中有关产品责任案件的裁判产生了广泛影响，被越来越多的法院引为适用严格责任的重要理论依据。

2. 威慑与激励理论

威慑理论，是指在产品责任领域实行严格责任，能够有效震慑、督促制造商设计和生产出较为安全的产品，从而减少缺陷产品可能对消费者造成的损害风险。此种理论通常建立在经济分析的基础之上，或者与经济分析的理念相关联。一般而言，适用严格责任的归责原则，能够激励产品制造商提升产品的生产规格或者由于成本—效益机制抬高产品的市场价格，而这两种方式都会对产品的安全起到促进作用。对于产品市场价格的激励功能而言，因为相对更高的产品价格往往会反映出真实的生产成本（包括由于产品缺陷所造成的损失在内）。② 理性的消费者为了节省金钱，经常会寻求购买价格较低的替代性产品，而不再购买价格较高的可能存在缺陷危险性的产品。产品制造商往往处于"降低产品成本的最佳有利地位"③，其通过采取有效预防产品缺陷风险的措施，从而实现避免承担严格产品责任可能带来的诸多不利后果。

此外，通过对产品责任适用严格责任的归责原则，能够激励制造商寻求消除或降低可避免的产品风险的方法，促进其在产品安全方面的投入，从而最终实现控制产品风险的目标。④ 尽管在理论上而言，对于产品制造商课以过错责任原则也可以实现产品风险的控制目标，但是在效果上却与严格责任原则有着实质性的差别。经验似乎表明，如果制造商知道将为其产品造成的伤害承担责任，那么该产品将比制造商知道其可以通过证明行使应有

---

① Escala v. Coca Cola Bottling company, 24 Cal. 2d 453, 150 P. 2d 436 (1994).

② Guido Calabresi, The Costs of Accidents: A Legal and Economic Analysis, New Haven: Yale University Press, 1970, p. 86.

③ Dan B. Dobbs, The Law of Torts, Eagan: West Group, 2000, p. 976.

④ James A. Jr. Henderson, Coping with the Time Dimension in Products Liability, California Law Review, Vol. 69, Issue 4, 1981, pp. 932-933.

的谨慎来避免责任更加安全。① 在对产品制造商适用过错责任原则时,具体案件中受害人常常面临举证责任方面的难题,如证明什么才是某一领域具有专业知识的制造商本应该知道的产品危险。另外,制造商还可能将对自己不利的产品测试结果销毁,使受害人无法证明制造商对产品危险已经知情的事实。基于上述原因,制造商可能会选择逃避承担过错责任原则体系中的产品责任或者对此抱有侥幸心理,因而减少在降低产品安全风险方面所采取的必要措施。如果对产品责任适用严格归责原则,则根本不需要考虑制造商对于上述产品危险信息的知晓情况,这就消除了过错侵权责任中受害人可能面临的实际举证困难,产品制造者逃避责任的可能性也将大大缩小,从而具有更大的积极性为降低产品风险而采取必要措施。

3. 市场遏制理论

所谓市场遏制理论,是指在产品责任领域实行严格归责原则,通过提高缺陷产品的市场成本以减少社会公众对缺陷产品的消费,使缺陷产品的制造商在市场竞争中处于不利地位,从而对缺陷产品的生产、销售行为进行遏制。② 市场遏制理论是通过运用严格责任原则对消费者的购买行为产生影响,进而对缺陷产品的市场竞争进行抑制,最终达到阻遏制造商生产缺陷产品的基本目标。

在市场经济中,消费者往往对各类产品的潜在风险认识不足。由于同类产品的市场价格常常能够反映制造者的产品责任保险成本(包括预防产品事故的保险成本),通过实行严格责任的法律机制从而提高缺陷产品价格的方式,能够提醒消费者此类产品存在的潜在危险,以减少消费者对这类危险产品的过度消费。对市场上相关危险产品的消费越少,产品责任事故发生的可能性就会越低,从而减少产品责任的保险成本。在过错责任原则之下,如果相对危险产品带来的利益足以证明其风险的正当性则不需要承担产品责任,即使是处于理性人标准的制造商也不会有动力去提高产品的安

---

① John W. Wade, On the Nature of Strict Tort Liability for Products, Mississippi Law Journal, Vol. 44, Issue 5, 1973, p. 826.

② James A. Jr. Henderson, Coping with the Time Dimension in Products Liability, California Law Review, Vol. 69, Issue 4, 1981, p. 933.

全性。在此种情形下,市场遏制功能将难以发挥作用。如果实行严格责任的归责原则,通过让制造商为其产品因缺陷导致的损害后果承担责任,能够迫使制造商将产品责任的事故成本内在化。[1] 在这个过程中,由于产品将反映出相关避免风险的成本,从而激励制造商尽可能减少产品缺陷,进而提高市场上产品的安全性。

尽管上述归责理论主要是从经济分析的角度切入,但这正是针对产品责任适用严格归责原则所提供的全面且一致的解释路径。通过运用严格产品责任的法律机制,能够激励制造商增加产品安全方面的投入,有助于确保产品缺陷的事故成本被减至经济、合理的水平,从而更好地促进产品的社会效用。

三、产品责任严格归责原则的确立意义

产品责任归责理论的历史演变,大致经历了从合同责任到侵权责任,从过失责任到严格责任的发展轨迹。严格责任原则的形成和确立绝非偶然,而是有着深刻的社会经济基础。严格责任原则在产品责任领域的适用体现了法律制度对消费者利益的充分保护,彰显了法律追求公平正义的价值目标。

1. 严格责任原则能够充分保护消费者的利益

严格责任原则能够弥补过失侵权责任与合同担保责任的不足之处,从而为消费者提供充分的救济。

一方面,相对于过失侵权责任而言,严格责任原则并不要求缺陷产品的受害人证明产品生产者、销售者存在过错的情形,这就大大减轻了受害人的举证负担。当代社会分工日益精细化,一般的消费者很难判断产品缺陷的原因究竟是否与生产者或销售者的过错有关。严格责任原则的确立正是充分考虑了这种举证能力上的悬殊,可谓是产品责任制度上的重大进步。[2] 可

---

[1] David G. Owen, Products Liability in a Nutshell, Saint Paul: West Academic Publishing, 2008, p. 146.

[2] 赵相林、曹俊:《国际产品责任法》,北京:中国政法大学出版社,2000 年版,第 178 页。

以说,严格责任原则简化了产品责任中的举证过程,有效降低了司法诉讼成本。①

另一方面,相对于合同担保责任而言,严格责任原则是真正从消费者权益保护的立场出发去解决缺陷产品的责任问题。事实上,调整合同担保责任的法律主要是从商业交易的角度去试图回应因违反合同担保责任而侵犯消费者权益的诉讼纠纷。然而,这种做法对于完全地处理导致人身伤害的产品责任问题,则显得不尽如人意。② 正如有学者在评论美国《统一商法典》对于处理缺陷产品责任的贡献时所指出的那样,由于缺陷产品责任案件中考虑的因素与传统的商事交易存在较大不同,《统一商法典》在很大程度上是用商业团体交易领域中的方法去解决缺陷产品责任的问题,可能会不幸地导致对于不相似问题采用相似的处理方法。③ 因此,严格责任原则在缺陷产品致人损害责任领域的适用显然比合同担保责任更能够发挥有效的规范功能。

2. 严格责任原则能够促使制造商尽可能降低产品风险

对缺陷产品适用严格责任原则,将有助于激励产品制造商增加在产品安全方面的投入,从而尽可能降低或消除可避免的产品风险。④ 由于在严格责任原则之下,因产品缺陷致损的受害人不需要证明制造商具有过失等通常难以举证的侵权要素,因此制造商遭受不利判决的可能性大大提高,这将实质性地降低制造商原本可以得到的收益。在这种情况下,一个理性的产品制造商必须对其打算投放市场的缺陷产品的数量以及可能给他人造成的损害可能性进行充分的预计和仔细的考量,从而有意识、有针对性地加强对

---

① Guido Calabresi, The Costs of Accidents: A Legal and Economic Analysis, New Haven: Yale University Press, 1970, pp. 225-226.

② [美]迈克尔·D. 格林:《产品责任:北美视角的比较法评论》,王竹、邵省译,《北方法学》,2014 年第 4 期,第 12 页。

③ Marc A. Franklin, When Worlds Collide: Liability Theories and Disclaimers in Defective-Product Cases, Stanford Law Review, Vol. 18, Issue 5, 1966, p. 974.

④ James A. Jr. Henderson, Coping with the Time Dimension in Products Liability, California Law Review, Vol. 69, Issue 4, 1981, p. 932.

产品质量监控的程度。① 相对于消费者而言,产品制造商往往更容易在产品的生产过程中发现、评估和应对存在的风险,尤其是针对那些技术复杂的产品更是如此。依据风险控制的基本原理,缺陷产品导致的损失将会被制造商尽可能降至最小化。②

另外,严格责任原则能够提高危险产品的成本,使其在市场竞争中处于不利地位。尽管产品制造商可以通过提高产品价格的方式来分散责任保险的成本,并将其由于产品缺陷导致的额外赔偿损失分摊给公众消费者,但是这就可能导致危险产品的价格高于市场上同类产品的价格,最终会导致消费者减少对危险产品的消费。③ 由此可见,严格责任原则能够遏制市场上危险产品的出现,通过市场竞争机制促使产品制造商尽可能降低缺陷产品的风险,提升产品的安全质量。④

3.严格责任原则更加符合公平原则

严格产品责任的基本思想是对缺陷产品所导致不幸损害事故责任的合理分配,具有道德上的正当性,体现了法律追求公平的价值理念。当消费者从市场上购买产品时,他应当对产品的安全性有着合理的预期,正如消费者信赖该产品制造商所极力宣传的那样,即产品不会发生危险的故障。然而,产品潜在致害性的缺陷导致了损害后果,使得消费者对产品安全的合理预期落空。尽管产品制造商对于产品缺陷可能不存在过失,但是要求其承担缺陷产品致损的赔偿责任仍具有正当性。⑤

事实上,制造商将部分可能存在潜在制造缺陷的产品投入市场的行为是可以被认为存在主观故意的,即制造商是故意剥夺那些被产品伤害的消

---

① 许传玺:《美国产品责任制度研究》,北京:法律出版社,2013年版,第97页。

② David G. Owen, Rethinking the Policies of Strict Products Liability, Vanderbilt Law Review, Vol. 33, Issue 3, 1980, pp. 711-712.

③ 张骐:《中美产品责任的归责原则比较》,《中外法学》,1998年第4期,第62页。

④ Guido Calabresi, The Costs of Accidents: A Legal and Economic Analysis, New Haven: Yale University Press, 1970, p. 27.

⑤ James A. Jr. Henderson, Coping with the Time Dimension in Products Liability, California Law Review, Vol. 69, Issue 4, 1981, pp. 935-936.

费者的身体健康。① 由于制造商在为产品设定质量控制水平的同时,也接受了一定的产品缺陷率,甚至制造商可以预测缺陷产品发生事故的次数以及受害人的数量。因此,在某种意义上,产品制造商对于将潜在的制造缺陷产品投入市场并最终导致消费者的损害是存在故意的。② 尽管制造商在选择设定产品缺陷率时,可以认为其作出了符合经济理性的决策,但是这并不能改变他的故意决策与消费者使用缺陷产品而受到损害事实之间的关系。因此,从这个角度进行分析,制造商对于产品缺陷导致的损害结果承担严格责任是符合公平原则的。

第二节　美国产品责任归责原则的最新改革趋势及其评析

美国产品责任制度的演变过程集中体现了法律在保护公民人身、财产安全与促进商业经济发展两种价值取向之间的博弈和平衡,并最终发展出以保护公民人身和财产安全为主要目标的严格产品责任体系。通过这种制度设计与实践,美国产品责任法极大地影响了产品制造者、销售者等相关组织与个人的经营行为,降低了其产品发生不合理危险、造成他人人身或财产损害的概率。同时,通过司法裁决等纠纷处理机制,美国产品责任法相应促成了由社会承担产品致害风险的成本分摊机制,使那些不幸受到人身伤害和财产损失的消费者能够得到应有的补偿。③ 可以说,《侵权法重述第二版》第402A节被确立之后,严格责任原则长期占据着美国产品责任法的核心地

---

① James A. Jr. Henderson; Aaron D. Twerski, Intent and Recklessness as Bases of Products Liability:One Step Back, Two Steps Forward, Alabama Law Review, Vol. 32, Issue 1, 1980, p. 39.

② James A. Jr. Henderson, Coping with the Time Dimension in Products Liability, California Law Review, Vol. 69, Issue 4, 1981, p. 937.

③ 许传玺:《美国产品责任制度研究》,北京:法律出版社,2013年版,第2页。

位,第402A节也被美国司法实践奉为《圣经》一般而不加批判地广为接受。①
然而,随着产品责任诉讼案件的大量出现,尤其是产品设计缺陷和警示缺陷
诉讼案件的增多,司法实践对严格责任原则的认识不断深入,也开始引发对
在产品责任领域全面适用严格责任原则的反思。

一、美国产品责任严格归责原则的限缩适用

在20世纪70年代之前,美国绝大多数产品缺陷责任案件基本上是针对
产品制造缺陷而言的,较少出现有关产品设计缺陷和警示缺陷方面的诉讼
案件。具有设计缺陷或警示缺陷的产品,往往符合产品具体的设计意图,只
是由于该产品的设计规格本身,或者缺乏足够的使用说明或警示,从而导致
产品出现不合理的危险。在《侵权法重述第二版》颁布之前,因产品设计或
警示缺陷引发的诉讼并不常见,并且由于一些限制性规则使得有关产品设
计缺陷和警示缺陷的赔偿请求难以实现。然而,随着这些规则逐渐被修改
或抛弃,法院开始根据《侵权法重述第二版》第402A节中的一般严格责任原
则,试图对设计缺陷和因缺乏足够使用说明或者警示产生的缺陷课以严格
责任。然而,美国司法实践很快发现,主要针对制造缺陷致人损害责任而确
立的第402A节无法妥当适用于存在设计缺陷或者警示缺陷的产品之上。②

较早对产品设计缺陷与警示缺陷进行认定的案例为1967年美国明尼苏
达州最高法院审理的"麦科马克诉汉克斯工艺公司案"(McCormack v.
Hankscraft Co.)。在该案中,麦科马克(McCormack)从一家零售药店购买了
一台由被告汉克斯工艺公司(Hankscraft Co.)生产的加湿器,将其放置家中
房间用于自家儿童感冒和哮喘的理疗。麦科马克(McCormack)的女儿在夜
间起床进入卫生间时,不小心打翻了加湿器,瓶中的热水溅到了她的身上,
导致孩子整个身体30%的面积被严重烫伤。麦科马克(McCormack)作为其
女儿的诉讼代理人向被告提起诉讼,要求被告承担损害赔偿责任。该案陪

---

①　David G. Owen, Defectiveness Restated: Exploding the Strict Product Liability Myth, University of Illinois Law Review, Vol. 1996, Issue 3, p. 744.

②　参见美国法律研究院:《侵权法重述第三版:产品责任》,肖永平、龚乐凡、汪雪飞译,北京:法律出版社,2006年版,第3页。

审团裁决被告向原告支付损害赔偿金 150 000 美元,初审法院作出了对原告不利的判决。原告不服,提起上诉。在上诉审理中,原告一方的专家证人认为被告生产的加湿器存在设计缺陷,主要原因是当加湿器被打翻时,没有能够提供任何方法固定加湿器的玻璃瓶盖子,以防止瓶中的热水溢出。打翻加湿器并不需要太大大力气,如果加湿器在房间开启时无人看管,这种缺陷设计将会对儿童的身体造成损伤。有很多实用且便宜的设计都可以通过一些简单而公认的方法将加湿器的玻璃瓶盖子固定在储水器上,如果被告采取了这些设计,就可以消除这种缺陷。这种改进方式对于安全使用产品至关重要,因为通过肉眼或触摸无法对已经临近沸点的水进行辨别,且被告的使用手册中也没有对损害风险进行警示。

明尼苏达州最高法院认为,陪审团根据证据有理由认定被告没有履行合理注意义务,包括告知原告的家长水温会造成烫伤,也没有对使用加湿器可能造成的可预见性危险进行警告。毫无疑问,依据现有的证据在法律上并不能认定瓶中的热水所构成的危险在特性和严重程度上对于大多数潜在使用者来说是非常明显的……这确实可以认定被告没有尽到警示义务。

明尼苏达州最高法院还得出结论,被告在采取不安全的设计问题上存在过失。尽管制造者与原告之间没有合同关系,但是制造者有义务在设计产品时尽到合理的注意义务,以便使产品在发挥其预定功效时不会出现意料之外的风险,制造商违反了这一义务就应承担责任,这一点是非常明确的。显然,被告对原告负有这样的义务,因为被告承认加湿器主要的预定功能是为了儿童感冒或哮喘的理疗。采取简单、实用、便宜的替代性设计,将加湿器玻璃瓶顶端固定在瓶子上,可以极大地减少或消除原告受伤的风险。市场上许多其他品牌的加湿器都采用了几乎相同的设计,尽管这一事实与该案高度相关,但是陪审团仍然可能认定如果被告尽到了合理的注意义务,他们就会采用不同的设计……撤销原判,指示按照陪审团的裁决进行判决。[①]

在"麦科马克诉汉克斯工艺公司案"(McCormack v. Hankscraft Co.)中,

---

① McCormack v. Hankscraft Co. ,278 minn. 322,154 N. W. 2d 488.

产品缺陷主要是指制造商在设计方面未尽到合理的注意义务以及未对产品存在的不合理危险进行充分警示,从而导致产品因存在设计缺陷、警示缺陷致人损害的事故,这是典型的以过失责任为依据而认定的产品责任案例。在该案中,原告为了证明制造商的产品设计存在缺陷,有针对性地提供了产品的替代性设计方案。这种基于"合理替代性设计"的产品责任与因产品制造缺陷而适用的严格责任原则存在一定程度上的差别。这也反映出严格责任原则在产品设计缺陷、警示缺陷案件中难以发挥应有的效用。

在"麦科马克诉汉克斯工艺公司案"之后,美国各州大量的司法判例认同针对产品缺陷类型所作出的三种基本分类方式,并注意将制造者的设计缺陷、警示缺陷的产品责任与涉及产品所隐含的制造缺陷责任的案件加以区分,从而逐渐开始确立了针对产品制造缺陷、设计缺陷和警示缺陷适用不同归责原则的标准。①

美国学术界也同样支持对产品缺陷类型做出的划分,并进一步认为应当根据产品缺陷类型区分适用不同的归责原则。著名侵权责任法学者约翰·威德(John W. Wade)认为,产品缺陷可能是由于生产过程中的失误而无意中造成的,也可能是由于糟糕的设计或没有附上警告或适当的说明而产生的,尽管该产品完全符合预期。② 也有学者指出,严格责任原则在制造缺陷的情况下似乎确实有效和公平地发挥作用,这是因为制造缺陷的测试是内置的,并且通过参考制造商自己的生产标准以及行业中通常遵守的标准就很容易确定了。然而,当严格责任适用于有意识的设计缺陷案例时,就会出现严重的分析困难,传统的消费者期望标准作为一种识别设计缺陷案例中缺陷标准的工具是远远不够的。③ 不少学者已经认识到,尽管法院在名义上

---

① Caterpillar Tractor Co. v. Beck, 593 P. 2d 871, 881 - 882 (Alaska 1979); Hunt v. Harley-Davidson Motor Co., 248 S. E. 2d 15, 15017 (Ga. Ct. App. 1978); Cosse v. Allen Bradley Co. 601 So. 2d 1349, 1351 (La. 1992); Bilatta v. Kelley Co., 346 N. W. 2d 616, 621 - 622 (Minn. 1984).

② John W. Wade, On the Nature of Strict Tort Liability for Products, Mississippi Law Journal, Vol. 44, Issue 5, 1973, p. 830.

③ Sheila L. Birnbaum, Unmasking the Test for Design Defect: From Negligence "to Warranty" to Strict Liability to Negligence, Vanderbilt Law Review, Vol. 33, Issue 3, 1980, pp. 645-646.

对于设计缺陷的案件适用严格责任原则,但是实际上在最终决定制造商是否承担责任的归责原则时,适用的却是过失责任的标准。①

二、美国产品责任归责原则的改革过程

自 20 世纪 80 年代以来,美国司法实践对于《侵权法重述第二版》第 402A 节中严格责任原则全面予以适用的热度逐渐下降,开始重点关注产品责任归责原则的未来发展方向。其主流观点认为严格责任原则适用于整体产品责任制度是不合适的,而是应当根据产品缺陷的类型进行区分适用。② 具体而言,在设计缺陷案件中,美国法院越来越多地基于过错法则的可预见性和平衡原则,以风险—效用标准代替真正严格的消费者合理期待标准;在警告缺陷案件中,法院认为警示义务应当适用于制造商在现有科学技术水平内能够发现的产品危险,而不应当承担警示不可预见风险的义务。尽管几乎所有的州名义上都继续接受仍称之为"严格"的产品责任原则,但实际上一些法院和许多评论家开始质疑严格责任原则作为认定产品设计与警告缺陷责任标准的合理性。③

1979 年,美国商务部公布了《统一产品责任示范法》(Model Uniform Products Liability Act),以作为美国各州产品责任法改革的一个指南,旨在澄清和限制严格责任。④《统一产品责任示范法》第 104 条分别对制造缺陷、设计缺陷以及警示缺陷的产品责任进行了详细规定。其中,对于制造缺陷的认定,需要根据产品脱离制造者控制时不符合产品的设计说明或性能标准判断;对于设计缺陷的认定,需要根据产品在制造时存在的致损可能性,以及替代性设计在技术上和实际上的可行性予以分析;对于警示缺陷的认定,需要根据制造者对可能的使用者察觉产品的危险和潜在损害性质的预期能

---

① David G. Owen, Defectiveness Restated: Exploding the Strict Product Liability Myth, University of Illinois Law Review, Vol. 1996, Issue 3, 1996, p. 784.

② David G. Owen, The Fault Pit, Georgia Law Review, Vol. 26, Issue 3, 1992, pp. 705 – 710.

③ David G. Owen, The Evolution of Products Liability Law, Review of Litigation, Vol. 26, Issue 4, 2007, p. 980.

④ Dan B. Dobbs, The Law of Torts, Eagan: West Group, 2000, p. 977.

力予以分析,并对显而易见的产品危险缺乏警示的情形进行了免责规定。①
可以说,《统一产品责任示范法》在一定程度上区分了制造缺陷与设计缺陷、
警示缺陷的产品责任归责原则。对于产品因制造方面的缺陷致人损害的,
适用的是严格责任原则;对于因产品设计缺陷、警示缺陷致人损害的,实际
上适用的则是过错责任原则。

在此期间,美国一些州纷纷进行产品责任的立法改革。尽管在州这一
层面的立法活动范围比较宽泛,但总体而言却显得较为零散,只有个别州取
得了相关的产品责任立法成果。② 另外,一些州的立法机构也开始以各种方
式对产品责任领域施加影响,这些改革举措不仅体现在产品责任领域,也包
括一般侵权责任的案件。如密西西比州、佐治亚州和伊利诺伊州通过改革
法律程序以限制州外案件原告向其所在地法院提起诉讼,从而实现增强对
诉讼案件管辖权的目的。③ 上述一系列改革举措旨在从不同方面减轻严格
责任原则可能会给制造商带来的过重的责任负担。

在《侵权法重述第二版》第402A节颁布28年之后,美国法学会决定再
次对产品责任规则进行重述。1992年美国法律研究院启动《侵权法重述第
三版:产品责任》的编纂工作,历时五年的修订和更新,1997年5月美国法律
研究院最终通过了《侵权法重述第三版:产品责任》,从而修改了《侵权法重
述第二版》关于产品责任法主旨的第402A节和相关章节。《侵权法重述第
三版:产品责任》的颁布,是美国产品责任法发展历史上又一次具有里程碑
意义的事件,其对美国长期以来的产品责任司法实践进行了系统、全面的梳
理和总结,是美国产品责任学说与判例的集大成者。同时,《侵权法重述第
三版:产品责任》集中体现了美国产品责任司法实践经验与改革观点的折

---

① 国家技术监督局政策法规司:《国外产品质量与产品责任法规选编》,北京:中国
计量出版社,1992年版,第8—9页。

② Idaho Code § § 6-1401 et seq. (1990);Wash. Rev. Code. Ann. § § 7.72.010 et
seq. (West 1991).

③ [美]小詹姆斯·A.亨德森(James A. Henderson, Jr.)、[美]理查德·N.皮尔森
(Richard N. Pearson)、[美]道格拉斯·A.凯萨(Douglas A. Kysar)等:《美国侵权责任法:
实体与程序》,王竹、丁海俊、董春华等译,北京:北京大学出版社,2014年版,第531页。

中,是一个颇具妥协性的产物。① 《侵权法重述第三版:产品责任》明确将产品缺陷类型分为制造缺陷、设计缺陷以及警示缺陷,并区分适用不同的责任原则。总的来说,适用于制造缺陷的严格责任原则并不适用于设计缺陷和警示缺陷,因设计缺陷或警示缺陷而导致产品缺乏合理安全性的产品责任适用于过失责任原则。对于设计缺陷和警示缺陷,无法通过制造商自己的设计或销售标准加以判断,而应采用风险—效用的均衡原则来判断产品是否存在缺陷,判断的重点在于确定产品的设计或营销是否达到了最合适的安全水准。②

美国《侵权法重述第三版:产品责任》是对《侵权法重述第二版》第402A节颁布后30多年来的重大修订,是对美国司法实践有关产品责任发展与改革成果的最终确认。根据产品缺陷类型区分适用严格责任或者过失责任的归责原则,集中体现了美国对产品制造商和消费者之间利益平衡关系的再次调整,在一定程度上反映了美国产品责任归责原则的发展趋势。

三、美国产品责任归责原则最新改革的评析

尽管美国法院已经逐渐认识到严格责任原则在产品缺陷案件中统一适用可能存在的问题,但是一些案件的审理结果却使得产品责任继续朝着更加严格的步调发展,甚至迈向“绝对责任”的境地。尤其是随着1982年“贝莎达诉约翰-曼维尔产品公司案”(Beshada v. Johns-Manville Products Co.)的判决,表明了不加区分地适用严格责任原则在司法实践中暴露的问题更加突出。在该案中,新泽西州最高法院审理认为,尽管石棉制造商因不可能知悉石棉的潜在危险而未作出警示,但仍然要对致人损害的后果承担严格责任。③ 该案判决将严格责任适用于人们无法知晓的产品潜在危险而存在的警示缺陷,意味着严格产品责任正在向绝对责任的方向演进。

正是由于产品责任严格归责原则在司法实践中的适用已经远远超出了

---

① 王晨:《揭开“责任危机”与改革的面纱——试论经受挑战的美国严格产品责任制度》,《比较法研究》,2001年第1期,第43页。

② 参见美国法律研究院:《侵权法重述第三版:产品责任》,肖永平、龚乐凡、汪雪飞译,北京:法律出版社,2006年版,第18页。

③ Beshada v. Johns-Manville Products Co. 90 N. J. 191,447 A. 2d 539 (1982).

当初制定的本意,其适用范围不断扩大甚至朝向绝对责任的标准发展,这就导致产品责任诉讼案件的数量猛增,原告的胜诉率大大提升,产品责任案件的赔偿数额也出现了爆炸性的扩张。美国因此出现了严重的产品责任保险危机并导致产品制造商陷入困境。[①] 正是在这种局面下,产品制造商开始将各种矛盾的源头聚焦在产品责任所适用的严格归责原则本身,于是一场有关产品责任归责原则的改革序幕缓缓拉开。围绕美国产品责任归责原则改革的主要动机在于减缓产品制造商的责任负担,从而排除统一适用的严格责任原则可能对企业研发产生的阻碍因素。

美国产品责任法在 20 世纪 80 年代开始发生转型,严格责任原则的适用逐渐受到限制。这个时期美国产品责任法改革的动因除了法律制度本身的原因外,主要还存在经济方面的因素。20 世纪 70 年代中期以后,美国经济进入了发展的停滞期。与此同时,美国社会面临一场重大的产品责任危机,大量出现的产品责任诉讼对工业、保险业、金融业甚至整个美国的经济都造成极大的冲击。在制造商与保险商利益的推动下,立法机关开始着手对产品责任制度进行改革,严格产品责任原则为此倍受指责并遭受了严峻的冲击。[②] 支持产品责任改革的观点认为,产品责任领域中过于倾向消费者利益的严格责任原则会妨碍企业的发展。[③] 正是在上述多方面因素的交织之下,美国决定对严格产品责任归责原则的适用范围予以调整,最终采取将严格责任原则限制适用于制造缺陷的产品责任案件,而对于设计缺陷与警示缺陷的产品责任案件则考量制造商对于产品缺陷的发现可能性,后两种产品缺陷类型的归责原则表现出过错责任的性质。

总之,经过改革后的美国产品责任制度在归责原则方面的确发生了显著变化,使得针对制造缺陷的严格责任原则并不能适用于设计缺陷与警示

---

① Michael J. Moore；W. Kip Viscusi, Product Liability Entering the Twenty - First Century：The U. S. Perspective, Washington：AEI - Brookings Joint Center for Regulatory Studies,2001,pp. 24-25.

② 张桂红:《美国产品责任法的最新发展及其对我国的启示》,《法商研究》,2001 年第 6 期,第 103 页。

③ David G. Owen, Moral Foundations of Products Liability Law：Toward First Principles, Notre Dame Law Review, Vol. 68, Issue 3,1993, p. 431.

缺陷的案件,这是对产品责任制度中有关公平与效率关系的再次调整,在一定程度上反映了美国产品责任法进入了新的发展阶段。尽管如此,但并不能据此否认严格归责原则仍然在美国产品责任法上一定范围内发挥着重要的规范功能,至今其仍被各州广泛适用。严格来说,美国产品责任法上有关归责原则的改革举措并未从根本上动摇现代产品责任制度普遍奉行的严格归责原则的根基。尽管对于设计缺陷、警示缺陷的判断方面注重考量风险与效用之间的平衡,但是归根结底,一项产品责任的成立仍然是基于客观上产品存在缺陷并发生致人损害的后果。所谓对于制造商是否可以合理预见产品危险的可能性因素的引入,只是为了避免严格责任在具体适用时演化为绝对责任而进行的必要矫正。事实上,即使对于产品危险的可预见性因素的认定,也不是单纯依据制造商的主观能力,而是要结合当时整个社会最新科学技术发展水平的客观状态,这也与传统过错侵权责任的认定存在显著差别。另外,从未来发展趋势上看,美国产品责任法上的严格归责原则并不会再简单退回到传统过错责任的范畴,只可能会在严格责任制度框架内针对个别性不足之处而进行相应的修补。[①] 因此,20 世纪 80 年代后发生在美国产品责任法上有关归责原则的改革举措并未动摇现代产品责任制度所确立的严格归责原则基本精神。

实际上,美国产品责任法上归责原则的改革也并未像其最先确立严格产品责任制度那般对其他国家和地区产品责任立法产生广泛的影响。就目前而言,美国以外其他法域的产品责任制度仍表现出坚持现行严格归责原则的基本立场,并未追随美国的最新改革趋势。以欧盟产品责任法为例,在《欧共体产品责任指令》的起草过程中,曾就是否借鉴美国区分产品缺陷类型而对严格责任原则进行限缩适用进行过讨论,欧盟委员会最终以压倒性的意见持反对立场。其具有说服力的理由是产品责任的成立取决于产品缺陷的存在,而与制造商的可预见性并无关联;同时认为产品缺陷的类型划分

---

① 王晨:《揭开"责任危机"与改革的面纱——试论经受挑战的美国严格产品责任制度》,《比较法研究》,2001 年第 1 期,第 43 页。

是较为困难的,并且不利于消费者的维权。① 最终颁布的《欧共体产品责任指令》采取统一适用的严格责任归责原则。尽管欧盟委员会对于产品缺陷类型划分的观点具有一定程度上的保守性,但是其坚持产品责任严格归责原则的立场却是十分明确的,并放弃对美国产品责任归责原则改革趋势的效仿。

第三节   我国产品责任归责原则的学说争议及其评析

自《民法通则》确立产品责任制度以来,我国学理上围绕生产者、销售者应当适用何种归责原则的认识存在分歧。《产品质量法》和《侵权责任法》的相继出台并未使得相关的理论争议尘埃落定。在当前民法典实施的背景下,有必要进一步对上述分歧进行系统性梳理,尽可能在最大范围内形成理论共识,从而促进《民法典》相关条文规则得以准确理解和适用。

一、《民法通则》第 122 条中产品责任归责原则的争议起点

我国从法律层面直接对产品责任进行规范源于《民法通则》第 122 条。② 据学者考证,《民法通则》第 122 条在起草之初并未参考和借鉴同时期欧美产品责任相关立法,而是原发性地创设了该条文。③ 由于《民法通则》第 122 条的条文表述过于简略,致使当时学理上对于产品责任主体适用何种归

---

① Duncan Fairgrieve, Product liability in Comparative Perspective, Cambridge: Cambridge University Press, 2005, p. 161.

② 《民法通则》第 122 条规定:"因产品质量不合格造成他人财产、人身损害的,产品制造者、销售者应当依法承担民事责任。运输者、仓储者对此负有责任的,产品制造者、销售者有权要求赔偿损失。"

③ 参见王竹:《侵权责任法疑难问题专题研究》(第二版),北京:中国人民大学出版社,2018 年版,第 81 页。

责原则的认识立场并不一致。对此主要有以下观点。

其一,过错责任原则说。有学者认为,产品责任在侵权责任类型中属于一般侵权责任,因此也应当适用一般过错责任原则。[①] 也有学者认为,产品责任不是一般的过错侵权责任,而应当是一种所谓的"视为有过错的侵权责任"。该种侵权责任是以产品质量不合格的事实为依据,而此事实本身就应视为产品责任主体具有过错,并且责任人不能通过证据来推翻这种法律认定的过错。[②]

其二,无过错责任原则说(严格责任原则说)。有学者认为,产品责任适用无过错责任原则,只要产品质量不合格致人损害,无论义务主体有无过错,就应当承担赔偿责任。[③] 也有学者认为,《民法通则》第 122 条采纳的是严格责任原则,是针对我国产品致损这一严重社会问题的法律对策,其立法目的在于加强对消费者的保护力度。[④]

上述理论上的分歧主要集中在产品责任究竟是适用过错责任原则还是无过错责任原则,即产品责任的成立是否以生产者、销售者的主观过错为基本前提。《民法通则》第 122 条确立了我国产品责任的规范基础,但是由于该条文的内容并未明确产品责任主体所适用的归责原则,因此仅依据该条文的字面表述难以清晰认识有关产品责任归责原则的立法本意。另外,这个阶段的理论争议并未对生产者、销售者的责任承担进行有意识的区分,而是认为应当适用统一的归责原则。

《民法通则》第 122 条的规定应理解为适用严格责任的立法意旨。"产品质量不合格"的立法表述表明了我国立法机关为了强化消费者利益的保护,应对当时特定社会背景之下产品致人损害的民事救济问题而自行创设的责任模式,凸显了产品质量的标准化管理思路。依据该条文,不管产品质量不合格的具体原因是不是由于生产者、销售者的实际过错所导致,只要因

---

① 佟柔:《中华人民共和国民法通则简论》,北京:中国政法大学出版社,1987 年版,第 264 页。

② 江平:《民法中的视为、推定与举证责任》,《政法论坛》,1987 年第 4 期,第 4 页。

③ 杨立新:《侵权损害赔偿》,长春:吉林人民出版社,1988 年版,第 127 页。

④ 梁慧星:《论产品制造者、销售者的严格责任》,《法学研究》,1990 年第 5 期,第 60 页。

产品质量不合格造成了损害后果,则其就应对此承担侵权责任。另外,从《民法通则》的立法体例来看,也可以得出产品责任在侵权责任体系中的特殊地位,从而与过错侵权责任相区别。《民法通则》第 106 条第 2 款是关于过错侵权责任的一般性规范,第 106 条第 3 款是关于无过错侵权责任的概括性规范,同时该法第 122—127 条对特殊侵权责任进行了列举性规定。根据立法者对于侵权责任的编排体例可以看出,《民法通则》第 122 条应属于无过错侵权责任的一种特殊规定,因此产品责任适用严格责任原则最符合立法本意的解释。

二、《产品质量法》第 41—43 条中生产者、销售者适用归责原则的模糊认识

1993 年通过的《产品质量法》对生产者、销售者因产品缺陷致人损害的侵权责任进行了细化和完善,有关产品责任归责原则的规定集中体现在《产品质量法》第 29—31 条。2000 年修改的《产品质量法》并未对产品责任归责原则的条文内容作出改动,仅仅是将原《产品质量法》第 29—31 条调整为修改后的《产品质量法》第 41—43 条。① 《产品质量法》的上述规定不仅没能够平息有关产品责任归责原则的理论争议,反而使得学界对于产品生产者、销售者之间是否区分适用不同归责原则的认识更加模糊。对此主要有以下几种观点。

第一,生产者、销售者分别对应适用于严格责任、过错责任的归责原则。

① 《产品质量法》第 41 条规定:"因产品存在缺陷造成人身、缺陷产品以外的其他财产(以下简称他人财产)损害的,生产者应当承担赔偿责任。生产者能够证明有下列情形之一的,不承担赔偿责任:(一)未将产品投入流通的;(二)产品投入流通时,引起损害的缺陷尚不存在的;(三)将产品投入流通时的科学技术水平尚不能发现缺陷的存在的。"第 42 条规定:"由于销售者的过错使产品存在缺陷,造成人身、他人财产损害的,销售者应当承担赔偿责任。销售者不能指明缺陷产品的生产者也不能指明缺陷产品的供货者的,销售者应当承担赔偿责任。"第 43 条规定:"因产品存在缺陷造成人身、他人财产损害的,受害人可以向产品的生产者要求赔偿,也可以向产品的销售者要求赔偿。属于产品的生产者的责任,产品的销售者赔偿的,产品的销售者有权向产品的生产者追偿。属于产品的销售者的责任,产品的生产者赔偿的,产品的生产者有权向产品的销售者追偿。"

有学者认为,我国《产品质量法》采用的是严格责任原则和过错责任原则相结合的产品责任归责原则立法模式。① 在归责原则方面,产品的生产者承担严格责任,产品的销售者承担过错责任,并认为这种模式是符合社会经济发展、符合产品责任法发展规律的。②

第二,生产者适用严格责任,针对销售者适用过错责任与严格责任兼容的原则。有学者认为,生产者对产品的缺陷具有完全控制的能力,生产者的特殊地位决定了其应适用严格责任。《产品质量法》第 42 条第 1 款规定的销售者承担责任是以其具有过错为要件,该条款确立了销售者的过错责任;第 42 条第 2 款规定了销售者不能指明生产者或供货者时应承担的责任为严格责任。③

第三,生产者、销售者适用分层次的二元性归责原则。有学者认为,由于我国产品责任区分直接责任和最终责任,因此我国产品责任的归责原则表现出分层次的二元性特点。其中严格责任是生产者、销售者直接面对消费者的归责原则,而在生产者与销售者之间确定最终责任的归属上,前者实行严格责任,后者适用过错责任。④

第四,严格责任为主、过错责任与担保责任为辅的综合归责原则。有学者认为,我国法律中有关产品责任的规定,实际上实行的应当是一种综合性的归责结构,表现出以严格责任为主要归责原则,同时以过错责任与担保责

---

① 该种观点认为,对因产品存在缺陷而引起损害赔偿诉讼中,受害人要求销售者承担赔偿责任的,应当承担证明销售者有过错的举证责任。这一点与要求生产者承担产品责任是不同的。参见卞耀武:《中华人民共和国产品质量法释义》,北京:法律出版社,2000 年版,第 94 页。

② 孙波:《产品责任法原则论》,《国家检察官学院学报》,2004 年第 3 期,第 81-82 页。

③ 参见梁慧星:《中国产品责任法——兼论假冒伪劣之根源和对策》,《法学》,2001 年第 6 期,第 41 页;刘静:《产品责任论》,北京:中国政法大学出版社,2000 年版,第 100 页。

④ 参见张新宝:《侵权责任法原理》,北京:中国人民大学出版社,2005 年版,第 403 页;金福海:《消费者论》,北京:北京大学出版社,2005 年版,第 233 页;周新军、容缨:《论我国产品责任归责原则》,《政法论坛》,2002 年第 3 期,第 70-71 页;钱玉文:《论我国产品责任归责原则的完善——以〈产品质量法〉第 41、42 条为分析对象》,《中国政法大学学报》,2017 年第 2 期,第 89-90 页。

任为辅助的归责原则。[①]

通过比较可以发现,从这个时期我国的相关学说争议来看,对于产品责任主体适用何种归责原则的界定已经注意区分生产者与销售者之间的二元结构,并从理论上构建产品责任承担之内部责任和外部责任的双重面向。《产品质量法》第41条并没有明确规定生产者的主观过错是承担产品责任的要件,实际上确立了生产者的严格责任原则。此种责任原则的规范有利于保护消费者的利益,同时也符合国际上关于产品责任归责原则的发展趋势。[②]《产品质量法》第42条和第43条的相关规定在理解上容易发生歧义,这可能在一定程度上加剧了理论层面对于销售者承担产品责任所适用归责原则的不同认识。另外,随着《侵权责任法》的出台,我国学界对于销售者适用产品责任归责原则的定位再次成为理论争议的主要焦点。

三、《侵权责任法》第42条中销售者适用归责原则的理解分歧

2009年《侵权责任法》通过专设一章的立法形式对产品责任进行了全面规范。其中第41—43条是关于产品责任主体适用归责原则的规定,上述三个条文基本上保留了《产品质量法》的相关规定。至此,理论上对于现行法中有关生产者承担产品责任应当适用严格责任原则的学术观点基本一致。[③]但是,关于销售者是否承担严格责任,理论上与司法实务上仍然存在较大的争议。对此主要有以下两种观点。

其一,过错责任说。从立法者的解释来看,对销售者应当适用过错责任原则。[④]该种见解的主要理由在于:《侵权责任法》第42条的规定表明销售

① 张骐:《中美产品责任的归责原则比较》,《中外法学》,1998年第4期,第64页。

② 李适时:《中华人民共和国产品质量法释义》,北京:中国法制出版社,2000年版,第112页。

③ 参见王胜明:《〈中华人民共和国侵权责任法〉条文释义与立法背景》,北京:人民法院出版社,2010年版,第173页;王利明:《侵权责任法研究》(第二版)(下卷),北京:中国人民大学出版社,2016年版,第225页;杨立新:《〈中华人民共和国侵权责任法〉条文解释与司法适用》,北京:人民法院出版社,2010年版,第258页。

④ 王胜明:《中华人民共和国侵权责任法解读》,北京:中国法制出版社,2010年版,第222页。

者承担产品责任的前提是其存在过错,并据此与生产者的归责方式予以区分。① 从我国司法实践来看,一些案件的裁判观点认为销售者仅在过错情形下才承担产品责任。如在"枣庄矿业集团新安煤业有限公司与青岛华夏胶带有限公司、枣庄矿业(集团)有限责任公司第二机械厂产品责任纠纷案"中,法院认为,"华夏公司直接将产品运输至新安煤矿,二机厂作为销售方,没有义务对输送带进行再次加工、修理等,因此对输送带出现质量问题不存在过错。虽然新安煤矿选择生产者华夏公司、销售者二机厂作为共同被告,但二机厂不应当承担本案的侵权责任"。②

　　其二,严格责任说。该种见解认为,《侵权责任法》第 42 条中的"过错"并非针对销售者责任原则的规范表述,而是关于销售者与生产者之间进行内部责任分担时的考量要素,对于销售者责任而言,仍适用严格原则。③ 易言之,所谓销售者的过错并非面向受害人主张产品责任时的规范要件。④ 从我国司法实践来看,也有裁判观点认定销售者适用严格责任。如在"上诉人安忠生、刘从喜与被上诉人南京市溧水区供销社烟花爆竹有限责任公司产品销售者责任纠纷案"中,法院认为:"关于争议焦点之一,即作为销售者的刘从喜是否为本案适格被告。本案中安忠生提起的损害赔偿纠纷性质是产品责任纠纷……销售者承担责任并非因为有过错,而是一种法定责任……据此,因刘从喜为案涉产品的销售者,故安忠生以刘从喜为被告,向法院提

---

　　① 销售者承担与生产者并不相同的归责原则,主要是考虑销售者与生产者在产品生产流通中的地位和责任形式的不同。相对于生产者而言,销售者则处于消极的地位,其承担的只是产品投入流通领域时不存在缺陷。而在营销中存在的产品致损的责任,主要是对因其故意或过失引起的产品缺陷造成的损害承担责任。参见高圣平:《中华人民共和国侵权责任法立法争点、立法例和经典案例》,北京:北京大学出版社,2010 年版,第 522 页。

　　② 参见山东省枣庄市中级人民法院(2013)枣民再初字第 1 号民事判决书。

　　③ 王利明、周友军、高圣平:《侵权责任法疑难问题研究》,北京:中国法制出版社,2012 年版,第 367 页。

　　④ 也有学者认为,《侵权责任法》第 42 条所规定的销售者的过错只是在销售者与生产者等其他责任主体之间内部分担时才有意义,只是说明销售者在承担最终责任时采取过错责任。参见杨立新:《〈中华人民共和国侵权责任法〉条文解释与司法适用》,北京:人民法院出版社,2010 年版,第 254 页;张新宝:《侵权责任法》(第四版),北京:中国人民大学出版社,2016 年版,第 239 页。

起诉讼具有事实与法律依据。本院对上诉人刘从喜主张其不是本案适格被告的上诉请求,依法不予支持。"①

此外,还有观点认为,《侵权责任法》中涉及销售者责任的条文规范之间存在逻辑上的矛盾关系。一方面,《侵权责任法》与《产品质量法》均在第42条第1款的规定中使用了"过错"一词。从这两款的规范表述来看,销售者只是在有过错的情况下,才向被侵权人承担责任。如果认为销售者承担的也是无过错责任,那么《侵权责任法》第42条第2款、《产品质量法》第42条第2款就会成为无用条款。另一方面,依据《侵权责任法》第43条第2款关于销售者向生产者追偿的规定,似乎又意味着,不管销售者是否存在过错,其都应当对于产品缺陷造成的损害后果承担侵权责任,因此销售者承担的是一种严格责任。至于产品缺陷是由生产者的原因造成的,销售者不存在任何过错的情形,只是对于销售者向生产者行使追偿时才有必要予以考虑。②

四、民法典时代产品责任归责原则立法规范及学理争议的评析

鉴于《侵权责任法》第42条中"因销售者的过错"与第43条的相关规定之间存在歧义,因此在《民法典》编纂的过程中,理论界与实务界呼吁立法机关解决上述法律条文理解中的矛盾。③ 最终通过的《民法典》侵权责任编删除了《侵权责任法》第42条,《民法典》侵权责任编第1203条沿袭了《侵权责任法》第43条,这就使得有关销售者归责原则的规定直接体现在《民法典》侵权责任编第1203条。依据《民法典》侵权责任编第1203条第1款的规定,因产品存在缺陷造成他人损害的,被侵权人可以向产品的生产者请求赔偿,也可以向产品的销售者请求赔偿。根据该条文的表述可知,销售者对于缺陷产品造成的损害承担是不基于其过错的责任,即适用严格责任的归责原则。至于《民法典》侵权责任编第1203条第2款中"因销售者的过错使产品

---

① 参见江苏省南京市中级人民法院(2016)苏01民终2895号民事判决书。
② 程啸:《侵权责任法》(第二版),北京:法律出版社,2015年版,第484—485页。
③ 程啸:《侵权责任法》(第三版),北京:法律出版社,2020年版,第551页。

存在缺陷的,生产者赔偿后,有权向销售者追偿"的规定,应理解为销售者与生产者之间内部责任分担时,销售者适用的是过错责任,但这并不影响销售者对外向受害人承担严格责任的归责本质。

本书认为,从《民法通则》到《产品质量法》到《侵权责任法》再到《民法典》,我国立法机关对于产品责任主体适用侵权责任原则的规范精神一直秉持严格责任原则,无论是生产者还是销售者,他们向受害人承担的都是严格责任。主要理由如下。

第一,从产品责任归责原则的规范本质来看,其旨在决定由谁来对产品缺陷致损依法律上的价值判断而承担责任。就产品缺陷本身而言,由于生产者能够对产品的生产过程本身进行控制,因而其更有能力避免产品缺陷的出现。即使让生产者对产品缺陷造成的损害承担严格责任,其也能够通过价格机制和责任保险从而实现对损失的分散。[1] 至于销售者,其适用严格责任主要是出于加强对消费者权益的保护,便利受害人的及时救济。当产品存在缺陷致人损害时,受害人往往不易直接追索到生产者并向其主张权利,甚至在某些情况下,生产者可能已经破产或者无力赔偿。当受害人无法从生产者那里获得救济时,仅仅对销售者适用过错责任,则对受害人而言明显不利。[2] 与欧洲各国及日本产品责任法上仅以生产者适用严格责任的做法不同,我国秉持生产者与销售者均适用严格责任的归责原则,有利于保障因缺陷产品致损的受害人的救济。

第二,从产品责任的历史解释来看,我国立法机关对于产品责任主体适用归责原则的规范意旨是一脉相承的,均确立了以严格责任为基础的产品责任法律架构。回顾我国产品责任法三十多年来的发展历程,在消费者权益保护这一立法思想下,有关产品责任归责原则的规定,从《民法通则》第122 条到《产品质量法》第41—43 条,再到《侵权责任法》第41—43 条,都是

---

[1] 生产者在产品设计、制造和投产的过程中更加具有预防与控制缺陷的能力,在实现产品缺陷事故的损失最小化方面处于更加有利的地位,由生产者承担严格责任,可促使其更新产品制造技术,采取措施以防止缺陷事故的发生。参见冉克平:《产品责任理论与判例研究》,北京:北京大学出版社,2014 年版,第34 页。

[2] 王利明:《侵权责任法研究》(第二版)(下卷),北京:中国人民大学出版社,2016 年版,第228 页。

在围绕产品责任归责原则方面而不断完善具体条文内容。可以说,自《民法通则》第122条伊始就已经奠定了我国产品责任法上的严格责任制度。《产品质量法》和《侵权责任法》并未改变《民法通则》有关严格产品责任的立法意旨,无论是生产者还是销售者,均应向缺陷产品致损的受害人承担严格责任。

第三,从产品责任的体系解释来看,《侵权责任法》第43条第1款是对生产者、销售者向受害人承担产品责任所适用归责原则最直接的规范依据。该条款正是因缺陷产品致损的受害人主张赔偿责任的请求权基础,受害人可以直接选择请求向生产者或销售者予以赔偿。结合《侵犯责任法》第43条第2款、第3款的规定可以得知,生产者、销售者之间构成不真正连带责任,无论是哪一方主体在向受害人承担赔偿责任后,均有权向最终责任人进行追偿。而《侵犯责任法》第42条中所谓的“过错”则是指销售者承担最终责任时的规范要件,即销售者与生产者之间内部追偿时的要件。只有如此理解,才能使得《侵权责任法》第41—43条的规定保持体系上的协调性,否则这些条文之间的关系将可能纠缠不清,甚至会误以为第41—43条存在相互矛盾的现象。值得注意的是,为了避免上述法律条文规范之间的分歧,我国《民法典》侵权责任编删去了《侵权责任法》第42条的规定。这一立法变动的举措,有助于在理论与实务层面进一步消除对销售者承担产品责任适用归责原则的分歧,更加印证了我国现行法关于产品责任主体适用严格责任的规范宗旨。

总而言之,在我国法律上,无论是生产者还是销售者,均承担严格责任原则。《民法通则》《产品质量法》《侵权责任法》《民法典》关于产品责任归责原则的立法精神是一脉相承的。同时,还应注意区分产品责任归责原则与生产者、销售者之间内部责任追偿的适用标准。对此,需要明确的是,归责原则确定的是产品责任承担的外部关系,而内部责任追偿则是对生产者与销售者之间承担终局责任的重新确定,所谓“销售者的过错”只有在进行内部责任追偿时才具有规范意义。

本章小结

本章主要研究产品责任归责原则的基础理论。严格责任原则作为当前世界各国产品责任制度的一项基本原则,其产生有着深刻的社会背景与法律因素,主要是基于第二次世界大战以后工业化产品导致的严重危害后果、消费者运动促使对消费者基本权利保护的呼声日益增强,以及因产品缺陷致损的民事责任具有显著的特殊性。产品责任作为一种特殊类型的侵权责任,其适用严格归责原则的理论立足点并非完全能够从传统危险责任的归责事由中得到圆满解释,而是应当从产品责任自身体系中寻求其他特殊的归责理论依据,主要包括"损失分散理论""威慑与激励理论""市场遏制理论"。严格责任原则在产品责任领域的确立,能够有效弥补过失侵权责任、合同担保责任的不足之处,从而为消费者提供充分的救济;同时有助于激励产品制造商增加在产品安全方面的投入,以尽可能降低产品风险。

《侵权法重述第二版》第402A节被确立之后,严格责任原则长期占据着美国产品责任法上的核心地位。随着产品责任诉讼案件的大量涌现,尤其是产品设计缺陷和警示缺陷诉讼案件的增多,以及同时期发生的产品责任保险危机,共同引发了美国对在产品责任领域全面适用严格归责原则的反思与改革。美国《侵权法重述第三版:产品责任》将产品缺陷类型分为制造缺陷、设计缺陷以及警示缺陷,并将严格责任原则限缩适用于制造缺陷的案件,而对于设计缺陷与警示缺陷的案件则考量制造商对于产品缺陷的发现可能性,后两种产品缺陷类型的归责原则表现出过错责任的性质。20世纪80年代后美国产品责任法上有关归责原则的改革,集中体现了美国对产品制造商和消费者之间利益平衡关系的再次调整。但是,从发展趋势来看,美国并未从根本上动摇现代产品责任制度所确立的严格归责原则基本精神,只是为了避免严格责任在具体适用时演化为绝对责任进行的必要矫正而已。正是由于美国产品责任归责原则的改革具有深层次的经济与社会因素,其与美国特定时期的自身国情密切相关,因此该项改革趋势并未对其他国家和地区的产品责任立法产生广泛影响,美国以外法域的产品责任制度仍表现出坚持现行严格归责原则的基本立场。

我国《民法通则》第122条的规定应理解为适用产品责任严格原则的立法意旨,"产品质量不合格"表明了我国立法机关确立了以产品质量为标准的责任承担依据。《产品质量法》第41条并没有规定生产者的主观过错为承担产品责任的要件,实际上是确立了生产者对产品缺陷造成的损害承担严格责任的原则。从产品责任归责原则的规范本质、历史解释以及体系解释来看,《民法通则》《产品质量法》《侵权责任法》《民法典》关于产品责任归责原则的立法意旨是一脉相承的,均确立了我国以严格责任为基础的产品责任法律架构;同时,还应当注意对产品责任归责原则与产品责任分担标准之间的区分,前者在于确定产品责任承担的外部关系,而后者则是对生产者与销售者之间内部责任分担的最终确定。

第三章
缺陷产品侵权责任的构成要件

产品责任是指因产品存在缺陷造成他人人身、财产损害,生产者、销售者所应承担的侵权责任。产品的内涵与外延直接构成了产品责任法律体系的基本前提。随着社会的不断发展进步,有关产品的内涵与外延也将处于动态化的调整之中,如何科学、合理界定产品的法律定义,也将为各个国家产品责任法律制度的具体构建带来新的难题与挑战。产品责任的成立须具备三个要件:一是产品存在缺陷;二是产品造成了他人的损害;三是产品缺陷与受害人的损害之间有因果关系。首先,产品是否存在缺陷需要依据有效的判断标准。关于产品缺陷的判断标准,我国理论上存在"单一标准说"(不合理的危险标准)和"双重标准说"(不合理的危险标准和强制性标准)的不同理解。由于"不合理的危险"标准在产品缺陷判断中具有决定性的作用,因此如何界定"不合理的危险"极其关键。另外,"不合理的危险"标准又过于抽象,为了增强法律适用的可操作性,需要进一步细化该标准的具体判定方法。

在产品责任的损害范畴之中,关于产品自身损失的法律定性,不仅涉及一个国家民法体系内部合同法与侵权责任法的规范功能,而且是对合同法与侵权责任法相互协调程度的重要检验。关于产品缺陷与损害之间存在的因果关系具有一定程度上的特殊性。对于以人工智能产品为典型的科技含量较高、制造工艺复杂等产品缺陷与损害之间因果关系难以查明的产品责任案件,应当采取何种因果关系的适用规则,以及如何分配产品缺陷致人损害责任案件中因果关系证明的举证责任,将直接关涉受害人能否得到有效的救济。此外,在面临侵权人不明的大规模产品责任案件时,我国应当采取何种因果关系规则也是司法实践中亟待解决的难题。本章将围绕上述问题逐一展开论述。

第一节 产品的法律界定

按照现代汉语中的理解,"产品"是指生产出来的物品。① 在不同的制度语境中,有关产品内涵的界定存在着一些偏差。在经济学上,产品是指劳动生产物,是人类的劳动成果,是为了满足社会消费需求而生产的,人们通过劳动手段对劳动对象进行加工形成的通过交易到达消费者手中的商品。② 相较于经济学上的产品范畴而言,产品责任法上的产品概念所涵盖的范围则要狭小一些,而要求生产者、销售者承担产品缺陷责任的产品,通常是指生产出来的有形的物质商品。究其原因主要在于,经济学上的产品着重于满足消费者的需求性,因此范围可以极其广泛。但是,产品责任法上的产品关注的是产品因具有缺陷而可能给消费者造成的危险。③ 易言之,产品责任法上的"产品"概念是作为"缺陷"的载体形式而存在,由于产品存在缺陷构成了产品责任的核心要件,因此,产品范围的确定将直接决定着产品责任法的适用范围。④

可以说,产品的内涵与外延直接构成了产品责任法律体系的基本前提。有关产品范围的界定,直接反映了一个国家的经济发展水平、公共政策适用以及立法原则,已经成为一种平衡生产者和消费者利益的重要法律手段。⑤ 由于不同国家或地区的法律背景存在差异,因此对产品的法律定义也有所区别。特别是随着社会的不断发展进步,有关产品的内涵与外延处于动态

---

① 中国社会科学院语言研究所词典编辑室:《现代汉语词典》(第五版),北京:商务印书馆,2005 年版,第 149 页。

② 吴晓露:《产品责任制度的法经济学分析》,杭州:浙江大学出版社,2014 年版,第 9 页。

③ 冉克平:《产品责任理论与判例研究》,北京:北京大学出版社,2014 年版,第 40 页。

④ 段晓红:《产品责任适用范围研究》,北京:中国社会科学出版社,2009 年版,第 175 页。

⑤ 王翔:《产品责任法中产品概念的比较研究》,《上海交通大学学报》(社会科学版),2002 年第 2 期,第 54 页。

化的调整之中,如何科学、合理界定产品的法律定义,将为各个国家产品责任法律制度的具体构建带来新的难题与挑战。

一、比较法上产品的规范表达

美国《统一产品责任示范法》较早对产品的内涵和外延进行界定。① 尽管该示范法未获得美国大多数州的认可,但仍然可以看出其对产品的定义采取比较宽泛的立法态度。美国一些州相继通过判例对产品的外延进行扩充,从有形动产进一步扩展到无形产品,如导线中传输的电。美国法律研究院在总结大量司法判例的基础上,于 1998 年颁布的《侵权法重述第三版:产品责任》第 19 条对产品的定义进行了明确规定。② 上述美国产品责任法上的产品定义与市场流通行为密切相关,侧重产品的商业化利用行为,而不限制产品的具体形态,将有形动产、无形动产以及不动产都纳入产品的范畴。③ 美国法上的产品定义体现出了对产品内涵与外延采取较为宽松的立法倾向,有利于拓宽产品责任的适用范围,加强对消费者权益的保护。

1985 年《欧共体产品责任指令》第 2 条对产品的定义进行了明确规定,其将产品界定为所有的动产。④《欧共体产品责任指令》于 1999 年得以修

---

① 1979 年美国商务部公布的《统一产品责任示范法》第 102 条 c 款将产品界定为:"产品是具有真正价值的、为进入市场而生产的,能够作为组装整件或者作为部件、零件交付的物品。但人体组织、器官、血液组成成分除外。"

② 《侵权法重述第三版:产品责任》第 19 条规定:"为本《重述》之目的:(a)产品是经过商业性销售以供使用或消费的有形动产。其他项目如不动产和电,当它们的销售及使用与有形动产的销售及使用足够类似时,也是产品,适用本《重述》所述规则是适当的。(b)服务,即使是商业性提供的,也不是产品。(c)人类血液及人类组织器官,即使是商业性提供的,也不受本《重述》规则的约束。"

③ 参见美国法律研究院:《侵权法重述第三版:产品责任》,肖永平、龚乐凡、汪雪飞译,北京:法律出版社,2006 年版,第 380 页。

④ 《欧共体产品责任指令》第 2 条规定:"在本指令中,产品是指所有的动产,即使其存在于另一动产或不动产之中。本指令中的产品包括电力。本指令的适用范围不包括初级农产品和狩猎产品,但该指令同时允许各成员国通过国内立法,将产品责任扩大到初级农产品和狩猎产品。"

订,并扩大了产品的范围,明确将初级农产品纳入产品的范畴之中。① 欧洲各国产品责任法中也大都对产品的定义进行了直接规范,但侧重点并不完全一致。在英国法上,将产品的定义侧重于有形的产品之上。② 在法国法上,产品的范围涵盖所有的动产,并且迎合《欧共体产品责任指令》对于将初级农产品纳入产品范畴的倾向,也将产品责任扩大到初级农产品之上,强化对消费者利益的保护。③ 在《德国产品责任法》上,初级农产品被明确排除在产品的概念之外。④ 2000 年,《德国产品责任法》进行了修改,取消了对初级农产品的优待,因初级农产品存在缺陷致人损害的也要适用产品责任。1994 年颁布并生效的《瑞士产品责任法》在很大程度上接受和采纳了欧洲共同体指令的规定。至于初级农产品,只有在经过初步加工之后,才属于《瑞士产品责任法》上的产品。⑤

在日本,产品被称为制造物,并制定了专门的《日本制造物责任法》。⑥

---

① 正如在针对《欧共体产品责任指令》修改的立法理由中指出,将初级农产品纳入欧共体产品责任指导方针,有助于重新建立消费者对农产品的信任,同时也是为了适应一个较高的对消费者保护的水平。参见[德]马克西米利安·福克斯:《侵权行为法》,齐晓琨译,北京:法律出版社,2006 年版,第 304 页。

② 1987 年英国《消费者保护法》第 1 条第 2 款(c)项对产品的定义进行了规定:"产品,是指任何有形商品、电以及组装于其他产品内部的零部件、原材料或其他作为其他物品组装到另一产品中的产品。"为了与 1999 年《欧共体产品责任指令》修改的立法精神保持一致,英国在 2000 年对《消费者保护法》进行了修订,将初级农产品和狩猎品纳入了产品的范围。

③ 1998 年修订后的法国《民法典》第 1386-3 条规定:"一切动产物品都是产品,即使其符合于不动产,其中包括土地的产品、畜产品、猎获物与水产品;电力亦视为产品。"参见《法国民法典》,罗结珍译,北京:北京大学出版社,2010 年版,第 353 页。

④ 1989 年德国《产品责任法》第 2 条对产品的法定概念进行了规定:"本法所称产品,是指任何动产,即使已被装配在另一动产或不动产之内,还包括电。但未经初步加工的包括种植业、畜牧业、养蜂业、渔业产品在内的初级农产品除外,狩猎产品亦然。"

⑤ 瑞士《产品责任法》作出此种规定的主要理由在于,人类对初级农产品的生长过程几乎无法产生影响,不应由生产者对其未介入的生产过程造成的损害结果负责,否则将导致大量非由自己行为导致的损害须由当事人承担侵权责任的结果。参见[瑞]海因茨·雷伊:《瑞士侵权责任法》,贺栩栩译,北京:中国政法大学出版社,2015 年版,第 324-325 页。

⑥ 1994 年日本《制造物责任法》第 2 条第 1 款对制造物进行了界定:"本法所称制造物,是指被制造或加工而成的动产。"

依据《日本制造物责任法》的规定,土地、建筑物等不动产,电以及热能等能量,各种服务等并不包含在制造物的范畴之内。但是,如果建筑物的材料存在缺陷,该材料的生产者并不能免除适用该法的责任。由于制造物被限定为"制造或加工"的物品,因此初级农产品并不适用制造物责任的规定。① 对于血液制剂、生疫苗等,因加工因素很少,是否属于该法所称的制造物,在学说上尚存疑问,但依照该法起草者的见解,基本上应将血液制剂、生疫苗等当作制造物来处置。②

通过对上述不同国家或地区有关产品定义的立法考察与分析可知,产品责任法上的产品概念强调产品的市场属性,产品须以投入流通为必要条件。有关产品的外延呈现不断扩充的趋势,有形动产、初级农产品以及电力等能源均被纳入产品的范围。至于不动产、信息产品、血液制品是否适用产品责任的规则,则基于各个国家或地区对于价值判断的差异而存在较大差异。总体而言,从世界范围来看,有关产品的法律内涵不断丰富、产品的外延逐渐扩充,这在一定程度上体现了产品责任法对消费者权益的保护力度正在逐渐加强。

二、现行法上产品的内涵释义

在我国现行法上,对产品的概念进行直接界定的法律规范主要为《产品质量法》的相关条文。该法第 2 条第 2 款概括性规定,"产品是指经过加工、制作,用于销售的产品"。另外,该法第 2 条第 3 款及第 73 条对产品概念的外延作出了否定性列举,将建设工程、军工产品、核设施、核产品从产品责任的适用范围中予以排除。从立法技术而言,作为产品的法律定义,关于"产品是……产品"的表述,显然存在循环定义的问题,并未明确指明产品究竟是动产或不动产。③ 而从我国《民法典》侵权责任编的专家建议稿来看,对于

---

① ［日］吉村良一:《日本侵权行为法》,张挺、文元春译,北京:中国人民大学出版社,2013 年版,第 206 页。

② ［日］田山辉明:《日本侵权行为法》,顾祝轩、丁相顺译,北京:北京大学出版社,2011 年版,第 201-202 页。

③ 张新宝、任鸿雁:《我国产品责任制度:守成与创新》,《北方法学》,2012 年第 3 期,第 9 页。

产品的法律定义也基本上采用"动产"的替换表述。[①] 有学者指出,当时《产品质量法》并未以"动产"表述产品的概念,是因为当时我国的民事立法还未采用"动产""不动产"的分类标准。[②] 就产品法律定义的域外规范来看,欧盟国家现行法[③]、美国现行法[④]、日本现行法[⑤]等也普遍采用"产品是……动产"的表述。

　　我国关于产品法律定义的主要特征:其一,产品必须经过加工、制作。没有经过加工、制作的原材料、初级农产品等不属于产品的范畴;其二,产品必须是用于销售的。凡是不以销售为目的,以自用、储存或赠予亲朋等为目的的,则不属于产品;其三,产品仅限于动产,不包括不动产。[⑥]

　　根据我国学界通说,构成产品责任法上的"产品"须具备两个条件:一是经过加工、制作;二是用于销售。两个条件必须同时具备,缺一不可。[⑦] 但是,究竟如何理解"加工、制作""用于销售"的含义,理论上尚未形成一致的判断标准。笔者将围绕学说上的相关争议焦点,结合我国当前司法实践的既有立场,以求探寻符合产品法律定义的准确理解。

(一)"加工、制作"的界定标准

　　产品是生产者经过劳动创造出来的物品,加工、制作则是产品生产的重要环节。由于"产品"作为"缺陷"的载体形式,产品存在缺陷直接构成了生

---

　　① 参见梁慧星:《中国民法典草案建议稿附理由·侵权行为编》,北京:法律出版社,2013 年版,第 162 页;王利明:《中国民法典学者建议稿及立法理由·侵权行为编》,北京:法律出版社,2005 年版,第 225 页;杨立新:《中华人民共和国侵权责任法草案建议稿及说明》,北京:法律出版社,2007 年版,第 223 页;侯国跃:《中国侵权责任法立法建议稿及理由》,北京:法律出版社,2009 年版,第 70 页;王竹:《〈民法典·侵权责任编〉(编纂建议稿)附立法理由书》,北京:清华大学出版社,2019 年版,第 199 页。

　　② 梁慧星:《中国产品责任法——兼论假冒伪劣之根源和对策》,《法学》,2001 年第 6 期,第 40 页。

　　③ 参见《欧共体产品责任指令》第 2 条;《德国产品责任法》第 2 条;《法国民法典》1386-3 条。

　　④ 参见《美国侵权法重述第三版:产品责任》第 19 节。

　　⑤ 参见《日本制造物责任法》第 2 条第 1 款。

　　⑥ 参见王利明:《侵权责任法》,北京:中国人民大学出版社,2016 年版,第 263 页。

　　⑦ 全国人大常委会法制工作委员会民法室:《侵权责任法立法背景与观点全集》,北京:法律出版社,2010 年版,第 690 页。

产者承担产品责任的基本前提,可以说,产品是否存在缺陷与产品生产的加工、制作过程也密切相关。因此,对作为产品构成要素之一的"加工、制作"予以准确界定显得尤为重要。

然而,我国学界对"加工、制作"的判定标准存在较大分歧,并未形成一致的意见。通过梳理当前理论上的争议焦点,关于"加工、制作"的理解主要存在三种观点:其一,加工、制作应解释为采用"机械化的、工业生产"方式,而不包括手工方式。① 其二,加工、制作包括工业、手工等生产方式。经加工、制作的产品可以包括工业品、手工业品、经加工的农产品。② 其三,加工、制作包括改变物质品质的一切活动。至于被改变的物质为人工产品还是天然产品,加工方法为工业方法还是手工方法等,在所不问。③

笔者认为,对作为产品构成要件之一的"加工、制作"进行界定时,需要结合产品责任的成立基础来进行理解。生产者承担产品责任的正当性基础在于其对缺陷产品的危险性具有足够的控制力,即所谓的"危险责任说"。④生产者通过对物品采取必要的劳动创造活动,生产出具有商业价值的产品,这个过程蕴含了生产者对产品的人为介入因素。根据风险控制理论,相较于消费者而言,生产者对于缺陷产品存在的不合理危险具有明显的预防和控制能力。因此,作为产品构成要素的"加工、制作"概念,应当能够涵盖生产者对产品价值创造过程的全部人为介入因素。按照这种逻辑,"加工、制作"成为在法律层面对生产者施加的人为介入行为进行评价的一个管道,只要生产者的人为介入行为存在客观违法性(即产品具有缺陷性),那么生产

---

① 参见梁慧星:《中国产品责任法——兼论假冒伪劣之根源和对策》,《法学》,2001年第6期,第41页。

② 参见房维廉、赵惜兵:《新产品质量法释义与问答》,北京:中国工商出版社,2000年版,第11页。

③ 参见孙宏涛:《产品责任立法中的产品概念分析》,《海南大学学报》(人文社会科学版),2012年第4期,第76页;程啸:《侵权责任法》(第二版),北京:法律出版社,2015年版,第487页。

④ 参见杨立新:《世界侵权责任法学会报告(1)产品责任》,北京:人民法院出版社,2015年版,第60页。

者就应承担产品责任。[①] 值得注意的是,如果某些物质直接来源于自然界,人类的活动虽改变了其原有的物理状态,但并未影响该物质的内在品质,其内在品质如果仍然完全决定于自然界,与人类活动无关,那么该物质不属于经过加工、制作而形成的产品。[②]

在产品责任出现的早期阶段,产品缺陷问题主要来源于机械化、工业化的生产环节。甚至可以说,因工业生产导致的产品缺陷致人损害问题在产品责任领域占据绝大多数。但是,生产者对产品的加工、制作并不限于机械化、工业化生产方式。除此之外,加工、制作还应包括由生产者人为因素介入进而对产品质量产生影响的其他行为。[③] 另外,随着科技的发展,生产者甚至可以通过一定的技术手段针对自然资源和生物进行人为干预,典型如利用生物杂交技术、基因工程技术改变植物的生长特征,这种行为背后体现的正是生产者通过人为因素对产品进行人工介入的方式。[④]

从消费者权益保护的立场来看,产品责任作为消费者保护法领域中的重要组成部分,对产品法定构成要素的"加工、制作"进行界定,也应当尽可能作出有利于消费者权益的规范解读。按照产品的现代生产技术水平,如果仅将"加工、制作"理解为单一的工业生产或者手工生产,显然不利于消费者权益的保护,也有悖于产品责任法的立法宗旨。[⑤] 在我国司法实践中,法院对"加工、制作"的方式也是做广义的理解。在"李学增与北京天岳恒房屋经营管理有限公司西罗园分公司产品生产者责任纠纷案"中,法院认为,"产品是指经过加工、制作,用于销售的物品。其范围包括通过工业加工、手工

---

① 参见[瑞]海因茨·雷伊:《瑞士侵权责任法》,贺栩栩译,北京:中国政法大学出版社,2015 年版,第 319 页。

② 程啸:《侵权责任法》(第二版),北京:法律出版社,2015 年版,第 487 页。

③ 例如,在我国曾经发生过的在大米中掺入矿物油、在鸡鸭饲料中添加苏丹红、在猪饲料中添加瘦肉精等生产者的人为介入行为都构成"加工、制作"。参见周新军:《产品责任立法中的利益衡平——产品责任法比较研究》,广州:中山大学出版社,2007 年版,第 306 页。

④ 参见温世扬、吴昊:《论产品责任中的"产品"》,《法学论坛》,2018 年第 3 期,第 74 页。

⑤ 冉克平:《产品责任理论与判例研究》,北京:北京大学出版社,2014 年版,第 47 页。

制作的物品"。① 因此,对"加工、制作"应采取扩张解释,其应被界定为既包括机械化的,也包括手工业的加工制作,以及任何对产品质量实施的影响和控制行为。

(二)"用于销售"的法律内涵

除了"加工、制作"的要件之外,"用于销售"构成了我国现行法中产品法律定义的另一要件。"用于销售"指明了产品的基本用途,对于那些非用于销售的物品,即不作为商品的物品,如自己制作、自己使用或馈赠他人的物品,则不适用产品责任的规范。② 有学者认为,销售只是产品进入流通领域的方式之一,应当以更广义的"流通"概念代替"销售"的表述。③ 还有学者认为,为了适应现代社会产品流通方式的多样性,建议借鉴美国《统一产品责任示范法》的立法经验,采用"为了进入市场"来代替"用于销售"的表述。④ 从我国民法典分则侵权责任编的专家建议稿来看,对于产品的法律定义也基本上采用"销售"的表述。⑤

从前述国外产品责任法中有关产品的法律定义来看,直接表述为"销售"的立法例并不常见,而更多地使用"流通"一词。笔者认为,《产品质量法》第 2 条第 2 款中"用于销售"主要是指限定产品的流通目的,应理解为"投入流通"的含义。⑥ 任何物质无论是否经过加工、制作,如果不进入流通

---

① 参见北京市丰台区人民法院(2018)京 0106 民初 25091 号民事裁定书。

② 卞耀武:《中华人民共和国产品质量法释义》,北京:法律出版社,2000 年版,第 23 页。

③ 丁峻峰:《对产品责任法中的"产品"的再思考》,《法学》,2001 年第 1 期,第 64 页。

④ 周友军:《民法典编纂中产品责任制度的完善》,《法学评论》,2018 年第 2 期,第 139 页。

⑤ 参见梁慧星:《中国民法典草案建议稿附理由·侵权行为编》,北京:法律出版社,2013 年版,第 162 页;王利明主编:《中国民法典学者建议稿及立法理由·侵权行为编》,北京:法律出版社,2005 年版,第 227 页;杨立新主编:《中华人民共和国侵权责任法草案建议稿及说明》,北京:法律出版社,2007 年版,第 288 页;侯国跃:《中国侵权责任法立法建议稿及理由》,法律出版社,2009 年版,第 70 页;王竹主编:《〈民法典·侵权责任编〉(编纂建议稿)附立法理由书》,北京:清华大学出版社,2019 年版,第 199 页。

⑥ "投入流通"应包括生产者已将产品交给销售人、运输人、购买人或使用人,或者已向他们提供该产品,或者为了他们占有该产品而做好准备。参见冉克平:《产品责任理论与判例研究》,北京:北京大学出版社,2014 年版,第 48 页。

领域,仅供生产者本人使用,即使存在缺陷,也不会对消费者造成损害。正是因为生产者使其产品进入了流通领域,供不特定的消费者使用,而为了保护广大消费者的合法权益,才需要专门的产品责任法加以规范。① 从我国司法实践来看,在"宁夏灵州羊场湾三矿煤业有限公司与郑建华等产品生产者责任纠纷上诉案"中,法院认为,"产品须具备的两个条件,一是经过加工、制作;二是用于销售,即可以进入流通领域的物。"② 在"王祥永与定远县远景生物有机肥业有限公司产品生产者责任纠纷案"中,法院认为,"产品责任……具体到生产者责任是指为流通目的而加工、制作产品的人,在产品存在缺陷造成他人损害时所应当承担的民事责任"。③ 由此可见,我国司法实践基本上认同将"用于销售"界定为投入流通的目的。

另外,需要注意的是,生产者将产品投入市场流通领域时,只要基于合法的交付方式提供给消费者使用即可,至于有偿销售或者免费赠与,在所不问。④ 生产者在商业促销活动中免费赠与消费者产品的行为也应当理解为"投入流通"的行为。从我国司法实践来看,在"寇凤祥与廊坊保龙仓商贸有限公司买卖合同纠纷案"中,法院认为:"保龙仓公司作为食品经营者,应当本着诚信经营的理念,对所出售的食品审慎核实保质期,对达到或超过保质期的食品应当及时进行清理……保龙仓公司以促进销售为目的捆绑赠送的伊利麦香早餐奶超过标签标明的保质期,应承担相应的赔偿责任。本案中超过保质期的伊利麦香早餐奶虽系赠品,但系建立在寇凤祥履行付款义务购买商品的义务基础上的一种附义务的赠与,寇凤祥付出对等价值后才享有取得赠品的权利。寇凤祥提供的购物小票显示伊利麦香早餐奶系2.3 元/袋,案涉超保质期的伊利麦香早餐奶共计 18 袋,根据《中华人民共和国消费者权益保护法》第 55 条第 1 款规定,保龙仓公司应赔偿金额为 500 元"。⑤

---

① 程啸:《侵权责任法》(第二版),北京:法律出版社,2015 年版,第 488 页。

② 参见甘肃省庆阳市中级人民法院(2012)庆中民终字第 539 号民事判决书。

③ 参见安徽省合肥市包河区人民法院(2018)皖 0111 民初 1461 号民事判决书。

④ 产品进入流通领域的标志,是产品经过交易、转让等合同行为,由制造、生产者之手,转入消费者之手,中间可以经过若干流通环节,即批发、销售、仓储、运输等过程。参见杨立新:《侵权损害赔偿》(第六版),北京:法律出版社,2016 年版,第 326 页。

⑤ 参见河北省廊坊市中级人民法院(2016)冀 10 民终 1343 号民事判决书。

由此可见,即使是商业促销行为中的免费赠予,但是因为商业促销赠与行为与一般的赠与不同,尽管消费者完全免费获得产品,也是基于生产厂家产品促销目的,也应同样纳入产品责任的适用范围。

三、特殊类型产品的外延梳理

我国现行法对"产品"采取以抽象概念+否定式列举相结合的方式进行界定,并未对产品的范围进行肯定式列举。由于产品责任适用严格责任原则,因此明确产品的具体范围对于法律适用而言显得十分重要。尤其是对于一些具有争议性的特殊产品,有必要尽快明晰其产品的客体属性及强调产品安全的重要价值,因此亟待从立法层面予以正面列举。

(一)电力、热能、天然气等能源

从比较法来看,许多国家或地区的产品责任法将电力、热能、天然气等无体物能源纳入产品的范围。如《欧共体产品责任指令》(99/34号)在第1条中开宗明义规定:"产品包括电力。"此外,《美国侵权法重述第三版:产品责任》第19条(a)款、《法国民法典》第1386-3条、《德国产品责任法》第2条及《英国消费者保护法》第1条也都明确规定了电力属于产品的范围。但是,美国多数法院按照电力交付使用前后的时间节点对其进行区分界定,并认为,只有当电力通过了用户的计量器进入其房屋时才成为产品,才涉及电力交付后案件的原告通常控告电压的意外升降造成人身伤害或财产损害的产品责任问题。在涉及电力交付使用前的高压电案件中,对于原告主张的高压电传输不可避免的潜在危险,法院拒绝基于严格产品侵权责任的依据予以支持。[①]

关于电力是否属于产品,我国理论上存在争议。有学者认为,电力本身不是有形的动产,原则上不属于产品责任法所调整的产品。对于电力公司提供的电压不稳定,导致用户的人身遭受损害或财产遭受损失,可以认为属

---

① 参见美国法律研究院:《侵权法重述第三版:产品责任》,肖永平、龚乐凡、汪雪飞译,北京:法律出版社,2006年版,第383页。

于高度危险责任的范畴。① 有学者认为,作为生产、生活领域使用的电能、热能等自然力,包括电、管道燃气、热能等,鉴于其存在的状态和"加工制作"的模糊性,将它们视为"产品"适用产品责任更加合适。② 还有学者认为,尽管电力具有产品属性,但是从我国现行法律体系来看,并非所有的电均属于严格产品责任中的"产品",只有符合《民法典》第1240条规定的"高压电"(1000 V及以上电压等级)才属于产品。③

我国现行《电力法》第60条和《电力供应与使用条例》第43条均规定了电力企业因电力运行事故给用户或者第三人造成损害的,应当依法承担赔偿责任。依据2000年颁布的《最高人民法院关于审理触电人身损害赔偿案件若干问题的解释》④的相关规定,对"高压电"(1000 V及以上电压等级)致人损害的案件,适用高度危险责任的规则,而对于非高压电(如居民日常生活用电220 V及普通工厂用电380 V)致人损害的侵权责任归责原则却未作出明确规定,只是在针对非高压电造成人身损害赔偿范围方面参照高压电的规定进行处理。

在我国司法实践中,对电力公司因低压电致人损害的案件一般适用过错责任原则。在"雷某南、雷某与国网湖南桂阳县供电公司(以下简称桂阳供电公司)、桂阳县和一农电服务有限责任公司(以下简称农电公司)触电人身损害赔偿纠纷案"中,法院认为:"上诉人桂阳供电公司、农电公司对其辖区内的客户都负有安全用电的义务,因而上诉人农电公司是本案承担民事责任的主体,是本案适格被告。雷某南、雷某家漏电开关坏了以后,要求桂

---

① 王利明:《侵权责任法研究》(第二版)(下卷),北京:中国人民大学出版社,2016年版,第229页。

② 王竹:《〈民法典·侵权责任编〉(编纂建议稿)附立法理由书》,北京:清华大学出版社,2019年版,第200页。

③ 冉克平:《产品责任理论与判例研究》,北京:北京大学出版社,2014年版,第64页。

④ 值得注意的是,依据2013年4月8日实施的《最高人民法院关于废止1997年7月1日至2011年12月31日期间发布的部分司法解释和司法解释性质文件(第十批)的决定》,《最高人民法院关于审理触电人身损害赔偿案件若干问题的解释》(法释〔2001〕3号)因与《最高人民法院关于审理人身损害赔偿案件适用法律若干问题的解释》(法释〔2003〕20号)相冲突,前者已经被废除,不再发生效力。

阳供电公司、农电公司进行更换,但桂阳供电公司、农电公司作为农村用电供电维护管理部门,通知雷某南、雷某直接接线用电,致雷某南、雷某家用电安全产生隐患,且之后长达二个月供电,亦未及时为雷某南、雷某家安装漏电开关,致使其亲属雷某香洗澡时因漏电而触电身亡。如果漏电开关安装好,在线路漏电时即可断电,可避免雷某香触电身亡的后果,因此,上诉人桂阳供电公司、农电公司对雷某香的触电身亡具有过错,应承担相应的过错赔偿责任。"①另外,在"国网山西省电力公司沁县供电公司等诉张某某等触电人身损害责任纠纷案"中,法院认为:"本案系低压电引起的触电人身损害,应参照《最高人民法院关于审理触电人身损害赔偿案件若干问题的解释》,并适用过错原则进行处理。被告国网山西省电力公司沁县供电公司作为触电线路的产权人,承担着对线路的管理、维护责任。该公司在明知断线被架设在树枝中间,存在安全隐患的情况下,未依照常理进行线路检修,砍伐危险树木,排除隐患,也未明知在当晚有雷暴大风的情况下,实施预判性断电,并通知村民提高安全防范认识,在可能存在风险的线路附近设立警示标志,保障百姓安全,导致冯某某和张某某的触电身亡,故被告应承担本次事故的责任。"②

笔者认为,因低压电致人损害适用一般过错侵权责任原则对受害人的保护显然不利,应当将导线传输中的电视为产品,适用严格责任的归责原则。无论是高压电还是居民生活使用的 220 V 低压电,都会对人体健康造成严重的损害后果。供电使用属于专业性较强的领域,受害人往往很难证明供电企业在触电事故中的主观过错,如果坚持适用过错侵权责任原则,受害人往往由于举证困难而不能获得应有的损害赔偿救济。尽管导线传输中的电能属于无体物,但完全符合产品概念的"加工、制作"和"用于销售"两项构成要素。将导线传输中的电能适用产品责任规则,并不会因此导致供电企

---

① 参见湖南省郴州市中级人民法院(2016)湘 10 民终 872 号民事判决书。
② 参见山西省长治市中级人民法院(2017)晋 04 民终 2680 号民事判决书。

业承担过多的社会责任。① 电力产品的缺陷问题主要表现为电流或电压的不稳定②,以及供电企业所提供的电力产品传输设备如导线、漏电开关等存在的缺陷。③

与导线传输中的电力原理相似,通过管道传输的热能、天然气等无体物能源也应纳入产品的范围。

(二)智力产品

智力产品是相对于一般产品而言的,是指无形的智力信息与有形的物质载体相结合而形成的新型产品,典型的智力产品如书籍出版物、计算机软件以及地图等。智力产品是否属于产品责任法上"产品"的范畴,各国现行产品责任法并未作出明确规定。随着科学技术的进步,智力产品在社会发展进程中所起的作用日益凸显,对于是否将智力产品纳入"产品"的外延,直接关系着因智力产品存在缺陷致人损害时能否适用产品责任的归责原则,因此值得认真探讨。

在比较法上,不同国家的理论与司法实践对于智力产品的法律定位有着不同的立场。美国多数法院认为,针对出版物中的信息缺陷课以严格责任将极大地侵害言论自由,对于此类案件倾向于拒绝适用严格产品责任。④ 在 Appleby v. Miller 案中,原告诉称她的牙科大夫信赖诉称的由被告提供的缺陷病理表,导致了错误的治疗。该案法院以病理表代表着一项提供给牙医的服务而不是令出版商承担严格侵权责任的产品作为理由,最终支持了出版商驳回原告诉讼的请求。⑤ 尽管一些法院在某些领域,如地图和航海图包含的错误信息案件中适用严格产品责任,但是法院在此类案件中仍然强

---

① 参见温世扬、吴昊:《论产品责任中的"产品"》,《法学论坛》,2018 年第 3 期,第 76 页。

② [瑞]海因茨·雷伊:《瑞士侵权责任法》,贺栩栩译,北京:中国政法大学出版社,2015 年版,第 324 页。

③ 参见湖南省桂阳县人民法院(2015)桂阳法民初字第 1235 号民事判决书。

④ 参见美国法律研究院:《侵权法重述第三版:产品责任》,肖永平、龚乐凡、汪雪飞译,北京:法律出版社,2006 年版,第 383 页。

⑤ Appleby v. Miller,554 N. E. 2d 773 (Ill. App. Ct. 1990).

调人们使用的是航海图的物理特征而不是其中包含的观点。① 与出版物中的信息相比,计算机软件在美国理论上可以被认定属于"产品"范畴,能够适用严格产品责任。正如有学者所指出的那样,计算机软件缺陷适用侵权责任法上的严格责任并非不合理,软件供应商也经常把销售的软件称为"产品",而不是"服务",一个有缺陷的软件甚至可能对生命和财产造成极大的危害,最终导致严格责任的政策也同样适用于计算机软件。②

　　依据德国理论通说,存储在数据载体如磁盘、光盘中的软件属于产品,应适用产品责任的相关规则。③ 在瑞士产品责任法上,针对与物相结合构成经济上及功能上统一体的精神价值部分(尤其是印刷品和软件产品)是否属于产品,理论上并未达成一致意见。对于印刷制品,需要区分是作者的观点立场有误,还是因印刷错误、文本发生顺序混乱或文本遗漏导致损害。对于前者,原则上不承担《瑞士产品责任法》意义上的责任;对于后者在大规模生产中极为常见和典型,属于《瑞士产品责任法》上的缺陷,原则上应由印刷厂承担损害赔偿责任。④ 对于计算机软件,有观点认为其属于非物质性法益,因此不具备《瑞士产品责任法》意义上的"产品"属性。按照这一观点进行推导可知,如果标准通用的软件被刻录在光盘上后,应视为产品。而仅仅单个软件本身,由于其主要的属性仍为提供服务的性质,因而不属于产品。还有观点认为,任何形式的计算机软件均属于产品,购买时采用何种形式储存不

---

　　① 如在 Way v. Boy Scouts of America 案中,法院认为,航行图表格在当事故发生时被完全用于飞机的驾驶,不准确的数据直接导致或被控导致争议中的事故,其方式等同于一个破裂的指南针或不精确的高度计导致飞机坠毁的情形。参见美国法律研究院:《侵权法重述第三版:产品责任》,肖永平、龚乐凡、汪雪飞译,北京:法律出版社,2006 年版,第 397 页。

　　② Michael C. Gemignani, Product Liability and Software, Rutgers Computer & Technology Law Journal, Vol. 8, Issue 2, 1981, p. 203.

　　③ 需要注意的是,在德国产品责任法上,针对那些没有存储在数据载体中的软件,是否应当适用产品责任,理论学说上仍存在很大的争议。参见程啸:《侵权责任法》(第二版),北京:法律出版社,2015 年版,第 492 页。

　　④ 参见[瑞]海因茨·雷伊:《瑞士侵权责任法》,贺栩栩译,北京:中国政法大学出版社,2015 年版,第 323 页。

影响其产品属性。①

对于是否将智力产品纳入"产品"的范围,我国理论上的观点并不统一。一种观点认为,对于那些具有一定物质载体的信息产品,如软件等,可以作为产品来对待,因其缺陷造成他人损害的可以适用产品责任。但是单纯的信息本身不能称为产品。② 一种观点认为,信息产品原则上不适用产品责任中的无过错责任,因信息产品的缺陷而遭受损害的侵权纠纷适用过错责任原则。③ 还有一种观点认为,对于智力产品应当区分对待,对于旨在提供一种实用性能或技术方案的智力产品,应当纳入产品的范围,而体现言论自由的文化信息则不属于产品范畴。④

从我国司法实践来看,智力产品中的计算机软件被认定为属于"产品"的范畴。在"北京北信源公司等诉金信证券公司产品责任纠纷案"中,法院认为,本案中双方当事人争议焦点为由北信源公司提供的北信源杀毒软件是否存在缺陷、交易网络出现故障是否由北信源杀毒软件引起,即产品缺陷与所受损害之间有无因果关系。根据凌某的调查笔录及创联公司的调查报告显示,北信源杀毒软件对内存要求较高,而该软件开发商北信源公司对此没有提供警示与说明,致使其产品在使用中具有不合理危险,该不合理危险在产品投入流通时已存在,正因为一般服务器对内存要求不高,而北信源软件实时监测服务器内存查病毒对内存要求较高,该原因引起证券网络交易系统故障导致损失的发生,该证明具有较为可信的程度,可认定被告公司因对使用其软件的内存要求不作警示与说明,在某种程度上其产品存在缺陷,

① 参见[瑞]海因茨·雷伊:《瑞士侵权责任法》,贺栩栩译,北京:中国政法大学出版社,2015年版,第324页。

② 参见王利明:《侵权责任法研究》(第二版)(下卷),北京:中国人民大学出版社,2016年版,第230页;周友军:《民法典编纂中产品责任制度的完善》,《法学评论》,2018年第2期,第140页。

③ 程啸:《侵权责任法》(第二版),北京:法律出版社,2015年版,第492页。

④ 参见温世扬、吴昊:《论产品责任中的"产品"》,《法学论坛》,2018年第3期,第77页;段晓红:《产品责任适用范围研究》,北京:中国社会科学出版社,2009年版,第216页;孙宏涛:《产品责任立法中的产品概念分析》,《海南大学学报》(人文社会科学版),2012年第4期,第78页。

且该缺陷是造成本案损害发生的直接原因。①

笔者认为,对于智力产品是否属于"产品"的范围不能一概而论,应当根据智力产品的类型进行区分对待。一方面,对于出版物中的信息产品而言,尽管出版物中的信息产品具有大规模生产、大批量流通的特征,但是由于此类信息产品关涉言论自由与文化创新,基于价值权衡的角度,使用人因信赖出版物中的错误信息而导致损害的,也不应当适用产品责任。如果因出版物中的信息具有误导性,就会令出版商与发行者对具有瑕疵的信息适用严格产品责任,那么言论自由与产品创新将会被扼杀。②

另一方面,法律在促进对出版物中的信息流通自由的同时,也应当兼顾对智力产品使用者的保护。③ 正如有学者指出的那样,近现代民法只考虑了有体物产品,几乎没有涉及智力产品,未来的发展趋势是要求构筑一个将有体物产品责任与智力产品责任综合在一起的法律模型。④ 随着科学技术的进步,计算机软件和类似的电子产品被广泛应用于研发、生产以及管理等关键领域,尤其是伴随着人工智能技术的应用,自动驾驶汽车与智能机器人逐渐被投入使用,这对计算机软件生产者在产品设计方面提出了更高的要求。以自动驾驶汽车为例,未来的机动车交通责任事故在很大程度上是由于软件缺陷导致的损害。对于计算机软件是否属于产品直接关系受害人能否依据产品责任获得有效救济。⑤ 因此,将计算机软件纳入产品的范围有利于为未来的科技发展与司法实践预留必要的空间。

---

① 参见"北京北信源自动化技术有限公司、上海林皓网络技术有限公司诉金信证券有限责任公司东阳吴宁西路证券营业部产品责任纠纷案",载最高人民检察院民事行政监察厅:《人民检察院民事行政抗诉案例选》(第 8 集),北京:法律出版社,2005 年版,第 207–208 页。

② 参见冉克平:《产品责任理论与判例研究》,北京:北京大学出版社,2014 年版,第 62 页。

③ 高圣平:《中华人民共和国侵权责任法立法争点、立法例和经典案例》,北京:北京大学出版社,2010 年版,第 494 页。

④ 参见[日]北川善太郎:《关于最近之未来的法律模型》,李薇译,载梁慧星:《民商法论丛》(第 6 卷),北京:法律出版社,1997 年版,第 312 页。

⑤ 参见王竹:《〈民法典·侵权责任编〉(编纂建议稿)附立法理由书》,北京:清华大学出版社,2019 年版,第 200 页。

（三）医疗产品（药品、消毒产品、医疗器械）与血液

医疗产品通常是在诊疗活动中加以使用的,因此其在立法体例上被规定在《民法典》侵权责任编第 6 章"医疗损害责任"中。依据我国《民法典》第 1123 条的规定,生产者和医疗机构应当对药品、消毒产品和医疗器械因缺陷导致的损害承担责任。在立法征求意见中,关于药品、消毒产品和医疗器械的产品属性,争议相对较少。① 此类产品存在缺陷造成患者损害的,应适用产品责任的归责原则。由于药品、消毒产品和医疗器械直接作用于人体,直接关系患者的生命健康与安全,我国还颁布了《药品管理法》《消毒管理办法》《医疗器械监督管理条例》等法律、法规和规章,专门针对此类产品的生产、经营、销售等活动进行严格规范。

血液,是指全血、血液成分和特殊血液成分(《血站管理办法》第 65 条第 1 款)。血液经过加工、制作,改变了血液原来的形态,就成了血液制品。② 血液制品是一种特殊的药品(《药品管理法》第 102 条第 2 款),属于产品当无疑问。《民法典》第 1223 条将由于"不合格的血液"与药品、消毒产品、医疗器械并列规定,这就引发了有关血液法律定性的争论。关于血液是否属于产品,理论上存在着不同的观点。持肯定说的观点认为,尚在人体中的血液为人体的组成部分,其不属于产品。③ 但与人体分离后的血液,由于已经不再是人体的组成部分,并且在输血之前血液也要经过一定的加工和处理,具有产品的特征,是一种特殊的产品。④ 持否定说的观点认为,血液产生于人体,造血是人体的生理功能,而非人类劳动的产物,血液采集中的简单处理不能称为法定意义上的"加工、制作"。⑤ 我国学界关于血液是否属于产品

---

① 参见王胜明:《中华人民共和国侵权责任法解读》,北京:中国法制出版社,2010年版,第 285 页。

② 杨立新:《医疗产品损害责任三论》,《河北法学》,2012 年第 6 期,第 19 页。

③ 参见王利明:《侵权责任法研究》(第二版)(下卷),北京:中国人民大学出版社,2016 年版,第 230 页;杨立新:《〈中华人民共和国侵权责任法〉条文解释与司法适用》,北京:人民法院出版社,2010 年版,第 416 页。

④ 参见王利明:《侵权责任法研究》(第二版)(下卷),北京:中国人民大学出版社,2016 年版,第 230 页。

⑤ 参见梁慧星:《裁判的方法》,北京:法律出版社,2003 年版,第 148 页;侯国跃:《输血感染损害责任的归责原则和求偿机制》,《社会科学》,2014 年第 2 期,第 93 页。

的争论,实际上是为确定当输入不合格的血液致人损害时可否寻求产品责任的救济路径。肯定说的观点主要基于适用产品责任能够为输血致损的受害者提供更有利的救济途径,否定说则认为血液致人损害适用严格产品责任缺乏正当性。[①]

近年来,我国司法实践出现了多起因输血感染疾病而引发的侵权责任纠纷案件。因输血感染致人损害的侵权责任究竟适用何种归责原则并不统一。据笔者观察,我国司法实践对医疗机构和血液提供机构在输血感染致人损害的纠纷案件中适用过错责任原则、无过错责任原则或者公平责任原则的裁判观点均有体现。

在"贾某某与焦作市第二人民医院、焦作煤业集团有限责任公司中央医院医疗损害责任纠纷案"中,法院适用过错责任的原则作出判决:"本案中,二被告所使用的血液是来自第三人焦作血站。二被告作为医疗机构,根据相关规定自焦作血站采购血液,符合法律规定……二被告在输血前,仅对血液进行了交叉配合检验,而未提供任何证据证实其在给原告输血前,曾对所输的血液进行过复检,亦未提供证据证明所输血液是合格的,其自身具有过错。至于第三人提供的发血单,能够证明二被告是通过合法的途径获得血液。但同时焦作血站作为采血者,有义务保证所提供的血液是合格的。根据《采供血机构和血液管理办法》第 28 条规定,严禁采供血机构采集健康检查不合格者的血液。但第三人仅提供了检验结果登记表,而未提供相对应的检验报告单来证明其所供应的血液是合格的。"[②]

在"徐州矿务集团总医院(以下简称矿总医院)与肖某梅、徐州市红十字血液中心(以下简称血液中心)医疗损害责任纠纷案"中,法院则认定血液属于产品,因输入不合格的血液致人损害的则适用严格责任。该案判决书认为:"原告在被告矿总医院治疗期间感染丙型××病毒,经南京东南司法鉴定

① 焦艳玲:《血液致害侵权责任的再思考——以〈侵权责任法〉第 59 条为中心》,《河北法学》,2019 年第 5 期,第 82 页。

② 参见河南省焦作市解放区人民法院(2015)解民二初字第 260 号民事判决书。同类案件参见"尚某某诉徐州市某某医院等医疗产品责任纠纷案",江苏省徐州市鼓楼区人民法院(2016)苏 0302 民初字第 3403 号民事判决书;"李某某与宝丰县人民医院医疗损害责任纠纷案",河南省平顶山市宝丰县人民法院(2013)宝民初字第 34 号民事判决书。

中心鉴定为:被鉴定人肖某梅感染丙型××病毒不能完全排除患者或献血者处于病毒感染后的'窗口期',首先考虑属于无过错输血感染,输血为完全原因。因此虽然被告血液中心对所采集的血液采用 2 遍丙型××病毒抗体及 1 遍丙型××病毒核酸检测,检测结果显示提供的血液属于合格产品,被告血液中心的采供血行为符合法律法规及相关技术规范,但因其提供给被告矿总医院输入原告体内的血液与原告感染丙型××病毒为完全因素,被告矿总医院作为医疗机构应当对输血造成原告的损害承担赔偿责任。"①

在"山东省立医院、山东省血液中心与苏某某医疗损害责任纠纷案"中,法院则适用公平责任原则依法作出判决:"根据西南政法大学司法鉴定中心出具的第 0323 号鉴定意见及其复核意见,无法明确认定山东省立医院、山东省血液中心对苏某某的医疗行为存在过错……苏某某上诉主张山东省立医院、山东省血液中心对苏某某的医疗行为存在过错,并要求山东省立医院、山东省血液中心承担损害赔偿责任没有事实和法律依据,本院不予支持。同时,根据该鉴定意见,苏某某系在此次输血后不足二个月即发病,检测出丙型肝炎病毒,应认为与此次输血有较大的关联性,一审法院据此认定本案为输血感染导致的医疗损害案件并无不当……依据公平原则,由苏某某与山东省立医院、山东省血液中心共同分担损失,并未违反相关法律规定,本院予以支持。"②

从比较法上来看,对于血液的法律定性也存在不同的立法例。在美国,人体血液被排除在《侵权法重述第三版:产品责任》之外。在美国几乎所有的州,血液提供机构的责任都通过立法得以限制,因输血感染致人损害的不

---

①　参见江苏省徐州市中级人民法院(2019)苏 03 民终 4028 号民事判决书。同类案件参见"重庆嘉陵医院有限公司等与文学委等医疗产品责任纠纷案",重庆市第一中级人民法院(2012)渝一中法民终字第 01479 号民事判决书;"扬州市红十字中心血站与李某医疗损害赔偿纠纷上诉案",江苏省扬州市中级人民法院(2010)扬民终字第 0202 号民事判决书。

②　参见山东省济南市中级人民法院(2017)鲁 01 民终 7571 号民事判决书。同类案件参见"何翔保等诉湖南省郴州市第一人民医院等医疗损害责任纠纷案",湖南省郴州市中级人民法院(2017)湘 10 民终 1668 号民事判决书;"谈华炳与武汉市第一医院、武汉血液中心医疗过错责任纠纷案",湖北省武汉市中级人民法院(2018)鄂 01 民终 574 号民事判决书。

适用严格责任,仅承担未尽到合理注意义务的过失责任。① 在欧洲范围内,血液被纳入产品的范畴,因输入被感染的血液致人损害的适用严格责任。由于人体血液并不是真正被生产出来的,而是从捐献者处收集的,因此将被感染的血液称为存在"不合格的缺陷"。② 在日本,血液被纳入产品的范畴。日本的理论界曾针对血液是否属于产品的范畴展开争论,后来日本政府对于血液的产品属性持肯定立场,其主要是基于血液被添加了保存液和抗凝固剂,这个过程应当被看作加工行为,因此应被解释为产品。在《日本制造物责任法》实施以后,因输血感染致人损害的,由日本红十字会承担无过错责任。③

　　笔者认为,从法律概念的角度去分析血液是否属于产品,仅仅通过如何理解"加工、制作"的含义则不易准确把握血液的法律属性,似乎肯定说与否定说两种相互对立的观点均能够各自得出解释论上的依据。针对血液是否属于产品及由此引发损害救济路径的探讨,应从法律概念的解释上升为法律政策层面的价值考量。立法机关倾向于认为应当将血液视为"产品",并将输入不合格的血液与医疗产品因缺陷而产生的侵权责任予以并列规定,从而使血液提供者承担与血液制品生产者相同的责任。立法机关这种巧妙的条文设计,实际上是将医疗产品责任准用于输入不合格血液致害的情形,同时间接将销售者责任和生产者责任准用于医疗机构和血液提供机构。④ 这一立法选择背后蕴含着丰富的法政策考量因素:在医患关系紧张的社会背景下,应当充分考虑到受害人与血液提供机构、医疗机构之间对于输血感

---

① 参见美国法律研究院:《侵权法重述第三版:产品责任》,肖永平、龚乐凡、汪雪飞译,北京:法律出版社,2006 年版,第 393-394 页。

② 参见[英]肯·奥立芬特:《产品责任:欧洲视角的比较法评论》,王竹、王毅纯译,《北方法学》,2014 年第 4 期,第 7 页。

③ 李雯静:《论输血及血液制品感染的侵权责任——基于日本法上的经验》,《时代法学》,2014 年第 4 期,第 95 页。

④ 参见王竹:《论医疗产品责任规则及其准用——以〈中华人民共和国侵权责任法〉第 59 条为中心》,《法商研究》,2013 年第 3 期,第 62 页。

染案件的风险承受能力，并注重实现减少医患纠纷、维护社会和谐的价值目标。[①]

另外，需要注意的是，2017 年 3 月 27 日通过的《最高人民法院关于审理医疗损害责任纠纷案件适用法律若干问题的解释》第 7 条[②]更是明确了医疗机构、血液提供机构对于因输入不合格的血液造成患者损害而主张不承担责任的举证规则，即医疗机构、血液提供机构应当对血液合格等抗辩事由承担举证责任，这进一步体现了司法实践关于因输入不合格的血液致人损害准用缺陷产品责任的基本立场。[③] 因此，尽管血液提供机构对于采集的血液经过初步处理的过程未对血液的成分进行改变，不符合"加工、制作"的实质性要件，但是并不影响基于法政策的考量因素，通过法律拟制的方式将血液视为"产品"，从而适用产品责任的规则。

同时，为了考虑未来医疗卫生事业的发展，鉴于医疗机构和血液提供机构作为公益性单位，也应当避免加重其经济负担。诚然，当前我国立法和司法实践将医疗机构置于产品责任之中主要是基于医疗机构存在药品销售行为的原因驱动，却未正视我国"医药分家"的医疗改革趋向，也没有很好地区分"医疗服务"与"产品销售"之间的不同之处。[④] 因此，在处理医疗产品责

---

① 输血感染案件中的受害人与血液提供机构相比是处于被动接受地位的弱者。对于无过错输血感染这一不可预料的风险，血液提供者更有控制风险、承担风险和分散风险的能力。合理保护受害患者的利益，有利于体现公平正义的法律精神，有利于减少医患纠纷，构建和谐社会。参见王胜明：《中华人民共和国侵权责任法解读》，北京：中国法制出版社，2010 年版，第 291 页。

② 《最高人民法院关于审理医疗损害责任纠纷案件适用法律若干问题的解释》第 7 条规定："患者依据侵权责任法第五十九条规定请求赔偿的，应当提交使用医疗产品或者输入血液、受到损害的证据。患者无法提交使用医疗产品或者输入血液与损害之间具有因果关系的证据，依法申请鉴定的，人民法院应予准许。医疗机构，医疗产品的生产者、销售者或者血液提供机构主张不承担责任的，应当对医疗产品不存在缺陷或者血液合格等抗辩事由承担举证证明责任。"

③ 杨立新：《〈最高人民法院关于审理医疗损害责任纠纷案件适用法律若干问题的解释〉条文释评》，《法律适用》，2018 年第 1 期，第 43 页。

④ 参见赵西巨：《再访我国〈侵权责任法〉第 59 条：情景化、类型化与限缩性适用》，《现代法学》，2014 年第 2 期，第 182 页。

任纠纷时,应当在救济受害患者与保护医疗机构利益之间寻求适当平衡。①
对此,我国有必要在医疗卫生领域积极探索并有效推进医疗责任保险和医
疗赔偿基金等风险分散的相关配套机制。通过形成由全社会分担因输入不
合格血液等医疗行为致害后果的风险共同体机制,符合未来该领域相关侵
权责任纠纷解决的发展趋势。

(四)初级农产品

初级农产品是否属于产品的范畴,我国理论上存在较大争议。1993 年
《产品质量法》对此缺乏清晰的规定,也未如"建设工程"那样将初级农产品
明确排除在产品的范围之外。由于初级农产品形成过程的特殊性,似乎很
难符合"加工、制作"的情形。这也正是理论上对初级农产品的法律定位存
在分歧的一个症结。持肯定立场的观点认为,初级农产品也属于产品,只要
初级农产品存在不符合法律规定的质量安全标准造成消费者损害的,生产
者、销售者就应当承担侵权责任。② 持否定立场的观点认为,初级农产品主
要是受自然环境的作用,人类几乎无法产生影响,原则上不属于产品的范
畴。③ 比较法上对此的规定也并不统一。④

笔者认为,对于是否将初级农产品纳入我国法律上产品的范围,应当坚
持发展的观点,结合我国实际国情,并注重参考当前最新国际立法趋势。

初级农产品是指来源于农业的初级产品,初级农产品形成过程的特殊

---

① 参见杨立新、岳业鹏:《医疗产品损害责任的法律适用规则及缺陷克服——"齐
二药"案的再思考及〈侵权责任法〉第 59 条的解释论》,《政治与法律》,2012 年第 9 期,第
121 页。

② 参见程啸:《侵权责任法》(第二版),北京:法律出版社,2015 年版,第 490 页;冉
克平:《产品责任理论与判例研究》,北京:北京大学出版社,2014 年版,第 57 页;段晓红:
《产品责任适用范围研究》,北京:中国社会科学出版社,2009 年版,第 234 页。

③ 参见周友军:《民法典编纂中产品责任制度的完善》,《法学评论》,2018 年第
2 期,第 139 页;于敏、李昊等:《中国民法典侵权行为编规则》,北京:社会科学文献出版
社,2012 年版,第 387 页;杨立新:《侵权责任法论》,北京:人民法院出版社,2013 年版,第
721 页。

④ 将初级农产品纳入产品范围的立法例有:《欧共体产品责任指令》(1999 年)第
2 条、《法国民法典》第 1386-3 条、《意大利消费法典》第 115 条;未将初级农产品纳入产
品范围的立法例有:《德国产品责任法》第 2 条、《瑞士产品责任法》第 3 条、《日本制造物
责任法》第 2 条。

性在于,处于工业产品与天然产品之间,既有人为因素,又有客观环境因素。甚至可以说,在人类社会的漫长历史中,初级农产品在很大程度上受自然条件的影响,农业生产者对农产品的质量往往很难控制。① 《产品质量法》在起草之初,并未将初级农产品纳入产品的范畴,初级农产品不适用《产品质量法》的规定。② 也有学者认为,为了在农产品质量立法中贯彻农产品消费者和生产者并重保护的原则,对于农产品致人损害宜采用过错责任原则,而不宜适用严格产品责任原则。③ 该种观点实际上也是不主张将初级农产品纳入产品的范畴。

随着现代农业科技的发展,人类对初级农产品的自然生成过程进行人为干预和控制的能力已经显著增强。以转基因技术的应用为例,这项技术能够使得初级农产品在短期内发生遗传性质的突变,能够使得农作物新品种的开发更为迅速,带来可观的经济效益。但同时,转基因技术的应用也可能给食品安全和生态环境带来潜在的风险。④ 其他在鸡鸭饲料中添加苏丹红生产的蛋、含有孔雀石绿的水产品等都是人工行为的产物,这些产品存在缺陷本身就是人类行为的结果,生产者也完全可以控制该产品的缺陷。⑤ 因农产品质量安全问题导致的大规模侵权事件已经成为广大消费者关注的热点问题,要求对农产品进行规制的立法呼声越发强烈。

从国际立法趋势来看,《欧共体产品责任指令》(85/374 号)第 2 条关于排除初级农产品、猎获物的规定,已经被 1999 年的指令所修改,现今主要欧

---

① 参见谭玲:《"产品"范围的比较分析》,《政法学刊》,2004 年第 1 期,第 13 页。

② 根据当时直接参与《产品质量法》起草工作的立法专家针对产品范围的解读,要求生产者、销售者对产品质量承担责任的产品,应当是生产者、销售者能够对其质量加以控制的产品,而不包括内在质量主要取决于自然因素的产品。各种直接取之于自然界的初级农产品,不适用《产品质量法》的规定。参见卞耀武:《中华人民共和国产品质量法释义》,北京:法律出版社,2000 年版,第 23 页。

③ 参见李玉文、胡钧:《我国农产品质量立法探析》,《法学》,2003 年第 5 期,第 114 页。

④ 陈莹莹:《中国转基因食品安全风险规制研究》,《华南师范大学学报》(社会科学版),2018 年第 4 期,第 122 页。

⑤ 周新军:《产品责任立法中的利益衡平——产品责任法比较研究》,广州:中山大学出版社,2007 年版,第 321 页。

共体成员国关于将初级农产品纳入产品的范畴已经基本达致统一意见。①
我国在加入 WTO 以后,农产品的国际市场化程度日益提高,同时也遭遇越
来越多的贸易壁垒。一些进口国动辄以保障农产品安全为由不断抬高准入
门槛,并设置各种形式的技术性贸易壁垒。为了提高我国农产品国际市场
的竞争力,对于借鉴欧共体关于初级农产品法律定位的最新发展趋势是较
为可取的。②

　　为了顺应国际上产品责任法的发展趋势以及保护公众健康安全,我国
于 2006 年通过了《农产品质量安全法》。依据现行该法第 79 条的规定,农
产品生产者、销售者应当赔偿因农产品不符合质量安全而导致消费者遭受
的损害。该条实际上确立了农产品适用严格责任的归责原则。③《农产品质
量安全法》对初级农产品的责任规则与《产品质量法》上关于产品的一般规
则保持一致,可以理解为立法者有意承认将初级农产品归为“产品”的范围。
在一定程度上可以认为,《农产品质量安全法》是《产品质量法》的特别法。
2009 年通过的《食品安全法》第 2 条第 2 款④更是将直接“供食用的源于农
业的初级产品(食用农产品)”的市场销售、质量安全标准制定以及安全信息
的公布等纳入《食品安全法》的调整范畴,更加印证了初级农产品属于产品
的立法态度。

　　从农业发展的趋势来看,初级农产品在生产过程中人为介入因素不断
增强,甚至改变其基本构造和性能成分,这就蕴含了许多对人类健康和安全
产生不可预测的变化因素和危险,初级农产品因人为制造存在的缺陷问题

---

　　① 参见梁慧星:《中国民法典草案建议稿附理由·侵权行为编》,北京:法律出版
社,2013 年版,第 163 页。

　　② 参见张新宝:《侵权责任法原理》,北京:中国人民大学出版社,2005 年版,第 394 页。

　　③ 《食品安全法》释义编写组:《中华人民共和国农产品质量安全法释义》,北京:中
国法制出版社,2006 年版,第 127 页。

　　④ 《食品安全法》第 2 条第 2 款:“供食用的源于农业的初级产品(以下称食用农产
品)的质量安全管理,遵守《中华人民共和国农产品质量安全法》的规定。但是,食用农
产品的市场销售、有关质量安全标准的制定、有关安全信息的公布和本法对农业投入品
作出规定的,应当遵守本法的规定。”

日趋严峻。① 将初级农产品纳入产品的范围之中,适用严格责任原则,有利于保护广大消费者的合法权益,进而提升我国农产品在国际市场上的竞争力。

第二节　产品缺陷的类型划分及其判断标准

现代产品责任法就是围绕产品缺陷而构建的责任体系,产品缺陷理论也因此构成了产品责任法上的核心理论。关于产品缺陷的法律含义、类型划分以及判断标准,则是产品缺陷理论的重要组成内容,也是各个国家产品责任法上的重要问题。其中对于产品缺陷的判断标准,比较法上形成了较为完备的基本理论和适用规则。本节详细考察以美国等为代表的主要国家产品责任法上有关产品缺陷的判定标准,在参考和借鉴的基础上,针对我国产品缺陷判断标准存在的不足之处提出有针对性的完善之策。

一、产品缺陷的法律含义

对于产品缺陷的定义,从比较法上来看,主要存在两种不同的立法模式,即以美国为代表的"不合理的危险"立法模式和以欧盟国家为代表的"不符合消费者合理期待的安全"立法模式。

依据美国《侵权法重述第二版》第 402A 节(1)款的规定,严格产品责任规则仅仅适用于产品处于"不合理的危险缺陷状态"这种情况。② 正如美国著名侵权责任法学者欧文(David G. Owen)教授所言,缺陷状态是指产品具有过度的危险,这种危险不同于产品的自然风险,不应当由使用者或消费者

---

① 段晓红:《产品责任适用范围研究》,北京:中国社会科学出版社,2009 年版,第231 页。

② 参见[美]文森特·R. 约翰逊:《美国侵权责任法》,赵秀文等译,北京:中国人民大学出版社,2004 年版,第 201 页。

承担,此种风险由产品生产商或供应商承担更为合适。① 美国《侵权法重述第三版:产品责任》对产品缺陷的定义并未有直接明确的规定,但在第 2 节(b)款和(c)款对产品存在设计缺陷与警示缺陷进行表述时,均指出这两种缺陷类型的情形是指"不具有合理的安全性能"。②

欧盟国家对产品缺陷的定义普遍采用"不符合消费者合理期待的安全"这一立法模式。③《德国产品责任法》第 3 条关于产品缺陷的定义与《欧共体产品责任指令》第 6 条的规定类似,明确将产品缺陷界定为"不具有人们有权期待的安全性"。法国现行法④、英国现行法⑤以及瑞士现行法⑥对产品缺陷的定义也都采取基本相同的规范。值得注意的是,"合理的安全性预期"是一个具有不确定性的法律概念,在具体认定时,应以社会公众的一般预期作为基本衡量标准。具体而言,法院在个案裁判中需要结合"产品呈现在公众面前的方式、可合理期待之使用方式和将产品投入流通的时间"⑦等重要参考依据。

我国《产品质量法》第 46 条对产品缺陷的概念进行了界定,⑧该条规定

---

①　参见[美]戴维·G. 欧文:《产品责任法》,董春华译,北京:中国政法大学出版社,2012 年版,第 125 页。

②　参见美国法律研究院:《侵权法重述第三版:产品责任》,肖永平、龚乐凡、汪雪飞译,北京:法律出版社,2006 年版,第 18 页。

③　《欧共体产品责任指令》第 6 条规定:"考虑到下列所有情况,如果产品不能提供人们有权期待的安全性,即属于缺陷产品:(a)产品的说明;(b)能够投入合理期待的使用;(c)投入流通的时间。"2004 年欧洲侵权责任法小组起草的《欧洲侵权责任法原则》第4:202 条(2)规定:"'缺陷'是指偏离了对该企业、其产品或服务合理期待的标准。"

④　依据《法国民法典》第 1386-4 条第 1 款的规定,有缺陷的产品,是指不能提供可以合理期待之安全性的产品。

⑤　1987 年《英国消费者保护法》第 3 条第 1 款对产品缺陷的定义也有明确规定:"如果产品不具有人们有权期待的安全性,该产品即存在缺陷;对产品而言,安全性包括组合到另一产品之中的产品的安全性以及在造成死亡、人身伤害危险方面的安全性。"

⑥　《瑞士产品责任法》第 4 条第 1 款规定:"产品应具备考虑到各类情况后可合理预期的安全性,若某一产品不具备此类可合理预期的安全性,则可判定该产品存在缺陷。"

⑦　参见[瑞]海因茨·雷伊:《瑞士侵权责任法》,贺栩栩译,北京:中国政法大学出版社,2015 年版,第 325-327 页。

⑧　参见《产品质量法》第 46 条:"本法所称缺陷,是指产品存在危及人身、他人财产安全的不合理的危险;产品有保障人体健康和人身、财产安全的国家标准、行业标准的,是指不符合该标准。"

了"不合理的危险"与"不符合相关的国家标准、行业标准"（以下简称"强制性标准"）两个方面内容。由此，我国学理上对于产品缺陷的界定标准，存在"单一标准说"和"双重标准说"两种不同的理解。"单一标准说"认为，产品存在不合理的危险为产品缺陷的唯一认定标准，而国家标准和行业标准只是认定产品是否存在不合理危险的参考因素。① "双重标准说"认为，不合理的危险标准与强制性标准，同时分别作为产品缺陷认定的一般标准和法定标准。②

笔者认为，"单一标准说"的理解更加符合立法目的，如果单纯以强制性标准作为认定产品缺陷的依据并不合理。首先，强制性标准往往由行业主管机关及其下属部门负责制定，相对于消费者而言，产品生产者、销售者更具有发言权，这也可能导致强制性标准存在严重滞后性的问题。③ 另外，由于标准制定者受其知识水平、能力所限，在标准中不可能将所有不合理的危险加以排除。某一项产品的强制性标准，事实上可能并未涵盖该产品的全部安全性能指标。④ 因此，尽管产品符合了相关的强制性标准，但是只要该产品仍存在不合理的危险，仍应当认定该产品构成缺陷。

尽管各个国家对于产品缺陷的定义表述有所不同，但其立法意旨都与产品的"不安全性"或"危险性"相关，基本建立在产品欠缺安全性的基础之上。一定程度上而言，产品缺陷是指产品欠缺安全性，但这并不意味着凡是缺乏安全性的产品都具有缺陷。所谓产品缺陷具有不合理的危险，主要是指在产品正常的使用范围内，这种不合理的危险危及他人的人身和财产安

---

① 参见王利明、周友军、高圣平：《侵权责任法疑难问题研究》，北京：中国法制出版社，2012 年版，第 371 页。

② 参见张新宝：《侵权责任法》（第四版），北京：中国人民大学出版社，2016 年版，第 234 页。

③ 参见奚晓明：《〈中华人民共和国侵权责任法〉条文理解与适用》，北京：人民法院出版社，2010 年版，第 302 页。

④ 即使产品符合了相应的强制性标准，也不必然意味着该产品不存在任何缺陷。强制性标准作为一种技术要求，其实质内涵、设置宗旨、制定依据及发布程序等并不能完全承载私法上安全价值的需求。符合强制性标准在实践中仍然可能产生不合理危险而致损害。参见谭启平：《符合强制性标准与侵权责任承担的关系》，《中国法学》，2017 年第 4 期，第 184 页。

全,其他方面的危险则不认为是缺陷的内容,合理的危险当然也不构成缺陷。可以说,确定产品缺陷的关键在于确定产品是否安全,即主要是对产品安全性的认识。

二、产品缺陷的类型划分

对产品缺陷的类型进行区分是在产品责任法不断发展的过程中逐渐形成的,早期的严格产品责任主要是指产品在生产、制造方面存在的缺陷。美国《侵权法重述第二版》主要针对的就是产品制造缺陷的问题,并未对产品的其他缺陷类型进行有意识的区分。后来随着复杂的产品设计缺陷和警示缺陷诉讼的出现,适用统一的严格责任备受质疑。①《侵权法重述第三版:产品责任》第2节明确将产品缺陷区分为制造缺陷、设计缺陷及缺乏使用说明或警示的缺陷三种不同的类型,并根据产品缺陷类型而区分适用不同的归责原则,对于产品制造缺陷适用严格责任原则,对于后两种产品缺陷类型则适用过失责任原则。②

《欧共体产品责任指令》并未对产品缺陷类型进行明确规定,但是欧盟国家的理论通说与司法实践则对产品缺陷类型的区分予以认可。在德国,一般来说,生产者负有的交往安全义务可以具体化为制造义务、设计义务、说明义务及跟踪观察义务,产品缺陷类型也被区分为与交往安全义务对应的四种类型,即制造缺陷、设计缺陷、说明缺陷及跟踪观察缺陷。③《瑞士产品责任法》在形式上并不区分不同类型的产品缺陷,但是瑞士司法实践却从侵权责任法的框架中发展出与德国产品缺陷类型大致相同的基本分类方式。④

---

① David G. Owen, Defectiveness Restated: Exploding the Strict Product Liability Myth, University of Illinois Law Review, Vol. 1996, Issue 3,1996, p. 743 .

② 参见美国法律研究院:《侵权法重述第三版:产品责任》,肖永平、龚乐凡、汪雪飞译,北京:法律出版社,2006年版,第18页。

③ [德]马克西米利安·福克斯:《侵权行为法》,齐晓琨译,北京:法律出版社,2006年版,第115页。

④ 参见[瑞]海因茨·雷伊:《瑞士侵权责任法》,贺栩栩译,北京:中国政法大学出版社,2015年版,第257—258页。

　　我国现行法律并未对产品缺陷的类型作出明确区分,但是理论和司法裁判对产品缺陷的分类则持肯定态度,只是对分类的具体方法存在分歧。我国学界对产品缺陷的类型划分,主要存在两种观点:其一,产品缺陷三分法,包含制造缺陷、设计缺陷和警示缺陷。① 其二,产品缺陷四分法,包含制造缺陷、设计缺陷、警示缺陷和跟踪观察缺陷。② 从我国司法实践来看,关于产品缺陷类型的认定也不统一。在"内蒙古昭华建筑工程(集团)有限责任公司与回民区腾峰建筑设备销售部等产品责任纠纷上诉案"中,法院认为产品缺陷可以分为四种类型,应在传统三分法的基础上将跟踪观察缺陷归入产品缺陷的类型之中。③ 然而,在"苏州市宝带农药公司与赵某成产品责任纠纷案"中,法院仍坚持认为"产品缺陷的三种基本类型,并不认可跟踪观察缺陷"。④

　　我国对于产品缺陷类型划分的争议焦点就在于跟踪观察缺陷是否属于一种单独的产品缺陷类型。肯定说认为,跟踪观察缺陷应属于产品缺陷的

---

　　① 参见梁慧星:《中国产品责任法——兼论假冒伪劣之根源和对策》,《法学》,2001 年第 6 期,第 42 页;程啸:《侵权责任法》(第二版),北京:法律出版社,2015 年版,第 498 页;董春华:《中美产品缺陷法律制度比较研究》,北京:法律出版社,2010 年版,第 37-38 页。

　　② 参见王利明:《侵权责任法研究》(第二版)(下卷),北京:中国人民大学出版社,2016 年版,第 239 页;杨立新:《〈中华人民共和国侵权责任法〉条文解释与司法适用》,北京:人民法院出版社,2010 年版,第 266 页;冉克平:《产品责任理论与判例研究》,北京:北京大学出版社,2014 年版,第 142 页。

　　③ 在该案中,法院认为:"跟踪观察缺陷,是指生产者将产品投放市场后,违反对产品应当尽到的跟踪观察等义务,致使该产品造成使用人的人身损害或者财产损害的不合理危险。"参见内蒙古自治区呼和浩特市中级人民法院(2016)内 01 民终 3609 号民事判决书。类似判决参见"田××、深圳赛诺菲巴斯德生物制品有限公司产品责任纠纷二审民事判决书"(山东省青岛市中级人民法院(2018)鲁 02 民终 6287 号民事判决书)。

　　④ 参见江苏省高级人民法院(2014)苏审二商申字第 0268 号民事裁定书。类似判决参见"扬州市春明节能锅炉厂与李国旺等产品责任纠纷上诉案"(湖南省常德市中级人民法院(2016)湘 07 民终 229 号民事判决书);"杨延吉与新疆田苗种业有限责任公司产品责任纠纷案"(新疆生产建设兵团第八师中级人民法院(2016)兵 08 民终 206 号民事判决书)。

一种独立类型，《侵权责任法》第 46 条的规定就是对产品跟踪观察缺陷的法律确认。[①] 否定说认为，生产者、销售者对投入流通后的产品进行跟踪服务是一种义务，导致损害涉及义务之违反，并非与三种传统缺陷类型处于同一位阶的缺陷类型，不宜在立法中单独列出。[②]

笔者认为，产品跟踪观察缺陷不应当作为产品缺陷的一种类型，坚持产品缺陷类型传统三分法的观点更为合理。所谓的产品跟踪观察缺陷既不符合《侵权责任法》第 46 条的立法目的，也与产品责任的本质特征相违背。

一方面，对产品缺陷进行类型划分最早源于美国，随着产品责任案件的日趋复杂，产品缺陷从最初的制造缺陷逐步发展出设计缺陷和警示缺陷，此种产品缺陷分类方法已经为绝大多数国家所采纳。[③] 按照我国《侵权责任法》起草者的解释，《侵权责任法》第 46 条是有关生产者、销售者针对产品投入流通后发现存在缺陷时所应采取警示、召回等补救措施以及承担侵权责任的规定。[④] 该条实际上确立了跟踪观察义务及其违反的责任。跟踪观察义务的设置主要是为了合理限制发展风险抗辩事由的适用，旨在平衡消费者权益保护与企业利益之间的冲突关系。发展风险的抗辩作为产品责任的抗辩事由，有助于鼓励生产者积极研发新产品，但是却可能以牺牲消费者的合法权益为代价。法律课以生产者负有跟踪观察义务，正是为了防止生产者抱有发展风险抗辩事由的侥幸心理。如果生产者发现产品存在缺陷后未采取必要的补救措施，则应当对产品缺陷造成的损害承担产品责任，不能再

---

① 肯定说认为，在产品推向市场时的科学技术水平不能发现该产品是否存在缺陷的，生产者应当负有跟踪观察义务；发现缺陷应当及时召回产品，应当发现而没有发现或者已经发现没有及时召回，即构成跟踪观察缺陷。杨立新：《侵权责任法》，北京：法律出版社，2018 年版，第 341 页。

② 王竹：《〈民法典·侵权责任编〉（编纂建议稿）附立法理由书》，北京：清华大学出版社，2019 年版，第 202 页。

③ 赵相林、曹俊：《国际产品责任法》，北京：中国政法大学出版社，2000 年版，第 127 页。

④ 按照我国立法机关的解释，《侵权责任法》第 46 条的规定不仅总结了我国相关法律规定及司法实践的经验，而且充分借鉴了美国《侵权法重述第三版：产品责任》第 10 节、11 节关于产品销售者负有警示、召回义务的规定。该条实际上是为了明确生产者、销售者对产品的跟踪观察义务。参见王胜明：《中华人民共和国侵权责任法解读》，北京：中国法制出版社，2010 年版，第 231-232 页。

以发展风险为由进行抗辩。

另一方面,跟踪观察缺陷并不符合产品责任的本质特征。产品责任的构成以客观违法性为要件[①],即以产品本身存在缺陷为前提,而并不依赖于生产者的主观过错。[②] 易言之,产品责任成立的基础在于产品本身具有缺陷性,并不以生产者、销售者的过失行为作为责任的构成要件。所谓的跟踪观察缺陷倒不如说是生产者、销售者对投入流通后的产品所负有注意义务的违反。因此,跟踪观察缺陷并非基于产品本身具有缺陷性所导致的责任,这与产品制造缺陷、设计缺陷和警示缺陷存在本质上的差异。

依据产品缺陷所形成原因的不同,将缺陷分为制造缺陷、设计缺陷和警示缺陷三种类型,这对于产品责任的适用具有重要意义。首先,区分产品缺陷的不同类型,有助于在司法实践中正确认定产品缺陷的存在。对于产品是否存在制造缺陷或设计缺陷的认定,一般消费者往往难以直接得出准确判断,通常需要相关领域的鉴定人员出具专业意见。对于产品警示缺陷的判断,一般情况下按照普通常识即可得出产品是否具有不合理的危险性,判断难度相对较低。[③] 其次,区分产品缺陷的不同类型,有利于确定生产者的跟踪观察义务,并有针对性地采取相应补救措施。对于存在制造缺陷、设计缺陷的产品,因其引起人身伤害、财产损失的危险可能性较大,尤其是在"大生产、大消费"的现代社会更是如此。因此,对存在这两类缺陷的产品应由生产者采取召回等措施,以便切实消除危险,保障公众的人身、财产安全。对于存在警示缺陷的产品,只要及时地进行相应的警示即可消除此类危险,故而无须采取召回的方式。[④]

---

① [瑞]海因茨·雷伊:《瑞士侵权责任法》,贺栩栩译,北京:中国政法大学出版社,2015 年版,第 318-319 页。

② 在严格责任的影响之下,现代产品责任法的注意力已经从"被告的主观态度和行为"转移到"产品本身有无缺陷"之上。参见冉克平:《产品责任理论与判例研究》,北京:北京大学出版社,2014 年版,第 77 页。

③ 参见王利明:《侵权责任法研究》(第二版)(下卷),北京:中国人民大学出版社,2016 年版,第 239 页。

④ 程啸:《侵权责任法》(第二版),北京:法律出版社,2015 年版,第 498 页。

三、比较法上产品缺陷的判断标准

（一）产品制造缺陷的判断标准

产品存在制造缺陷，往往是由于制造该产品的原材料、零配件及总装工艺的质量问题，从而导致产品具有不合理的危险性。在产品的制造过程中，制造缺陷只是由于产品背离了既定的设计意图而出现个别的生产缺陷。如果制造商严格把控原材料、零配件以及总装工艺等工序的质量关，则可以减少乃至避免制造缺陷的发生。[①]

产品制造缺陷作为产品责任诉讼的基本类型，具备两个显著的特点。其一，产品存在制造缺陷是对产品设计规格的背离，在判断产品是否构成制造缺陷时，可以依据简单客观而又趋于标准化的判断方法。[②] 其二，产品制造缺陷造成的损害往往具有个别性，通常不涉及大规模的产品责任诉讼，这显著区别于设计缺陷造成损害的情形。[③]

在比较法上，对产品制造缺陷的判断标准主要有消费者期待标准、违反既定设计标准以及故障原则。通过详细考察上述判断标准，有助于为完善我国产品制造缺陷的判断方法提供参考。

1. 消费者期待标准

对于产品制造缺陷的判断，美国最早采用的标准为"消费者期待标准"或者称为"合理期待标准"（consumer expectation test）。在美国《侵权法重述第二版》第 402A 节的评注 g 中对产品"缺陷状态"进行了界定，是指一种不为最终消费者所期待的并且会对他人具有不合理危险的状况。同时，在该重述的评注 i 中也对"不合理的危险"进行了解释，只要产品的危险达到了超

[①] 张新宝：《侵权责任法》（第四版），北京：中国人民大学出版社，2016 年版，第 236 页。

[②] 相较于产品设计缺陷和警示缺陷，在判断产品制造缺陷时，可以通过对产品规格、技术标准的检验或通过与合格产品的对比进行客观识别，判断方法相对简易。参见董春华：《中美产品缺陷法律制度比较研究》，北京：法律出版社，2010 年版，第 98-99 页。

[③] 产品制造缺陷一般涉及某一个产品或部分产品，而不涉及整条生产线所有种类的产品。因此，相较于设计缺陷和警示缺陷，制造缺陷所致的损害波及面相对较小，补救和纠正相对容易。参见冉克平：《产品责任理论与判例研究》，北京：北京大学出版社，2014 年版，第 81 页。

出普通消费者关于该产品特征所期待的程度,则该产品具有不合理的危险。① 上述两条评注对产品具有不合理危险缺陷状况的解释,表明了美国司法实践的主流观点实际上确立了以消费者合理期待标准作为产品制造缺陷的基本标准。②

消费者合理期待标准是以一般消费者对产品的性能、质量所预期的程度为标准来判断产品是否存在缺陷。③ 在美国早期的严格产品责任案件中,消费者合理期待标准一度得到广泛的运用,然而由于该项标准在产品缺陷判断的具体案件中需要依赖于一般消费者对产品安全性能的主观认知,往往具有较大的模糊性和不确定性,因而后来逐渐受到批评和质疑。④

消费者合理期待标准在欧盟国家的产品责任法上也被得以运用。在欧盟,关于产品缺陷的界定基本上是采取了"人们有权期待的安全性"的表述,这种对产品缺陷的判断依据与消费者合理期待标准殊途同归。随着复杂产品责任诉讼的出现,消费者合理期待标准的局限性日益凸显。欧盟为了克服类似于美国法上消费者合理期待标准在对产品制造缺陷判断时面临的窘境,开始着重强调缺陷标准的客观性。如依据《欧共体产品责任指令》第6 条,在判断产品是否存在缺陷时,需要综合考虑产品的说明、产品投入流通的时间、产品可以合理期待的使用等因素,以增强消费者合理期待标准的客观化。1987 年《英国消费者保护法》在借鉴严格责任归责原则的框架下,以产品缺少普通人有权期待的安全作为判定产品制造缺陷的基础,而不是以具体案件中受害人的安全期待为依据。《瑞士产品责任法》第 4 条明确列举

---

① 参见[美]肯尼斯・S. 亚伯拉罕、[美]阿尔伯特・C. 泰特:《侵权法重述——纲要》,许传玺、石宏等译,北京:法律出版社,2006 年版,第 114–116 页。

② Jerry J. Phillips,Consumer Expectations,South Carolina Law Review,Vol. 53,Issue 4,2002,p. 1047.

③ 如果产品符合一般消费者的合理期待,则产品具备安全标准,如果产品的危险性超出了一般消费者的合理期待,则该产品构成缺陷。由于存在制造缺陷的产品不符合消费者或使用者对产品安全的合理预期,因而依据消费者合理期待标准能够对产品制造缺陷进行判断。See F. Patrick Hubbard,Reasonable Human Expectations:A Normative Model for Imposing Strict Liability for Defective Products,Mercer Law Review,Vol. 29,Issue 2,1978,p. 465.

④ F. Patrick Hubbard,Reasonable Human Expectations:A Normative Model for Imposing Strict Liability for Defective Products,Mercer Law Review,Vol. 29,Issue 2,1978,p. 489.

了"产品呈现在公众面前的方式、可合理期待之使用方式、投入流通的时间"这三项标准,作为对产品具有"合理的安全性预期"判断的重要参考依据。此外,在判断产品是否存在缺陷时,"产品本身的性质、技术法规与安全标准、产品价格"等情形也作为重要的考虑因素。①

2.违反既定设计标准

随着美国产品责任诉讼案件类型的不断积累,主流司法实践对于产品制造缺陷的判断标准也处于调整之中。美国《侵权法重述第三版:产品责任》第2节(a)项实际上针对产品制造缺陷确立了"违反既定设计标准"②的判断方法,这意味着消费者合理期待标准在产品制造缺陷的判断标准中丧失了优势地位。

制造缺陷是指产品对其原本设计要求的背离,使得产品完全脱离了正常的使用功能,这也是产品制造缺陷与其他产品缺陷类型的显著区别。在现实生活中,产品制造缺陷的典型事例是指相关产品在其物理构造上存在缺陷,或者已被损害,或者被不正确地组装。在针对产品制造缺陷的诉讼中,原告需要举证证明该产品脱离制造商之控制时产品缺陷就已经存在。③

在 Mckenzie v. S K Hand Tool Corp. 一案中,法院援引"违反既定设计标准"对产品存在的制造缺陷进行认定。审理该案的法院认为,由于吊环的坚固性与用来固定吊环的扳手手柄存在违反生产商设计图的情形,因此案件所涉的扳手和吊环均存在制造缺陷。④ 另外,美国几个州已经通过了相关立法,通过违反既定设计主旨的构想来界定产品存在制造缺陷。如密西西比州的立法明确规定:如果产品以实质方式背离生产商产品规格或者不同于

---

① 参见[瑞]海因茨·雷伊:《瑞士侵权责任法》,贺栩栩译,北京:中国政法大学出版社,2015年版,第325—327页。

② 依据1998年美国《侵权法重述第三版:产品责任》第2节(a)项的规定,如果产品背离其设计意图,即使在制造和销售该产品的过程中已经尽到所有可能的谨慎义务,该产品仍然存在制造缺陷。

③ 参见美国法律研究院:《侵权法重述第三版:产品责任》,肖永平、龚乐凡、汪雪飞译,北京:法律出版社,2006年版,第104—105页。

④ Mckenzie v. S. K. Hand Tool Corp,650 N. E. 2d 612（Ill. App. Ct. 1995）.

以同样规格生产的产品,则属于存在制造缺陷的情形。①

美国产品责任法所确立的"违反既定设计标准"对于认定产品制造缺陷提供了一个简单客观的标准化判断方法。只要能够认定产品没有符合生产商的设计标准而无法具备其应有的设计功能,那么该件产品则存在制造缺陷。但是,在一些特殊情形下,依据"违反既定设计标准"有时难以准确认定产品在制造方面是否存在缺陷,因而关于制造缺陷的判断方法还需要随着司法实践的发展作出相应完善。

3. 故障原则

在产品制造缺陷的案件中,有时仅依据"违反既定设计标准"并不能有效认定产品是否存在缺陷。对于一些特殊类型的案件,产品可能因爆炸、燃烧或者其他原因而严重受损或者灭失,导致没有留下任何可以确定产品缺陷的证据或者难以查明产品缺陷的原因。在这种情况下,美国司法实践发展出了"故障原则"(malfunction doctrine)作为认定产品制造缺陷的判断方法。

故障原则类似于"事实自证原则"(res ipsa loquitur),当原告不能按照传统的证明要求确定特定缺陷的情形下,依据逻辑和公平原则,不应排除原告获得相应的救济。② 在产品制造缺陷诉讼中,允许原告依据间接证据初步推定产品存在制造缺陷。③

在美国的司法实践中,故障原则经常适用于汽车存在制造缺陷的案件中。在"Ducko v. Chrysler Motors Corp. 案"中,原告从汽车生产商处购买一辆汽车仅有两个月的时间,当原告在公路上以正常速度驾驶该辆汽车时,车辆方向盘和刹车系统突然失灵,导致汽车发生碰撞事故并造成原告受伤。原

---

① 参见[美]戴维·G. 欧文:《产品责任法》,董春华译,北京:中国政法大学出版社,2012 年版,第 152 页。

② David Owen, Products Liability Law Restated, South Carolina Law Review, Vol. 49, Issue 2,1998,p. 282.

③ 根据产品故障原则,产品制造缺陷可以从下列间接证据中进行推定:①产品发生了故障;②故障发生在产品合理使用的过程中;③故障的发生并非由于产品改装或者不当使用引起。参见 David G. Owen,Products Liability Law,Eagan:Thomson West,2005,p. 451.

告以车辆存在制造缺陷为由起诉汽车公司要求索赔。初审法院以原告主张的证据不足,驳回了原告的诉讼请求。上诉法院则依据故障原则,认为可以通过证明车辆发生故障时缺乏其他可能的原因,即允许通过间接证据的方式来认定车辆存在制造缺陷。[①]

随着后来司法实践的发展,故障原则在美国产品责任领域的适用范围不断扩大,已经成为在认定产品制造缺陷时广泛应用的一项原则。在严格产品责任的框架之下,越来越多的美国法院接受这种通过间接证据的方式来证明产品存在的制造缺陷。[②] 1998 年美国《侵权法重述第三版:产品责任》吸收了故障原则,并将之作为产品制造缺陷的判断方法。[③]

(二)产品设计缺陷的判断标准

产品在投入生产之前,通常需要制订设计方案,正是因为产品的设计方案,如产品的结构、配方等方面缺乏科学合理的考虑,从而导致产品存在不合理的危险,即形成所谓的设计缺陷。[④] 产品设计缺陷在产品责任诉讼中具有非常重要的地位,尤其是在 20 世纪 70 年代之后,产品设计缺陷已经出现了爆发性的增长,逐渐占据产品责任诉讼案件的主流。

相较于制造缺陷而言,产品设计缺陷的判断标准更为复杂。申言之,产品制造缺陷的判断标准以违反既定设计方案为客观依据,由于具有外部性的标准进行衡量,因此相对来说,产品制造缺陷的判断难度较小。然而,在判断产品设计缺陷时,往往需要对产品的设计标准本身是否存在缺陷进行

[①]　Ducko v. Chrysler Motors Corp. ,433 Pa. Super. Ct. 47,639 A. 2d 1204 (1994).

[②]　[美]戴维·G. 欧文:《产品责任法》,董春华译,北京:中国政法大学出版社,2012 年版,第 153 页。

[③]　美国《侵权法重述第三版:产品责任》第 3 节明确规定:"当伤害原告的事故存在下列情形,没有关于何种具体缺陷的证据,可以推定原告所遭受的伤害是由在产品销售或者分销时就已存在的产品缺陷导致:(a)该种伤害通常由于产品缺陷引起;(b)在具体案件中,不是仅仅由于产品于销售或者分销时存在的缺陷以外的原因引起的。"

[④]　产品设计缺陷与产品制造缺陷相比,最明显的特征是产品设计缺陷往往不是存在于单个产品之上的,基于该设计方案生产的所有产品均为设计缺陷的产品。当批量的具有设计缺陷的产品投入市场后,受害者往往人数众多,在司法实践中有可能形成大规模的产品责任诉讼。参见张新宝:《侵权责任法》(第四版),北京:中国人民大学出版社,2016 年版,第 235 页。

细致的分析,需要结合产品的功能考量各种因素,这通常是法院在具体案件中难以衡量的。①

在比较法上,对于产品设计缺陷的判断标准主要有消费者合理期待标准、风险—效用标准以及上述两种判断标准的混合适用。

1. 消费者合理期待标准

美国《侵权法重述第二版》第402A节所规定的消费者合理期待标准最初的意图是针对产品制造缺陷而言的,并未考虑产品设计缺陷的适用情形。后来随着产品设计缺陷诉讼案件的出现,美国法院也开始尝试将消费者合理期待标准适用于对产品设计缺陷的判断。由于一般的消费者对产品的设计方案缺乏必要的专业知识,这就可能导致在很多情形下消费者对产品安全性的合理期待难以确定。因此,消费者合理期待标准在用于判断产品设计缺陷案件时显得"水土不服",适用效果则大打折扣,已经不再作为一项具有决定性的标准。

但是,在一些特殊的情形下,消费者合理期待标准仍然有适用的机会。在美国各级法院,消费者合理期待标准被广泛适用于食品责任案件,作为衡量产品设计缺陷存在与否的标准。如在"Jackson v. Nestle-Beich, Inc. 案"中,原告在食用被告生产的核桃糖时,被巧克力外壳下的核桃壳磕伤了牙齿,审理该案的伊利诺伊州最高法院认为,在因产品成分致使消费者遭受伤害的食品案件中,应采取消费者合理期待标准认定销售商的责任。也就是说,如果食品中存在任何一个普通购买者基于常识而无法预见的成分并因此对消费者造成损害时,食品制造商和加工商要对这一损害承担严格责任,从而保护消费者免于受到不可预期的风险。②

尽管传统上消费者合理期待标准被认为更有利于保护消费者的合法权益,但是美国司法实践已经更多地使用该标准对在涉及明显设计危险的案

---

① James A. Jr. Henderson; Aaron D. Twerski, Achieving Consensus on Defective Product Design, Cornell Law Review, Vol. 83, Issue 4, 1998, pp. 872-873.

② Jackson v. Nestle-Beich, Inc. , 147 Ill. 2d 408, 589 N. E. 2d 547 (Ill. , 1992).

件拒绝给原告以赔偿。① 在"Jarke v. Jackson Products 案"中,法院否认了消费者合理期待标准作为产品设计缺陷判断的基本依据。在该案中,佩戴焊接面罩的原告因喷溅出的金属熔化物从该面罩溢出进入原告的耳朵导致其受到伤害。原告主张焊接面罩的边缘缺乏对耳朵的必要防护,因其不符合消费者的合理安全期待而存在设计方面的缺陷,据此起诉生产商。审理该案的上诉法院认为,在使用案涉焊接面罩时,金属熔化物对使用者耳朵的危险是显而易见的,不能依据消费者合理期待标准这一特殊理由认定焊接面罩缺少耳朵防护装置就是构成设计缺陷。②

将消费者合理期待标准适用于产品设计缺陷的诉讼案件,在美国学理上也备受争议。正如有学者所指出的那样,关于消费者合理期待标准与产品设计缺陷的判断之间存在最主要的争议是,仅仅依据一般消费者对产品的技术设计特性的期望是不可能准确实现对产品设计缺陷的认定。③ 尽管可以假设消费者对产品安全具有一定程度上的期待,但是当这种期待实际落实到特定产品责任案件中的具体设计标准时,此种安全程度该如何界定,对此常常难以给出确切的答案。

2. 风险—效用标准

(1)风险—效用标准的基本原理。正如前文所述,由于消费者合理期待标准在判断产品设计缺陷时存在局限性,为了增强司法实践中对产品设计缺陷判断的客观性和准确性,美国法院率先提出了另一种新的有关产品设计缺陷的判断标准,即风险—效用标准。因为风险—效用标准能够实现预防措施的成本、安全以及效益三者之间的动态平衡,这对于产品设计的充分性而言具有决定意义,因此该标准已经成为判断产品设计缺陷的首要标准。④

---

① ［美］戴维·G. 欧文:《产品责任法》,董春华译,北京:中国政法大学出版社,2012 年版,第 161 页。

② Jarke v. Jackson Products,631 N. E. 2d 233（Ill. App. Ct. 1994）.

③ Mary J. Davis, Design Defect Liability:In Search of a Standard of Responsibility, Wayne Law Review, Vol. 39, Issue 3,1993,p. 1237.

④ ［美］戴维·G. 欧文:《产品责任法》,董春华译,北京:中国政法大学出版社,2012 年版,第 161 页。

风险—效用标准源于普通法上关于过失行为认定的成本—效益分析方法。[①] 由于判断一个人的行为是否存在过失通常需要衡量一个理性的主体在同等情况下将会采取何种行为,法院据此按照市场效益原则,依赖预防成本与安全效益的关系,来作为考量行为是否存在过失的参考依据。美国联邦法院法官伦德·汉德(Learned Hand)在"United States v. Carroll Towing Co.案"中最早提出著名的"汉德公式":行为人用以预防事故发生的成本是否少于事故发生后的损失乘以事故发生的概率。如果预防事故的成本少于事故发生的预期成本,则意味着行为人本来可以用较小的成本去避免较大的事故损失,而事实上行为人并未采取如此措施,则该行为人构成过失。如果将上述原理使用代数公式表达的话,则为 $B<P×L$(B 代表预防事故发生的成本,P 代表事故发生的概率,L 代表事故发生后的损失)。[②] 将汉德公式运用到产品责任领域来判断产品缺陷便形成了所谓的风险—效用标准。

作为判断产品设计缺陷的风险—效用标准,实质上是通过对产品安全改进的成本与既有的风险进行对比,从而判断现有的产品状态是否存在缺陷。风险—效用标准在衡量避免特殊危险的安全效益与预防成本的方面具有明显的优势。申言之,任何产品都兼具风险与效益的性质,同时,产品的设计又是包含诸如成本、安全、美观等多元化因素在内的,因而从逻辑上讲,产品的设计应力图实现产品在成本、安全以及性能方面的最优化原则。如果避免特殊危险的成本可预见地少于带来的安全效益,按照风险—效用的标准,则可以判断该产品的设计具有缺陷。易言之,如果预防导致原告伤害之危险的安全效益可预见性地大于预防成本,则该产品即存在设计缺陷。[③]法院在具体适用风险—效用标准时,通常还需要权衡一系列重要的参考因素,主要包括:①产品的有用性与适宜性;②产品的安全性;③替代产品的可

---

① 风险—效用标准是通过运用法经济学分析的方法,对产品的有用性与风险性进行比较,衡量产品是否采取了适当的安全防护措施,以判断产品是否存在缺陷。参见[美]理查德. A.波斯纳:《法律的经济分析》(上),蒋兆康译,北京:中国大百科全书出版社,1997 年版,第 232 页。

② United States v. Carroll Towing Co. ,159 F. 2d 169 (2d Cir. 1947).

③ 参见[美]戴维·G. 欧文:《产品责任法》,董春华译,北京:中国政法大学出版社,2012 年版,第 163 页。

行性;④产品的特殊危险是否花费不多就可被消除,且未对产品效用造成伤害;⑤使用者是否可以通过谨慎使用避免危险;⑥危险是否明显、可被警告予以排除或者广泛知晓;⑦通过保险或价格分配损失的可能性。①

由于风险—效用标准在衡量产品的安全效益方面具有比较明显的优势,其已经成为美国法上判断产品设计缺陷的主导标准。在总结司法实践的基础上,美国《统一产品责任示范法》②和《侵权法重述第三版:产品责任》③均将风险—效用标准作为判断产品设计缺陷的基本方法。

（2）合理替代性设计（reasonable alternative design）。依据美国《侵权法重述第三版:产品责任》第 2 节（b）项的规定,在运用风险—效用标准认定产品设计缺陷时,原告需要举证证明产品存在其他合理替代性设计。④ 法院之所以要求原告证明可以降低或者防止原告已经遭受损害的合理替代性设计的存在,主要就是为了能够对证明产品存在缺陷建立初步的证据,这也是风险—效用标准的内在要求。⑤ 易言之,在风险—效用标准之下,当对产品既有设计安全改进所引发的成本和效益进行权衡时,通过合理替代性设计这种具体的方式有助于在产品责任个案中较为清晰地作出判断。

---

① John W. Wade, On the Nature of Strict Tort Liability for Products, Mississippi Law Journal, Vol. 44, Issue 5, 1973, pp. 837–838.

② 美国《统一产品责任示范法》采纳了风险—效用标准,其第 104 条 B 款第（1）项明确规定:"为了确定产品设计上存在不合理的不安全性,审理事实的法官必须认定:产品在制造时即存在造成原告损害或类似损害的可能性,这类损害的严重性在价值上超过制造者为设计能够防止这类损害的产品所承受的负担,以及替代设计对产品实用性的相反影响。"

③ 美国《侵权法重述第三版:产品责任》第 2 节（b）项规定:"当产品之可预见的损害风险,能够通过销售者或其他分销者,或者他们在商业批发销售链中的前手更为合理的产品设计加以减少或者避免,而没有进行这样的合理设计使得产品不具有合理的安全性能,该产品则存在设计缺陷。"

④ 值得注意的是,并非所有的案件均要求原告提供合理替代性设计,美国《侵权法重述第三版:产品责任》规定了不需要提供合理性设计的三种例外情形:第一,产品的设计明显不合理,即产品的危险性远远超出了产品的社会效用（第 2 节评注 e）;第二,通过间接证明损害是由产品设计缺陷引起的（第 3 节）;第三,产品设计违反法律或法规的强制性要求（第 4 节）。

⑤ James A. Jr. Henderson; Aaron D. Twerski, Achieving Consensus on Defective Product Design, Cornell Law Review, Vol. 83, Issue 4, 1998, p. 883.

当前,在美国大多数州的司法实践中,对于依据风险—效用标准判断产品设计缺陷的案件,都明示或者默示要求原告提供存在合理替代性设计的证明。① 如密歇根州上诉法院在"Reeves v. Cincinnati, Inc. 案"中,概括了要证明产品不具有合理安全性装置的初步证据要求:基于缺乏安全装置的设计缺陷案件,要使其初步成立,首先必须证明可预见的风险的严重程度;其次还必须证明替代的安全装置以及该装置在最大限度减少可预见的风险方面非常有效。其中第二个方面的证明要求还可能要对替代性设计作为安全措施方面额外的效用,以及对于成本和产品的有效使用方面的损害进行评估。② 纽约州上述法院在"Voss v. Black & Decker Manufactuing 案"中也提出了合理替代性设计的举证要求:原告有义务提出证据证明产品的设计不具有合理的安全性,因为存在相当大的伤害可能而且对该产品按更安全的方式设计是可行的。③ 宾夕法尼亚州上诉法院的判决与要求合理替代性设计原则一致,并以产品不存在合理替代性设计为由认定该产品不具有设计缺陷。在"Fitzpatrick v. Madonna 案"中,原告在游泳时被一艘操作不慎的游艇的螺旋推进器打击致死。初审法院基于设计缺陷的缘由作出有利于原告的判决,产品制造商提出上诉。该案上诉法院采用了风险—效用标准,认为螺旋推进器的功能效用超出了其内在的风险,而且并不存在合理替代性设计,最终判决产品不构成设计缺陷。④

合理替代性设计,顾名思义,表明原告主张的替代设计是对可行设计方案的合理选择。只有存在生产商设计和出售产品时本应合理采纳的切实可行的方式,原告主张的产品应该承载的安全特性才可被认为是替代性设计,才能证明生产商既有的产品设计具有缺陷。⑤ 在认定一项替代性设计是否合理时,通常需要从经济和技术的角度进行分析,这对于判断是否属于合理

---

① 美国法律研究院:《侵权法重述第三版:产品责任》,肖永平、龚乐凡、汪雪飞等译,北京:法律出版社,2006 年版,第 57 页。

② Reeves v. Cincinnati, Inc. ,439 N. W. 2d 326,329 (1989).

③ Voss v. Black & Decker Manufactuing,450 N. E. 2d 204,208 (N. Y. 1983).

④ Fitzpatrick v. Madonna,623 A. 2d 322 (Pa. Super. Ct. 1993).

⑤ 参见[美]戴维·G. 欧文:《产品责任法》,董春华译,北京:中国政法大学出版社,2012 年版,第 170 页。

的替代性设计非常关键。一方面,替代性设计的成本不应超过产品的安全效益。即使存在一项替代性设计,但是却可能给制造商带来非经济性的成本负担,这最终不利于实现产品的市场效应。制造商设计产品并非以最佳安全为主要目标,而是以追求产品带来的市场经济效益最大化为终极目的。另一方面,合理替代性设计还应当是符合当时社会的"业内技术水平"(state of art)。在美国司法实践中,"业内技术水平"被定义为现有的已经投入使用的最安全的技术。[1] 在产品设计缺陷案件中,原告所提供的合理替代性设计需要建立在现有业内技术水平的基础上,而这往往需要依赖专家证人的证言,也因此使得风险—效用标准在处理产品设计缺陷案件时面临高额的费用成本。

3. 混合标准——贝克两分法

在产品设计缺陷案件中,除了单独适用消费者合理期待标准、风险—效用标准之外,美国司法实践还发展出了混合适用上述两种标准的方法——贝克两分法。贝克两分法最初是由加利福尼亚州最高法院在"Barker v. Lull Engineering Co. 案"中确立的产品设计缺陷判断标准。[2] 从贝克两分法的司法适用来看,该判断标准实际上是承认消费者合理期待标准和风险—效用标准各自的价值,并结合两种标准对产品设计缺陷进行判断。如果一项产品设计未满足消费者合理期待或者风险—效用标准,那么则可以认定该产品存在设计缺陷。

在适用贝克两分法对产品的设计缺陷予以判定时,可能还面临当消费者合理期待标准与风险—效用标准出现不同结果的情形下,应当如何协调两种标准之间关系的问题。美国伊利诺伊州最高法院在最近审理的

---

① 参见美国法律研究院:《侵权法重述第三版:产品责任》,肖永平、龚乐凡、汪雪飞译,北京:法律出版社,2006 年版,第 110 页。

② 该案法院最终裁定产品具有以下情形之一的,均可被认定为存在设计缺陷:其一,如果原告证明,当产品被按照既定或合理预见的方式使用时,它并未像普通消费者所期待的那样运行;其二,如果原告证明,产品的设计导致了原告伤害,根据相关因素,被告不能证明受到质疑的设计效益总体上超过该设计固有的危险。参见 Barker v. Lull Engineering Co. ,Barker v. Lull Engineering Co. ,573 P. 2d 443,20 Cal. 3d 413,143 Cal. Rptr. 225(Cal. 1978)。

"Mikolajczyk v. Motor Co. 案"中对消费者合理期待标准和风险—效用标准的
适用问题作出的司法判决,值得参考。在该案中,Mikolajczyk 驾驶福特汽车
在道路上正常行驶,突然遭受另一辆汽车从背后撞击,导致 Mikolajczyk 身
亡。Mikolajczyk 的妻子对肇事车主提起侵权之诉,同时以福特汽车公司和生
产福特汽车座位的马自达公司提起产品设计缺陷责任诉讼,理由是车辆在
遭受背后撞击时,推动 Mikolajczyk 身体向后导致头部撞击在后座上身亡。
伊利诺伊州最高法院判决认为,不应当将任何一种标准限制于特定的产品
之上,风险—效用标准也不是独一无二的标准,消费者合理期待标准和风
险—效用标准都具有各自的地位。当消费者合理期待标准和风险—效用标
准同时出现时,消费者合理期待标准能够作为风险—效用标准的衡量因素
而存在。[1] 在关于产品设计缺陷标准的形成过程中,相比消费者合理期待标
准而言,风险—效用标准更加占据优势地位。[2] 但是,这并不能因此否定消
费者合理期待标准的作用。

　　正如前文所述,由于消费者合理期待标准具有一定的局限性,通常适合
于根据日常生活经验能够得出结论的简单案件,而对于较为复杂的案件并
不能起到独立决定性意义的作用。但是,消费者合理期待标准实际上构成
了风险—效用标准的重要考量因素之一,它能从风险—效用平衡的角度去
评判产品未采用替代性设计时,是否使得产品丧失合理安全性方面发挥着
非常大,甚至最后的决定性作用。[3] 因此,作为产品设计缺陷判断标准的贝
克二分法在具体适用时,应当同时注重发挥消费者合理期待标准和风险—
效用标准各自的价值,将两种标准结合运用,不可偏废其一。

---

① Mikolajczyk v. Motor Co.

② David G. Owen, Toward a Proper Test for Design Defectiveness:Micro – Balancing
Costs and Benefits,Texas Law Review, Vol. 75,Issue 7,1997,p. 1662.

③ 消费者合理期待标准关于产品功能,以及和产品使用相关联的危险性的期望却
影响着风险是如何被认识的,及其与发生伤害风险的可预见性和频率之间的关系,而这
两者都是风险—效用标准的相关因素。这样的期望经常为产品被描绘和营销的方式所
影响,而且能对消费者行为产生巨大影响。参见美国法律研究院:《侵权法重述第三版:
产品责任》,肖永平、龚乐凡、汪雪飞译,北京:法律出版社,2006 年版,第 32–33 页。

（三）产品警示缺陷的判断标准

1.产品警示缺陷的责任标准

产品警示缺陷责任存在的前提是产品的生产者或销售者负有的警示义务。[①] 警示义务是商品制造者在将产品投入市场流通时所承担注意义务的重要内容。[②] 一个已经被普遍承认的商品制造者的注意义务,就是在必要的范围内使最终购买者了解产品的品质,以及在必要时向使用者警示并非显而易见的危险。[③] 产品警示义务作为描述生产商对使用者和消费者所负有信息告知义务的概括性术语,实际上包括两个相对独立的义务内容:警告义务和指示义务。警告义务用来告知使用者和消费者产品的隐藏危险,指示义务用来告知使用者和消费者如何避免那些危险以安全地使用产品。[④]

产品警示缺陷与产品设计存在密切的关系。生产者对产品设计过程中所存在的危险,以及如何在使用产品时避免危险负有警示的义务,当产品存在设计方面的缺陷时,生产者对于这种设计上的不合理危险往往也缺乏警示。因此,警示缺陷和设计缺陷在产品责任案件中可能会同时出现。值得注意的是,尽管有时候产品警示已经非常充分,但是产品在设计方面存在的不合理危险可以通过合理的替代性设计消除,则不能免除生产者因产品设计缺陷而应承担的责任。申言之,产品警示的有效性是有限的,产品警示本身不具有免除生产者进行合理设计义务的功效。[⑤]

---

① 产品警示缺陷,又称为警示与说明缺陷,或者营销缺陷,是指生产者或销售者对于产品的危险性没有提供警示与说明,或者没有提供充分的警示与说明,致使其产品在使用情形下具有不合理的危险。

② Basil S. Markesinis; Hannes Unberath, The German Law of Torts: A Comparative Treatise,4th Edition,Oxford:Hart Publishing,2002,p. 101.

③ 参见[德]克雷斯蒂安·冯·巴尔:《欧洲比较侵权行为法》(下卷),焦美华译,北京:法律出版社,2004 年版,第 344 页。

④ 进一步而言,产品警告旨在告诫使用者、消费者产品风险的存在及其性质,从而使他们能够通过使用或消费时选择合适的行为,或者选择不使用、不消费该产品的方式来避免伤害;产品指示旨在告知人们如何安全地使用和消费产品。参见[美]戴维·G. 欧文:《产品责任法》,董春华译,北京:中国政法大学出版社,2012 年版,第 186 页。

⑤ Howard Latin, Good Warning, Bad Products, and Cognitive Limitation, UCLA Law Review, Vol. 41, Issue 5, 1994, p. 1193.

在美国,产品警示缺陷诉讼案件在 20 世纪 60 年代末才开始逐渐增多。美国《侵权法重述第二版》第 402A 节并未对产品警示缺陷做出规定,仅在第402A 节的评论中有所提及。[①] 后来的美国《统一产品责任示范法》[②]和《侵权法重述第三版:产品责任》[③]对于产品警示缺陷均有明确的规定。

《侵权法重述第三版:产品责任》第 2 节(c)项对于产品警示缺陷的规定与第 2 节(b)项关于产品设计缺陷的规定类似,同样以风险—效用原则作为产品是否存在警示缺陷的判断依据。司法实践在具体适用风险—效用标准时,还应着重考虑伤害的可预见性、伤害的严重程度、提供警示的成本、警示会被遵从的可能性等相关因素。另外,消费者合理期待标准在产品警示缺陷的判定中也有适用的机会。生产商只需要对符合消费者预期的产品危险予以警示,对于消费者已知的明显危险无须警示。然而,在实际判断产品警示缺陷时,即在辨别应该被警告的危险和那些不应该被警告的危险,或者在确定给出的警告是否充分地传达了关于产品危险的信息方面,消费者合理期待标准和风险—效用标准有时难以发挥实际作用。[④] 可以说,在涉及警示缺陷的诉讼中,并不存在一个简单的可供采纳的指导方针,法院和当事人通常面临的挑战要比在设计缺陷案件中更为复杂和困难。[⑤]

2.产品警示"充分性"的判断因素

警示义务的核心要求是指警示须达到"充分性",产品警示缺陷诉讼案

---

① 美国《侵权法重述第二版》第 402A 节的评论 j 指出,当产品具有不为人普遍知晓或合理预见的危险时,如果销售者知道或者应当知道这一危险,就应当在产品的包装上就产品的使用方法提供说明和警示。

② 美国《统一产品责任示范法》第 104 条(c)项对产品警示缺陷进行了规定:"未给予适当的警告或指示,导致产品存在不合理的危险性。"

③ 美国《侵权法重述第三版:产品责任》正式确立了产品警示缺陷的独立地位,其第 2 节(c)项规定:"当产品之可预见的损害风险,能够通过销售或其他分销者,或者他们在商业批发销售链中的前手提供合理的使用说明或者警示而加以减少或者避免,而没有提供这样的使用说明或者警示使得产品不具有合理的安全性能,该产品则存在缺乏使用说明或警示的缺陷。"

④ [美]戴维·G.欧文:《产品责任法》,董春华译,北京:中国政法大学出版社,2012 年版,第 190 页。

⑤ 许传玺:《美国产品责任制度研究》,北京:法律出版社,2013 年版,第 153 页。

件的责任标准往往是以制造商未向消费者提供产品危险以及如何避免危险的充分信息为基础。美国《侵权法重述第三版:产品责任》第 2 节评注 i 中指出,在评判产品警示的充分性时,法院必须考虑许多因素,例如警示内容与完整性、警示表达的强度以及产品预期使用者的特性。① 在"Gray v. Badger Mining Corp. 案"中,法院认为,警示要达到法律上的充分性,必须同时具备下列要求:能够引起产品可能伤害之人的注意、对伤害类型做出的解释,以及对安全使用产品避免伤害的方式提供指示。② 通常而言,产品警示义务是否充分需要结合警示的对象、警示的内容及警示的形式等考量因素作出判断。

(1)警示的对象。生产商应当向与使用产品有关的对象警示可能发生的危险。由于产品主要是面向市场供消费者使用的,因此产品直接警示的对象应当是以最终的消费者为原则。但是,在一些例外情形下,消费者使用产品在很大程度上依赖其他专业人员的指导,因此产品警示的对象就从最终的消费者转换为专业人员。对此,美国司法实践发展出了"博学的中间人原则"(learned intermediary doctrine)。③ 博学的中间人是指从制造商处购买产品后将产品提供给最终使用者的中间人员。博学的中间人对于产品危险的性质有着全面的了解和熟悉,他们通常处于更佳的位置来对产品的最终使用者提供警示,制造商一般只需向该中间人负有警示义务,而不必再向产品的最终使用者履行警示义务。④ 博学的中间人原则经常适用于药品和医疗器械的案件中,并得到普遍认同。如果生产商向专业服务人员履行了提供全面信息的警示义务,那么专业服务人员应当能够有针对性作出合理安全的医疗决定,并因此负有侵权责任法上的义务告知病人关于药品、医疗器械的效益和危险。⑤

---

① 参见美国法律研究院:《侵权法重述第三版:产品责任》,肖永平、龚乐凡、汪雪飞译,北京:法律出版社,2006 年版,第 34—35 页。

② Gray v. Badger Mining Corp. ,676 N. W. 2d 268,274(Minn. 2004).

③ 美国《统一产品责任示范法》第 104 条规定了博学的中间人原则:"对限于某类专家或在某类专家监督下方可合法使用的产品,警告或指示可以提供给使用产品的专家或监督产品使用的专家。"参见国家技术监督局政策法规司:《国外产品质量与产品责任法规选编》,北京:中国计量出版社,1992 年版,第 9 页。

④ 参见许传玺:《美国产品责任制度研究》,北京:法律出版社,2013 年版,第 175 页。

⑤ 参见[美]戴维·G. 欧文:《产品责任法》,董春华译,北京:中国政法大学出版社,2012 年版,第 205 页。

需要注意的是,博学的中间人原则也存在例外的情形。首先,对于非处方药品而言,由于非处方药品的购买并不需要医生的专门指导,患者对药品的选用具有自主性,因此生产商直接警示的对象还是药品的最终使用者。[①]另外,针对处方药品也存在两种例外情况:其一,制造商在出售避孕药时必须就可预见副作用的性质、严重程度以及可能性直接向最终使用者提供警示;其二,当制造商在大众传媒上对一种处方药品及其使用指导进行广泛宣传时,必须附上有关使用风险的适当信息。[②] 上述针对处方药品直接向最终使用者予以警示的两种例外情况已经成为美国食品药品监督管理局(FDA)责令药品制造商承担的法定警示义务。

产品警示对象的范围不局限于最终消费者的情形,除了博学的中间人原则之外,有时警示对象还应包括产品的销售者。德国联邦最高法院在"火旋案"中将警示的对象延伸至产品的最终销售者。在该案中,一名 10 岁的儿童从销售者那里购买了"火旋"牌微型烟花,烟花外包装上印有"常年可以燃放,允许出售给未满 18 岁的人"的文字说明。儿童将烟花放置裤兜里与小朋友们玩耍,由于无法查明的原因致使烟花被点燃,导致该儿童被严重烧伤,遂向烟花生产商和销售商主张赔偿。该案中,销售者责任成立与否的主要争议焦点在于,生产者是否负有向销售者警示产品存在巨大危险的义务,从而使得销售者不会将危险的烟花出售给儿童。在该案中,德国联邦最高法院认为警示义务的对象不仅包括消费者,而且应当包括产品的销售者。[③]

(2)警示的内容。产品警示的内容要达到充分性的要求,必须明确表明产品危险的性质和程度,以便能够引起产品使用者的注意,同时也要对产品的安全使用方法予以说明。

---

① 参见陈璐:《药品侵权责任研究》,北京:法律出版社,2010 年版,第 120 页。

② 参见美国法律研究院:《侵权法重述第三版:产品责任》,肖永平、龚乐凡、汪雪飞译,北京:法律出版社,2006 年版,第 211 页。

③ 德国联邦最高法院认为:"对于烟花爆竹对儿童产生的危险……生产者相应的警示对象,不仅应当针对最终消费者,同时也应当针对最终出卖人,以此来最大程度地降低危险……因为最终出卖人通常不具有如何处置烟花产品的专业技术知识,所以必须使他们明白,只有在满足了特别的安全要求时,才能考虑将烟花爆竹出售给儿童。"参见[德]马克西米利安·福克斯:《侵权行为法》,齐晓琨译,北京:法律出版社,2006 年版,第 121–122 页。

首先,警示必须以清楚并且易被理解的语言进行表达。警示用语要求鲜明、明确、易解和详细。① 如果警示的语言令人迷惑不解或者不够清晰,使用者将不能充分理解其含义,产品警示也难谓充分。在"Fyssakis v. Knigt Equip. Corp. 案"中,原告在使用被告生产的肥皂洗刷盘子时,肥皂液溅进眼中导致失明。法院认为:肥皂包装上的警示仅仅说明其有腐蚀性,而没有警示如果该产品不慎进入眼睛将会造成失明的严重后果,该种警示是不充分的,因此构成产品警示的缺陷。② 在德国的一则案件中,原告起诉生产婴幼儿食品的被告,诉讼理由是被告没有对出售的婴儿饮料发生龋齿的危险作出充分警示。德国联邦最高法院也将这种对具体风险缺乏鲜明警示的文字内容认定为构成缺陷的情形。③

其次,警示必须有效传递产品的危险程度,以及产品危险导致伤害的可能性与严重性。产品警示的方式必须适当,要与该产品潜在的危险程度相符。产品潜在的危险性越大,则产品警示的方式越要突出和显著。④ 警示同样需要告知在使用或消费产品时固有的通常不为人所知的风险,以允许使用者或消费者通过作出经过认知的决定不购买或者不使用该产品,从而避免遭受该警示所指的风险。⑤

最后,在强调警示充分性的同时,也应当注意警示内容的限度。尽管警示的内容应涵盖所有可能预见性的产品危险以向最终使用者提供准确的信

① 王忠:《产品责任法中的警示缺陷研究》,《国家检察官学院学报》,2001 年第 3 期,第 114 页。

② Fyssakis v. Knigt Equip. Corp. ,108 Nev. 212,826 P. 2d 570 (Nev 1992).

③ 德国联邦最高法院认为,对产品的危险及用途的重要说明必须是清楚的,而不能掩藏在诸如零星的信息、赠阅的小册子、广告等其他内容之中……在文字内容上,说明应使消费者能够很容易就可以理解;要达到这一目的,必须列明可能发生的各式危险的种类,使得消费者无须进一步思考或推断就可以理解。参见[德]马克西米利安·福克斯:《侵权行为法》,齐晓琨译,北京:法律出版社,2006 年版,第 117-118 页。

④ 王忠:《产品责任法中的警示缺陷研究》,《国家检察官学院学报》,2001 年第 3 期,第 114 页。

⑤ 在这种情形下,对于可预见的产品使用者或消费者在决定是否使用或消费该产品时可以合理地认为是重大的或者严重的内在危险,就必须提供警示。参见美国法律研究院:《侵权法重述第三版:产品责任》,肖永平、龚乐凡、汪雪飞译,北京:法律出版社,2006 年版,第 35 页。

息,并且警示的成本对于生产商来说可能忽略不计,但是一件产品警示的信息过度也存在"过犹不及"的问题。如果消费者在面对产品标签上有太多的警示说明信息时,他们往往会选择放弃阅读全部的信息内容,只阅读其中的一部分,这就有可能造成与产品安全使用有关的重要信息被遗漏。[①] 在"Cotton v. Buckeye Gas Products Co. 案"中,法院认为,丙烷气瓶上的易燃警示不够充分,了解产品警示的信息需要付出必要的时间和精力成本,产品警示信息包括的每项重要条款都会被引起短时注意的其他条款削弱,导致一些重要的警示信息被淹没在大量的信息之中。[②] 近些年,美国司法实践已经开始重视产品警示过度的问题。一项充分而有效的产品警示应该包含最优类型和程度的危险以及安全信息,而非最大数量的信息。[③]

（3）警示的形式。产品警示欲满足充分性的要求,不仅要在实质内容方面清楚和准确,而且还要在形式上以一种易于被理解的方式为使用者所接受与知晓。在形式方面,产品警示主要体现为一些细节上的注意事项,如警示要足够醒目,这通常需要结合警示的语言、字体、颜色、位置等予以判断。

产品警示的语言形式必须考虑不同类型的使用者及不同类型产品的特征,从而将产品可能引起的危险以一种容易被理解的方式呈现出来。在一些情况下,产品警示要预见到有不识字的使用者时,则符号可能在警示中是必需的。例如在农业劳动者所使用的致命性剧毒农药包装上应采用骷髅符号,这种符号标志能够比文字更加有效地警示不识字的农业劳动者。同样,符号对于儿童来说,也是更能直接地传递产品危险的信息。[④] 针对一些特殊的产品而言,例如药品、易燃易爆化学品、婴儿食品等,产品警示应该通过在显要位置且以醒目的方式提示危险。

产品警示所使用的字体、颜色要注意与产品的其他信息对应。通常情况下,警示文字是以又大又粗的红色字体印刷的,并注明"危险警示"的标

---

① 董春华:《中美产品缺陷法律制度比较研究》,北京:法律出版社,2010 年版,第119 页。

② Cotton v. Buckeye Gas Products Co. ,840 F. 2d 935（ D. C. Cir. 1988）.

③ 参见[美]戴维·G. 欧文:《产品责任法》,董春华译,北京:中国政法大学出版社,2012 年版,第 196 页。

④ Dan B. Dobbs,The Law of Torts,Eagan:West Group,2000,p. 1010.

题,这要比以黑白颜色的小字号文字的警示效果更加醒目,引人注意。另外,产品警示的信息也应当选择恰当的位置予以标识。警示信息应当载于独立、突出的位置之上,如产品说明书的正面,便于使用者一目了然。如果产品本身有标注警示信息的足够空间,并且不影响产品的整体美观,那么警示信息应尽可能在产品本身上予以载明。这样能够保证使用者在每次使用产品时即注意到产品的警示信息,不至于再去翻阅外包装或者说明书。

四、我国产品缺陷判断标准的不足与完善

(一)我国产品缺陷判断标准的现状评析

依据我国《产品质量法》第 46 条的表述可知,该条文前半句采取了美国《侵权法重述第二版》第 402A 节所确立的"不合理的危险"标准,同时该条文后半句也认可了"强制性标准"在产品缺陷认定时的法律效力。关于我国产品缺陷的判断标准在理论上存在"单一标准说"(不合理的危险标准)和"双重标准说"(不合理的危险标准和强制性标准)的不同理解。强制性标准在产品缺陷判定的实际操作上较为方便,在我国司法实践中,一些法院审理的许多产品责任诉讼案件,就是将强制性标准作为认定是否存在缺陷的主要依据加以使用。[①] 但是,单纯依赖强制性标准规则在面对诸如食品添加剂滥用等严重食品安全责任事件时往往会显得束手无策。[②]

正如前文所述,笔者认为,"单一标准说"的理解更加符合立法目的,产品具有不合理的危险应作为产品缺陷判断的决定性标准,所谓强制性标准,只是作为判定产品是否具有不合理危险的参考因素而存在。如果产品达到国家标准和行业标准中的其他要求,而没有达到其保障人体健康、人身和财产安全方面的要求,不能认为产品为"合格产品"或"没有缺陷";如果国家或行业标准中没有包括保障人体健康、人身和财产安全的具体要求,则不能以

---

① 王利明:《中华人民共和国侵权责任法释义》,北京:中国法制出版社,2010 年版,第 192-193 页。

② 张新宝:《从公共危机事件到产品责任案件》,《法学》,2008 年第 11 期,第 16 页。

此作为判断有无缺陷的标准。① 易言之,不合理的危险才是产品缺陷判断的根本标准,②生产者不能以产品符合强制性标准作为产品因存在不合理危险致人损害所应承担产品责任的免责事由。

在我国当前的司法裁判中,对于将产品具有不合理的危险作为产品缺陷判断的决定性标准已经成为产品责任案件中的主流观点。在"覃育娟等诉胡金江等产品责任纠纷上诉案"中,法院认为,"本案热水器主件虽经质量鉴定合格,但案涉热水器为型号 JSD16-A 的烟道式热水器……虽设计了烟道口,但未向用户提供与产品相配套的排烟管道,事实上是将存在不合理危险的产品推向消费者……实质上危险程度与国家明令禁止的直排式热水器相当……无法保证消费者在使用热水器过程中的安全"。③ 在"句容经济开发区客来福衣柜经营部与田某某产品销售者责任纠纷上诉案"中,法院认为:根据田某某提交的相关证据,结合田某某受伤的部位、伤情等事实,能够证明田某某足跟受伤与客来福经营部所销售的淋浴房玻璃移门爆裂有因果关系。由于客来福经营部销售的玻璃移门不具备合理期待的安全,尽管鉴定机构未能对案涉产品质量是否符合国家或行业标准进行鉴定,即便该产品符合相关标准,但因其存在使用过程中爆裂的"不合理危险",应被认为缺陷产品。④

本书认为,尽管强制性标准本身并不能承载作为产品缺陷独立判断标准的价值,但是其在一定范围内体现了对产品安全性能的最低要求,因此能够作为不合理危险的重要辅助依据。按照目前我国的产品责任法律规范,对于个案中产品缺陷的判断方法,应当遵循"先具体、后抽象"的一般顺序。首先,当产品有强制性标准时,对于不符合该标准的产品,可以直接认定其

---

① 张新宝:《侵权责任法》(第四版),北京:中国人民大学出版社,2016 年版,第 239 页。

② 参见姚建军:《产品质量检验合格并不等于产品无缺陷》,《人民司法》,2014 年第 2 期,第 42 页。

③ 参见浙江省衢州市中级人民法院(2014)浙衢民终字第 519 号民事判决书。同类案件参见"东风汽车有限公司等与商洛市秦锌运输有限责任公司等产品质量损害赔偿纠纷上诉案"(陕西省高级人民法院(2010)陕民二终字第 34 号民事判决书);"张会婷诉河南省新乡市寒山啤酒有限公司、魏梁照产品质量损害赔偿纠纷案"(河南省鹤壁市淇滨区人民法院(2009)淇滨民初字第 934 号民事判决书)。

④ 参见江苏省镇江市中级人民法院(2017)苏 11 民终 2831 号民事判决书。

存在缺陷；其次，对于符合强制性标准但仍然存在不合理危险性的产品，也应当认定其存在缺陷；最后，当产品致人损害的案件发生时，该产品尚不存在保障人体健康和人身、财产安全的强制性标准，直接针对产品本身是否具有不合理的危险进行鉴定，从而认定其是否存在缺陷。

由于"不合理的危险"标准在产品缺陷判断中具有决定性的作用，因此如何界定不合理的危险极其关键。任何产品都不是绝对安全的，有或多或少的危险因素。产品危险也存在合理的危险与不合理的危险，只有不合理的危险才能作为法律上判断产品缺陷的标准。[①] 由此可见，"不合理的危险"标准与"合理期待的安全性"密切相关，这也反映了不合理的危险标准具有一定程度上的抽象性，是一个不确定的法律概念。判断产品是否存在不合理的危险，可以综合考虑产品的说明、产品的特性、不合理使用所产生的危险程度、普通消费者的知识水平、不同的使用人群等具体因素。[②] 尽管如此，司法实践仍难以摆脱对于不合理危险在认定方面存在较大自由裁量空间的局面。[③]

尤其是随着当前人工智能技术突飞猛进，人工智能与产业领域不断深度融合发展，一系列标志性的人工智能产品如雨后春笋般应运而生。以自动驾驶汽车[④]为例，自动驾驶汽车是一种构造高度复杂的产品，它是由传感

[①]　不合理的危险并非指产品一切可能的危险，它仅指在对产品进行合理使用过程中出现的危及使用者人身、财产安全的危险。消费者在合理使用产品时，会产生一种对产品安全性的合理期待。易言之，只要是对产品进行合理的使用，则消费者会认为该产品具有"合理期待的安全性"。如果在合理使用的情况下，产品对人身、财产造成了损害，则表明该产品存在缺陷。参见程啸：《侵权责任法》（第二版），北京：法律出版社，2015年版，第497页。

[②]　参见程啸：《侵权责任法》（第二版），北京：法律出版社，2015年版，第497页。

[③]　在司法实践中，法官对于产品缺陷的判定仍具有较大的自由裁量余地。不合理的危险标准看似判定原告获得赔偿的空间可能更大，但在中国目前生产商与消费者力量对比悬殊的情况下，它对消费者利益的保护也相对有限。参见董春华：《中美产品缺陷法律制度比较研究》，北京：法律出版社，2010年版，第133页。

[④]　自动驾驶汽车通常也被称为智能汽车、智能网联汽车。自动驾驶汽车自动驾驶技术分为有条件自动驾驶、高度自动驾驶和完全自动驾驶三个等级。由于在这三个等级中自动驾驶系统均能完成所有驾驶操作，对此不做严格区分。参见工业和信息化部、公安部、交通运输部联合印发的《智能网联汽车道路测试管理规范（试行）》第28条的规定。

器、GPS、导航仪等硬件设备和软件系统组合而成的。① 与普通的机动车产品相比,自动驾驶汽车最显著的特征就是其具有自主性,能够实现自动驾驶而不需要人类驾驶员的操作。自动驾驶汽车在执行驾驶任务方面具备"拟人"属性,能够通过"感知—计划—执行"(sense-plan-act)的运行程序,实现完全的自主决策。② 尽管自动驾驶汽车具有明显的发展优势,但是并非绝对安全,有关自动驾驶汽车发生交通事故致人损害的案例确有发生。③ 自动驾驶汽车作为人工智能产业应用的成果之一,从本质上而言仍然属于"产品"的范畴。由于自动驾驶汽车具有高度自主性,因此自动驾驶汽车发生交通事故致人损害在很大程度上因车辆自身存在产品缺陷方面的问题而引起。按照既有的产品缺陷判断标准,在我国出台有关自动驾驶汽车的强制性国家标准和行业标准之前,只能依据不合理的危险标准作为判定自动驾驶汽车产品存在缺陷与否的直接方法。然而,对于像自动驾驶汽车这种科技含量高的新产品,以"不合理的危险"作为产品缺陷的认定标准,具有较大的不确定性,更缺乏可操作性。④ 为了使我国产品缺陷的判定规则适应人工智能时代的发展变革,在现行产品责任框架内亟须作出相应调整。

(二)我国产品缺陷判断标准的完善之策

我国现行法关于产品缺陷规范的核心在于产品存在危及人身、财产安全的不合理危险。随着科学技术的不断发展,立法者对于产品缺陷可能会有不同的认识,如果法律对产品缺陷作出详细的界定,则可能要求法律随着客观实际情况的变化随时作出修改,这将不利于法律的稳定性,也可能会限

---

① Taivo Liivak, Liability of a Manufacturer of Fully Autonomous and Connected Vehicles under the Product Liability Directive, International Comparative Jurisprudence, Vol. 4, Issue 2, 2018, p. 180−181.

② James M. Anderson ET aL, Autonomous Vehicle Technology: A Guide for Policymakers, Santa Monica: Rand Corporation, 2016, p. 58.

③ Neal E. Boudette, Autopilot Cited in Death of Chinese Tesla Driver, N. Y. TIMES (Sept. 14, 2016), https://www.nytimes.com/2016/09/15/business/fatal−tesla−crash−in−china−involved−autopilot−government−tvsays.html, 最后访问时间:2019 年 6 月 28 日。

④ 张童:《人工智能产品致人损害民事责任研究》,《社会科学》,2018 年第 4 期,第 106 页。

制产品责任的更新与发展。① 由此可见,"不合理的危险"这一产品缺陷判断的模糊标准仍应当坚持。但是,由于"不合理的危险"又过于抽象,为了增强法律适用的可操作性,需要进一步细化该标准的具体判定方法。

依据引发产品缺陷的原因不同,我国理论和实践对于产品缺陷的类型划分已经逐渐形成基本共识。② 笔者认为,我国可以在产品缺陷类型划分的基础上将产品缺陷的"不合理的危险"标准予以细化,针对不同的产品缺陷类型分别适用相对应的判断方法。

1. 制造缺陷的判定方法

对于产品制造缺陷的认定,我国可以借鉴美国产品责任法上的判定方法,将产品在制造方面"不合理的危险"这一抽象标准细化为产品违反既定设计标准和产品发生故障的具体规则,从而应对复杂的产品制造缺陷案件。

(1)违反既定设计标准的判定方法。"违反既定设计标准"作为美国《侵权法重述第三版:产品责任》第2节(a)项所确立的基本判断方法,已经成为当前美国产品制造缺陷诉讼中的主流判断标准。③ 根据产品制造缺陷的特征,判定产品是否存在制造方面的不合理危险,可以依据较为客观的方法进行判定。如果产品与既定的设计标准相背离,导致产品不符合其应当具备的基本性能或者不同于该条生产线上同批次产品的质量,则可以判定该产品存在制造缺陷。运用"违反既定设计标准"的判定方法,可以更加客观、直接和明确地对产品在制造方面的不合理危险进行判断。对此,我国可以借鉴"违反既定设计标准"的方法,以对产品制造缺陷中的"不合理危险"进行判定。

(2)产品发生故障的缺陷推定规则。对于产品制造缺陷的判定,还可以

① 王胜明:《中华人民共和国侵权责任法解读》,北京:中国法制出版社,2010年版,第214页。

② 本书认为产品缺陷应当类型化为制造缺陷、设计缺陷和警示缺陷。其中制造缺陷是指产品原材料存在缺陷或者在装配成最终产品的过程中出现某种错误,导致产品具有不合理的危险性;设计缺陷是指产品因其设计上存在的欠缺而带来的危及他人人身、财产安全的不合理危险;警示缺陷是指产品缺乏足够的使用说明或警示,导致产品不具有合理的安全性能。

③ 梁亚:《论产品制造缺陷的认定和证明》,《法律适用》,2007年第7期,第42页。

援用"产品故障理论"。产品故障理论是源于美国产品责任领域认定产品存在缺陷的一种方法,且经常适用于产品缺陷事实不易查清的产品责任案件。① 在我国司法实践中,一些法院运用产品故障理论对产品缺陷进行判定,有效克服了受害人在举证不易的产品责任案件中难以获得救济的司法困境。在"陈某某与东莞市广物正通达汽车贸易有限公司、重庆长安汽车股份有限公司产品责任纠纷案"中,法院认为:"综合本案证据来看,案涉车辆从购买到发生火灾事故的时间不足三年,行驶里程不足三万公里,火灾事故前不久案涉车辆进行了保养和年检,案涉车辆在正常行驶过程中发生火灾,亦无证据证明案涉车辆火灾由陈某某自身原因引起,应当认为案涉车辆……存在产品缺陷。"②

2. 设计缺陷的判定方法

对于产品设计缺陷案件的认定通常较为复杂,仅仅依据不合理的危险标准往往不易直接得出结论。我国现行法律规定的产品缺陷认定标准忽视了设计缺陷的特殊性,导致司法实践中的设计缺陷判定缺乏可操作性。③ 笔者认为,为了细化产品设计缺陷案件中的不合理危险标准,可以综合运用消费者合理期待标准和风险—效用标准进行判定。

美国司法实践对于产品设计缺陷的判定,经历了从"消费者合理期待标

---

① 依据产品故障理论,原告只要证明以正常使用的方式发生了产品故障并且除产品缺陷之外并无其他导致损害原因的可能性,则可以通过这种间接证据证明产品存在制造缺陷。参见[美]戴维·G.欧文:《产品责任法》,董春华译,中国政法大学出版社,2012年版,第153页。

② 参见广东省东莞市中级人民法院(2016)粤19民终918号民事判决书。同类案件参见"东风汽车有限公司等与商洛市秦锌运输有限责任公司等产品质量损害赔偿纠纷案"(陕西省商洛市中级人民法院(2009)商中民三初字第7号民事判决书);"上汽大众汽车有限公司诉左原滔等产品责任纠纷案"(北京市第一中级人民法院(2018)京01民终3403号民事判决书);"长安福特汽车有限公司诉张某某等产品责任纠纷案"(北京市第一中级人民法院(2018)京01民终1950号民事判决书)。

③ 参见冉克平:《论产品设计缺陷及其判定》,《东方法学》,2016年第2期,第13页。

准"到"风险—效用标准"的转向。① 美国《侵权责任法第三次重述：产品责任》第 2 节(b)项规定了风险—效用标准作为设计缺陷的认定规则,它要求通过对产品的改进成本与既有的风险进行对比,检验制造商是否采取了适当的安全保障措施,以判定产品是否存在缺陷。如果对产品设计缺陷的认定采取风险—效用标准的检验方法,则消费者需要提供合理的替代性设计方案,这将需要相关领域的一些专家进行论证,会给消费者增加经济和技术上的成本负担。② 因此,对于较为复杂的产品是否存在设计缺陷的认定,较理想的方式是消费者合理期待标准和风险—效用标准相结合,以消费者合理期待标准来辅助风险—效用标准的适用。申言之,由于消费者对产品功能与产品使用危险性的预期,将影响着风险如何被认识,及其与发生伤害的可预见性和发生频率之间的关系。因此,从风险—效用平衡的角度来看,消费者合理期待标准在判断制造商未采用合理替代性设计是否使得产品丧失安全性方面甚至发挥决定性的作用。③

另外,为了避免消费者合理期待标准可能存在的不确定性,应当对其进行适当的界定。消费者合理期待标准也并不意味着对产品抱有漫无边际或不切实际的安全期望,对于消费者合理期待标准的认识同样离不开现实的科学技术水平的依托,否则会导致严格责任接近于绝对责任。如果产品符合投入流通当时的科学技术水平,原则上该产品会被认定为符合消费者合理期待的安全性,不得被认定为属于缺陷的产品。因此,产品投入流通市场

---

① 消费者合理期待标准最早是由美国《侵权责任法第二次重述》第 402A 节所提倡的标准,是指产品在正常使用时无法满足普通消费者对产品安全的合理预期,则该产品具有设计缺陷。随着产品构造日趋复杂,在很多情况下消费者难于对产品形成合理的、可期待的安全观念,消费者期待标准有时不再被作为单独的缺陷认定标准。后来主流司法实践逐渐认可出了风险—效用标准。

② Jeffrey K. Gurney, Sue My Car Not Me: Products Liability and Accidents Involving Autonomous Vehicles, University of Illinois Journal of Law, Technology & Policy, Vol. 2013, Issue 2, 2013, p. 263.

③ ［美］小詹姆斯·A. 亨德森(James A. Henderson, Jr.)、［美］理查德·N. 皮尔森(Richard N. Pearson)、［美］道格拉斯·A. 凯萨(Douglas A. Kysar)等《美国侵权责任法：实体与程序》,王竹、丁海俊、董春华等译,北京:北京大学出版社,2014 年版,第 512 页。

之时的消费者合理安全性期待一般可以依据受支配的科学技术水平作为判断标准。[1]

在我国司法实践中,将消费者合理期待标准与风险—效用标准作为产品设计缺陷的判定方法具有一定的适用基础。如在"湖南华运通汽车销售有限公司等诉喻建新产品责任纠纷案"中,法院认为:"判断是否存在不合理危险的重要标准之一为一般标准。所谓一般标准是指人们有权期待的安全性,即善意人在正常情况下对产品所具备安全性的期待。如果购买者按照一般人理解的用途使用该产品而发生了损害,那么该产品就不具备合理期待的安全。"[2]另外,在"泗阳勃昂木制品厂与宿迁金珠锅炉有限公司产品责任纠纷案"中,法院将产品存在合理的替代性设计作为设计缺陷的认定方法,法院认为:"因产品存在缺陷造成他人损害的,生产者应当承担侵权责任……江苏省特种设备安全监督检验研究院宿迁分院的分析报告对事故的原因进行说明,认为爆炸的直接原因是余热水箱带压使用,余热水箱带压的原因是出口管道完全堵塞,水箱中的水长时间加热汽化,致使余热水箱产生一定的压力导致爆炸。据此,可以认定该省煤器并不存在为消除该危险的设计、制造和安装的安全措施。金珠公司作为生产者,应当预见到省煤器在使用过程中可能会产生水垢堵塞管道的情形,应当设计有消除危险的装置。金珠公司生产的省煤器没有该装置,故应承担赔偿责任。"[3]

3. 警示缺陷的判定方法

产品警示缺陷的理论基础为生产者交往安全义务的具体化。[4] 在判断产品是否存在警示缺陷时,需要结合产品警示的内容与形式是否达到充分性的要求,并综合考虑产品的基本功能、使用方法以及致人损害的风险等因素,从而判定该产品警示是否具有不合理的危险。

在产品警示缺陷的案件中,制造商需要对消费者预期的产品危险予以

---

① 郭丽珍:《产品瑕疵与制造人行为之研究——客观典型之产品瑕疵概念与产品安全注意义务》,台北:台湾神州图书出版有限公司,2001年版,第138页。

② 参见湖南省长沙市中级人民法院(2017)湘01民终1221号民事判决书。

③ 参见江苏省宿迁市中级人民法院(2017)苏13民终1965号民事判决书。

④ [德]马克西米利安·福克斯:《侵权行为法》,齐晓琨译,北京:法律出版社,2006年版,第115页。

警告或指示。如果制造商对符合产品使用目的范围内存在的可预期危险缺乏警示，则可以认定存在警示缺陷。在"可口可乐(广西)饮料有限公司与李某产品责任纠纷上诉案"中，法院认为，原告李某提交的该产品的整件外包装标识有"喝完'轻松'一扭为环保"，"冰露环保轻量瓶，独特工艺减少PET的使用，为地球更环保；同时独特瓶身设计可以饮用后轻松扭一扭，节约70%回收空间"和操作示范图，操作示范图中显示"扭一扭"系盖上瓶盖扭。原告李某按产品标识操作时发生危害后果，说明被告可口可乐公司生产的该产品不具备合理期待的安全，未履行或未适当履行法律规定的标识义务，缺乏必要的警示说明，致使消费者在使用中发生危害后果。庭审中，虽然被告可口可乐公司提交证据证实其生产的该产品系合格产品，符合国家、行业标准，但未提交证据证实其已将该产品承受的压力上限、技术参数及危险予以明确标识或警示。作为生产者，被告对于产品使用的可预见的危险缺乏警告以避免损害的发生，亦未尽可能告知将造成损害后果和传递预防措施，故据此认定案涉产品存在指示缺陷。[①]

产品警示的形式应当以一种易于被理解的方式为使用者所接受与知晓。对于人身安全存在较大危险性的产品，安全警示的内容应当使用较大的字号、不同的字体、特殊的符号或者颜色来强调。在"陶某某与石干堂产品责任纠纷上诉案"中，法院认为，氩气的不当使用可能会危及人身、财产安全，陶某某销售给石干堂的氩气瓶体因时间久远字迹模糊，警示标志或说明内容不清，亦没有充分证据证实陶某某在向石干堂销售氩气时就安全使用方面对石干堂进行了警示说明，导致石干堂在使用过程中不正确操作酿成事故。基于上述分析，应当认定陶某某销售的大瓶氩气存在警示缺陷。[②]

---

① 参见云南省昆明市中级人民法院(2017)云01民终3374号民事判决书。
② 参见湖北省黄冈市中级人民法院(2016)鄂11民终1649号民事判决书。

第三节　产品责任中损害的范畴界定

损害是民事赔偿责任的必备构成要件。损害作为赔偿的前提,所谓没有损害,就没有赔偿。侵权责任法的首要任务体现为受害人就其已经遭受的损害有权获得赔偿,这不仅适用于过错责任领域,而且适用于严格责任领域。① 产品责任中的损害赔偿,是指因产品缺陷造成他人损害,受害人可以要求生产者或销售者承担赔偿责任。损害赔偿是产品责任案件最基本的侵权责任承担方式。因此,在产品责任领域,因缺陷产品造成受害人的损害是成立产品责任损害赔偿的构成要件之一。

鉴于缺陷产品致人损害具有其特殊性,②一些国家或国际组织的产品责任法对损害的类型进行了规定。美国《侵权法重述第三版:产品责任》第21节规定的损害包括:原告的身体伤害而导致的经济损失以及对他人的损害妨碍了原告受侵权责任法保护的利益。③《欧共体产品责任指令》将缺陷产品致人损害限定于个人消费的领域。④ 依据日本《制造物责任法》第3条的规定,损害赔偿限于因制造物的缺陷侵害他人生命、身体、财产的场合,同时

---

① [奥]海尔姆特·库齐奥:《侵权责任法的基本问题(第一卷):德语国家的视角》,朱岩译,北京:北京大学出版社,2017年版,第75页。

② 缺陷产品致人损害的特殊性主要表现为:第一,某些缺陷产品,尤其是有设计缺陷的产品致人损害,往往受害人人数众多、损害后果严重;第二,有些损害后果在受害当时或受害后较短时间即可发现,而有些损害后果往往要经过较长时间才能发现,有些损害后果要等到在直接受害者的后代身上显现出来;第三,缺陷产品致人损害,包括人身、财产损害。参见张新宝:《侵权责任法》(第四版),北京:中国人民大学出版社,2016年版,第237页。

③ 参见美国法律研究院:《侵权法重述第三版:产品责任》,肖永平、龚乐凡、汪雪飞译,北京:法律出版社,2006年版,第419页。

④ 参见国家技术监督局政策法规司:《国外产品质量与产品责任法规选编》,北京:中国计量出版社,1992年版,第30-31页。

也适用于作为精神损害抚慰金的请求。[①] 从比较法的规定来看,产品责任领域的损害主要包括人身损害和财产损害两种类型。人身损害主要限于生命、身体和健康等人身权益遭受缺陷产品的侵害,由此导致受害人的精神损害也包括在内;财产损害是指因产品缺陷导致的其他财产损害,缺陷产品自身的损失通常被视为合同法上履行利益的丧失,因此被排除在产品责任中财产损害的范畴之外。

但是,关于产品自身损失的侵权责任法救济也并非绝对禁止,以美国和德国为代表的国家也通过司法判例创设产品自身损失的侵权责任救济路径,从而使得产品责任中损害的概念范畴处于不断发展中。我国《侵权责任法》与《产品质量法》对于产品损害范围的规定并不一致,这就导致当前理论与实务上针对产品自身的损失是否属于产品责任中损害的范畴存在重大分歧。关于产品自身损失的定性,将直接关系产品责任损害赔偿范围的大小,以及侵权责任法与合同法二者之间关系的协调问题,因此具有非常重要的探讨意义。

一、我国产品责任中损害范畴的立法变革、裁判分歧及学理争议

(一)我国产品责任中损害范畴的立法变革

依据我国《民法通则》第 122 条[②]的规定,产品制造者、销售者因产品质量不合格所承担的损害赔偿责任范围包括"他人财产、人身损害"。"人身损害"主要包括一般身体伤害、致人残疾伤害、致人死亡伤害以及精神损害;而"他人财产"的立法表述是指因产品导致的直接或间接的财产损失,并未涉及产品自身的损害问题。根据有关学者的考证,我国《民法通则》所确立的

---

① 参见于敏:《日本侵权行为法》(第三版),北京:法律出版社,2015 年版,第 531页。

② 参见《民法通则》第 122 条规定:"因产品质量不合格造成他人财产、人身损害的,产品制造者、销售者应当依法承担民事责任。运输者仓储者对此负有责任的,产品制造者、销售者有权要求赔偿损失。"

产品责任制度具有原发性的特征,当时在起草过程中并未参考和借鉴比较法上的产品责任规范,是较为例外的产品责任制度产生方式。[①] 按照这种理解似乎可以得出推论,《民法通则》第122条所规定的产品损害并未有意识地将产品自身的损害予以排除。当时我国学界对于产品损害的关注较少,有学者认为应当对《民法通则》第122条中的"损害"概念进行限定解读,主张将产品自身损害予以排除。[②]

1993年《产品质量法》是在充分参考和借鉴美国产品责任法及《欧共体产品责任指令》的基础上制定的,标志着我国的产品责任制度从"产品品质责任"到"缺陷产品责任"的转型。[③] 与《民法通则》第122条的规定相比,《产品质量法》第41条第1款对产品损害的范围进行了限定,明确将缺陷产品自身的损害排除在产品损害赔偿责任的范畴之外。[④] 同时,《产品质量法》第40条第1款规定了销售者针对产品自身质量的瑕疵担保责任。[⑤] 由此可见,《产品质量法》对于产品自身的损害显然是将其排除在产品责任的适用范畴之外,而将其纳入合同违约责任的调整领域。

从《侵权责任法》第41条[⑥]的字面表述来看,该条文在对产品损害进行界定时,直接将赔偿范围表述为"他人损害",并未如《产品质量法》那样将产

---

① 参见王竹:《侵权责任法疑难问题专题研究》(第二版),北京:中国人民大学出版社,2018年版,第81页。

② 梁慧星教授认为,财产损害应指缺陷产品造成消费者其他财产的损害、缺陷产品本身的损害以及由此造成受害人可得利益的损失,不包括在本条"损害"的概念之中。理由是缺陷产品的本身损害以及因此所受可得利益的损失,应依《合同法》的规定处理。参见梁慧星:《论产品制造者、销售者的严格责任》,《法学研究》,1990年第5期,第67-68页。

③ 参见王竹:《"趋同进化"、"杂交育种"与"基因遗传"——中国大陆产品责任制度的三大发展阶段》,《月旦民商法杂志》,2016年9月,总第53期,第57页。

④ 2000年修改后的《产品质量法》第41条第1款规定:"因产品存在缺陷造成人身、缺陷产品以外的其他财产(以下简称'他人财产')损害的,生产者应当承担赔偿责任。"

⑤ 参见《产品质量法》第40条第1款规定:"售出的产品有下列情形之一的,销售者应当负责修理、更换、退货;给购买产品的消费者造成损失的,销售者应当赔偿损失:(一)不具备产品应当具备的使用性能而事先未作说明的;(二)不符合在产品或者其包装上注明采用的产品标准的;(三)不符合以产品说明、实物样品等方式表明的质量状况的。"

⑥ 《侵权责任法》第41条规定:"因产品存在缺陷造成他人损害的,生产者应当承担侵权责任。"

品自身的损害予以排除,这似乎又回到了《民法通则》第 122 条的立法传统。按照立法者的释义,《侵权责任法》第 41 条所规定的"损害"是明确将产品自身的损失包含在内的。[①]《民法典》第 1202 条完全沿袭了《侵权责任法》第 41 条的规定,并未作出任何条文变动。

通过回顾我国关于产品责任中"损害"的立法变迁可以得知,从《民法通则》到《产品质量法》到《侵权责任法》再到《民法典》,我国现行法律对于产品责任中"损害"范畴的立法表述并不统一。我国立法机关对于产品责任中"损害"的界定可谓一波三折,但最后似乎又回到了原点。这一立法变迁中的焦点问题就在于产品自身的损失是否属于产品责任的损害范畴。由于《侵权责任法》与《产品质量法》的相关规范存在不一致,这也导致我国司法实践中出现了裁判分歧,以及理论上的观点争鸣。

(二)我国司法实践中产品责任损害认定的裁判分歧

1.《侵权责任法》实施前的裁判分歧

在《侵权责任法》生效实施之前,我国司法实践在对产品责任的损害范围进行认定时,其主要依据的法律规范为《产品质量法》的相关规定。尽管《产品质量法》第 41 条第 1 款将缺陷产品自身的损失排除在财产损害的范围之外,但是司法实践中仍然存在一些案件的裁判观点是将产品自身的损失纳入产品责任损害赔偿的范围予以救济。

在"上诉人福州中机中泰汽车销售有限公司诉被上诉人季昌友产品质量纠纷案"中,法院认为:"本案因上诉人出售的车辆存在质量问题发生自燃……造成车辆本身损失,车辆本身损失应属赔偿范围……因车辆自燃事故造成的评估费损失 4000 元也应属赔偿范围。故被上诉人要求赔偿产品本身损失、评估费损失均有法律依据。上诉人关于产品本身损失不属赔偿范

---

① 按照立法机关的释义,《侵权责任法》第 41 条中的"损害"既包括缺陷产品以外的其他财产的损害,也包括缺陷产品本身的损害,以有利于及时、便捷地保护用户、消费者的合法权益。参见王胜明:《中华人民共和国侵权责任法解读》,北京:中国法制出版社,2010 年版,第 216 页。

围的主张……本院不予支持。"①该案法院将汽车自燃所造成的实际损失纳入了产品责任的损害赔偿范畴。

但是,由于《产品质量法》第 41 条第 1 款的规范指引,当时的司法实践更加倾向于严格区分产品自身的损失与产品之外的人身、财产的损失,而分别适用违约责任与侵权责任的救济模式。在"四川省汽车运输成都公司第二分公司诉厦门金龙联合汽车公司质量纠纷案"中,法院认为,"因产品质量引起的民事责任有两种不同性质的责任,一是产品自身的修理、更换、退货责任,该种责任属买卖合同中的质量违约责任;二是所涉产品以外的人身、财产损失责任,该种责任属因产品质量引起的侵权责任……产品本身的损失……应适用修理、更换、退货的违反合同质量义务的违约责任,而不适用民事侵权的损害赔偿责任。"②当时司法实践有意区分产品自身损失与其他财产损失,并认为产品自身损失的部分应当向销售者主张瑕疵担保责任,而不能径直向生产者主张产品责任。

2.《侵权责任法》实施后的裁判分歧

由于《侵权责任法》第 41 条的规定并未将产品自身的损失排除在外,受害人可以在产品责任诉讼中将产品自身的损失以及因产品缺陷遭受的人身损失、产品之外的其他财产损失向产品生产者或销售者一并提起诉讼请求,这对于产品责任案件中受害人的救济较为有利。因此,司法实践中大量案件的裁判观点将产品自身的损失纳入了产品责任的损害范畴。

在"北京市金龙腾装饰股份有限公司等与应城市新都化工有限责任公司(以下简称新都公司)等侵权责任纠纷上诉案"中,作为产品生产者的爱思宝公司抗辩认为,其与新都公司仅存在买卖合同关系,有关争议标的必须通

---

① 参见福建省宁德市中级人民法院(2010)宁民终字第 418 号民事判决书。同类案件裁判观点参见"重庆重型汽车集团有限责任公司与钱杰产品责任纠纷上诉案",重庆市第一中级人民法院(2004)渝一中民终字第 3134 号民事判决书;"祁庆民诉上海大众汽车有限公司产品责任纠纷案",北京市第一中级人民法院(2006)一中民终字第 25 号民事判决书。

② 参见四川省成都市中级人民法院(2001)成民终字第 742 号民事判决书。同类案件裁判观点参见"衡水市百货大楼与上海通用汽车公司产品责任纠纷案",上海市第一中级人民法院(2005)沪一中民四(商)终字第 185 号民事判决书。

过提起合同之诉解决,一并提起本案侵权诉讼不符合法律规定。该案法院认为:"缺陷产品本身的损失一般应通过合同之诉处理。但本案的特殊之处在于新都公司既是缺陷产品本身损失的所有者,也是缺陷产品以外财产损失的受害者,案涉岩态板及其辅料本身的损失当然也是新都公司的财产损失,二者财产损害的性质在本案中是相同的。故本案应当适用《侵权责任法》第41条的规定,对造成新都公司岩态板及其辅料本身的损失和以外的其他财产损失一并作出处理,有利于提高诉讼效率、便于本案的及时处理,且未加重爱思宝公司应承担的赔偿责任。"①

在"河北保定太行集团有限责任公司(以下简称保定太行公司)诉华能伊敏煤电有限责任公司(以下简称华能伊敏公司)产品责任纠纷案"中,最高人民法院对于该案作出最终裁定并认为,"《侵权责任法》第43条第1款规定……并未将产品自身受到的损害排除在受侵权人可以向生产者请求的赔偿范围之外,故华能伊敏公司在本案中向产品生产者保定太行公司提起诉讼,具有法律依据。而保定太行公司主张只有在产品缺陷具有危害人身、他人财产的危险性时受侵权人才可以向生产者请求赔偿,则缺乏法律依据,二审判决未支持其主张并无不当"。② 又如,在"千里马机械公司与陈某某、李某某、杜某某产品责任纠纷案"中,法院认为,"陈某某、李某某、杜某某在使用千里马机械公司销售的挖掘机进行作业过程中发生机器燃烧毁损事故,因此要求千里马机械公司对其损失予以赔偿。本案系产品责任纠纷,产品自身的损害亦应属侵权之诉的范畴,当适用无过错责任原则……千里马机械公司在抗辩中既不能证明自己的产品无缺陷,又不能证明消费者有重大故意、过失,因此千里马机械公司方未能完成举证责任,应承担举证不能的法律后果,原审法院据此认定千里马机械公司所销售的产品存在缺陷,因而导致了陈某某、李某某、杜某某的财产损失。故应由千里马机械公司方赔偿陈某某、李某某、杜某某挖掘机燃烧之损失"。③

---

① 参见湖北省孝感市中级人民法院(2016)鄂09民终583号民事判决书。
② 参见最高人民法院(2015)民申字第605号民事裁定书。
③ 参见湖北省襄阳市中级人民法院(2015)鄂襄阳中民二终字第00614号民事判决书。

此外,上述同类案件的裁判观点还可参阅"淄博一汽销售服务有限责任公司、瑞阳制药有限公司产品责任纠纷案"①"郑群、六安德众汽车销售服务有限公司财产损害赔偿纠纷案"②"一汽大众汽车有限公司诉孙某等公司财产损害赔偿纠纷案"③,以及"大连美峰汽车贸易有限公司与汤飞虎等产品责任纠纷上诉案"。④

但是,也有一些法院并不认可《侵权责任法》第41条的规定是对《产品质量法》中产品责任损害范围的立法变革,仍然将产品自身的损失从产品责任损害赔偿中予以排除。如在"宁夏鹿鸣汽车贸易有限公司与姬某平产品责任纠纷上诉案"中,法院认为,"上诉人出售给姬某平的挖掘机在使用过程中发生大臂油缸爆炸,但并没有造成产品自身损害之外的其他损害,故可以认定上诉人出售给姬某平的挖掘机不符合其应有的质量要求,存在产品瑕疵。对于瑕疵产品,上诉人作为该产品的销售者,应当承担瑕疵担保责任,即修理、重作或更换"。⑤ 另外,在"中国太平洋财产保险股份有限公司晋江中心支公司与徐州工程机械集团有限公司、徐州重型机械有限公司保险人代位求偿权纠纷案"中,法院认为:"《产品质量法》属于规范产品责任的特别法,应当在赔偿问题上予以适用。本案中,太平洋财保晋江支公司主张的仅仅是缺陷产品的自身损失,因此其所代位的被保险人与第三者之间的法律关系不属于侵权责任纠纷。"⑥

由上述典型案件的裁判结论可知,在《侵权责任法》实施前后,我国司法实践对于产品责任中损害范围的认定均存在裁判观点的分歧,争议焦点主要集中在产品自身的损失是否应当纳入产品责任损害赔偿范围。尤其是在《侵权责任法》实施后,由于我国现行立法关于产品责任损害范围的相关规范存在不一致,这无疑加剧了司法裁判中对于产品自身损失在法律定性上的分歧。值得注意的是,上述司法裁判的分歧在民法典时代仍旧存在。对

---

① 参见山东省淄博市中级人民法院(2019)鲁03民终334号民事判决书。
② 参见安徽省六安市中级人民法院(2018)皖15民终1908号民事判决书。
③ 参见辽宁省大连市中级人民法院(2015)大民一终字第442号民事判决书。
④ 参见广西壮族自治区桂林市中级人民法院(2017)桂03民终1683号民事判决书。
⑤ 参见宁夏回族自治区银川市中级人民法院(2014)银民终字第121号民事判决书。
⑥ 参见福建省莆田市中级人民法院(2018)闽03民终1870号民事裁定书。

于是否将产品自身损失归入产品责任中损害的范畴,这不仅关系受害人权益救济时请求权基础的选择模式,而且还涉及合同法与侵权责任法之间的关系协调,是我国民法面临的一个体系化的严峻问题。①

(三)我国学界关于产品责任中"损害"的理论争鸣

在当时《侵权责任法》的起草过程中,我国学界对于产品责任中"损害"的界定进行了广泛讨论,争论的焦点在于产品自身损失是否属于产品责任的损害范畴。② 最终通过的《侵权责任法》第41条使用了"他人损害"的立法表述,并未对产品责任中损害的概念进行具体界定,这也由此引发了学界关于产品责任损害范围如何认定问题更加激烈的理论争鸣。在《民法典》的编纂过程中,对于产品责任中财产损害是否包括缺陷产品本身的损失,同样存在立法上的争论。③ 通过归纳学界观点,对于产品责任损害范围的认识分歧主要还是在于产品自身损失应否纳入损害的范畴,当前理论观点大致存在肯定说、否定说以及折中说。

1.肯定说

持肯定说的观点认为,产品自身损失应当包括在产品责任的损害赔偿范围之内。《侵权责任法》对产品责任损害概念进行了扩张,该法第41条删去了《产品质量法》第41条中"缺陷产品以外的其他财产"的限定表述,所谓"他人财产",既包括缺陷产品以外的其他财产,也包括缺陷产品本身。④ 肯定说的理由还认为,将产品自身损失纳入产品责任损害赔偿范围对于受害人的救济较为有利,能够有效减轻因严格区分违约责任与侵权责任可能导

---

① 参见李永军:《"产品自损"的侵权责任法救济置疑》,《中国政法大学学报》,2015年第3期,第91页。

② 参见杨立新:《侵权责任法立法最新讨论的50个问题》,《河北法学》,2009年第12期,第8页。

③ 黄薇:《中华人民共和国民法典侵权责任编解读》,北京:中国法制出版社,2020年版,第157页。

④ 参见王胜明:《〈中华人民共和国侵权责任法〉条文解释与立法背景》,北京:人民法院出版社,2010年版,第175页;王利明:《论产品责任中的损害概念》,《法学》,2011年第2期,第45页。

致受害人维权成本的过重负担,而且还能够避免司法资源的浪费。①

需要注意的是,持肯定说的观点内部还存在着一种限定损害范围的不同认识。其中一种观点认为,单纯的产品自身损失并不能主张产品责任的救济,该种情形属于纯粹经济损失的范畴,应当纳入合同法的框架予以调整。② 另外一种观点认为,《侵权责任法》第41条中"损害"的范围过于宽泛,应当对产品自身损失的标准进行限制,只有当产品自身损失是以产品的危险方式导致时,才可以适用产品侵权责任。③

2. 否定说

持否定说的观点认为,产品自身损失不应当纳入产品责任的损害赔偿范围,而应当适用合同法上的违约责任予以救济。④ 其主要理由在于:其一,产品自身损失通常仅涉及财产方面的损害,其并不会对产品使用者的人身安全造成直接损害,这与产品责任的规范意旨有所背离;其二,维护合同法与侵权责任法的二元体系,产品自身损失原本属于合同法的规范领域,如果通过过度扩张侵权责任法的方式对其进行救济,将会破坏合同法内部体系的和谐;其三,这会干涉合同当事人通过合意确立的风险分配机制,产品自

---

① 参见高圣平:《论产品责任损害赔偿范围——以〈侵权责任法〉、〈产品质量法〉相关规定为分析对象》,《华东政法大学学报》,2010 年第 3 期,第 109 页;王竹:《侵权责任法疑难问题专题研究》(第二版),北京:中国人民大学出版社,2018 年版,第 97 页;马一德:《论消费领域产品自损的民事责任》,《法商研究》,2014 年第 6 期,第 114 页;董春华:《产品自身损害赔偿研究——兼评〈侵权责任法〉第 41 条》,《河北法学》,2014 年第 11 期,第 53 页。

② 参见王利明:《论产品责任中的损害概念》,《法学》,2011 年第 2 期,第 51-52 页。

③ 参见朱晓喆、冯洁语:《产品自损、纯粹经济损失与侵权责任》,《交大法学》,2016 年第 1 期,第 176 页;董春华:《产品自身损害赔偿研究——兼评〈侵权责任法〉第 41 条》,《河北法学》,2014 年第 11 期,第 51 页。

④ 参见冉克平:《缺陷产品自身损失的救济路径》,《法学》,2013 年第 4 期,第 97-98 页;李永军:《"产品自损"的侵权责任法救济置疑》,《中国政法大学学报》,2015 年第 3 期,第 95-96 页。

身损失属于纯粹经济损失,当事人通过合同分配该损失更加符合交易机制。①

3. 折中说

持折中说的观点认为,《侵权责任法》第 41 条中的"损害",既包括人身、其他财产损害,也包括缺陷产品本身损失。前者的损害属于侵权损害赔偿责任的范畴,后者则属于违约损害赔偿责任的范畴,二者性质不同。受害人可以选择将其遭受的人身、其他财产损害与产品自身损失一并提起诉讼,人民法院应当予以支持。②

对于产品自身损失的法律定性,不仅涉及一个国家民法体系内部合同法与侵权责任法的规范功能,还是对合同法与侵权责任法之间相互协调程度的重要检验。③ 我国学界围绕产品自身损失的法律救济路径展开激烈争论,更加凸显了该问题在我国民事法律体系中的重要研究价值。笔者将在下文对比较法上产品自身损失的法律保护模式进行考察,以期为我国产品侵权责任划分提供有益参考。

二、产品自身损失救济的比较法考察

正如前文所述,一些国家或国际组织的产品责任法律规范明确将产品自身的损失从产品责任损害范围中予以排除,但是在具体司法实践中的实际情况并不一概如此。以美国和德国为代表的国家仍然通过创设司法判例的方式突破现行法的原则性规范,从而在特殊情形下对产品自身的损失提供侵权责任法的救济。

---

① 参见张新宝、任鸿雁:《我国产品责任制度:守成与创新》,《北方法学》,2012 年第 3 期,第 17 页;冉克平:《缺陷产品自身损失的救济路径》,《法学》,2013 年第 4 期,第 97-98 页;李永军:《"产品自损"的侵权责任法救济置疑》,《中国政法大学学报》,2015 年第 3 期,第 95-96 页;周友军:《民法典编纂中产品责任制度的完善》,《法学评论》,2018 年第 2 期,第 147 页;李昊:《对民法典侵权责任编的审视与建言》,《法治研究》,2018 年第 5 期,第 73 页。

② 参见杨立新、杨震:《有关产品责任案例的中国法适用——世界侵权责任法学会成立大会暨第一届学术研讨会的中国法报告》,《北方法学》,2013 年第 5 期,第 9 页。

③ 冉克平:《产品责任理论与判例研究》,北京:北京大学出版社,2014 年版,第 255 页。

（一）美国产品自损的纯粹经济损失规则

在美国侵权责任法上，产品自身损失被视为是纯粹经济损失（pure economic loss）的范畴。[①] 美国司法实践对于产品自身损失的裁判规则存在肯定说、否定说以及折中说三种立场。如果产品因存在缺陷发生故障而导致自身损失的，通常不能主张产品责任诉讼，只能依据纯粹经济损失的相关规则寻求赔偿。[②] 产品责任领域中的纯粹经济损失规则最早是通过"Seely v. White Motor Co. 案"得以确立的。加州最高法院在该案中认为，原告购买的卡车出现刹车失灵后导致翻覆，其所主张赔偿的修缮费用、购车价金以及丧失的营业利益均属于纯粹经济损失，买受人不得就产品不符合其经济上的期待而遭受的不利益，向制造者请求侵权损害赔偿责任。[③] 否定说的观点后来在"East River Streamship Corp. v. Transamerica Delvaval Inc. 案"中经美国联邦最高法院予以确认。[④] 否定说在美国司法实践中逐渐广为接受，产品责任中的纯粹经济损失不能在侵权之诉中获得救济，通常只能在合同之诉中获得赔偿。[⑤]

支持肯定说的典型案例是"Santor v. A and M. Karagheusian Inc. 案"。新泽西州最高法院判决支持原告主张的产品自身价值减损的产品责任赔偿请求，并认为，制造商应当确保投入流通的产品符合其用途和安全性，否则应当对该产品及其他之物的损害承担赔偿责任。[⑥]

在肯定说与否定说之间还存在一种中间派的观点，认为对于产品自身损失的救济方式，应当综合考虑产品缺陷的性质、产品危险的类型以及产品

---

① 郭洁：《美国产品责任中的纯粹经济损失规则探析——兼论我国相关法律制度的构建》，《法学杂志》，2012 年第 3 期，第 151 页。

② 参见美国法律研究院：《侵权法重述第三版：产品责任》，肖永平、龚乐凡、汪雪飞译，北京：法律出版社，2006 年版，第 423 页。

③ Seely v. White Motor Co. ,403 P. 2d. 145（Cal. 1965）.

④ East River Streamship Corp. v. Transamerica Delvaval Inc. ,476 U. S. 858,106 S. Ct. 2295,90 L. Ed. 2d 865（1986）.

⑤ 张平华：《英美产品责任法上的纯粹经济损失规则》，《中外法学》，2009 年第 5 期，第 768 页。

⑥ Santor v. A and M. Karagheusian Inc. ,44 N. J. 52,207 A 2d. 305（1965）.

自身损害发生的样态,决定制造商是否应当承担产品责任。[①] 在"McNamee v. American Honda Co. Inc. 案"中,法院支持当产品自身损失是以危险、激烈的方式发生时制造商应承担侵权损害赔偿责任。在该案中,原告购买的汽车在正常行驶中突然失控、轮胎抱死而导致汽车自损,但所幸原告人身以及其他财产未遭受损害。该案法院认为,汽车发生自损的原因是由于存在缺陷,该缺陷状态对原告的人身及其财产构成了不合理的危险,并且这种不合理的危险是突然发生和实质性的,因此应适用纯粹经济损失规则的例外情形,原告可以依据侵权责任法获得赔偿。[②] 中间派的观点体现了灵活的司法衡平原则,能够兼顾责任限制以及对缺陷产品制造商实施更强的威慑,承认产品危险构成纯粹经济损失规则的例外也更加符合公平正义的要求。[③]

(二)德国"继续侵蚀性损害"的侵害责任

产品自身因缺陷而毁损或灭失时,在何种情形下得依《德国民法典》第823条第1项的规定,以所有权受到侵害为由请求损害赔偿,这在德国理论上存在重大争议。传统理论认为,产品因自身缺陷造成的损失仅发生物之瑕疵担保责任,而不能主张所有权损害赔偿。[④] 但是,由于物之瑕疵担保责任所规定的诉讼时效对买受人较为不利,[⑤]并且存在合同相对性的限制,相

---

① 参见[英]艾利斯代尔·克拉克:《产品责任》,黄列等译,北京:社会科学文献出版社,1992年版,第145—146页。

② 董春华:《论影响产品自损侵权责任法救济的规则——以中美司法实践为视角》,《比较法研究》,2016年第1期,第137页。

③ 张平华:《英美产品责任法上的纯粹经济损失规则》,《中外法学》,2009年第5期,第774—775页。

④ 按照德国传统民法见解,产品存在生产或设计上的缺陷在投入流通时便已存在,买受人自始取得的是具有缺陷产品的所有权,而不能认为构成所有权的侵害,对此仅发生物之瑕疵担保责任。

⑤ 在德国债法现代化改革之前,对于动产的瑕疵损害赔偿请求权的诉讼时效期间为交付之日起6个月,而依据侵权责任法上损害赔偿请求权的诉讼时效期间则为权利人知道或者应当知道侵权人身份之日起3年。在德国债法现代化改革之后,瑕疵担保请求权的诉讼时效期间延长至2年,但是二者在对权利人的救济方面仍然存在差别。参见[德]马克西米利安·福克斯:《侵权行为法》,齐晓琨译,北京:法律出版社,2006年版,第115页。

比侵权责任法的救济具有难以克服的不足之处。① 在 1976 年之后,德国联邦法院通过一系列案件创设了关于产品自身损失的"继续侵蚀性损害"理论:产品某一部分具有隐蔽缺陷,导致产品其他完好部分甚至整个产品毁损或灭失,则构成对所有权的侵害,而依侵权行为法的规定请求赔偿该标的物毁损灭失的侵权责任。②

由于"继续侵蚀性损害"涉及侵权责任与合同责任的界线,德国联邦法院对此先后提出了界线区分的判断标准:"功能区分性"与"质料同一性"。在 1976 年的"浮标开关案"中,德国联邦法院首先对"功能区分性"标准予以运用。在该案中,制造商将除油清洁设备出售给某工厂,该设备配有会自动断电效果的浮标开关,但是除油清洁设备在使用中由于浮标开关未能产生作用,使得被分离出来的油发生燃烧并造成该设备严重损坏。德国联邦法院在认定该案构成所有权侵害时指出,有缺陷的浮标开关与设备的其他部分在功能上是相互区分的,浮标开关的缺陷在设备所有权转移之后造成了其他部分设备的损害,应当认定为是对所有权的一种侵害事实。③

在 1983 年的"油门案"中,德国联邦法院创设了"质料同一性"标准,从损害本身来考量产品自身损失是否构成所有权的侵害。在该案中,原告从销售商购买了一辆由被告生产的汽车,由于汽车的油门存在瑕疵,导致车辆加速时失控引发事故,造成车辆损坏。由于油门与汽车在功能上显然是难以区分的,因此法院试图通过固有利益与等价性利益的对比来判断产品自损是否构成侵权,即根据原告主张产品缺陷导致的损害(固有利益)与产品自始发生的价值减损(等价性利益)是否相一致,如果不一致,则表明产品自损构成所有权的侵害。④ 易言之,"质料同一"表明产品的价值并没有因瑕疵

---

① 参见金印:《论作为绝对权侵害的产品自损——兼论"物质同一说"的能与不能》,《政治与法律》,2015 年第 9 期,第 109–110 页。

② 参见王泽鉴:《民法学说与判例研究·第八册》,北京:北京大学出版社,2009 年版,第 185 页。

③ 参见郭丽珍:《瑕疵损害、瑕疵结果损害与继续侵蚀性损害》,台北:翰芦图书出版有限公司,1999 年版,第 65–66 页。

④ 参见朱晓喆、冯洁语:《产品自损、纯粹经济损失与侵权责任》,《交大法学》,2016 年第 1 期,第 170 页。

而发生进一步的减少,[1]因此产品自损就与所有权侵害无关,当然不能通过侵权责任法获得救济。

尽管"继续侵蚀性损害"理论在学说上争议不断,褒贬不一,但是德国联邦法院至今仍将之作为实务上的主流见解。[2] 对于产品自损的案例,德国司法实务创设的"继续侵蚀性损害"理论,无论是"功能区分性"还是"质料同一性"标准,均只解决当产品存在部分隐蔽瑕疵,导致产品其他部分损害的情形时,才能构成对产品本身所有权的侵害,此时方能有侵权责任法的适用余地,对于整体上自始毫无价值的产品则不存在所谓产品损害的侵权责任问题。[3] 这在一定程度上反映了德国司法实践意图通过产品的瑕疵形态来限制"继续侵蚀性损害"理论的适用范围,而非对所有的产品自损情形不加区分地提供过于宽泛的侵权责任救济。[4]

三、产品自身损失纳入我国产品责任损害范畴的理论建构

(一)产品自身损失纳入产品责任损害范畴的理论依据

由于我国《民法典》第1202条(原《侵权责任法》第41条)与《产品质量法》第41条第1款的立法表述并不一致,这引起了理论上对于产品自身损失是否属于产品责任损害范围的重大争议。笔者对此认为,将产品自身损失纳入《民法典》第1202条中"损害"的范围未尝不可,而完全将其排除在产品责任的损害赔偿范围并不合理,主要理由如下。

第一,将产品自身损失纳入产品责任的损害范畴,符合产品责任制度的法益保护范围。在产品责任语境下,所谓的产品自身损失是指产品因具有

---

① 参见金印:《论作为绝对权侵害的产品自损——兼论"物质同一说"的能与不能》,《政治与法律》,2015年第9期,第111页。

② 参见陈忠五:《论消费者保护法商品责任的保护法益范围》,《台湾法学杂志》,2009年8月,总第134期,第92页。

③ 参见郭丽珍:《瑕疵损害、瑕疵结果损害与继续侵蚀性损害》,台北:翰芦图书出版有限公司,1999年版,第68-69页。

④ 参见朱晓喆、冯洁语:《产品自损、纯粹经济损失与侵权责任——以最高人民法院(2013)民申字第908号民事裁定书为切入点》,《交大法学》,2016年第1期,第173-174。

缺陷致使产品本身毁损或者灭失,因而产生的损害后果。需要注意的是,产品自身损失与产品瑕疵损失之间的区分,二者性质不同。产品本身存在瑕疵,是指产品质量不符合合同约定,往往会导致产品的效用降低,甚至使得产品的市场价值有所贬损,由此引起的损害后果是买受人履行利益的损失;产品自身损失,是指产品存在缺陷,具有不合理的潜在危险,后因该缺陷进一步发生实际的毁损或灭失后果,由此引发的对产品本身"物之完整性的侵害",是对任何人在一般社会生活上享有的"固有利益"的侵害。① 由此可见,产品自身损失与一般的产品瑕疵在法律定性上存在差别,不宜将二者混同。产品自身损失本质上是产品所有权人固有利益的损失,应当属于侵权责任法中的法益保护范围,当然亦属于产品责任法律制度的保护对象。如果将产品自身损失排除在产品责任损害范围之外,却将由产品自身损失伴随的其他财产损害纳入财产损害赔偿范围,这在价值判断上似乎也令人难以接受。

第二,将产品自身损失纳入产品责任的损害范畴,有利于督促生产商严格把控品质量,提升产品安全保障。可能由于特殊的环境等因素,产品因缺陷单纯导致产品自身损失,未造成人身以及其他财产的损害。但是,产品毕竟存在不合理的危险性并且实际发生了,这足以表明该产品构成缺陷,不能因为产品缺陷造成损害后果小来否认产品责任的存在。事实上,只要产品对他人人身、财产安全产生了一种危险,存在不安全的因素,即使尚未发生实际的损害,被侵权人也可以要求生产者承担排除妨碍、消除危险等预防性侵权责任。② 我国产品责任制度规定生产者承担严格责任的法律政策基础在于促使其改进设计,完善生产管理,提高产品质量。③ 如果将产品因缺陷导致的自身损失排除在产品责任损害赔偿范围之外,将意味着在该种情形下生产者逃脱其应当承担的产品责任,这与生产者负有严格产品责任的

---

① 参见陈忠五:《论消费者保护法商品责任的保护法益范围》,《台湾法学杂志》,2009 年 8 月,第 134 期,第 89—90 页。

② 参见王胜明:《中华人民共和国侵权责任法解读》,北京:中国法制出版社,2010 年版,第 228 页。

③ 梁慧星:《论产品制造者、销售者的严格责任》,《法学研究》,1990 年第 5 期,第 65 页。

法律规定相违背。因此,将产品自身损失纳入产品责任的损害范畴不仅符合产品责任法的目的[①],而且有利于增强产品生产者的责任意识,严格把控产品质量,进而促进产品安全。

第三,将产品自身损失纳入产品责任的损害范畴,有利于受害人获得充分救济,减少诉讼成本。当产品存在缺陷造成他人人身、其他财产的损害以及缺陷产品自身损失时,如果严格将产品自身损失纳入产品瑕疵责任的范畴,按照违约之诉进行救济,而对于人身以及产品之外的其他财产损害,按照侵权之诉进行救济,则将会面临《民法典》第186条(原《合同法》第122条)关于请求权竞合规则在具体适用中的司法困境。[②] 在这种情况下,受害人囿于只能选择违约之诉或者侵权之诉,这将使得其遭受的损害无法完全获得赔偿。[③] 即使允许受害人同时提起两种请求权之诉,但也难免会受制于合同相对性的限制,如受害人并非买受人,其难以就产品自身损失向销售者提起违约之诉。此外,对产品自身损失提起违约之诉往往会产生连锁反应,引起产品流通环节的一连串诉讼,极大地增加诉讼成本,浪费司法资源。[④]如果将产品自身损失纳入产品责任损害范围,那么受害人能够在一次产品责任之诉中获得全部赔偿,既有利于受害人行使权利,也便于诉讼纠纷的解决。

第四,将产品自身损失纳入产品责任的损害范畴,并非完全排斥合同法的规范功能,受害人仍然可以选择合同法上的救济路径。反对将产品自身损失纳入产品责任损害范围的学者几乎都担忧,此举可能会导致侵权责任

---

① 张骐:《产品责任中的损害与损害赔偿——一个比较研究》,《法制与社会发展》,1998年第4期,第26页。

② 参见高圣平:《论产品责任损害赔偿范围——以〈侵权责任法〉、〈产品质量法〉相关规定为分析对象》,《华东政法大学学报》,2010年第3期,第108页。

③ 王利明:《论产品责任中的损害概念》,《法学》,2011年第2期,第47页。

④ 参见马一德:《论消费领域产品自损的民事责任》,《法商研究》,2014年第6期,第114页。

不当侵入合同领域,进而会削弱合同法的规范功能。① 违约责任与侵权责任自然是有着清晰的界线,但是当二者出现竞合的情形,也不宜非得区分何者予以优先适用的问题,而是应当尊重受害人的选择权。② 事实上,针对产品因缺陷致人损害而言,无论是选择违约责任救济还是侵权责任救济,均适用严格责任原则,二者之间严格区分的意义就实际法律效果而言并不大。③ 将产品自身损失纳入产品责任损害范围,并不排斥受害人选择依据合同法上违约责任的救济路径请求损害赔偿,这也正是《民法典》第 186 条(原《合同法》第 122 条)的规范意旨。事实上,受害人仍然具有自由选择请求权基础的权利,合同法上的规范功能并不必然受此影响。另外,单就产品自身损失的赔偿范围而言,违约责任与侵权责任的救济路径也并不存在结果上的差别。

(二)《侵权责任法》第 41 条中"损害"概念的严格限定

从比较法上来看,以美国和德国为代表的国家在特定情形下对产品自身损失提供侵权责任法的救济,但是对此仍然存在严格的限制,旨在协调合同法与侵权责任法的关系。就我国而言,侵权责任法本身具有不断扩张的发展趋势,④因此更加有必要防止侵权责任法对合同法的侵蚀,不能让本应由合同法调整的对象也扩充到侵权责任法的范围。可以说,相较于《产品质量法》的立法规范,《民法典》第 1202 条(原《侵权责任法》第 41 条)基于强化消费者保护的观念,扩张了产品责任中"损害"的概念,将产品自身损失纳入损害范畴,但这就有可能导致合同瑕疵损失以及其他纯粹经济损失被纳入产品责任的赔偿范围。产品责任在归责原则上系一种无过失的严格责

---

① 参见张新宝、任鸿雁:《我国产品责任制度:守成与创新》,《北方法学》,2012 年第 3 期,第 17 页;冉克平:《缺陷产品自身损失的救济路径》,《法学》,2013 年第 4 期,第 97-98 页;李永军:《"产品自损"的侵权责任法救济置疑》,《中国政法大学学报》,2015 年第 3 期,第 95-96 页;周友军:《民法典编纂中产品责任制度的完善》,《法学评论》,2018 年第 2 期,第 147 页。

② 参见崔建远:《合同法》(第五版),北京:法律出版社,2010 年版,第 312-313 页。

③ 高圣平:《论产品责任损害赔偿范围——以〈侵权责任法〉、〈产品质量法〉相关规定为分析对象》,《华东政法大学学报》,2010 年第 3 期,第 109 页。

④ 王利明:《侵权责任法与合同法的界分——以侵权责任法的扩张为视野》,《中国法学》,2011 年第 3 期,第 113 页。

任,对于产品责任法益保护范围不宜再扩张,以避免责任无限制扩大,导致生产者与消费者之间利益失衡。因此,笔者认为,有必要对《民法典》第1202条(原《侵权责任法》第41条)所包含的产品自身损失概念进行严格限定。

产品自身损失能够被纳入产品责任的损害范围,关键在于产品自身损失的发生原因和发生方式。如果产品自身损失是因产品缺陷的原因,即以一种危及他人人身、财产安全的不合理的危险方式发生自损,应当能够获得产品责任损害赔偿。尽管这只是造成了产品自身的损害,但仍具备产品责任的本质特征。但是如果产品自身损失并非以不合理的危险方式发生,而仅仅是因为产品质量瑕疵造成的,不涉及对人身、财产安全的威胁,这将不属于《民法典》第1202条(原《侵权责任法》第41条)中“损害”的范畴。

由此可见,作为《民法典》第1202条(原《侵权责任法》第41条)中损害范围的“产品自身损失”,并非一般意义上的产品瑕疵损失,而是指产品因具有缺陷,导致产品潜在的不合理危险实际发生,致使产品本身毁损或者灭失,因而产生的损害后果。申言之,产品自身损失需要具备两个要件:其一,产品自身损失的发生原因须是由于产品存在缺陷,而非一般意义上的产品质量瑕疵;其二,产品自身损失的发生方式须是以不合理的潜在危险实际发生,该不合理的危险会对周围的人身、财产安全带来威胁,但是事实上却仅导致产品本身遭受毁损或者灭失。

第四节　产品缺陷与损害之间因果关系的认定规则

一、产品责任因果关系的一般理论

法律上的因果关系是法律责任构成的必备要件之一。就侵权责任法中的因果关系而言,它是指行为或物件与损害事实之间的前因后果的联系,无论是在过错责任中还是在严格责任中,因果关系都是责任认定不可或缺的因素。正如有学者所言,各国侵权责任法就因果关系存在众多一致的规定,即在人与涉及人的外在的状态或事件之间具有一个相关的、可认知的、规范意义上的因果关系。①

无论是大陆法系国家还是英美法系国家,都发展出了较为丰富的侵权责任因果关系理论。② 尽管相关理论学说在名称上可能存在差异,但是本质上却是殊途同归。大陆法系国家侵权责任因果关系理论通说为"相当因果关系说",其由"条件关系"(条件上的因果关系)和"相当性"(条件的相当性)两部分构成,这与英美法系国家将因果关系区分为"事实上的因果关系"(causation in fact)和"法律上的因果关系"(causation in law)并采用此两个阶段的判断方法具有异曲同工之妙。其中,相当因果关系中关于"相当性"的认定与英美法系中关于"法律上的因果关系"的认定,都反映出因果关系不仅是一个技术性的概念,更是一种法律政策的工具,乃侵权行为损害赔偿责任归属之法的价值判断。③ 这也表明侵权责任法上因果关系的功能在于合理截取因果关系链条,适当限制责任范围,从而更好地实现侵权责任法的规范功能。

在我国,侵权责任因果关系理论经历了从"必然因果关系说"到"相当因果关系说"的演变。受苏联民法的影响,必然因果关系理论曾长期占据理论通说地位。④ 由于必然因果关系说混淆了法律因果关系与哲学因果关系,不

---

① 参见[奥]海尔姆特·库齐奥:《侵权责任法的基本问题(第一卷):德语国家的视角》,北京:北京大学出版社,2017年版,第132页。

② 在侵权责任法中,因果关系理论是一种责任理论,这种理论必须解决可归因的损害赔偿问题,因为一个人对某一损害的责任只能建立在这个人与该损害之间存在联系的基础上。参见[荷]J.施皮尔:《侵权法的统一:因果关系》,易继明译,北京:法律出版社,2009年版,第13页。

③ 王泽鉴:《侵权行为》(第三版),北京:北京大学出版社,2016年版,第246页。

④ 冯珏:《英美侵权责任法中的因果关系》,北京:中国社会科学出版社,2009年版,第17页。

适当地限制了侵权责任的成立,非常不利于对受害人合法权益的保护。① 因此,该学说备受学界抨击。后来,随着相当因果关系说的引入,我国理论界与实务界开始逐渐接受这一新的因果关系理论。相当因果关系说减轻了受害人的举证负担,同时赋予法官一定的自由裁量权,允许法官根据一定的价值判断来确定因果关系的存在,有利于充分保护受害人的合法权益。②

产品责任中的因果关系与一般侵权责任中的因果关系既存在共性,也具有其特殊性。在一般侵权责任中,因果关系表现为行为人的不法行为与受害人的损害事实之间前因后果的联系。然而,在产品责任案件中,因果关系的特殊性主要表现在它是产品因存在缺陷而具有的不合理危险与损害后果之间的相互关系。③ 我国《产品质量法》和《民法典》并未对产品责任的因果关系作出特殊规定,原则上对于产品责任因果关系的认定应当适用一般侵权责任因果关系的认定规则。但是,对于依赖人工智能技术等高科技产品缺陷致人损害以及侵权人不明的大规模产品责任案件,则需要考虑适用特殊的因果关系认定和证明规则。

二、比较法上产品责任因果关系的认定规则

以美国为代表的英美法系国家和以德国为代表的大陆法系国家,对于产品责任中因果关系的认定,分别发展出了具有各自特色的判断标准。通过比较分析美国、德国产品责任因果关系的相关理论与实践,对完善我国产品责任中因果关系的判断规则具有重要参考价值。

(一)美国法上产品责任因果关系的认定规则

1.事实因果关系与法律因果关系

在美国法上,对于产品责任因果关系的判断也采取了事实因果关系和

---

① 按照必然因果关系说,只有当违法行为与损害结果之间具有内在的、本质的、必然的联系,即由违法行为到损害结果的运动呈现出符合客观规律的无法避免、确定不移的必然趋势之时,才能认为违法行为与损害结果之间存在法律上的因果关系。参见佟柔:《民法原理》,北京:法律出版社,1983年版,第227页。

② 参见王利明:《侵权责任法研究》(第二版)(上卷),北京:中国人民大学出版社,2016年版,第389-390页。

③ 杨立新:《侵权责任法》(第三版),北京:法律出版社,2018年版,第330页。

法律因果关系的两分模式。事实因果关系旨在证明产品缺陷与受害人的损害之间存在事实上的实际联系。在事实因果关系成立的前提下,进而由法官判断使产品生产者承担责任是否有法律上的充分理由。

事实因果关系的认定是从纯粹事实的角度出发,确认加害行为是否构成损害结果发生之客观原因。[1] 就产品责任而言,产品缺陷与损害事实的发生之间首先须存在客观联系。美国司法实践对产品责任中事实因果关系的判断通常采用必要条件标准(but-for)和实质因素标准(substantial-factor)。其中,必要条件标准的含义是指,若没有产品缺陷,则损害就不会发生,产品缺陷是损害发生的一个必要条件。实质因素标准是指在诸多促成损害结果发生的原因当中,根据被告对损害贡献力的大小决定谁来承担责任。[2] 实质因素标准经常被适用于存在有毒物质的产品致人损害的案件之中。[3]

法律因果关系也被称为近因(proximate cause),在产品责任案件中,在产品缺陷与损害后果之间存在事实因果关系的基础上,据此考虑被告是否应当依据法律的价值判断承担赔偿责任。法律因果关系的判断通常以可预见性(reasonable foreseeability)为主导标准。产品因缺陷导致的损害是否属于生产商在可预见的风险之中,尤其是在对产品的设计和警示方面,生产商应当预见产品将如何被使用、会被误用的风险以及产品风险危及受害人的方式。[4] 只有当产品因缺陷致人损害属于生产商可预见的风险范围之内,才应当对由此造成的损害后果承担产品责任。然而,在一些产品责任案件中,有时会同时介入受害人或者第三人的行为等因素,从而导致难以清晰判断产品缺陷与最终造成的损害事实之间是否存在法律上的因果关系。美国司法实践在判断介入原因是否造成产品缺陷与损害事实之间因果关系的中断时,仍适用可预见性的规则。[5] 在"Small v. Pioneer Mach. 案"中,法院认为,

---

① 参见张新宝:《侵权责任构成要件研究》,北京:法律出版社,2007年版,第320页。

② 参见李响:《美国产品责任法精义》,长沙:湖南人民出版社,2009年版,第270页。

③ Bockrath v. Aldrich Chem. Co. ,980 P. 2d 398(Cal. 1999).

④ 参见[美]戴维·G. 欧文:《产品责任法》,董春华译,北京:中国政法大学出版社,2012年版,第257页。

⑤ 周新军:《中美产品责任中因果关系与中介原因探析》,《南京工业大学学报》(社会科学版),2012年第4期,第56页。

介入性力量要成为责任的替代原因,其必须是在合理预见的范围之外,如果第三人的过失行为是可预见的,则不会中断法律上的因果关系。[①]

2.市场份额责任理论

在传统美国产品责任诉讼案件中,就因果关系这一构成要件而言,通常要求原告须证明具体的被告是造成损害后果的责任主体。然而,对于有些特殊的产品责任案件,受害人在面临众多可能的侵权人时,却由于客观证据问题无法查明具体的责任主体,如果遵循传统因果关系的适用规则,受害人恐遭遇难以获得救济的困境局面。为了解决此类侵权人不明的大规模产品责任诉讼纠纷,美国司法实践突破传统因果关系的规则,发展出了市场份额责任(market share liability)规则。[②] 市场份额责任规则的概念与传统侵权责任法原则形成了对比,传统侵权责任法原则只对单一被告或多个被告直接和可识别的造成的损害后果承担责任,而市场份额责任则是根据一组被告在损害发生期间销售的有害产品的各自市场份额对其承担责任。[③]

市场份额责任规则最初是由"Sindell v. Abbott Laboratories 案"确立的。在该案中,原告 Sindell 因其母亲在怀孕期间服用了保胎的 DES 药物,致使其成年后患上了癌症,但是由于 DES 药物没有被申请专利,因此很多制药公司都生产,原告无法证明当时母亲服用的是哪一家公司生产的药物,于是将当时占市场份额最大的 5 家制药公司一并起诉到法院。加州最高法院认为,在该案中,如果要求原告证明损害与具体的制药公司生产的药物之间存在因果关系是不现实的,应当从公共政策的角度确定因果关系。在现有的各种条件下,造成原告损害的可能性与 DES 制药公司在市场中的份额具有直接的联系,5 家制药公司对原告造成损害的可能性可以通过每一家公司生产的 DES 药物占市场份额的比例来确定。因此,被起诉的 5 家制药公司按照其占

---

①　Small v. Pioneer Mach. ,Inc. ,494 S. E. 2d 835,844(S. C. Ct. App. 1997).

②　李俊、刘梦云:《美国产品责任法中的市场份额责任规则及其启示》,《中州学刊》,2018 年第 11 期,第 73 页。

③　George L. Priest,Market Share Liability in Personal Injury and Public Nuisance Litigation: An Economic Analysis,Supreme Court Economic Review,Vol. 18,Issue 1,2010,p. 110.

有的市场份额比例承担各自的赔偿责任。①

在"Sindell v. Abbott Laboratories 案"中创设的市场份额责任规则在美国法律界产生了巨大反响。由于市场份额责任规则突破了传统产品责任中因果关系的基本原则,并不要求原告证明被告生产的产品与损害之间的实际联系,甚至不要求被告中必定包含实际的侵权人,可谓是美国产品责任法上一个巨大跨越。② 美国理论界与实务界对于市场份额责任规则的适用问题存在较大争议。市场份额责任规则是基于对受害人的救济而作出的产品责任因果关系的一种例外,也可能由此造成加重生产商的责任负担等其他不利影响。有学者认为,市场份额责任规则不太可能像野火般蔓延开来,从而使原告不必承担在产品责任诉讼中识别实际侵权人的传统负担。③ 事实上,美国一些法院对于市场份额责任规则的适用条件进行了严格限制,只有当产品符合可替代性的特征,即具备功能可互换、形体不可区分、危险一致性时,法院才能考虑适用市场份额责任规则。④ 此外,关于责任比例的确定也是法院面临的棘手问题。由于被告的市场份额不是原告损害的全部原因,使被告承担责任的唯一依据是它对原告可能造成了一定比例的损害,并应在每一个别案件中支付其公平份额的损害赔偿。因此,对于此类案件中责任比例的确定,法院也不得不努力解决市场份额责任与普通法上共同侵权行为原则之间的关系。⑤ 尽管如此,目前市场份额责任规则在美国的适用区域和案件类型都有逐步扩张的发展趋势。⑥

---

① Sindell v. Abbott Laboratories. ,26 Cal. 3d 588,163 Cal. Rptr. 132,607 P. 2d 924, cert. Denied,449 U. S. 912.

② 参见鲁晓明:《论美国法中市场份额责任理论及其在我国的应用》,《法商研究》, 2009 年第 3 期,第 153 页。

③ Aaron D. Twerski, Market Share——A Tale of Two Centuries, Brooklyn Law Review, Vol. 55,Issue 3,1989,p. 875.

④ Naomi Sheiner,Comment:DES and Proposed Theory of Enterprise Liability,Fordham Law Review,Vol. 46,Issue 5,1978,pp. 995-996.

⑤ Aaron D. Twerski, Market Share——A Tale of Two Centuries, Brooklyn Law Review, Vol. 55,Issue 3,1989,p. 874.

⑥ 马新彦、孙大伟:《我国未来侵权责任法市场份额规则的立法证成——以美国侵权责任法研究为路径而展开》,《吉林大学社会科学学报》,2009 年第 1 期,第 96 页。

（二）德国法上产品责任因果关系的认定规则

德国同其他欧盟成员国一样，将国内一般侵权责任法上的因果关系规则适用于产品责任案件。① 德国侵权责任法中因果关系的认定，以相当因果关系理论为通说，并为德国联邦法院广泛适用。在侵权责任案件中适用相当因果关系理论，能够实现对责任的适度限制②，妥善协调权益保障与行为自由之间的关系。《德国民法典》第823条第1款隐藏着两层因果关系，即责任成立的因果关系和责任范围的因果关系，前者属于责任的事实构成要件，后者则属于损害。③ 在德国侵权责任法上，相当因果关系理论主要针对责任范围层面的因果关系而适用。

因果关系的"相当性"实质上包含了一个盖然性的判断，即以经验知识为依据，并建立在普通人对损害后果的一般可预见性的基础之上。部分德国学者据此认为，相当因果关系本身包含了一定程度的主观评判色彩，对于责任限制无法提供有效的标准。后来，德国又发展出了规范目的理论，以起到调整或纠正相当因果关系的作用。④ 由此可知，当前德国侵权案件中因果关系的认定，相当因果关系理论和规范目的理论均同时发挥了重要的作用。⑤

在德国产品责任案件中，产品责任的成立要求产品缺陷与权益损害之间存在因果关系。德国产品责任法实际上采取了双轨制的规范模式，既有以《德国民法典》第823条第1款规定为基础的生产者责任，也有专门的《产

---

① Duncan Fairgrieve, Product liability in Comparetive Perspective, Cambridge：Cambridge University Press, 2005, p. 116.

② 参见叶金强：《相当因果关系理论的展开》，《中国法学》，2008年第1期，第45页。

③ ［德］埃尔温·多伊奇（Erwin Deutsch）、［德］汉斯－于尔根·阿伦斯（Hans—Juergen Ahrens）：《德国侵权责任法——侵权行为、损害赔偿及痛苦抚慰金》（第五版），叶名怡、温大军译，北京：中国人民大学出版社，2016年版，第24页。

④ 朱岩：《当代德国侵权责任法上因果关系理论和实务中的主要问题》，《法学家》，2004年第6期，第150页。

⑤ 因果关系问题实际上就是可归责性问题，而可归责性问题又只能通过综合评价的方法回答，因此，一系列的法律政策因素也就在因果链的认定过程中发挥了作用。参见［德］克雷斯蒂安·冯·巴尔：《欧洲比较侵权行为法》（下卷），焦美华译，北京：法律出版社，2004年版，第567页。

品责任法》所规定的缺陷产品责任。通常情况下,按照因果关系的判断标准,产品致人损害因果关系的限制,在生产者责任和缺陷产品责任这两种规范模式之间不存在差别。但是,在极其个别的情况下,鉴于《产品责任法》更强调对受害人权益保护的因素,因此,当受害人以《产品责任法》作为请求权基础规范提起产品责任诉讼时,产品缺陷与损害之间因果关系的认定会相对宽松,这就出现了所谓"偏离一般情况的例外"。下面一则案例能够很好地说明这一现象。该案中原告在食用被告生产的农家红肉肠时,被肉肠里的猪骨碎渣硌坏了牙齿。经过事实调查,被告的生产条件完全符合技术标准,并且采取了一切可能的措施来防止异物掺入肉肠。如果原告以《德国民法典》中的生产者责任提起诉讼请求,则难以获得支持,但是依据德国《产品责任法》的损害赔偿请求权却应当予以肯定。①

《德国药品法》作为产品责任领域的特别法,专门规制药品致人损害的赔偿责任,该法第84条关于药品致人损害责任的证明采用了因果关系推定的规则。依据《德国药品法》第84条第2款的规定,当在受害人与药品制造者之间进行举证责任分配时,首先采取推定产品致人损害因果关系成立的方式,然后转由药品制造者承担因果关系推定不成立的举证责任。②

三、我国产品责任因果关系的认定标准与证明责任

(一)我国理论与实践中产品责任因果关系的认定标准

由于我国现行法并未对产品责任中因果关系的规则作出特殊规定,因此对于产品责任因果关系的认定,原则上仍应当遵循一般侵权责任因果关

---

① 参见[德]马克西米利安·福克斯:《侵权行为法》,齐晓琨译,北京:法律出版社,2006年版,第305-306页。

② 首先根据具体情况的特点推定受害人因使用药品造成法益的损害,受害人无须举证证明药品致害的过程。如果药品制造者能够举证还有其他情况在个案中可能造成损害的发生,则因果关系的推定不予成立。但是也有特殊情形,如果同时使用的另外一种药品,在个别情况中也具有致害的可能性,原则上因果关系的推定仍然成立。参见[德]马克西米利安·福克斯:《侵权行为法》,齐晓琨译,北京:法律出版社,2006年版,第316-317页。

系的判断标准。①

正如前文所述,我国侵权责任因果关系的判断标准经历了从"必然因果关系说"到"相当因果关系说"的理论演变。当前,相当因果关系理论在我国占据核心地位,司法实践中主要采取相当因果关系理论。② 我国学者也倾向于认为,对产品责任因果关系的判断原则上应当采取相当因果关系理论。③

在相当因果关系理论中,关键在于作为原因被考察的事件是否一般会加大或便于出现后果的客观可能性。④ 对于相当因果关系理论的分析方法分为两个层次:条件关系和相当性。首先,需要判断产品缺陷是否为损害结果发生的条件。对此,主要采用必要条件说的判断方法,即"若无—则不"规则。⑤ 原则上,判定条件关系是一个机械论的测试,仅仅解决事实层面上的因果关系问题,并不涉及法政策的考量因素。只有在条件关系成立的基础上才进一步判断因果关系相当性的问题。相当性判断的核心问题在于确定损害赔偿范围,其实质是基于法政策判断避免使加害人由于因果链条的无限延伸而承担过重的责任。⑥

在我国司法实践中,法院对于产品责任因果关系的判断标准主要采取的是相当因果关系理论。如在"严玉龙等诉陕西汉宝科技发展(集团)有限公司等产品质量损害赔偿纠纷案"中,法院认为,"法律上的因果关系是指损

---

① 我国《侵权责任法》第41条规定:"因产品存在缺陷造成他人损害的,生产者应当承担侵权责任。"该条文完整涵盖了产品责任的构成要件,即产品存在缺陷、损害事实、产品缺陷与损害事实之间具有因果关系。

② 值得注意的是,如果适用相当因果关系标准导致明显不合理的法律后果,司法实践将通过公平正义等价值裁量加以修正。参见朱岩:《侵权责任法通论·总论》,北京:法律出版社,2011年版,第202页。

③ 参见王利明:《侵权责任法研究》(第二版)(下卷),北京:中国人民大学出版社,2016年版,第245页;冉克平:《产品责任理论与判例研究》,北京:北京大学出版社,2014年版,第228页;周友军:《侵权责任法学》,北京:中国人民大学出版社,2011年版,第327页。

④ 朱岩:《侵权责任法通论·总论》,北京:法律出版社,2011年版,第195页。

⑤ "若无—则不"规则的主要内容是指,如果产品缺陷与损害后果的发生具有不可或缺的关联,那么可认定产品缺陷与损害后果之间存在事实上的因果关系。

⑥ 在事实因果关系成立的基础上,进而分析产品缺陷与损害后果之间条件关系的"相当性"。如果产品缺陷增加了受害人既存状态的危险,或者使得受害人暴露于与原危险状态不同的危险状态之中时,则认为产品缺陷与损害后果之间存在相当因果关系。参见程啸:《侵权责任法》(第二版),北京:法律出版社,2015年版,第225页。

害后果与造成损害的原因之间的关联性……本案中，由于案涉产品新孢虫杀阿维菌素粉属于假劣药品，将其用于案涉鱼塘，通常情况下有可能导致鱼的死亡，或者至少在相当程度上增加了鱼死亡结果发生的可能性，因此，案涉鱼塘鱼的死亡与新孢虫杀阿维菌素粉的使用，存在相当的因果关系。"①又如，在"绍兴市越城新业车辆厂诉陆国龙等产品责任纠纷案"中，法院认为，"针对因果关系，因为案涉车辆存在超重、超标问题，上述产品警示说明方面的缺陷明显增加了车辆使用过程中潜在的危险性，超出普通消费者的通常心理预期，产生了不合理的风险并增加了事故发生的可能性，故应当认定该缺陷与本案事故发生之间存在相当的因果关系"。②

尽管在判断因果关系的"相当性"时，法院可以基于公平正义、公共政策等价值考量因素决定侵权人就多大范围内的损害承担责任，但是也应当注意避免将其他侵权责任构成要件如违法性、过错等因素纳入因果关系"相当性"的判断，进而引发侵权责任各构成要素之间的关系混乱，并导致因果关系的判断在侵权责任构成中的功能错位。正如有学者在检讨因果关系理论时所认为的那样，即侵权责任因果关系作为责任构成要件之一，仅为行为与损害之间前因后果的联系，并不能直接据此确定最终责任的归属。在因果关系成立后，还需要再结合当事人的主观过错、违法性以及法定免责事由等因素，来最终判定侵权责任是否成立。③

上述现象在多因一果的产品责任案件中较为突出，对于最终责任的承担，司法实践应当综合考量受害人自身过错等各种因素从而对因果关系的

---

① 参见江苏省高级人民法院(2011)苏民终字第 0197 号民事判决书。

② 参见浙江省杭州市中级人民法院(2017)浙 01 民终 4099 号民事判决书。同类案件裁判观点参见"夏邑县圣地禽业养殖场与广西神威兽药股份有限公司产品生产者责任纠纷案"(河南省商丘市中级人民法院(2016)豫 14 民终 1842 号民事判决书)；"山东金亮机械有限公司(原潍坊金亮机械有限公司)与毛旭平、湖南乐居生物防治有限公司产品责任纠纷案"(湖南省高级人民法院(2018)湘民申 891 号民事裁定书)；"南宁海宝路水产饲料有限公司诉吴继平等产品生产者责任纠纷案"(湖北省孝感市中级人民法院(2015)鄂孝感中民一终字第 00023 号民事判决书)；"刘炳建与张凤芹等产品责任纠纷上诉案"(江苏省徐州市中级人民法院(2014)徐民终字第 3061 号民事判决书)。

③ 参见郭明瑞：《侵权责任构成中因果关系理论的反思》，《甘肃政法学院学报》，2013 年第 4 期，第 6 页。

参与度进行确定。在"广州五羊自行车有限公司与杜某某等机动车交通事故、产品生产者责任纠纷案"中，法院认为，"吉某某未取得机动车驾驶证而驾驶机动车，遇陡坡、急弯时车速过快且违反载人规定是造成本次事故的主要原因……经四川华大科技鉴定所鉴定，案涉事故车辆系机动车，转向系未设置转向限位装置，转向干涉，制动系前制动控制装置无储备行程且前制动无制动效能，不符合 GB7258-2012《机动车运行安全技术条件》国家标准。根据该鉴定意见及生活经验，足以认定事故车辆存在缺陷，该缺陷与交通事故之间存在相当因果关系。原审法院认定交通事故是因吉晓平驾驶不当及车辆质量缺陷结合所致，各侵权人之间无意思联络，应根据各自的过错承担相应的责任，判决五羊公司对吉某某应承担的赔偿责任承担 30%，并无不当"。①

在另一则包含多因一果的产品责任案件中，法院认为，"在损害发生过程中，经常出现多种原因造成一个损害后果的发生。在这种情况下，各种自然的、人为的因素与侵权行为人的行为结合发生了损害后果，此时，应当根据造成损害后果的原因力来确定责任比例。如前文所述案例中，严某某案涉鱼塘的鱼死亡后果，新孢虫杀阿维菌素粉的使用可能是其中的原因之一，但由于严某某饲养的鱼在使用新孢虫杀阿维菌素粉前就已经患病，且天气、水温、水质、溶氧等因素，也可能是导致鱼死亡的原因之一。严某某在未给鱼认真诊断，就如此用药，自身也存在一定的责任。因此，严某某关于其鱼死亡完全是由案涉新孢虫杀阿维菌素粉的使用造成的，要求陕西汉宝公司、西安汉堡公司、上海汉宝公司承担全部责任的上诉主张，事实依据不充分，本院不予支持"。②

（二）产品责任因果关系的证明责任

产品责任作为侵权责任的一种特殊形态，对于产品缺陷与损害之间因

---

① 参见四川省高级人民法院(2016)川民申 248 号民事裁定书。

② 参见江苏省高级人民法院(2011)苏民终字第 0197 号民事判决书。同类案件裁判观点参见"上汽通用东岳汽车有限公司与张玲香等产品责任纠纷上诉案"(河南省洛阳市中级人民法院(2017)豫 03 民终 6542 号民事判决书)；"山东金亮机械有限公司与毛旭平、湖南乐居生物防治有限公司产品责任纠纷案"(湖南省高级人民法院(2018)湘民申 891 号民事裁定书)。

果关系的证明,除非法律明文规定适用举证责任倒置的情形,原则上仍应当由受害人承担因果关系的证明责任,遵循"谁主张谁举证"的一般举证责任规则。[①] 在认定产品责任的因果关系时,受害人需要证明的事实包括:使用过缺陷产品、因使用缺陷产品所产生的损害状况以及使用缺陷产品导致此种损害的发生。[②] 通常而言,在我国司法实践中,法院也采取由受害人负担因果关系举证责任的裁判观点。

在"杨某某与聂某某、聂某某产品责任纠纷案"中,法院认为:"对于产品责任纠纷案件,产品质量是否合格的举证责任由产品生产者或销售者承担,但损害后果的程度及缺陷产品与损害后果之间的因果关系的举证责任由消费者承担。本案中,杨某某因身体不适前往医院就诊确诊为慢性汞中毒后,其将经常使用并在许某某、周某某处购买的'恒佳'牌果酸美白祛斑霜送往安徽省疾病预防控制中心进行检测,检测结论为:所检项目中汞不符合卫生部 2007 版《化妆品卫生规范》之要求。据此,可以认定杨某某已经就缺陷产品与损害结果存在相当因果关系并完成举证责任。"[③]另外,在"郭某某、郭某某与烟台市荣大汽车销售服务有限公司、广汽丰田汽车有限公司产品责任纠纷案"中,法院认为:"原审原告及原告未向法院提供证据证明郭某某的死亡系肇事车辆中缺陷部位造成的死亡,而公安局的死亡检验报告中说明郭某某的死亡系内重外轻,是与钝性物体作用所致,这一钝性物体与原告及原审原告所提安全气囊及制动助力器膜有缺陷完全不符合,因此原告及原审原告无证据证明郭某某的死亡与产品缺陷有因果关系,则原告及原审原告的起诉不符合产品责任的构成要件。"[④]

---

① 参见冉克平:《产品责任理论与判例研究》,北京:北京大学出版社,2014 年版,第237 页。

② 参见王胜明:《中华人民共和国侵权责任法解读》,中国法制出版社 2010 年版,第 216 页。

③ 参见安徽省六安市中级人民法院(2013)六民一终字第 00470 号民事判决书。

④ 参见山东省烟台市中级人民法院(2017)鲁 06 民再 35 号民事判决书。同类案件裁判观点参见"华凯军等与一汽大众汽车有限公司产品生产者责任纠纷上诉案"(江苏省无锡市中级人民法院(2017)苏 02 民终 0925 号民事判决书);"迈得医疗工业设备股份有限公司与扬州金利源医疗器械厂产品责任纠纷上诉案"(江苏省扬州市中级人民法院(2017)苏 10 民终 131 号民事判决书)。

　　但是,产品责任又具有其特殊性。消费领域中的产品逐渐呈现专业化、复杂化以及多样化的发展态势,造成产品生产者与消费者之间信息不对称的现象普遍存在且愈发加剧。[①] 尤其是对于高科技产品缺陷致人损害,受害人的举证责任难度往往很大。以当前发展势头迅猛的人工智能产品中自动驾驶汽车[②]存在缺陷致人损害为例予以说明。自动驾驶汽车作为人工智能在交通领域应用基础较好的成果之一,发展前景十分可观。自动驾驶汽车具有明显的发展优势,但是并非绝对安全,有关自动驾驶汽车发生交通事故致人损害的案例确有发生。[③] 由于自主驾驶系统取代了人类驾驶员的操作,当自动驾驶汽车发生交通事故造成损害时,以人类驾驶行为作为调整对象的机动车交通事故责任规则将难以有效适用。[④] 可以预测的是,自动驾驶汽车发生致人损害的事故,在很大程度上是因车辆自身存在产品缺陷方面的问题而引起的,甚至从长远来看,产品责任有替代机动车交通事故责任的发展趋势。[⑤] 由于自动驾驶汽车具备高度的复杂性和自主性,这给产品缺陷责任中因果关系的证明规则带来了挑战。现代人工智能决策系统类似于一个"黑箱"(the black box),机器学习模型的内部决策逻辑并不总是可以被解释的,即使是对于人工智能的研发者和设计者亦是如此。[⑥] 自动驾驶汽车对道

[①]　参见吴秀尧:《消费者权益保护立法中信息规制运用之困境及其破解》,《法商研究》,2019 年第 3 期,第 116 页。

[②]　自动驾驶汽车,又称智能汽车、智能网联汽车,是指搭载先进的车载传感器、控制器、执行器等装置,并融合现代通信与网络技术,实现车与外部环境智能信息交换、共享,具备复杂环境感知、智能决策、协同控制等功能,并最终可替代人类操作的新一代汽车。自动驾驶汽车分为有条件自动驾驶、高度自动驾驶和完全自动驾驶,在这三个等级中自主驾驶系统均能完成所有驾驶操作,只是在有条件自动驾驶的情形下,车内人员需要根据系统的请求来提供适当的干预。参见 2018 年 4 月 3 日工业和信息化部、公安部、交通运输部联合印发的《智能网联汽车道路测试管理规范(试行)》第 28 条的规定。

[③]　Neal E. Boudette, Autopilot Cited in Death of Chinese Tesla Driver, N. Y. TIMES (Sept. 14, 2016), https://www. nytimes. com/2016/09/15/business/fatal－tesla－crash－in-china-involved-autopilot-government-tvsays. html, 最后访问时间:2019 年 6 月 28 日。

[④]　郑志峰:《自动驾驶汽车的交通事故侵权责任》,《法学》,2018 年第 4 期,第 17 页。

[⑤]　冯洁语:《人工智能技术与责任法的变迁——以自动驾驶技术为考察》,《比较法研究》,2018 年第 2 期,第 143 页。

[⑥]　司晓、曹建峰:《论人工智能的民事责任:以自动驾驶汽车和智能机器人为切入点》,《法律科学》,2017 年第 5 期,第 170 页。

路行驶中的状况做出反应而产生致害后果,有时很难被认定为属于产品缺陷方面的原因。这是因为自动驾驶汽车发生交通事故致人损害可能是基于多种因素引起的,如天气条件、道路障碍或使用不当等因素。在这种原因复杂的情况下,受害人对产品的缺陷和损害之间因果关系的举证证明将变得更加困难。

在侵权责任诉讼案件中,确立适当的因果关系证明责任,有助于平衡维护行为人的行为自由与填补受害人的损害二者之间的价值冲突。高科技产品能够为社会带来巨大的社会和经济效益,也对产品责任中因果关系证明责任分配提出了新的要求。一方面要注重不阻碍高新技术的发展和推广,另一方面侵权责任法仍然要承担填补损害的功能。① 尤其是一些产品的高科技特征,消费者不太可能了解产品的复杂生产过程、组装结构以及特殊性能等情况,如果要求因产品缺陷致损的受害人举证证明产品缺陷与损害之间存在因果关系将过于苛刻,受害人的损失可能难以获得有效救济。

综上所述,鉴于生产者与消费者之间信息不对称的现象愈发加剧,特别是随着科技含量较高、制造工艺特殊复杂以及因果关系难以查明的产品责任案件逐渐增多,对于产品缺陷致人损害案件中因果关系证明困难的情形,有必要采取产品缺陷与损害之间因果关系推定的方式,以合理分配产品缺陷致人损害案件中因果关系证明的举证责任。在我国司法实践中,有些法院已经有条件地适用产品责任因果关系推定的规则。② 在这类案件中,由受害人举证证明使用此类产品后发生了某种损害,此种损害通常可能是由该产品缺陷造成的,并且能够排除造成损害的产品缺陷以外的其他原因,则可以推定该因果关系的成立。

---

① 殷秋实:《智能汽车的侵权责任法问题与应对》,《法律科学》,2018 年第 5 期,第 43 页。

② 在"中国人民财产保险股份有限公司长沙市分公司、许海霞产品责任纠纷案"中,该案法院认为,"受害人作为非专业人士,不能要求受害人对制造工艺特殊的产品存在的缺陷与损害事实之间存在的因果关系进行证明,应当适用因果关系推定的规定,即受害人只要证明使用了某种产品后即发生某种损害,且这种缺陷产品有造成这种损害的可能,即可以推定因果关系成立"。参见河南省周口市中级人民法院(2019)豫 16 民终 2910 号民事判决书。

四、我国大规模产品责任案件中市场份额责任理论 的应用前景

由于一些产品因缺陷造成的损害潜伏期较长,损害后果在短期内不易显现,因而产品缺陷导致的损害范围容易扩散,进而引发大规模产品责任案件。近年来,我国先后出现了"龙胆泻肝丸事件""三聚氰胺奶粉事件""瘦肉精事件"及 2018 年出现的"长春长生狂犬病疫苗事件"[①]等大规模产品责任案件,在全国范围内造成了极其恶劣的影响。在这类大规模产品责任案件中,如果依据相当因果关系规则,受害人经常面临举证责任上的难题,很难证明产品缺陷与损害结果之间存在因果关系。由于产品缺陷的致害周期较长,受害人甚至不能指出具体的缺陷产品生产厂家。以"三聚氰胺奶粉事件"为例,由于当时国内有 22 家奶粉生产商被检测出含有三聚氰胺,导致婴幼儿在食用含有三聚氰胺的奶粉后患上泌尿系统疾病,但是由于没有保存完整的销售凭证或者婴幼儿食用了不同品牌的奶粉,无法证明究竟是哪家生产商的奶粉导致损害结果的发生,受害人无疑面临产品缺陷与损害结果之间因果关系举证责任的难题。[②] 由此可见,在大规模产品责任案件中,囿于因果关系证明的现实障碍,受害人的损害往往难以通过主张产品责任诉讼得到有效救济,亟待作出相应调整。

针对上述我国大规模产品责任案件中产品缺陷与损害事实之间因果关系证明方面的难题,有一些学者主张借鉴美国产品责任法上的市场份额责

[①]　2017 年 11 月,长春长生生物科技有限公司生产的一批次共计 65 万余支百白破疫苗效价指标不符合标准规定,被国家食品药品监督管理总局责令企业查明流向,并要求立即停止使用不合格产品。2018 年 7 月 15 日,国家药品监督管理局发布通告指出,长春长生生物科技有限公司冻干人用狂犬病疫苗生产存在记录造假等行为。2019 年 3 月 5 日发布的国务院政府工作报告提出,加强食品药品安全监管,严厉查处长春长生公司等问题疫苗案件。

[②]　参见孙维飞:《"三鹿问题奶粉事件"与侵权责任法中的因果关系》,《法学》,2008 年第 11 期,第 31 页。

任规则,以放宽对受害人在因果关系举证责任方面的要求。① 也有学者认为,当前情况下应当通过学理解释的方式,对共同危险行为作扩大化解释,从而将市场份额责任包含在内则是稳健的选择。② 笔者认为,尽管共同危险行为与市场份额责任规则在因果关系的复杂性方面存在一定程度上的相似性,但是二者在具体适用中却有实质性的差别,不应混淆。

第一,侵权主体范围是否确定不同。共同危险行为中实施侵权的主体范围是确定的,而市场份额责任中的侵权主体范围并不确定,只是根据产品的市场份额占有率推测其可能的侵权危害性,进而推测可能的侵权主体范围。

第二,因果关系的推定不同。在共同危险行为中,如果不能查明具体的因果关系,则采取推定每个行为人所实施的危险行为共同导致了损害后果;在市场份额责任中,根据产品的市场占有份额来推定因果关系的存在。

第三,共同危险行为与市场份额责任承担的责任形态也存在区别。针对共同危险行为,如果不能确定具体的侵权人,则由所有的共同危险行为人承担连带责任;市场份额责任顾名思义就是根据潜在侵权人占有的市场份额比例,各自承担按份责任。

由此可见,共同危险行为与市场份额责任二者具有较大的差异,在面临侵权人不明的大规模产品责任案件时,依据共同危险行为的责任路径并不能妥善解决受害人的救济问题。因此,我国有必要考虑借鉴美国产品责任法上的市场份额责任规则,以应对可能出现的大规模产品责任诉讼纠纷。③

---

① 参见马新彦、孙大伟:《我国未来侵权责任法市场份额规则的立法证成——以美国侵权责任法研究为路径而展开》,《吉林大学社会科学学报》,2009 年第 1 期,第 99 页;谢远扬:《论侵害人不明的大规模产品侵权责任:以市场份额责任为中心》,《法律科学》,2010 年第 1 期,第 105 页;冉克平:《产品责任理论与判例研究》,北京:北京大学出版社,2014 年版,第 235 页;李俊、刘梦云:《美国产品责任法中的市场份额责任规则及其启示》,《中州学刊》,2018 年第 11 期,第 73 页。

② 参见鲁晓明:《论美国法中市场份额责任理论及其在我国的应用》,《法商研究》,2009 年第 3 期,第 153 页。

③ 市场份额责任中比例责任的适用使得产品的危险程度成为衡量具体责任大小的重要依据,可以督促主要生产者更加注重自身产品质量问题,这有助于形成良性的行业自律机制。参见谢远扬:《论侵害人不明的大规模产品侵权责任:以市场份额责任为中心》,《法律科学》,2010 年第 1 期,第 105 页。

笔者认为,我国引入市场份额责任规则,可以从以下几个方面予以考虑。

首先,明确市场份额责任规则的适用案件类型。市场份额责任是美国司法实践为了救济受害人因客观举证不能面临难以获得赔偿的窘境因而突破传统侵权责任法规则的一种典型例外,因此我国在引入该规则时应当严格限制其适用条件。只有当符合下列情形时,才能适用市场份额责任规则:其一,出现大规模产品责任诉讼纠纷,产品缺陷导致的损害后果较为严重;其二,受害人因客观原因无法确定具体的产品生产商,难以举证证明产品缺陷与损害事实之间存在的因果关系;其三,尽管受害人不能指明具体的缺陷产品生产商,但是能够确认可能的产品生产商在市场中的大致范围。

其次,合理界定市场份额。对于市场份额,应在综合考虑产品的市场状况等各种因素后予以确定。需要注意的是,所谓的市场份额应是以缺陷产品投入流通的市场范围为分析基础的,而非以所有产品投放的市场范围,并且应以受害者当时购买缺陷产品的时间为准。[①] 市场份额数据的采集应当以全国的统计资料为依据,如果是具有明显地方性的产品则可以采用地方性的市场份额数据。另外,还应当注意排除市场高度分散的产品及市场高度垄断的产品,这两类产品都不宜适用市场份额责任规则。[②]

最后,限制市场份额责任的承担方式。市场份额责任规则的创设初衷就是为了倾斜对受害人的保护,缓和受害人在因果关系举证方面的难题。事实上,依据市场份额责任规则,被起诉的产品生产商可能不是真正的侵权责任主体,但却因为其所占的市场比例而充当侵权责任主体。因此,在损害赔偿责任的承担方式上,按照缺陷产品生产商的市场份额比例来决定其可能承担的责任大小,应当适用按份责任的赔偿原则,不应当适用连带责任的承担方式,否则对于产品的生产商而言难谓合理。

[①]　参见李俊、刘梦云:《美国产品责任法中的市场份额责任规则及其启示》,《中州学刊》,2018 年第 11 期,第 77 页。

[②]　参见鲁晓明:《论美国法中市场份额责任理论及其在我国的应用》,《法商研究》,2009 年第 3 期,第 158 页。

本章小结

本章主要研究产品责任的基本构成要件。产品责任的成立需要同时符合三个要件：产品具有缺陷、产品致人损害、产品缺陷和损害之间存在因果关系。产品的内涵与外延直接构成了产品责任法律体系的基本前提。作为产品构成要素之"加工、制作"应当解释为能够涵盖生产者对产品价值创造过程的全部人为介入活动，"用于销售"主要是指限定产品的流通目的，应理解为投入流通的各种方式。随着社会的不断发展，有关产品的外延也将处于动态化的调整之中。对于一些具有争议性的特殊类型产品，有必要尽快明晰其产品的客体属性及强调产品安全的重要价值，亟待从立法层面予以正面列举，主要包含电力、热能、天然气等能源，计算机软件、血液、初级农产品。

第一，产品存在缺陷。我国《产品质量法》第46条规定了产品缺陷两个方面的内容：一是产品具有不合理的危险，二是产品不符合相关的国家标准和行业标准。本书认为，产品存在不合理的危险应为产品缺陷的决定性标准，如果单纯以强制性标准作为认定产品缺陷的依据并不合理。依据产品缺陷形成原因的不同，将缺陷分为制造缺陷、设计缺陷和警示缺陷三种类型更为合理，所谓的产品跟踪观察缺陷既不符合《民法典》第1206条（原《侵权责任法》第46条）的立法目的，也与产品责任的本质特征相违背，不应当作为产品缺陷的类型。由于不合理的危险标准过于抽象，为了增强法律适用的可操作性，需要进一步细化该标准的具体判定方法。其一，对于产品制造缺陷，可以依据产品违反既定设计标准和产品发生故障的规则；其二，对于产品设计缺陷，可以综合运用消费者合理期待标准和风险—效用标准进行判定；其三，对于产品警示缺陷，需要结合产品警示的内容与形式是否达到充分性的要求，并综合考虑产品的用途、通常的使用方式、消费者的知情程度以及事故发生的可能性等因素。

第二,产品致人损害。在产品责任的损害范围之中,我国理论与实务对于产品自身损失的法律定性存在重大争议。本书认为,将产品自身损失纳入《民法典》第 1202 条(原《侵权责任法》第 41 条)中"损害"的范围未尝不可,而完全将其排除在产品责任的损害赔偿范围并不合理。将产品自身损失纳入产品责任的损害范畴,符合产品责任制度的法益保护范围,有利于督促生产商严格把控产品质量,提升产品安全,以及令受害人获得充分救济,减少诉讼成本。同时,为了防止产品责任法益保护范围的过度扩张,避免责任无限制扩大导致生产者与消费者之间利益失衡,应当对产品自身损失进行严格限定。作为《民法典》第 1202 条(原《侵权责任法》第 41 条)中损害范围的"产品自身损失",并非一般意义上的产品瑕疵损失,关键点在于产品自身损失的发生原因和发生方式。只有当产品自身损失是因产品缺陷的原因,并以一种危及他人人身、财产安全的不合理的危险方式而发生自损,才能够依据产品责任的路径主张损害赔偿。

第三,产品缺陷与产品致人损害之间存在因果关系。本书认为,为了合理分配产品缺陷致人损害案件中因果关系证明的举证责任,对诸如人工智能产品等科技含量较高、制造工艺特殊复杂以及因果关系难以查明的产品责任案件,有必要采取产品缺陷与损害之间因果关系推定的方式。由受害人举证证明使用此类产品后发生了某种损害,此种损害通常可能是由该产品缺陷造成的,并且能够排除造成损害的产品缺陷以外的其他原因。在这种情况下,则可以推定该因果关系的成立。在面临侵权人不明的大规模产品责任案件时,我国有必要考虑借鉴美国产品责任法上的市场份额责任规则。在具体适用时,应当明确市场份额责任规则的适用案件类型,合理界定市场份额,并限制市场份额责任的承担方式。

第四章
缺陷产品侵权责任的抗辩事由

现代产品责任适用严格归责原则并不意味着发生损害即产生责任的所谓"绝对责任"后果,各国产品责任法均规定了生产者免除或减轻责任的抗辩事由。在产品责任诉讼中,即使产品存在缺陷,并且产品缺陷与损害之间成立因果关系,也并不必然意味着作为被告方的生产者承担损害赔偿责任,其可以主张法定的免责事由进行抗辩。产品责任抗辩事由的设置,符合现代社会兼顾公平与效率之诉求,有助于实现生产者与消费者之间的利益平衡。①

我国《产品质量法》第41条第2款列举性规定了生产者的3项免责事由,其中包括理论上存在重要争议性的发展风险抗辩。关于发展风险抗辩的主要争论焦点在于,建立在过失责任基础之上的发展风险抗辩主张能否与严格责任原则融合。由于现行立法对于发展风险抗辩的界定标准、适用范围以及配套制度均缺乏明确的规范指引,这就可能导致该项抗辩事由在司法实践中遭遇适用难题,甚至沦为"僵尸条款"的尴尬境地。此外,产品责任中其他抗辩事由的适用规则也有待进一步明晰,以合理发挥产品责任抗辩事由的规范功能,从而妥善分配产品损害风险。本章将围绕上述理论与实务中争议的焦点,针对产品责任抗辩事由的重要问题进行探讨。

① 贺琛:《我国产品责任法中发展风险抗辩制度的反思与重构》,《法律科学》,2016年第3期,第135页。

第一节　产品责任抗辩事由的一般规范

由于产品责任的抗辩事由专门适用于产品责任这一特殊的侵权责任领域,因而表现出其特殊的规范价值。各个国家的产品责任法均规定了相应的抗辩事由,但不同国家或地区的产品责任抗辩事由却表现出不同的特色。

一、产品责任抗辩事由的规范价值

产品责任的抗辩事由,也被称为产品责任的减免事由,是指在产品责任诉讼中,作为被起诉一方的生产者或销售者,针对受害人因使用某种缺陷产品引起伤害或损失而主张产品责任时,可以根据充分的证据对受害人的请求进行抗辩,并给予减轻或免除其责任的事实。

产品责任作为一种典型的特殊侵权责任,由于其主要针对产品生产活动本身,具有其他特殊侵权责任所不具备的特征,因而产品责任的抗辩事由也具有特殊性。产品责任的抗辩事由不同于侵权责任法上一般性的抗辩事由,而是专门适用于产品责任这一特殊的侵权责任领域,因而具有法定性,产品责任的抗辩事由通常是由法律明确规定。既然产品责任的归责原则和构成要件均有法律所规定,相应的免责事由也应当由法律所规定,当事人不得预先约定限制或免除。[①]

在产品责任中,抗辩事由的规范价值体现着法律对产品领域中生产者与消费者之间风险的合理分配。产品责任的抗辩事由是法律在协调生产者与消费者之间利益平衡的重要工具,是基于法政策现实考量的结果。现代产品责任法律制度大多适用严格责任的归责原则,但是严格责任并非绝对责任。在产品责任领域,通过法定的方式规定产品生产者在特定情形下免除责任或者减轻责任的抗辩事由,可以使产品责任制度更具经济上的合理

[①]　舟克平:《产品责任理论与判例研究》,北京:北京大学出版社,2014年版,第285页。

性,从而保护消费者的权益,为企业的发展提供良好的环境。

在适用严格产品责任的情形下,尽管严格责任有助于保护消费者权益,却可能在一定程度上挫伤了生产者的积极性。如果严格责任过于绝对,只会使生产者承担过重的负担,这样对于商品经济的发展是非常不利的。因此,通过发挥产品责任抗辩事由的法律效果,合理分配产品责任领域中的风险问题,根据法定情形免除或者减轻生产者的责任,从而实现协调生产者与消费者之间的利益均衡。

二、产品责任抗辩事由的立法考察

从比较法的视角来看,各个国家的产品责任法均规定了相应的抗辩事由,但是由于不同国家或地区的产品责任法律制度表现出不同的特点,因此对于产品责任抗辩事由的规定也有所差异。

美国《统一产品责任示范法》第 112 条规定了影响产品责任成立的 4 种抗辩事由,即"未发现缺陷状况""使用明知存在缺陷状况的产品""误用产品""修改或更改产品"。美国《侵权法重述第三版:产品责任》第 17 节、第 18 节分别对生产者、销售者的抗辩事由进行了具体规定,其中第 17 条主要涉及产品误用、变更、改造以及原告行为的抗辩事由;第 18 节对于约定抗辩事由等进行了规范:"产品的销售者或其他分销者所作的否认及限制赔偿责任的声明,产品的购买者所作的放弃权利的声明以及其他类似的约定,无论采取书面或口头形式,都不妨碍或减少因人身伤害而对新产品的销售者或其他分销者提起的在其他方面有效的产品责任诉求。"①由此可见,美国产品责任法上的抗辩事由类型较为全面,既通过对产品缺陷的限制性界定来作为消极的抗辩主张,同时也明确了产品使用人对产品的误用、变更和改造,以及生产者与使用人之间的免责声明、限制责任、放弃权利及其他的免责约定等积极抗辩主张。上述情形均作为对人身伤害的产品责任诉求的抗辩事由。

《欧共体产品责任指令》第 7 条对生产者责任的抗辩事由进行了详细的

---

① 参见美国法律研究院:《侵权法重述第三版:产品责任》,肖永平、龚乐凡、汪雪飞译,北京:法律出版社,2006 年版,第 375 页。

列举性规定①,同时该指令第 8 条补充规定了生产者对于受害人在过错情形下免除或减轻责任的抗辩事由。② 由此可以看出,《欧共体产品责任指令》所规定的产品责任抗辩事由也较为宽泛。欧盟各成员国与《欧共体产品责任指令》中规定的抗辩事由略同,其中关于发展风险的抗辩允许由各成员国自主决定是否采纳。以瑞士为例,《瑞士产品责任法》第 5 条第 1 款列举了生产者的各类免责事由,与《欧共体产品责任指令》所列举的各项免责事由的范围基本相同。另外,《瑞士产品责任法》第 5 条第 2 款还规定了原材料和零部件生产者主张的抗辩事由,其中,原材料和零部件生产者可通过举证证明产品缺陷是在原材料以及零部件加工制造成为最终产品的过程中形成,即产品缺陷系由于最终产品不当生产过程造成的来作为免责事由。若与此同时,原材料以及零部件也存在缺陷,则无该免责事由之适用情形。③

　　我国《民法典》侵权责任编并未对产品责任的抗辩事由作出特殊规定,有关产品责任的抗辩事由体现在《产品质量法》的规范之中,《产品质量法》第 41 条第 2 款规定了生产者责任的 3 项典型抗辩事由。④ 与上述域外法上产品责任抗辩事由的相关规范进行对比可以发现,我国《产品质量法》所规定的 3 项抗辩事由与《欧共体产品责任指令》中的规定最为相似。一定程度上而言,我国《产品质量法》是对《欧共体产品责任指令》中所规定的产品责

---

① 《欧共体产品责任指令》第 7 条规定:"(1)生产者未将产品投入流通;(2)考虑到有关情况,引起损害的缺陷在产品投入流通时并不存在,或缺陷是其后形成的;(3)产品既非生产者为销售或为经济目的的任何形式的分销而制造,亦非生产者在其商业活动过程中所生产或分销;(4)为使产品符合政府机构颁布的强制性法规而导致产品存在缺陷;(5)生产者将产品投入流通时的科学技术水平尚不能发现缺陷的存在;(6)作为零部件的制造者,能够证明缺陷是由于装有该零部件的产品的设计,或产品的制造者的指示造成的。"

② 《欧共体产品责任指令》第 8 条补充规定:"(1)在不违反成员国有关分担或追偿权的法律规定的前提下,如果损害是由于产品的缺陷和第三人的作为或不作为共同造成的,则不应当减轻生产者的责任;(2)考虑到所有情况,如果损害是由于产品的缺陷和受害人或受害人对其负有责任的人的任何过错引起的,则生产者的责任可以减轻或者免除。"

③ 参见[瑞]海因茨·雷伊:《瑞士侵权责任法》,贺栩栩译,北京:中国政法大学出版社,2015 年版,第 334—335 页。

④ 我国《产品质量法》第 41 条第 2 款规定:"生产者能够证明有下列情形之一的,不承担赔偿责任:(一)未将产品投入流通的;(二)产品投入流通时,引起损害的缺陷尚不存在的;(三)将产品投入流通时的科学技术水平尚不能发现缺陷的存在的。"

任抗辩事由采取有选择性部分借鉴的立法结果。

通过对上述各国产品责任抗辩事由的立法考察可以得知,尽管不同国家或地区的立法例有关产品责任抗辩事由的具体类型规定不尽相同,但是目前基本确认了关于发展风险的抗辩。然而,从发展风险抗辩的产生、演变以及具体适用来看,其可谓是产品责任制度中最具有争议性的规则之一。本书第二节将重点围绕发展风险抗辩的一系列重要争议问题展开深入研究。

第二节　发展风险抗辩的争论焦点与适用规则

长期以来,关于发展风险抗辩的适用在不同国家的产品责任法中存在不同程度上的争议。其主要矛盾在于,通常适用严格责任原则的产品缺陷责任是否应允许生产者对不能预见到的具有过错性质的发展风险免于承担责任,以及发展风险抗辩的具体适用规则该如何厘定。在我国当前的司法实务中,发展风险抗辩的适用标准也存在模糊不清的问题。本节通过将发展风险抗辩置于产品责任体系框架之中进行探讨,进一步分析如何化解发展风险抗辩制度运行的体系化逻辑障碍及其适用规则,以充分保障其制度功能的有效发挥。

一、欧美产品责任法中发展风险抗辩的立法抉择

作为产品责任制度中一项重要的抗辩事由,所谓"发展风险抗辩"(development risk defense),又称为"开发风险抗辩",具体是指当生产者将产品投入流通时的科学技术水平不能发现缺陷存在的,即使其后由于科学技术的进一步发展而认识到产品存在缺陷,生产者也可以援引不对该已投入流通的产品致人损害后果承担产品责任法上赔偿责任的抗辩主张。[①]

---

①　张新宝:《侵权责任法》(第四版),北京:中国人民大学出版社,2016年版,第241页。

在产品责任诉讼中,生产者主张发展风险的抗辩一般有三个作用:①证明要制造和设计更为安全的产品,在当时的技术条件下是不可能的;②在将产品投入市场的当时,产品的缺陷是不可能被发现的;③证明某些产品不可避免地带有一些危险因素。[①] 当前在世界范围内,除极少数司法管辖区之外,几乎所有的司法管辖区原则上均允许产品责任中发展风险的抗辩主张。[②] 自发展风险抗辩被纳入产品责任领域伊始,其发展与适用便成为美国和欧盟各国产品责任法中争论较为激烈的重要话题。

(一)美国产品责任法中"工艺水平抗辩"的起源与发展

在美国产品责任法上,发展风险抗辩被称为"工艺水平抗辩"(state of the art defence)或"最新工艺水平抗辩"。美国不同法院对于工艺水平抗辩的定义有所差异,有的将其定义为工业惯例或工业标准,有的将其定义为现有的已经投入使用的最安全的技术。[③] 尽管美国现行司法实践关于工艺水平抗辩尚无明确统一化的定义,但从该抗辩事由本身可归纳出其基本的原则,即法院不应该就制造商在其制造产品时所无法知悉或无法避免的产品危险苛以损害赔偿责任。[④] 工艺水平抗辩源于过失侵权责任之诉中的抗辩事由,当美国产品责任确立严格归责原则之后,关于制造商能否在严格产品责任诉讼中主张工艺水平抗辩成了理论与实务中的争议焦点。工艺水平抗辩涉及美国产品责任制度中有关法律逻辑、公平正义以及社会政策等方面的复杂且重要的问题。

1963 年美国加州最高法院审理"格林曼诉尤巴电力产品公司案"(Greenman v. Yuba Power Products, Inc.)之后,严格责任原则开始成为美国产品责任理论与实务的主流观点。《侵权法重述第二版》对于产品责任也采

---

① 冉克平:《产品责任理论与判例研究》,北京:北京大学出版社,2014 年版,第 286 -287 页。

② Reimann Mathias, Liability for Defective Products at the Beginning of the Twenty - First Century: Emergence of a Worldwide Standard, American Journal of Comparative Law, Vol. 51, Issue 4, 2003, pp. 780-781.

③ 美国法律研究院:《侵权法重述第三版:产品责任》,肖永平、龚乐凡、汪雪飞译,北京:法律出版社,2006 年版,第 110 页。

④ David G. Owen, Products Liability Law, Eagan: Thomson West, 2005, pp. 706-707.

纳了严格责任,该重述第 402A 节中"产品出售者对使用者或消费者人身伤害的特殊责任"集中反映了严格责任原则的基本精神。在严格产品责任之诉中,工艺水平抗辩通常并不被法院认定为制造商当然的免责事由。美国一些州法院认为,出于保护居于弱势地位消费者的考虑,即使在产品投入市场时的科学技术不能发现产品存在缺陷,但若该缺陷产品造成他人损失,产品的制造商也应当承担责任。① 例如,1982 年的"Sindell v. Abbott Laboratories 案"就是排除工艺水平抗辩的典型案例。在该案中,原告的母亲在怀孕期间曾服用过一种预防流产的 DES 药物,十几年后的医学知识才发现该药物的服用与原告的胰腺发病之间存在因果关系,原告起诉当时销售 DES 药物的制药企业,而制药企业却主张工艺水平抗辩。加利福尼亚州最高法院最终驳回了制药商的工艺水平抗辩,判决支持原告的诉讼请求。② 在新泽西州最高法院审理的著名案件"Besbada v. Jobrn-Manvilk Corp. 案"中,法院对发展风险抗辩也持否定意见。③

大体而言,在美国 20 世纪 60 年代至 80 年代,由于产品责任严格原则正处于大幅扩张时期,美国多数法院大都认为产品符合工艺水平的技术不是一个绝对的抗辩理由。④ 基于严格责任的原则,制造商行为的合理性并不属于产品责任诉讼予以考虑的问题。易言之,法院倾向于认为,适用严格产品责任与产品制造时潜在风险的科学知识状态是不相关的,无论制造时的科学知识状态如何,都不影响产品本身不安全的客观事实。因此,在这个时期,工艺水平抗辩在美国严格产品责任案件中难以被认可。

20 世纪 80 年代后,随着美国产品责任归责原则的改革,理论与司法实践对于工艺水平抗辩的适用态度也有所转变,逐渐接受将其作为产品责任

---

① 参见赵相林、曹俊:《国际产品责任法》,北京:中国政法大学出版社,2000 年版,第 105 页。

② Sindell v. Abbott Laboratories,26 Cal. 3d 588 (1982).

③ 新泽西州最高法院在判决中认为,"工艺水平抗辩"不适用于那些因警示缺陷而承担严格责任的案件。石棉生产者无论如何都要对其产品所造成的伤害承担责任,尽管对于石棉给人体健康造成的危险在石棉产品上市时尚不为人知及尚未被发现。参见 Besbada v. Jobrn-Manvilk Corp. ,90 N. J. 191,447 A. 2d 539. (N. J. 1982).

④ 参见美国法律研究院:《侵权法重述第三版:产品责任》,肖永平、龚乐凡、汪雪飞译,北京:法律出版社,2006 年版,第 144 页。

诉讼中的考虑因素。在产品责任诉讼中,工艺水平抗辩根据产品缺陷类型而表现出不同的适用意义。在原告主张产品制造缺陷的案件,受害人负有承担产品缺陷的举证责任,即证明该产品具有不合理的危险,而制造商援引工艺水平抗辩乃用于证明产品不存在缺陷或者该产品的不合理危险依据当时的技术水平无法避免。事实上,产品制造缺陷是指产品在制造时偏离了其原本的设计方案,产品缺陷的形成原因与产品制造时的科技状态无关,因此工艺水平抗辩不能适用于产品制造缺陷的情形。① 随着美国产品责任法上有关设计缺陷和警示缺陷回归过错责任的原则,工艺水平抗辩也相应地被法院所认可。只是在产品设计缺陷和警示缺陷案件中,工艺水平抗辩的相关证据各有其不同的适用意义。在设计缺陷案件中,工艺水平抗辩是指产品制造时设计出比缺陷产品更具有安全性之产品的可行性;而在警示缺陷案件中,工艺水平抗辩则是指当时产品所存有的风险在科技上是否具有可知性。

申言之,对于产品设计缺陷的案件,依据风险—效用的原则,原告需要证明产品存在替代设计的可行性,而其最基本的考量因素则是该替代设计是否具有科学技术上的可能性,因此工艺水平的抗辩证据在产品设计缺陷案件中具有适用的空间。如果替代性设计在当时的工艺水平并不可行,则原告无法主张产品的原本设计存在缺陷,制造商也将由于工艺水平的抗辩而免于承担责任。在"O'Brien v. Muskin Corp. 案"中,新泽西州最高法院回应了在设计缺陷案件中是否可以接受最新工艺水平抗辩的问题。新泽西州最高法院认为,在基于设计缺陷的产品责任案件中,最新工艺水平的证据是可以被接受的,因为这种证据可能会影响风险—效用测试标准中的各种因素,其中包括考虑制造商知道或应该知道产品会带来的风险,而这主要基于制造商对产品需求和可用设计方案的评估,实际上还是离不开对工艺水平的依赖。② 其他法院也普遍赞同新泽西州最高法院的意见,对于在产品设计缺陷诉讼中科学不可知性的证据应被接受。例如,阿拉斯加州最高法院认

---

① Gary C. Robb, Practical Approach to Use of State of the Art Evidence in Strict Products Liability Cases, Northwestern University Law Review, Vol. 77, Issue 1, 1982, p. 10.

② O'Brien v. Muskin Corp., 463 A. 2d 298（N. J. 1982）.

为:如果产品不存在危险迹象且也没有获得此类信息的技术,那么制造商就没有理由认定该产品不应当投入流通。在产品责任之诉中应该考虑产品损害性质的"科学知识",否则对设计缺陷强加责任将意味着走向绝对责任,然而制造商并不是他们产品的绝对保险人。①

工艺水平抗辩对于产品警示缺陷案件的意义,主要在于确定制造商对其不知悉的产品危害风险是否负有警告的义务。在产品责任诉讼中,依据工艺水平抗辩能够确定产品在制造时是否存在缺陷的问题。需要注意的是,对于警示缺陷的案件,如果依据产品制造时的科学技术知识并不能向制造商提示产品有任何危险或者有需要警告的风险,那么即使增加警示也并不能使产品变得更安全。在"Feldman v. Lederle Laboratories 案"中,法院判决支持制造商所提出工艺水平抗辩的主张。② 该案中的原告由于幼年时期曾多次使用四环素类抗生素以治疗呼吸道感染和其他继发性感染疾病,后导致其牙齿变色,原告要求制造商对未能警告该药物的副作用而承担严格责任。在审判中,被告坚持认为其对药品的说明符合当时的技术水平,之所以没有警告该药物使用对于牙齿的副作用,是因为当时的医学水平不知道该副作用的风险。新泽西州最高法院认为,处方药一直被视为一种特殊类别的产品,该种产品传统上属于"不可避免的不安全产品"(unavoidably unsafe products)范畴。严格来说,只有在制造商由于疏忽未能发出警告或不充分警告的情况下,制造商才可能承担责任。在此类案件中,现有技术水平仍然是一种可行的抗辩事由,制造商不会因为未能警告产品销售时未知的风险而承担责任。

1997 年 5 月美国法律研究院最终通过的《侵权法重述第三版:产品责任》将严格责任原则适用于制造缺陷,因设计缺陷或警示缺陷而导致产品缺乏合理安全性的产品责任适用于过失责任原则。《侵权法重述第三版:产品责任》第 2 节(b)、(c)规定的标准表述是"可预见性的风险",由于产品责任的标准是产品必须"不具有合理的安全性"。因此,风险是否能够被预见对

---

① Sheila L. Birnbaum;Barbara Wrubel,State of the Art and Strict Products Liability,Tort & Insurance Law Journal,Vol. 21,Issue 1,1985,p.33.

② Feldman v. Lederle Laboratories,479 A. 2d 374 (N. J. 1984).

于产品是否具有不合理危险的缺陷认定以及产品责任构成与否是一项重要的关联因素。① 至此,在产品责任诉讼中,合理性因素重新被纳入案件的考量范围,发展风险抗辩也在产品设计缺陷责任和警示缺陷责任案件中得以正式确认适用。当前,尽管在产品责任法中涉及工艺水平抗辩的一些具体细节问题上,美国不同的州之间并不完全一致,但绝大多数州原则上都承认了工艺水平抗辩的适用。②

(二)欧盟产品责任法中发展风险抗辩的确立与实施

在欧盟产品责任法中,对于是否将发展风险抗辩作为一项有效的抗辩事由规则,这在《欧共体产品责任指令》的起草过程中成为各成员国之间争议的重要问题。即使在《欧共体产品责任指令》生效实施至今,欧盟各成员国关于发展风险抗辩的存废与适用规则也一直存在分歧。

早在 1976 年《欧共体产品责任指令(草案)》第一稿公布后,欧洲委员会于 1977 年制定了《关于产品责任的斯特拉斯堡公约(草案)》,这两份关于产品责任的法律草案都建议排除对发展风险抗辩的规定。由于上述两份草案文本分别被 1979 年公布的第二稿所取代,这也使得《欧共体产品责任指令》中发展风险抗辩的基本内容得以确定下来。《欧共体产品责任指令(草案)》第二稿的谈判耗时 6 年,其中关于在产品责任中是否排除发展风险抗辩成了争论的主要焦点,欧洲委员会主张排除发展风险抗辩的意图实际上被成员国代表最终所压倒。③ 1985 年正式通过的《欧共体产品责任指令》第 7 条(e)款规定了生产者可以主张发展风险的抗辩,即"产品投入流通时的科学技术水平尚无法发现缺陷的存在,则生产者可以不承担产品致人损害的民事责任"。

---

①　参见美国法律研究院:《侵权法重述第三版:产品责任》,肖永平、龚乐凡、汪雪飞译,北京:法律出版社,2006 年版,第 155–156 页。

②　Reimann Mathias, Liability for Defective Products at the Beginning of the Twenty-First Century: Emergence of a Worldwide Standard, American Journal of Comparative Law, Vol. 51, Issue 4, 2003, p. 780.

③　Duncan Fairgrieve, Product liability in Comparetive Perspective, Cambridge: Cambridge University Press, 2005, pp. 167–168.

发展风险抗辩出于增强"长期社会福祉"的目的[1]，在产品投放市场时可获得的科学知识无法发现产品不合理危险的情况下，通过保护行业免受研发产生的有缺陷产品的责任，从而促进创新。从概念上讲，发展风险抗辩意味着是对生产者责任豁免权的一种延伸，它导致了这种有缺陷产品的受害者对其他法律类别和诉因的依赖状态以获得赔偿，或者在最坏的情况下，让受害者处于一种可能让人联想起前工业时代"买者自慎"的情形，这也因此遭受学者的批评。[2] 此外，《欧共体产品责任指令》中发展风险抗辩的存在，同样导致了对将其包含在旨在处理过错标准制度中的理由以及其存在必须在多大程度上引入生产者行为合理性的标准均产生了不确定性。[3]

正如前文所述，欧盟成员国围绕着《欧共体产品责任指令》的相关条款经历了旷日持久且透明度不够充分的谈判，而发展风险抗辩的存在则更加激发了成员国之间的这种分歧。为了协调各成员国之间立法观点不一致的局面，《欧共体产品责任指令》第15条(1)款(b)项作出妥协性规定，允许成员国在将指令转化为其国内法律时采取立法克减的方式，使得成员国可以从其执行国内立法中作出例外性的规定。

在欧盟成员国中，只有芬兰和卢森堡选择在其产品责任执行立法中完全排除发展风险的抗辩，其余大多数成员国均在不同程度上承认了发展风险抗辩的规则。在德国《产品责任法》中，发展风险抗辩获得了一般性的规定，但是也存在例外的情形，发展风险抗辩并不适用于德国《药品法》所规定的因药品缺陷致人损害的责任。与以往的产品危险责任规范相反，德国《药品法》规定了制药企业对研发风险的责任。同时，药品制造者所负担的研发风险也得到了必要限制。依据德国《药品法》第84条第1款的要求，研发风险所导致的致害作用必须发生在规范使用药物的情况下，并且超出了根据

---

① Marie-Eve Arbour, Portrait of Development Risk as a Young Defence, McGill Law Journal, Vol. 59, 2014, p. 915.

② Marie-Eve Arbour, Portrait of Development Risk as a Young Defence, McGill Law Journal, Vol. 59, 2014, pp. 915 -916.

③ Duncan Fairgrieve, Product liability in Comparetive Perspective, Cambridge: Cambridge University Press, 2005, p. 168.

现有医学知识所允许的合理程度。① 此外,根据德国最高法院的裁定,发展风险抗辩也不适用于产品制造缺陷的案件。在法国产品责任法中,有关人体部位及其衍生产品的发展风险抗辩也被排除在外。这种例外规定在一定程度上受一个臭名昭著案件的影响,该案件与血液制品导致患有凝血障碍患者感染艾滋病毒有关。② 依据奥地利最高法院最新的裁判观点,发展风险抗辩条款仅适用于特定类型的产品责任案件,即只有经法院委托的专家通过作为产品责任诉讼程序的一系列测试发现的某种风险,且专家在诉讼开始和产品销售时并不事先知晓此种风险存在的案件。③ 西班牙则在总体上执行了发展风险抗辩的立法举措,但将其排除在医疗产品和食品之外。这种立法执行的选择普遍被认为是对西班牙国内劣质食用油销售导致大范围中毒事件的法律回应。④

按照《欧共体产品责任指令》的要求,欧盟委员会应当定期向欧盟理事会和欧洲议会提交有关该指令执行情况的报告,而关于发展风险的抗辩则属于其中重要的一项议题。在 2011 年发布的一份有关《欧共体产品责任指令》执行情况的报告中,一些成员国指出需要对发展风险抗辩进行重新评估,并基于对生产企业和消费者的不同立场考虑是否排除对发展风险抗辩的规定。⑤ 2019 年,欧盟委员会设立的"责任和新技术专家组"发布了一份《关于人工智能和其他新兴数字技术责任的报告》(*Liability for Artificial Intelligence and Other Emerging Digital Technologies*),其中也强调了产品责任

---

① [德]马克西米利安·福克斯:《侵权行为法》,齐晓琨译,北京:法律出版社,2006年版,第 313 页。

② Duncan Fairgrieve, Product liability in Comparetive Perspective, Cambridge: Cambridge University Press,2005,p. 169.

③ Duncan Fairgrieve, Product liability in Comparetive Perspective, Cambridge: Cambridge University Press,2005,p. 168.

④ Duncan Fairgrieve, Product liability in Comparetive Perspective, Cambridge: Cambridge University Press,2005,p. 168.

⑤ Fourth report on the application of Council Directive 85/374/EEC of 25 July 1985 on the approximation of the laws, regulations and administrative provisions of the Member States concerning liability for defective products amended by Directive 1999/34/EC of the European Parliament and of the Council of 10 May 1999,Brussels,2011,p. 8.

中发展风险抗辩的保留对于人工智能产品研发具有重要的价值意义。① 总体来看,尽管欧盟产品责任法中发展风险抗辩规则的适用存在一些争议,但是其仍被视为实现了消费者保护和生产者利益之间的基本平衡。

二、发展风险抗辩的争论焦点及其化解思路

(一)关于严格责任原则与发展风险抗辩是否存在矛盾的争论

发展风险抗辩涉及产品责任法的基础性问题。② 在现代产品责任适用严格归责原则的价值理念中,发展风险抗辩的存在将使立法者处于保护消费者使用安全与鼓励生产者研发创新的两难境地。关于发展风险抗辩的主要争论焦点在于,建立在过失责任基础之上的发展风险抗辩主张能否与严格责任原则相融合。

反对在严格产品责任中规定发展风险抗辩的观点主要理由包括以下几点。

第一,发展风险抗辩的保留将损害产品责任严格归责原则的基本结构。发展风险抗辩意味着生产者有将消费者作为无偿的人体实验材料而不负担赔偿成本进行使用之嫌,因此在这一点上发展风险抗辩是存在许多问题的。如果说发展风险抗辩是关于个别生产商认识可能性的问题,那么其就属于过失的范畴,这有损于现代产品责任中以产品缺陷取代生产者过失的法律规范意义。③ 在欧盟,反对发展风险抗辩的主张认为,引入不考虑生产者过错的严格责任是《欧共体产品责任指令》中最重要的部分。严格责任原则关注的是产品的缺陷而非生产者的过错行为,而发展风险抗辩关注的则是生产者的行为。一旦人们接受了严格责任制度的论点,再将发展风险抗辩包括进来就存在一个逻辑上的矛盾。发展风险抗辩违背了严格责任的基本原

---

① Expert Group on Liability and New Technologies – New Technologies Formation, Liability for Artificial Intelligence and Other Emerging Digital Technologies, 2019, pp. 28–29.

② 李俊、马春才:《欧美发展风险抗辩制度及其启示》,《河南社会科学》,2018 年第 12 期,第 23 页。

③ [日]吉村良一:《日本侵权行为法》,张挺、文元春译,北京:中国人民大学出版社,2013 年版,第 208 页。

理,应该被废除。①

第二,发展风险抗辩违反了产品责任中风险的合理分配。按照公平原则的要求,从一项活动中受益的人应该将成本内在化并进行补偿,然后通过保险和价格机制分散其已支付的补偿。由于生产者是唯一能够控制出厂产品质量的主体,其具备有效防止产品损害风险发生的能力。同时,生产者也是从产品制造业中获利的主体,也应该承担包括赔偿损失在内的成本。企业责任理论的目标是将损失分配给对此负有责任的活动或企业。对不可发现缺陷的责任取决于这样一个事实,即"企业通过将产品投入流通创造了风险"。② 产品缺陷的不可知性不能证明将风险转移给消费者是合理的。风险的公平分配要求风险的创造者承担未知风险的成本。生产者作为"更深的口袋"和"最有利的成本规避者",其更有能力承担产品发展风险的责任。③

第三,发展风险抗辩并不能有效激励产品创新,甚至有可能起相反的抑制作用。一些反对者认为,发展风险抗辩的适用将可能导致生产者能够对产品行业市场进行完全的控制。如果生产者武断地不披露某些产品的科学技术知识,那么整个产品行业甚至可以选择忽视产品的改进,从而扼杀有益的创新。④ 根据《斯特拉斯堡公约的解释性报告》(*Explanatory Report of Strasbourg Convention*)评论指出,由于保险可以分散风险,发展风险的责任并不会成为研发新产品的严重障碍。创新受制于许多变量因素,例如公司的财务和管理等。现有的研究很少能够可靠地解释排除发展风险抗辩与促进创新之间的因果关系,拒绝发展风险抗辩并没有改变芬兰与卢森堡在创新

---

① Geraint G. Howells; Mark Mildred, Is European Products Liability More Protective Than the Restatement (Third) of Torts: Products Liability, Tennessee Law Review, Vol. 65, Issue 4,1998,pp. 985–988.

② Jane Stapleton, Products Liability Reform–Real or Illusory, Oxford Journal of Legal Studies, Vol. 6,Issue 3,1986,p. 402.

③ Seyyed Rohallah Ghasemzadeh, The Economic and Legal Bases of the Development Risk Defence in European Product Liability: A Critical Approach to Proponents' Bases of the Defence,European Review of Private Law, Vol. 27,Issue 5,2019,p. 1038.

④ Lori M. Linger, The Products Liability Directive: A Mandatory Development Risks Defense,Fordham International Law Journal, Vol. 14,Issue 2,1990,p. 506.

国家中的地位,所以取消发展风险抗辩会阻碍生产商创新的说法并不是决定性的。① 因而,没有明确理由表明排除发展风险抗辩必然会降低产品的创新。

总之,对于发展风险抗辩持反对观点的理由立足于现代产品责任适用严格归责原则的基本架构,认为发展风险抗辩与严格责任原则之间存在着直接对立的逻辑矛盾。此外,反对的理由也对发展风险抗辩在产品创新激励与产品责任风险分配中的作用提出了一些质疑。

对于在严格产品责任中规定发展风险抗辩持赞成的观点主要理由包括以下几点。

第一,发展风险抗辩与严格产品责任之间具有可调和性。由于在产品责任领域实施严格责任的理由之一是生产者具有发现和避免产品缺陷的能力,而生产者在发展风险中不可能发现或避免未知的风险,因此使生产者对发展风险承担严格责任与实施严格归责原则的基本原理相违背。易言之,发展风险抗辩符合严格赔偿责任的精神。如果没有发展风险的抗辩,那么生产者承担的严格赔偿责任将可能成为绝对责任。② 发展风险抗辩的支持者认为这一抗辩事由并没有推翻严格责任原则,并认可产品研发风险与严格责任具有可调和性,极力主张严格责任的适用并不应当使生产者成为产品的绝对保险人。如果对开发风险的严格责任过度导致了绝对责任,也将意味着迫使生产者成为其产品的保险人。

第二,通过发展风险抗辩能够公平分摊产品研发中的风险。由于整个社会受益于科学技术的进步,因而伴随这一进步而不可避免的风险应该分配给所有享受这一进步成果的主体。③ 消费者与生产企业并非截然不同的

---

① European Innovation Scoreboard (EIS), 2009, pp. 6 – 12, at: https://op. europa. eu/en/publication – detail/-/publication/a1fdf28f – 23f2 – 47d4 – b7d1 – 9584a52466ba/language – en.

② Seyyed Rohallah Ghasemzadeh, The Economic and Legal Bases of the Development Risk Defence in European Product Liability: A Critical Approach to Proponents' Bases of the Defence, European Review of Private Law, Vol. 27, Issue 5, 2019, p. 1035.

③ Marija Karanikic, Development Risks, Annals of the Faculty of Law in Belgrade International Edition, 2006, p. 138.

冲突群体,而是产品市场整体系统的一部分,如果负责任的消费者希望分享产品创新带来的利益,他们也应该分担研发产品所涉及的一些风险。尽管生产商在几乎所有情况下都承担因其缺陷产品造成的损害赔偿风险,但在产品确实具备了客观的、预期的安全水平的情况下,消费者通常应承担被称为产品未知风险的责任。① 根据《欧共体产品责任指令》中"受害者与生产者之间公平分摊风险"的表述,暗示了生产者如果能够证明包括发展风险抗辩的某些情况,那么其应该能够免除自己的责任。从表面上看,将发展风险抗辩纳入该指令是为达到"风险公平分配"的最佳点而作出的假设。实际上,发展风险抗辩是在严格责任与公平分担风险之间、生产企业与消费者之间搭建的桥梁。通常,社会从产品中获得的利益大于生产者的经济利益。因此,风险的分摊评估必须与社会的整体利益相平衡,而发展风险抗辩的存在则能够较好地实现这一目标。②

第三,在产品责任中保留发展风险抗辩是鼓励产品创新的重要动力。发展风险抗辩的支持者认为,在产品的研发过程中,发展风险责任会对创新产品的研发产生不当的抑制作用。创新的本质在于,产品在使用过程中可能遇到的风险在其投入市场时根本无法被全部或部分合理地确定或量化。当然,一种可能的方法是要求生产商在销售产品之前对其进行全面测试,但这又是不现实的。如果要求对产品的风险持续进行测试,直到确定使用一种产品可能出现的所有风险为止,那么几乎没有生产者具有进行革新的动力,产品的创新研发也将停滞不前,最终消费者也不会从科学和技术的进步中获益。③ 对于反对者主张试图通过保险的统筹机制来抵消产品缺陷责任的做法也具有一定的局限性,产品的未知风险就其性质而言是无法量化的,因此保险模式在某些情况下可能会崩溃。事实上,在面临不可量化但可能

① Christopher Hodges,Development Risks:Unanswered Questions,Modern Law Review,Vol. 61,Issue 4,1998,pp. 562-563.

② Seyyed Rohallah Ghasemzadeh,The Economic and Legal Bases of the Development Risk Defence in European Product Liability:A Critical Approach to Proponents' Bases of the Defence,European Review of Private Law,Vol. 27,Issue 5,2019,p. 1037.

③ Christopher Hodges,Development Risks:Unanswered Questions,Modern Law Review,Vol. 61,Issue 4,1998,pp. 561-562.

压倒一切的产品责任诉讼时,生产者已被证明决定不生产创新产品。① 如果能够正确构建产品责任中的抗辩体系,那么将有助于增强高技术产品的研发动力,而这正是当今激烈竞争的产品市场所迫切需要的,发展风险抗辩规则正是产品责任抗辩体系中的关键内容。②

(二)发展风险抗辩融入严格责任体系的矛盾化解

尽管学理上对于是否应当在严格产品责任中规定发展风险抗辩存在分歧,但是通过将发展风险抗辩置于整个产品责任制度框架之中予以审视,保留该抗辩事由的适用具有更加妥当的法律政策基础。发展风险抗辩的存在能够为整体社会的进步创造良好的法律环境。发展风险的抗辩归根结底是对产品创新风险的分摊选择。③ 就产品的创新而言,生产者固然能够通过新产品投入流通而获取利润,事实上产品创新也离不开消费者的市场需求,并且消费者也能分享产品创新带来的益处。特别是对于新科技产品的研发而言,在产品责任中保留发展风险抗辩是必要的与合理的。将发展风险的抗辩作为产品责任的抗辩事由之一,有助于鼓励生产者对新产品积极投入研发,从而为整个社会的创新进步营造宽松的法律环境。反之,如果没有发展风险的抗辩,生产者出于趋利避害的心理将会采取较为保守的发展策略,许多与发展风险有关的新产品也将不会被生产者投放市场,最终也不利于整个社会的创新发展。

实际上,发展风险的抗辩与严格产品责任并非不可调和。产品责任的现代发展表现出遏制过于绝对严格化的倾向,而发展风险的抗辩将能够发挥必要的辅助机制。④ 在严格产品责任中,如果纯粹依据消费者合理期待标

---

① Christopher Hodges, Development Risks: Unanswered Questions, Modern Law Review, Vol. 61, Issue 4, 1998, p. 563.

② Christopher Newdick, The Development Risk Defence of the Consumer Protection Act 1987, Cambridge Law Journal, Vol. 47, Issue 3, 1988, p. 461.

③ Taivo Liivak, Liability of a Manufacturer of Fully Autonomous and Connected Vehicles under the Product Liability Directive, International Comparative Jurisprudence, Vol. 4, Issue 2, 2018, p. 187.

④ 贺琛:《我国产品责任法中发展风险抗辩制度的反思与重构》,《法律科学》,2016年第3期,第137页。

准,排除发展风险抗辩的主张似乎符合逻辑性,因为生产者对产品危险的知悉或者消除危险的能力与消费者实际期待的安全程度并不相关。但是,需要注意的是,消费者合理期待标准也并不意味着是对产品抱有漫无边际或不切实际的安全期望,对于消费者合理期待标准的认识同样离不开现实的科学技术水平的依托,否则会导致严格责任接近绝对责任。如果产品符合投入流通当时的科学技术水平,原则上该产品会被认定为符合消费者合理期待的安全性,不得被认定为属于缺陷的产品。可以说,发展风险抗辩与消费者合理期待标准的判断已经直接交织在一起,产品投入流通市场之时的消费者合理安全性期待一般可以依据受支配的科学技术水平作为判断标准。① 由此可见,为了避免严格责任原则与发展风险抗辩之间发生直接的逻辑冲突,可以采取将发展风险抗辩融入产品缺陷判断标准这一可行的解释路径,从而消除具有过错性质的发展风险抗辩与严格责任体系不能兼容的困境。

申言之,发展风险抗辩在产品责任中所发挥的作用不再是针对产品缺陷侵权责任成立基础之上实际责任承担的抗辩,而是直接针对产品缺陷认定方面的抗辩。在美国产品责任法上,发展风险抗辩适用于产品设计缺陷和警示缺陷的案件,其所发挥的抗辩功效在于使得对产品设计缺陷和警示缺陷进行判断时融入科学技术水平的相关证据。② 以产品设计缺陷的判断标准为例,当前美国司法实践对此的主导标准是采用"风险—效用"标准,并通过合理替代性设计这种具体方式对产品既有设计安全改进所引发的成本和效益进行权衡。其中,产品的合理替代性设计需要建立在现有业内技术水平的基础之上,这对于判断产品是否存在设计缺陷非常关键。如果产品的合理替代性设计超出了现有的业内技术水平,即依据当时的科学技术水平并不能设计出更为安全的替代性产品,那么则不能认定目前产品的状态是具有缺陷的,生产者将免于承担产品致人损害的责任。在产品警示缺陷

① 郭丽珍:《产品瑕疵与制造人行为之研究——客观典型之产品瑕疵概念与产品安全注意义务》,台北:台湾神州图书出版有限公司,2001年版,第138页。

② David G. Owen, Products Liability in a Nutshell, Saint Paul: West Academic Publishing,2008,p. 314.

案件中,发展风险抗辩的意义在于认定生产者对未知悉的产品危害风险是否负有警示的义务。由于生产者仅就产品投入流通时可发现的产品危险致损承担责任,如果依据当时的科学技术水平并不能发现产品的危险,则生产者未尽到相应的警示义务,也不构成产品在警示方面的缺陷。

易言之,这种采取将发展风险抗辩中科学技术水平证据作为产品缺陷判断标准相关性的适用方式,能够使得具有过失性质的发展风险抗辩事由被限定在产品缺陷的判断过程,并不影响产品责任严格归责原则的基本法律架构。在发展风险抗辩适用的上述情形中,由于受科学技术水平客观证据的限定,法律对于生产者过失行为的关注也仅仅局限在对产品缺陷的判断方面,并不影响产品责任适用严格归责原则的本质。只要依据发展风险抗辩中科学技术水平的证据判定产品不具有缺陷,那么将不符合产品责任的成立要件;如果依据发展风险抗辩中科学技术水平的证据判定产品存在缺陷,并且产品缺陷与损害之间具有因果关系,那么也不需要再考察生产者主观上是否具有过失的情形,生产者将因此承担法定的严格产品责任。

依据我国《产品质量法》第41条第2款第3项的规定,如果生产者能够证明将产品投入流通时的科学技术水平尚不能发现缺陷存在的,将免于承担损害赔偿责任。从该表述规定来看,生产者援引发展风险抗辩的目的在于证明产品投入流通时的科学技术水平并不能"发现"产品缺陷的存在,这就为将发展风险抗辩限定于产品缺陷的判断方面提供可能的解释空间。由于我国产品责任自《民法通则》以来始终秉持严格责任的原则,产品责任的成立并不以生产者的主观过失为判断因素,而是依据产品是否存在缺陷的客观判定结果。因此,在我国现行的产品责任框架之中,发展风险抗辩融入严格责任体系的最佳路径是将科学技术水平作为产品缺陷判断时的相关证据。对于产品设计缺陷的案件,正如前文所述,将抽象的"不合理危险"标准予以细化的方式是综合运用消费者合理期待标准与风险—效用标准。其中,消费者合理期待标准的认定要依据现有的科学技术水平。易言之,科学技术水平的状况将能够为消费者的安全性合理期待提供现实的判定依据,防止消费者对产品的安全性超出不合理的预期,进而影响对产品缺陷的正确判定。在运用风险—效用标准对产品缺陷进行判定时,合理的替代性设计同样也离不开科学技术水平证据的依托,科学技术水平将为是否存在合理的替代性设计提供必要的技术支撑。如果依据产品投入流通时的科学技术水平并不能设计出合理的替代性产品,那么产品不能被认定为存在设计方面的缺陷。对于产品警示缺陷的案件,由于科学技术水平决定着产品的危险性能否被现实认识,如果科学技术水平不能够发现产品的相关风险,生产者未对产品危险作出警示也不能认定存在警示方面的缺陷。

综上所述,在我国现行产品责任法律框架中,为了避免发展风险抗辩与严格责任体系之间的逻辑冲突,一个较为可行的解释路径是将发展风险抗辩中的科学技术水平作为产品缺陷判断标准的相关证据,从而实现将发展风险的抗辩功效由产品责任的豁免转向产品责任不成立的逻辑结果。这样既能够为产品缺陷判断标准中的消费者合理期待标准与风险—效用标准的具体运用提供客观的现实依据,又能够维持以产品缺陷为客观归责基础的严格责任结构。

三、我国发展风险抗辩的界定标准、适用范围及补救机制

由于我国现行法规缺乏发展风险抗辩的实施标准,这就可能造成司法实践中具体适用标准的模糊。[①] 根据笔者在北大法宝案例库检索统计可知,《产品质量法》第41条第2款第3项的规则在我国典型案件的裁判文书中被人民法院直接适用的甚少。在一定程度上而言,发展风险抗辩甚至成了一个"沉睡"条款。[②] 由此可见,当前厘清我国产品责任中发展风险抗辩的适用规则极为关键。

(一)发展风险抗辩中"科学技术水平"的界定标准

我国《产品质量法》第41条第2款第3项规定了发展风险的抗辩,即生产者能够证明将产品投入流通时的科学技术水平尚不能发现缺陷存在的,

---

① 参见"于靓等与东风悦达起亚汽车有限公司等产品责任纠纷案"(河北省沧州市中级人民法院(2017)冀09民终5803号民事判决书)。

② 贺琛:《我国产品责任法中发展风险抗辩制度的反思与重构》,《法律科学》,2016年第3期,第136页。

将免于承担损害赔偿责任,但对于"科学技术水平"的具体含义则缺乏明确的界定。按照立法机关的解释,判定生产者是否知道或者应当知道产品投入流通时存在缺陷,并不是以生产者所掌握的科学技术为依据,而是以当时社会所具有的科学技术水平为依据。[①] 尽管如此,司法实践关于科学技术水平的判断标准仍然处于相对模糊的层面。在认定发展风险抗辩中的科学技术水平时,应当如何界定当时社会上最先进的科学技术水平,是依据国内技术标准还是国际技术标准,以及是否应当考虑生产者对于相关知识的可获取性等都是需要进一步明确的。

当前,经济全球化已经成为各国的一项普遍共识,产品销售也不再局限于某个国内市场,而是呈现跨国贸易的态势。与此相对应,产品的生产技术水平也应当随着产品市场范围的扩大而具备更高程度的安全标准。发展风险抗辩中的科学技术水平不应当限于国内的最高技术水平,而是应当以世界范围内的最新科学技术水平为依据,这样将更加有利于激励生产者及时跟踪世界范围内产品研发制造的前沿技术,从而更好地提升产品的安全性能。易言之,"科学技术水平"通常并不是指与国内行业惯例有关的证据——当一种可能受到质疑的产品被引入产品流通时特定行业中的大多数制造商的技术标准。与之相反,"科学技术水平"应当被狭义地定义为:在产品警示缺陷的情况下包括制造与产品相关风险时的科学知识,以及在设计缺陷的情况下包括制造更安全产品时的技术可行性。[②] 在一定程度上而言,发展风险抗辩中的科学技术知识状态含有某种共识或固定的基础。为了充分保障产品的技术安全,将产品投入流通时的"科学技术水平"理解为世界范围内最先进的科技水平,能够防止一些科技巨头企业以其自身掌握的国内领先技术为由来逃避责任。以当前人工智能产品的研发与制造为例,人工智能产品作为高度复杂的尖端科技产品,其研发、设计与制造的技术往往被实力雄厚的科技公司所掌握。如果仅仅依赖国内相关企业的生产技术水

---

① 李适时:《中华人民共和国产品质量法释义》,北京:中国法制出版社,2000 年版,第 114—115 页。

② Sheila L. Birnbaum;Barbara Wrubel,State of the Art and Strict Products Liability,Tort & Insurance Law Journal,Vol. 21,Issue 1,1985,p. 31.

平并将其作为判断能否发现产品缺陷的最高科学技术水平,则此种发展风险抗辩的标准过于宽松,将明显不利于对消费者权益的保护。另外,当前以人工智能产品为典型的新兴科技产品,其研发技术日新月异,只有将整个世界范围内的相关科学技术水平作为发展风险抗辩的依据,才有助于促进国内相关领域的安全生产技术水平与世界标准保持同步。

在认定发展风险抗辩中的科学技术知识水平时,还应当注意考量生产者对于最新科学技术知识是否具有信息获取的可行性。尽管欧盟对发展风险抗辩中科学技术知识的解释尚无正式决定性的文件,但拥护者主张将合理性标准引入知识的可及性方面。关于产品最新科学技术的知识首先应当是已经公开的,如果是尚未向社会公布的相关科学知识,则生产者根本没有获取该知识的可能性,也不具备发现产品缺陷与规避风险的能力。对于未发表的文献或者在企业研究部门中保留的未向社会公众提供的研究成果,则不能被认为是已经公开的科学技术知识。[①] 生产者对已经公开的科学技术知识应当能够通过合理的途径予以获取,此种可获取性是生产者识别产品最新科学技术和研发产品的基本前提,其与以发展风险抗辩为基础的产品责任风险分配原则也相符。

(二)发展风险抗辩的适用范围

我国现行立法对于产品责任中发展风险抗辩的适用范围并未作出明确规定,理论上存在不同的认识。有学者认为,鉴于当前我国产品质量问题较为突出,为了体现对消费者的倾斜性保护,对于食品、药品、血液制品等直接关系到消费者生命、健康安全的特殊产品,应当排除发展风险抗辩的适用。[②]也有学者认为,依据具体产品种类对发展风险抗辩予以限制适用的方式将可能面临列举不够周延的弊端,较为妥当的方式是在产品缺陷类型划分的

---

① Duncan Fairgrieve, Product liability in Comparative Perspective, Cambridge: Cambridge University Press,2005,pp.184—185.

② 参见范小华:《发展风险抗辩制度的启示》,《法律适用》,2013 年第 5 期,第 48 页;李俊、马春才:《欧美发展风险抗辩制度及其启示》,《河南社会科学》,2018 年第 12 期,第 26 页;刘彤:《发展水平抗辩的制度构建与消费者保护的协调》,《北京联合大学学报》(人文社会科学版),2017 年第 1 期,第 54 页。

基础上将发展风险抗辩限定适用于设计缺陷的产品和警示缺陷的产品,对于制造缺陷的产品不得适用发展风险的抗辩。[①] 上述关于发展风险抗辩适用范围的两种限定方法分别代表了当前欧盟一些成员国与美国产品责任法上的基本观点。正如前文所述,在欧盟的一些成员国中,德国通过制定《药品法》的方式将药品存在不合理的危险致人损害排除适用于发展风险抗辩之外;[②]《法国民法典》在进行修订时增加了第 1386-12 条的内容,规定由人体某一部分或从人体中提取的产品造成损害的不得援引发展风险抗辩免于承担责任。[③] 在美国产品责任法上,由于工艺发展水平只与产品设计缺陷、警示缺陷的判断标准相关,因此发展风险抗辩主要被限定适用于设计缺陷与警示缺陷的案件之中。[④]

笔者认为,对于产品责任中发展风险抗辩的适用范围是否应当受到限制以及应当在何种程度上予以限制,还需要根据发展风险抗辩的制度价值进行分析。发展风险抗辩在产品责任领域适用的主要目的在于对严格责任原则进行必要的矫正,防止生产者对于不可能预见的产品风险承担绝对的责任,以平衡生产者与消费者之间的利益关系。在产品责任中实施严格责任的理由之一是生产者具有发现和避免产品缺陷的能力,而生产者在产品发展风险中不可能提前发现或避免不可预知的产品风险。如果没有发展风险的抗辩,则严格产品责任可能成为绝对的赔偿责任。[⑤] 由此可见,发展风险抗辩适用范围的确定也应当遵循相应的科学技术水平对于产品缺陷的发

---

① 参见贺琛:《我国产品责任法中发展风险抗辩制度的反思与重构》,《法律科学》,2016 年第 3 期,第 142-143 页。

② Duncan Fairgrieve, Product liability in Comparative Perspective, Cambridge: Cambridge University Press, 2005, p. 168.

③ Seyyed Rohallah Ghasemzadeh, The Economic and Legal Bases of the Development Risk Defence in European Product Liability: A Critical Approach to Proponents' Bases of the Defence, European Review of Private Law, Vol. 27, Issue 5, 2019, p. 1027.

④ Sheila L. Birnbaum; Barbara Wrubel, State of the Art and Strict Products Liability, Tort & Insurance Law Journal, Vol. 21, Issue 1, 1985, p. 31.

⑤ Seyyed Rohallah Ghasemzadeh, The Economic and Legal Bases of the Development Risk Defence in European Product Liability: A Critical Approach to Proponents' Bases of the Defence, European Review of Private Law, Vol. 27, Issue 5, 2019, p. 1035.

现可能性。依据产品缺陷产生原因的不同,产品缺陷类型可以区分为制造缺陷、设计缺陷与警示缺陷。其中,制造缺陷是指产品对既定设计规格的背离,制造缺陷的判断与产品的研发风险没有太大关联,科学技术水平的发展对于产品制造缺陷的判定并无影响。无论与产品相关的科学技术水平如何更新,只要在产品制造过程中不符合其生产规格并产生了不合理的危险,则可以判定产品在制造方面存在缺陷。因此,在产品存在制造缺陷的案件中,发展风险抗辩不具有适用的实际意义。与之相对应,就产品设计缺陷的案件而言,科学技术水平的发展与客观上能否设计出更为安全产品的可行性密切相关;在产品警示缺陷的案件中,科学技术水平也决定着产品所存在的风险是否具有科学上的可认知性。由此可见,发展风险抗辩的适用范围应当限定适用于设计缺陷和警示缺陷的产品责任案件。

所谓针对食品、药品、血液制品等特殊产品主张排除发展风险抗辩的适用,并不具有合理性依据。尽管这些产品与消费者人身健康安全息息相关,但是从科学技术水平的角度而言,只有当科技水平达到相应的发展阶段之后才可能对产品的不合理危险有所认识。如果仅仅考虑此类产品与消费者人身健康安全关联度较大就否定生产者发展风险的抗辩则未免过于草率,这也不利于此类产品的科技创新,最终损害的也是广大消费者的利益。以20世纪60年代至80年代期间美国疫苗产品的曲折发展过程为例,由于疫苗制造商对于依据当时科学技术水平所不能发现的疫苗副作用而承担严格责任,疫苗生产企业的科技创新积极性备受压制,甚至为了避免大规模产品责任诉讼而固守研发技术,导致疫苗产品行业的发展长期处于停滞不前的局面,最终影响了社会公众的健康利益。[①] 在产品责任中,发展风险抗辩制度的适用对于具有一定科技含量的产品研发很有必要性,尤其是对于药品的研发而言。制药企业在将药品投入市场时,难以做到对这些药品完全的了解,尽管前期对药品进行了各种试验,但不可预见的副作用可能会严重到

---

① Timothy M. Todd, The Tail that Wags the Dog: The Problem of Pre-Merit-Decision Interim Fees and Moral Hazard in the National Vaccine Injury Compensation Program, Kansas Law Review, Vol. 63, Issue 1, 2014, pp. 6-7.

使产品存在缺陷。① 由于药品可能潜伏的不合理危险需要依据医疗领域发展了的科学知识水平才能发现,如果对于该类产品拒绝适用发展风险抗辩难谓合理。此外,针对特殊类型的产品主张限制适用发展风险抗辩还存在列举不够周延的弊端,食品、药品、血液制品固然与人身健康安全密切相关,但是这种不完全性的列举将会导致法律适用上的不确定性,也不符合产品责任的公正性要求。

另外,值得注意的是,尽管《产品质量法》第41条中所规定的发展风险抗辩是针对产品生产者而言的,但是此种抗辩事由对于产品销售者是否可以主张适用,也是有待进一步明确的。我国产品责任法上的发展风险抗辩在很大程度上借鉴了《欧共体产品责任指令》的基本规范,但不容忽视的是,我国与欧盟关于产品责任主体的规定存在明显的差异。在欧盟,产品责任主体是指生产者,销售者通常并不属于产品责任主体;在我国,产品责任主体同时包括生产者与销售者。实际上,我国产品责任法将销售者作为产品责任主体之一,主要是为了使受害人得到及时、便捷的救济。除了因销售者的过错导致产品缺陷的情形之外,销售者的责任主体地位仍然是基于生产者的责任承担原理。易言之,销售者作为产品责任主体与生产者之间存在"先垫付、后追偿"的责任承担关系。发展风险抗辩是指产品投入流通时的科学技术水平尚不能发现缺陷时的免责事由,发展风险抗辩符合科学技术发展的客观规律性特征,只要该项抗辩主张成立,产品责任主体则在终局意义上免除产品责任的承担。对于销售者而言,如果其不能援引发展风险抗辩,则在其先行承担产品责任后又不能向生产者予以追偿,对于销售者而言显然是有失公允的。因此,在我国产品责任法上,发展风险抗辩的适用主张在生产者与销售者之间不应当区别对待,同样也应当允许销售者援引发展风险抗辩的主张。

(三)发展风险抗辩的补救机制

在产品责任中,发展风险抗辩的适用意味着排除了生产者、销售者对于

---

① Christopher Newdick, The Development Risk Defence of the Consumer Protection Act 1987, Cambridge Law Journal, Vol. 47, Issue 3, 1988, p. 461.

将产品投入流通时所不能发现的不合理危险的责任,该抗辩事由的存在有助于鼓励产品的研发创新,但也可能在一定程度上削弱对消费者的保护力度。为了防止生产者、销售者动辄以发展风险抗辩作为"挡箭牌"来逃避产品责任以及由此可能导致对消费者保护不利的局面,当前亟须在制度配套层面确立对发展风险抗辩的相关补救机制,从而妥善应对产品投入流通后可能出现的潜在危险并保障消费者在遭受损害后能够获得充分有效的救济。

1. 产品跟踪观察义务的衔接适用

首先应当明确将产品跟踪观察义务作为发展风险抗辩的补救机制,以督促生产者、销售者对投入流通后可能出现的产品风险持续进行质量安全的跟踪监测,并在发现产品具有不合理的危险时采取必要的补救措施。产品跟踪观察义务是指生产者、销售者在将产品投入流通后负有继续观察其市场上全部产品安全的义务,一旦发现某产品存在不合理的危险,则对于尚未进入生产或市场的产品须采取改善的必要措施;对于已经进入市场的产品则应当采取售后警示或召回措施预防危险。[①] 产品跟踪观察义务与在产品投入流通之前的设计、制造以及警示方面的安全义务并列,其在于使得产品的安全性能够及时跟上科技水平的新发展。尽管我国《民法典》第 1206条(原《侵权责任法》第 46 条)规定了生产者、销售者对于产品投入流通后的警示、召回义务,但是并未明确违反该项义务的责任性质,理论上也并未就《民法典》第 1206 条(原《侵权责任法》第 46 条)的规定与《产品质量法》第41 条第 2 款第 3 项的规定之间搭建其逻辑周延的体系关联形成共识。笔者认为,考虑到在我国现行法律框架之下如何妥善应对发展风险抗辩可能存在的消极影响,同时为了有效发挥《民法典》第 1206 条(原《侵权责任法》第46 条)中产品跟踪观察义务的体系效应,以及进一步明晰违反该项义务的责任性质,因此当前有必要在产品跟踪观察义务与发展风险抗辩之间构建合理的衔接适用关系。

---

① 郭丽珍:《论制造人之产品召回与警告责任》,载苏永钦等:《民法七十年之回顾与展望纪念论文集(一)总则·债编》,北京:中国政法大学出版社,2002 年版,第 183 页。

就法律效果而言,发展风险抗辩仅在于使得生产者对于产品投入流通时尚不能发现的产品缺陷致人损害责任予以豁免,一旦产品被发现具有不合理的危险,则生产者应当积极采取措施预防损害的发生。尽管生产者在将产品投入流通时符合当时的科学技术水平,但是并不意味着其对于投入流通后经发展了的科学技术认定存在缺陷的产品撒手不管,发展风险抗辩的适用应当受产品跟踪观察义务的制约。发展风险抗辩与产品跟踪观察义务二者在逻辑上存在紧密的关联性,后者对于前者能够发挥功能上的补救作用。具体而言,由于科学技术水平在某一时期内具有局限性,产品在投入流通时或许并不能被准确发现其存在的不合理危险,生产者对于不可能预见的危险可以援引发展风险抗辩免于承担产品责任。但是,科学技术又具有不断向前发展的客观规律,当科技水平能够发现产品存在的缺陷时,如果此时再允许生产者以发展风险抗辩为由对产品致人损害免于承担责任,那么将对消费者的保护明显不利。为了弥补发展风险抗辩可能引发的不利后果,同时有效督促生产者为预防产品危险积极采取必要措施,应当针对生产者附加一项特殊的产品跟踪观察义务。至于生产者在履行产品跟踪观察义务时应采取何种预防危险的措施,需要依据个案情形并遵循比例原则予以确定。若产品的不合理危险会对他人的生命、身体或健康造成严重损害,则生产者应当采取密集且重要的预防措施。① 以当前人工智能产品领域应用前景较为可观的自动驾驶汽车可能出现的研发风险为例,由于自动驾驶汽车的运行需要一系列软件设备,为了防止自动驾驶系统的软件出现漏洞,制造商应当负有及时维护和升级产品软件的义务,并将与产品安全有关的重要信息及时通知产品的终端用户。②

如果生产者在发现产品存在缺陷后,未能够及时采取相应的补救措施,那么则不允许其再以发展风险抗辩为由企图逃避产品缺陷造成的实际损害责任。易言之,发展风险抗辩并非一项终局性的抗辩事由,生产者不能凭借

①　郭丽珍:《产品瑕疵与制造人行为之研究——客观典型之产品瑕疵概念与产品安全注意义务》,台北:台湾神州图书出版有限公司,2001 年版,第 113 页。

②　Sunghyo Kim, Crashed Software: Assessing Product Liability for Software Defects in Automated Vehicles, Duke Law & Technology Review, Vol. 16, 2018, p. 316.

产品投入流通时科学技术水平不能发现产品缺陷的抗辩主张而"一劳永逸"的免除产品责任。只要发展了的科学技术水平能够发现产品缺陷之时起，生产者就应当积极履行产品跟踪观察义务，对于缺陷发现之前已经投入流通的产品应当采取售后警示、召回等补救措施，尽可能预防实际损害的发生；对于缺陷发现之后尚未投入流通的产品则应当停止销售，并努力改善产品的安全设计以消除产品的不合理危险。

2. 产品责任保险救助机制的引入

由于发展风险抗辩的适用，生产者将免于承担产品投入流通时科学技术水平尚不能发现的缺陷致损责任，这将可能导致受害人遭受的损害无从得到填补。发展风险抗辩固然有助于提升整个社会的产品研发创新动力，最终受益的主体仍然是社会大众，但是在具体个案中却让实际的受害者独自承担发展风险带来的不利后果，难免有失公允。特别是伴随着人工智能产品的应用普及，由于高科技产品的研发风险不易被及时发现，一旦存在不合理的危险往往容易诱发大规模产品侵权责任事故，这不仅不利于人工智能产业的健康发展，而且也使得受害人在遭遇现实损害时难以获得有效救济。2017 年欧洲议会通过的《机器人民事法律规则的决议》提出要设立强制性保险计划和赔偿基金，旨在民事责任制度之外实现对受害人的补充救济。① 该决议反映出欧盟在发展人工智能技术时不以牺牲消费者合法权益为代价的理念，而是协调企业创新激励与消费者权益保护之间的利益关系。在我国产品责任法中，为了填补发展风险抗辩适用情形中受害人的实际损害，也有必要考虑引入产品责任保险的救助机制。

就生产者在产品研发过程中不可预见的风险责任而言，产品责任保险的作用或许是必不可少的。责任保险有可能在一定程度上削弱了侵权责任法的预防目的，但是不应当忽视责任保险对受害人产生的积极意义。责任保险的目的旨在确保损害赔偿从而保护受害人的利益，因而责任保险也服

---

① European Parliament resolution of 16 February 2017 with recommendations to the Commission on Civil Law Rules on Robotics [2015/2103(INL)].

务于侵权责任法的损害填补功能。① 产品责任保险是基于将产品发展风险
予以分散的方式,由保险机构作为第三方参与者,用于缓解产品发展风险抗
辩对于受害人产生的不利局面。当前,我国产品责任保险仅在食品类产品
领域确立,2015 年修改后的《食品安全法》第 43 条第 2 款明确规定了"国家
鼓励参加食品安全责任保险",而对于一般产品尚未在立法层面全面推行责
任保险制度。2017 年 7 月,国务院印发的《新一代人工智能发展规划》也明
确强调要完善适应人工智能产品的保险、社会救助等政策体系,以有效应对
人工智能产品带来的社会问题。可以说,在国家政策层面,产品责任保险制
度已经得到了极大支持。为此,在产品责任法律领域,我国非常有必要引入
责任保险机制并将其作为发展风险抗辩的补充配套方案,以分散损害风险,
保障新产品投入流通后不至于造成较大的消极社会影响。为了有效预防发
展风险抗辩可能造成的损害填补空缺,应当针对研发产品设立不同层级的
保险结构。一方面,应当设置强制责任险,由研发产品的制造商作为投保义
务人,当研发产品发生致人损害的侵权事故时,尽量确保受害人能够获得最
基本的救济;另一方面,还应当考虑设置商业责任险,鼓励研发产品的制造
商积极投保,以弥补强制责任险在赔偿不足情形下可能存在的弊端。

　　由于产品责任保险作为保险的一种类型,因此其制度运行也应当遵循
市场规律和保险法的相关规则。② 对于产品研发风险中的责任保险,总的思
路是应当依据损害风险的大小来确定保险费用。下文将以自动驾驶汽车产
品为例来对发展风险抗辩的责任保险规则予以分析。由于自动驾驶汽车具
有自主决策能力和深度学习能力,产品的性能将随着时间的推移不断提高。
关于普通汽车因缺陷而导致的以往碰撞损失数据,将不能准确预测自动驾
驶汽车碰撞的可能性风险,因为任何过去的碰撞都会在自动学习系统之下

　　① ［奥］海尔姆特·库齐奥:《侵权责任法的基本问题(第一卷):德语国家的视
角》,北京:北京大学出版社,2017 年版,第 59 页。
　　② 卢玮:《我国食品安全责任保险制度的困境与重构》,《华东政法大学学报》,2019
年第 6 期,第 136 页。

产生纠正措施,由此导致保险公司在计算保险费用时可能不知所措。① 一个具有适用可能性的方法就是探索个性化的保险模式,即保险公司根据制造商、产品类型、所有者或者使用者的具体情况确定保险费用。如在自动驾驶汽车领域,通过在车内安装小型黑匣子装备,以准确记录车辆行驶的速度、时间、距离、路况等数据,从而建立全面的车辆行驶资料,便于综合分析事故风险。② 这种具有个性化的保险模式,能够实现针对性、实时性的保险费用交纳办法,合理配置自动驾驶汽车的保险成本与损害风险的概率。

第三节　产品责任的其他抗辩事由之具体展开

在产品责任的抗辩事由体系中,除了前述重要的发展风险抗辩主张之外,还包含其他类型的特殊抗辩事由,下面将进一步展开具体阐述。

一、未将产品投入流通的抗辩

在产品责任案件中,如果生产者能够证明未将产品投入流通的,将免于承担产品责任。所谓的"未将产品投入流通",是指尽管生产者已经对产品进行了加工、制作,但是尚未脱离对产品的控制状态,产品事实上并没有被投入流通领域。"未将产品投入流通"是一项被普遍接受的产品责任抗辩事由,我国《产品质量法》第41条第2款第1项在借鉴《欧共体产品责任指令》的基础上对该项抗辩事由进行了规定。

任何物质无论是否经过加工、制作,如果尚未进入流通领域,即使存在

---

① Dorothy J. Glancy, Autonomous and Automated and Connected Cars – Oh My: First Generation Autonomous Cars in the Legal Ecosystem, Minnesota Journal of Law, Science and Technology, Vol. 16, Issue 2, 2015, p. 669 .

② Horst Eidenmueller, The Rise of Robots and the Law of Humans, Oxford Legal Studies Research Paper No. 27/2017, https://www. ssrn. com/index. cfm/en/. 最后访问日期:2019年5月16日。

缺陷,也不会对广大消费者构成现实的侵害。① 对于生产者而言,未将产品投入流通即意味着未开启产品致人损害的危险源,也就不应当承担产品责任。对于"投入流通"的判断标准,通常认为只要生产者已完成将产品交付市场的行为,产品即已投入流通。至于"投入流通"的方式可以存在多种类型,如任何形式的出售、出租、租赁以及抵押、质押、典当。② 如果产品仍处于生产阶段或紧接着生产完毕后的仓储阶段,则不认为已经被投入流通领域。

二、产品投入流通时引起损害的缺陷尚不存在的抗辩

如果生产者能够证明将产品投入流通时引起损害的缺陷尚不存在的,将免于承担产品责任。该项抗辩事由的存在是基于生产者应对其控制范围内的产品缺陷致人损害承担赔偿责任。如果生产者在将产品投入流通之时,产品并不存在缺陷,则意味着产品的缺陷状态并不是由于生产者的制造过程所导致,此种情形下再要求生产者承担最终的产品责任则不具备合理性的法律基础。

依据我国《产品质量法》第41条第2款第2项的规定,该项抗辩事由应当是赋予生产者向销售者或者运输者、仓储者等主张的一项法定抗辩事由。其中,该项抗辩事由的核心要素是指要求生产者能够证明其将产品投入市场转移到销售者或者直接出售给购买者时,产品并不存在缺陷。③ 依据该项抗辩事由可知,产品在脱离生产者的控制时,客观上并不存在缺陷的状态。产品的缺陷可能是在运输、仓储、销售等流通环节形成的,也可能是由于受害人自身对产品的不正当使用所形成的。依据《民法典》第1203条第2款与第1204条的规定,即便流通环节中形成的缺陷,生产者也要先承担责任,然后再向销售者、运输者、仓储者等进行追偿。因此,这里所谓的免除责任应当理解为免除生产者的最终责任而非直接责任。④ 由此可见,该项抗辩事由是针对销售者或者运输者、仓储者等第三人的抗辩事由,而非直接针对受

①　参见程啸:《侵权责任法》(第二版),北京:法律出版社,2015年版,第488页。
②　张新宝:《侵权责任法》(第四版),北京:中国人民大学出版社,2016年版,第240页。
③　参见卞耀武:《中华人民共和国产品质量法释义》,北京:法律出版社,2000年版,第91页。
④　张新宝:《侵权责任法》(第四版),北京:中国人民大学出版社,2016年版,第240页。

害人的抗辩事由。

三、符合强制性标准的抗辩

产品符合强制性标准通常也被认为是各国产品责任法所承认的一项抗辩事由。《欧共体产品责任指令》[①]与《美国侵权法重述第三版:产品责任》[②]也都对符合强制性标准的抗辩事由进行了规范。在美国司法实践中,制造商因为遵守了安全设计或警示的法律、法规等强制性标准而可能被认为其案涉产品并不构成缺陷。但是,制造商遵守相关的政府安全标准只是其不存在疏忽和产品无缺陷的一些证据,但并不是这些问题的结论性证据。符合强制性标准的证据并非不重要,但在产品责任案件中,它只是作为与缺陷问题相关的、可被接纳的证据,而不是不可穿透的责任盾牌。[③] 法院在认定制造商遵守强制性标准时并非将其视为具有决定性的意义,而通常认为这样的强制性标准仅仅是最低标准。[④]

依据 1988 年《中华人民共和国标准化法》(以下简称《标准化法》)的相关规定,强制性标准是指保障人体健康,人身、财产安全的标准和法律、行政法规规定强制执行的标准。我国《产品质量法》第 46 条后半句的表述似乎也认可了"强制性标准"(产品有保障人体健康和人身、财产安全的国家标

---

① 依据《欧共体产品责任指令》第 7 条第 4 款的规定,生产者如果能证明自己是为了使产品符合政府机构颁布的强制法规而导致产品存在缺陷,生产者不承担该指令规定的责任。这是由于欧共体考虑到各国的法律规定不统一,有些规定可能不合理、不科学,而生产者又必须按法律规定的强制性规定实施,生产者对由此导致的产品缺陷不承担产品责任,从而使其成为产品责任诉讼中的有效抗辩。

② 美国《侵权法重述第三版:产品责任》第 4 节 b 款规定:有关设计缺陷或者缺乏指导说明或警示的责任,如果产品符合所适用的产品安全法律或行政法规的事实,在确定产品是否存在与该法律或法规旨在减小风险有关的缺陷时,应该加以考虑。但根据法律规定,这样符合法律的事实,并不妨碍作出与该产品存在缺陷的认定。参见美国法律研究院:《侵权法重述第三版:产品责任》,肖永平、龚乐凡、汪雪飞译,北京:法律出版社,2006 年版,第 182 页。

③ David G. Owen, Special Defenses in Modern Products Liability Law, Missouri Law Review, Vol. 70, Issue 1, 2005, p. 15.

④ 美国法律研究院:《侵权法重述第三版:产品责任》,肖永平、龚乐凡、汪雪飞译,北京:法律出版社,2006 年版,第 184 页。

准、行业标准)在认定产品缺陷时的法律效力。关于产品责任中生产者符合强制性标准是否构成有效的抗辩,我国学理上主要存在"绝对抗辩说"①"相对抗辩说"②"不得抗辩说"③三种不同的观点。在我国司法实践中,法院审理的一些产品责任诉讼案件存在将强制性标准作为产品是否存在缺陷的主要依据予以认定的情形。④ 但是,事实上,我国司法实践将产品具有不合理的危险作为产品缺陷的决定性判断标准已经成了产品责任案件中的主流观点。如在"客来福衣柜经营部与田某某产品销售者责任纠纷案"中,法院认为:由于客来福经营部销售的玻璃移门不具备合理期待的安全,尽管鉴定机构未能对案涉产品质量是否符合国家或行业标准进行鉴定,虽然该产品符合相关标准,但因其存在使用过程中爆裂的"不合理危险",应当被认为缺陷产品。⑤

实际上,在产品缺陷的认定方面,强制性标准只是作为判定产品是否具有不合理危险的参考因素而存在。如果产品达到国家标准和行业标准中的其他要求,而没有达到其保障人体健康、人身和财产安全方面的要求,不能

---

① "绝对抗辩说"主要是基于强制性标准的权威性而得出的结论。参见王翔:《关于产品责任抗辩事由的比较研究》,《政治与法律》,2002 年第 4 期,第 28 页;李传熹、贺光辉:《中外产品责任抗辩事由比较研究》,《武汉科技大学学报》(社会科学版),2007 年第 3 期,第 284 页。

② "相对抗辩说"有两种解释路径。一种观点认为,符合强制性标准抗辩权是必要的,但不具有决定意义,而必须综合各方面证据进行评估。参见董春华:《论产品责任法中的符合强制性标准抗辩》,《重庆大学学报》(社会科学版),2015 年第 4 期,第 147 页。另一种观点认为,需要区分情形进行分析,如果强制性标准的内容是相关法律的解释或具体化,可以作为抗辩事由;否则,并不能作为法定的抗辩事由,而仅仅是满足法律要求的必要条件。参见何鹰:《强制性标准的法律地位——司法裁判中的表达》,《政法论坛》,2010 年第 2 期,第 182 页。

③ "不得抗辩说"认为,符合强制性标准只是表明行为人符合行政规范的根据,并不能据此认为产品就不构成"缺陷",因此不能构成免除侵权责任的抗辩事由。参见谭启平:《符合强制性标准与侵权责任承担的关系》,《中国法学》,2017 年第 4 期,第 174 页;宋华琳:《论政府规制与侵权责任法的交错——以药品规制为例证》,《比较法研究》,2008 年第 2 期,第 41 页。

④ 王利明:《中华人民共和国侵权责任法释义》,北京:中国法制出版社,2010 年版,第 192-193 页。

⑤ 参见江苏省镇江市中级人民法院(2017)苏 11 民终 2831 号民事判决书。

因此认为产品不存在缺陷。① 如果仅以产品符合强制性标准为由绝对的认定产品不具有缺陷,那么将意味着为生产者规避法律责任预留了可能的空间。以食品类产品为例,如果单纯依赖强制性标准规则作为产品缺陷的认定依据,那么在面对生产者滥用食品添加剂等严重食品安全责任事件时往往会显得束手无策。② 这是因为某些食品的标准可能符合政府质量检查部门所做出的具体规定,但是仍不能排除其含有的对人体健康有害的物质。三鹿奶粉事件中,生产者在奶粉中添加三聚氰胺有害物质从而导致婴幼儿身体健康严重受损,就是属于此类产品责任事故的典型案例。事实上,产品具有不合理的危险才是产品缺陷判断的根本标准。③ 生产者不能以产品符合强制性标准作为产品因存在不合理危险致人损害所应承担的产品责任的抗辩事由。

由此可见,所谓强制性标准仅是侵权责任注意义务产生的重要依据以及司法审查的重要判断依据④,其本身并不能承受产品缺陷的决定性判断标准。因此,在产品责任案件中,符合强制性标准并不能当然成为生产者免除其产品责任的一项抗辩事由。

四、受害人不当行为的抗辩

在产品责任案件的一些情形中,受害人针对缺陷产品而采取的不当行为则可能构成对生产者责任的有效抗辩。通常而言,受害人的不当行为主要包括对产品的不当使用、改造或变更。受害人的不当行为直接体现了产品使用者或其他人对产品销售后的行为方式,其对生产者产品责任的认定将会产生影响。在考虑一个产品的合理性替代设计或者警示、说明是否应该被采用的时候,可以预见的产品不当使用、改造或变更情形也应该同时被加以考虑。如果使用者在购买之后的行为可能是如此的不合理、不正常以

---

① 张新宝:《侵权责任法》(第四版),北京:中国人民大学出版社,2016 年版,第 239 页。

② 张新宝:《从公共危机事件到产品责任案件》,《法学》,2008 年第 11 期,第 16 页。

③ 参见姚建军:《产品质量检验合格并不等于产品无缺陷》,《人民司法》,2014 年第 2 期,第 42 页。

④ 谭启平:《符合强制性标准与侵权责任承担的关系》,《中国法学》,2017 年第 4 期,第 184 页。

及避免的成本是如此之高,因而生产者没有义务通过设计或者警示来防止这些情况。① 在此种情形下,受害人的不当行为将可能成为生产者免除责任的抗辩事由。

受害人对产品的不当使用,通常是指无论是在具体方式还是具体目的方面,都有违正常使用人的标准。易言之,不当使用是指正常使用者通常也不会作出的不合理使用方式。② 之所以将不当使用行为作为生产者责任的一项抗辩事由,其基本理念是因为产品只有在正常使用的特定环境中才能发挥其应有的功能,不存在一项产品为每种使用目的、方式或者程度都被制作得绝对安全,消费者应当清楚产品只有在有限目的和方式下进行使用才是安全的。③ 由于受害人对产品的不当使用,生产者可以主张其产品缺陷并不是受害人遭受损害的实质原因,而受害人的不当使用才是其所受损害发生的真正原因。

当前《欧共体产品责任指令》④与美国《侵权法重述第三版:产品责任》⑤对于受害人不当使用行为的抗辩进行了相关规定,但并未将其作为一项完全绝对的抗辩主张。在美国司法实践中,多数法院采取将受害人不当使用产品的行为作为抗辩事由的立场,但并未将其作为一项完全绝对的抗辩主张。美国司法实践主流观点认为,即使受害人已经证明了产品责任案件的表面证据成立,如果该受害人存在不当使用产品的情形,并且此种不当使用行为与产品缺陷结合起来导致了损害发生,则根据比较过错规则,应当减少

---

① 美国法律研究院:《侵权法重述第三版:产品责任》,肖永平、龚乐凡、汪雪飞译,北京:法律出版社,2006 年版,第 47 页。

② 许传玺:《美国产品责任制度研究》,北京:法律出版社,2013 年版,第 257 页。

③ David G. Owen, Products Liability in a Nutshell, Saint Paul: West Academic Publishing,2008,p.403.

④ 《欧共体产品责任指令》第 8 条第 2 款规定:"当损害是由于产品缺陷和受害人的过错或受害人应对其负责的人的过错共同引起的,可减轻或免除生产者的责任。"

⑤ 美国《侵权法重述第三版:产品责任》第 17 节规定:"(a)如果原告的行为与产品缺陷相结合导致了损害的发生,且原告的行为不符合适当注意标准的一般适用规则,则可以减少原告因缺陷产品所致损害而提出的损害赔偿请求。(b)根据(a)款减少损害赔偿的方式与范围,以及在多名被告之间对原告所获救济实行分摊,应当由责任分担的一般适用规则管制。"

受害人因此获得的赔偿。① 需要注意的是,并不是所有的不当使用行为都能构成对生产者责任的有效抗辩。在美国产品责任法中,通常要求产品制造商必须对其应当预见到的产品潜在使用者可能作出的不当使用行为产生的危险予以充分的警示或预防,否则该制造商应当对受害人承担责任。② 易言之,生产者仅能在不可预见性的产品使用范围内援引受害人的不当使用行为以作为抗辩事由;如果生产者应当合理预见到可能出现的不当使用行为而未有效采取预防该风险的相关措施,则不能依据受害人的不当使用行为这一事实而主张抗辩。

除了不当使用产品之外,受害人的不当行为类型还包括变更、改造产品以及自甘冒险。所谓变更、改造产品是指使用人擅自对产品进行不符合安全要求的修改、更改或改装等操作行为,从而影响了产品的正常安全使用状态。如使用人不按照产品的规格说明,擅自对产品进行改装而引发损害,生产者将免于承担责任。所谓使用人的自甘冒险行为,是指产品的制造商按照要求对产品在特定环境下使用的潜在风险予以充分警示后,使用人在明知可能存在风险的前提下仍然继续使用该产品,则制造商对因此造成的损害将免于承担责任。如自动驾驶汽车被禁止在冰雪路面开启自动驾驶模式,但是使用人仍开启自动驾驶模式引发损害后果的,应由使用人自行承担责任。③

生产者对于受害人不当使用、变更或者改造产品等引发的损害后果,可以主张免除或者减轻承担产品责任。我国关于产品责任抗辩事由的立法规范在借鉴《欧共体产品责任指令》的基础上,仅对三类抗辩事由进行了列举规定,并未对受害人不当行为的情形作出直接规定。由于受害人不当行为的抗辩具有过失相抵的法律性质,因此在我国,有关受害人不当行为的抗辩实质上可以纳入《民法典》第 1173 条关于受害人过错的情形,生产者可以据

---

① 美国法律研究院:《侵权法重述第三版:产品责任》,肖永平、龚乐凡、汪雪飞译,北京:法律出版社,2006 年版,第 371 页。

② 许传玺:《美国产品责任制度研究》,北京:法律出版社,2013 年版,第 258 页。

③ Jeffrey K. Gurney, Sue My Car Not Me: Products Liability and Accidents Involving Autonomous Vehicles, University of Illinois Journal of Law, Technology & Policy, Vol. 2013, Issue 2, 2013, p. 270.

此主张免除或减轻责任的抗辩。

本章小结

　　本章主要研究产品责任的抗辩事由。在产品责任体系中,抗辩事由的规范价值体现着法律对产品领域生产者与消费者之间风险的合理分配,可以使产品责任制度更具有经济上的合理性。在现代产品责任制度下,发展风险抗辩的主要争论焦点在于建立在过失责任基础之上的发展风险抗辩主张能否与严格责任原则融合。尽管学理上对于是否应当在严格责任中规定发展风险抗辩存在分歧,但是将发展风险抗辩置于整个产品责任制度框架之中予以审视,保留该抗辩事由的适用具有更加妥当的法律政策基础。将发展风险抗辩作为产品责任的抗辩事由,有助于鼓励生产者对新产品积极投入研发,从而为整个社会的创新进步营造宽松的法律环境。

　　为了避免严格责任原则与发展风险抗辩之间存在直接的逻辑冲突,可以采取将发展风险抗辩融入产品缺陷判断标准这一可行的解释路径,以消除具有过错性质的发展风险抗辩与严格责任体系不能兼容的困境。发展风险抗辩在产品责任中所发挥的作用不再是针对产品缺陷侵权责任成立基础之上实际责任承担的抗辩,而是直接针对产品缺陷认定方面的抗辩。采取将发展风险抗辩中科学技术水平证据作为产品缺陷判断标准相关性的适用方式,能够使得具有过失性质的发展风险抗辩事由被限定在产品缺陷的判断过程,并不影响产品责任严格归责原则的基本法律架构。在发展风险抗辩适用的上述情形中,由于受科学技术水平客观证据的限定,法律对于生产者过失行为的关注也仅仅局限在对产品缺陷的判断方面,并不影响产品责任适用严格归责原则的本质。

　　在我国现行的产品责任框架之中,发展风险抗辩融入严格责任体系的最佳路径是将科学技术水平作为产品缺陷判断时的相关证据,从而实现将发展风险的抗辩功效由产品责任的豁免转向产品责任不成立的逻辑结果。

科学技术水平的状况不仅能够为消费者的安全性合理期待提供现实的判定依据,而且能够为是否存在合理的替代性设计提供必要的技术支撑。为了克服我国司法实践中发展风险抗辩适用标准的模糊,当前有必要厘清其具体适用规则。为了充分保障产品的技术安全,应当将产品投入流通时的"科学技术水平"理解为世界范围内最先进的科技水平,同时还应当注意考量生产者对于最新科学技术知识是否具有信息获取的可行性。发展风险抗辩适用范围的确定也应当遵循相应的科学技术水平对于产品缺陷的发现可能性,应当将其限定适用于设计缺陷和警示缺陷的案件中,对于制造缺陷则不具有适用的空间。发展风险抗辩的适用主张在生产者与销售者之间不应当区别对待,也应当允许销售者援引该项抗辩主张。为了预防发展风险抗辩可能导致对消费者保护不利的局面,当前亟须确立相关的配套制度。一方面,应当在产品跟踪观察义务与发展风险抗辩之间构建合理的衔接适用关系,以督促生产者、销售者在发现产品具有不合理的危险时采取必要的补救措施;另一方面,为了填补发展风险抗辩适用情形中受害人的实际损害,也有必要考虑引入产品责任保险的救助机制。

第五章
缺陷产品侵权责任的承担规则

我国《民法典》第 1203 条对产品责任的承担主体进行了规定,但是理论上对于生产者、销售者承担产品责任的法律地位与责任形态却存在不同的认识。现行法律并未对产品生产者、销售者的概念和范围作出明确规定,为了有利于在司法实践中正确认定产品责任的承担主体,有必要明确产品生产者和销售者的主要类型。

我国产品责任的具体承担方式不仅包括损害赔偿,而且包括预防性责任和惩罚性赔偿。《民法典》第 1205 条所确立的停止侵害、排除妨碍、消除危险等侵权责任与第 1206 条所规定的违反产品跟踪观察义务的侵权责任之间存在何种逻辑关系需要进一步厘清。关于产品跟踪观察义务中的产品召回之法律性质,理论上存在"法律义务说"与"法律责任说"的分歧。对于生产者、销售者因违反跟踪观察义务而承担侵权责任的法律性质,学理上也存在不同的理解。关于产品责任中的惩罚性赔偿,目前已经形成了涵盖《消费者权益保护法》《食品安全法》《民法典》等不同法律领域的规范体系,如何正确理解我国产品责任中惩罚性赔偿的规范构造,需要厘清不同法律领域相关规范的内在体系关联及规范竞合问题。此外,对于产品责任惩罚性赔偿的适用条件和数额量定,还应当进一步明晰其具体情形,以充分发挥其惩罚、威慑以及充分保护消费者的功能。本章将围绕产品责任的承担规则展开论述。

第一节　产品责任的承担主体及其责任形态

产品责任的承担者就是产品责任的主体,各国法律规定对此不尽相同。我国《民法典》将产品生产者、销售者共同列为产品责任的主体。明确生产者与销售者之间的责任形态,将有助于产品责任的内部责任划分及追偿。

一、比较法上产品责任承担主体的立法模式

比较法上对于产品责任承担主体的规范,主要存在两种立法模式:一种是以生产者为核心的一元责任主体模式(以下简称"一元模式"),主要以欧洲大陆法系国家为典型代表;另一种是以生产者和销售者共同作为产品责任主体的二元责任主体模式(以下简称"二元模式"),主要是以美国为典型代表。

(一)以生产者作为产品责任主体的一元模式

在欧盟,产品责任的主体一般是指生产者,通常不包括销售者。[①] 欧洲不少国家采取与《欧共体产品责任指令》相同的规定,将产品责任的主体限于生产者。如《德国产品责任法》第 1 条明确规定产品责任的主体是生产者。但是在例外情况下,产品的销售者也被拟制为生产者。通常而言,进口商和出售无生产者标识产品的销售商被拟制为生产者。[②]《瑞士产品责任法》对于将销售者拟制为生产者也有类似规定。依据《瑞士产品责任法》第 2 条第 2 款的规定,在经营活动范围内,以销售、租赁、租赁买卖或其他经营方式将产品进口到瑞士境内的进口商,以及在无法查明产品生产者的情况

[①]　依据《欧共体产品责任指令》第 1 条的规定,生产者应当对其产品缺陷造成的损害负责。该指令第 3 条规定生产者的范围包括:成品生产者,原材料或零部件的生产者,以及任何以姓名、商标或识别性标记表明自己是产品生产者的主体。

[②]　参见[德]克雷斯蒂安·冯·巴尔:《欧洲比较侵权行为法》(下卷),焦美华译,北京:法律出版社,2004 年版,第 478-479 页。

下,未能在合理期限内提供生产者或者前手供应商信息的销售者,将被视为生产者。①

(二)以生产者和销售者作为产品责任主体的二元模式

在美国,产品责任的主体一般包括生产者和销售者。美国《侵权法重述第三版:产品责任》采用"商业销售者"(commercial seller)和"商业分销者"(commercial distributor)的表述。其中,"商业销售者"基本对应于我国产品责任法上的生产者和销售者的范畴;"商业分销者"包括但不限于出租人、行纪人等主体。② 由此可见,美国关于产品责任主体的规定范围较为广泛,除了生产者和销售者之外,从事商业性非卖品的出租人、行纪人也要承担因产品缺陷造成的损害责任,这几乎将产品生产领域和流通领域这两个垂直链条上的相关主体都纳入了产品责任的主体范围。

通过比较可以发现,欧盟和美国分别代表有关产品责任主体的两种立法模式,前者更加偏重生产者的责任,后者则直接将生产者和销售者同时作为并列的责任主体。尽管欧盟关于产品责任主体的立法更加强调生产者的责任主体地位,但是出于对消费者的保护,也在例外情形下将销售者置于生产者的地位使其承担因产品缺陷致人损害的责任。相比较而言,美国的立法模式更加合理。一项产品从其生产到流转至消费者手中,介入其间的主体为数较多。产品责任系以缺陷存在的有无作为责任判断的基准,那么承担责任的主体,就不应限于实际从事制造工作的人,反而应该要使居于该产品生产领域和流通领域内的任何主体负责。③

---

① 参见[瑞]海因茨·雷伊:《瑞士侵权责任法》,贺栩栩译,北京:中国政法大学出版社,2015 年版,第 330 页。

② 依据美国《侵权法重述第三版:产品责任》第 1 节和第 20 节的规定,凡从事产品销售或者分销业经营活动,销售或者分销缺陷产品,应对该缺陷所造成的人身或者财产损害承担责任。其中,"商业销售者"包括但不限于制造商、批发商及零售商。参见美国法律研究院:《侵权法重述第三版:产品责任》,肖永平、龚乐凡、汪雪飞译,北京:法律出版社,2006 年版,第 406 页。

③ 参见朱柏松:《商品制造人侵权行为责任法之比较研究》,台北:五南图书出版有限公司,1991 年版,第 21-22 页。

二、我国产品责任的承担主体及其具体类型界定

我国《民法典》第 1202 条（原《侵权责任法》第 41 条）和第 1203 条（原《侵权责任法》第 43 条）对产品责任的承担主体进行了规定，但是理论上对此却存在两种不同的认识。一种观点认为，依据《民法典》第 1202 条（原《侵权责任法》第 41 条）的规定，承担产品责任的主体主要是产品的生产者，销售者只有在一定条件下才承担产品责任。[①] 另一种观点认为，生产者和销售者并列作为产品责任的直接责任主体，被侵权人可以选择其中之一作为被告请求赔偿。[②]

笔者认为，我国产品责任的主体应当同时包含生产者和销售者，《民法典》与《民法通则》《产品质量法》的相关规定是一脉相承的，因产品存在缺陷造成他人损害的，生产者和销售者相对于受害人而言，均应承担直接的严格责任，二者并无孰先孰后的责任承担顺位之分。只要受害人向生产者或销售者的其中任何一方提出了赔偿请求，生产者或销售者均应当承担全部的侵权责任。至于在生产者和销售者之间的内部追偿关系上，销售者对于承担终局责任的归责原则适用的是过错责任，但是这并不影响作为外部关系的产品责任的主体地位。

我国现行法律并未对产品生产者、销售者的概念和具体范围作出明确规定。为了有利于在司法实践中正确识别和认定产品责任的承担主体，还有必要明确产品生产者和销售者所包含的主要类型。

（一）生产者的主要类型

参考和借鉴比较法上有关产品责任主体的立法例，原则上，我国产品责任生产者的主要类型应包括实际生产者、标示生产者以及拟制生产者。

---

① 参见王胜明：《中华人民共和国侵权责任法解读》，北京：中国法制出版社，2010 年版，第 221-222 页；周友军：《民法典编纂中产品责任制度的完善》，《法学评论》，2018 年第 2 期，第 142 页。

② 参见王利明：《侵权责任法研究》（第二版）（下卷），北京：中国人民大学出版社，2016 年版，第 255-256 页；张新宝：《侵权责任法》（第四版），北京：中国人民大学出版社，2016 年版，第 230-231 页；杨立新：《侵权责任法》，北京：法律出版社，2018 年版，第 356 页；冉克平：《产品责任理论与判例研究》，北京：北京大学出版社，2014 年版，第 190 页。

1. 实际生产者

所谓实际生产者,是指事实上进行产品生产行为的主体。实际生产者不仅包括最终成品的生产者,还包括原材料、零部件的生产者。关于原材料、零部件的生产者是否应当属于产品责任的主体,学理上有不同认识。持反对观点的学者认为,原材料、零部件的生产厂家一般不属于产品的生产者,原则上应当以产品的最终生产者作为实际生产者,因为他们对于产品的质量有最终的、最重要的控制力。[①] 笔者认为,原材料、零部件的生产者应当属于产品责任的主体。首先,由于原材料、零部件本身符合产品的构成要件,属于产品的范畴,因原材料、零部件的缺陷造成他人损害的,同样应当适用产品责任规则。其次,由原材料、零部件的生产者承担因产品缺陷致人损害的责任,符合产品生产的基本特征。当前产品生产的社会分工日益精细化,很多成品都是在零部件等的基础上组装而成。如果因零部件的缺陷致人损害的,完全仅由事实上并不能对零部件生产进行质量监控的成品生产者承担责任也难谓正当性。最后,将原材料、零部件的生产者作为产品责任的主体,有助于受害人获得充分的救济。当成品生产者面临破产缺乏赔偿能力的情况下,如果按照原材料、零部件的生产者非产品责任主体的逻辑,此时的产品缺陷受害人将难以得到赔偿。[②]

2. 标示生产者

标示生产者,又称为"表见的生产者",是指将自己置于生产者地位的非典型产品责任承担主体。[③] 我国现行《消费者权益保护法》[④]与最高人民法

---

①　张新宝:《侵权责任法》(第四版),北京:中国人民大学出版社,2016 年版,第 232 页;高圣平:《论产品责任的责任主体及归责事由——以〈侵权责任法〉"产品责任"章的解释论为视角》,《政治与法律》,2010 年第 5 期,第 4 页。

②　董春华:《再论产品责任的责任主体及归责原则——兼与高圣平教授商榷》,《法学论坛》,2011 年第 5 期,第 114 页。

③　标示生产者,一般是指将其名字、商标或其他识别特征标示于产品之上,表明其是该产品生产者的任何人。参见曾隆兴:《详解损害赔偿法》,北京:中国政法大学出版社,2004 年版,第 120 页。

④　2013 年修改的《消费者权益保护法》第 42 条规定:"使用他人营业执照的违法经营者提供商品或者服务,损害消费者合法权益的,消费者可以向其要求赔偿,也可以向营业执照的持有人要求赔偿。"

院出台的司法解释①对于标示生产者的产品责任主体地位进行了确认。在我国司法实践中,标示生产者也被认定为产品缺陷致人损害责任的承担主体。在"领豪有限公司与佛山市美的家用电器有限公司、广东美的环境电器制造有限公司产品责任纠纷案"中,法院认为,"领豪公司于 2009 年 12 月 7 日致有关各方《关于厂家型号为 FS10-S1 的 PIFCO 牌白色塔式风扇》的声明,明确了 PIFCO 品牌由领豪公司所有,且还声明其在 2001 年和 2002 年通过尚品香港公司向顺德美的家用电器公司购买并订制了厂家型号为 FS10-S1 的所有 PIFCO 牌白色塔式风扇。据此可知,案涉 PIFCO 电风扇的品牌所有人为领豪公司……领豪公司在法律上应当是案涉 PIFCO 品牌电风扇的生产者。"②

3. 拟制生产者

所谓拟制生产者,是指在特殊情形下将非产品生产者视为产品生产者的法律地位,并承担因产品缺陷致人损害的严格责任。拟制生产者一般包括进口商和不能指明产品生产者或供应商的销售者。首先,当缺陷产品是从国外进口时,产品的进口商应当被视为产品的生产者。这是由于充分考虑到国内消费者在使用进口产品遭受现实损害后,通常难以径直向国外的产品生产者主张产品责任,这对受害人的维权救济而言可能需要付出巨大的时间成本和经济成本。如果要求受害人只能向国外生产者主张产品责任诉讼,将非常不利于对其进行有效的救济。同时,为了防止进口商以其不存在过错为由主张不承担最终责任的抗辩,并参考国外关于进口商承担与生产者严格责任的立法例,因此将进口商视为生产者较为妥当。③ 另外,对于不能指明缺陷产品生产者或供货者的销售者,也应当被视为生产者。我国

---

① 《最高人民法院关于产品侵权案件的受害人能否以产品的商标所有人为被告提起民事诉讼的批复》(法释〔2002〕22 号)认为,任何将自己的姓名、名称、商标或者可资识别的其他标识体现在产品上,表示其为产品制造者的企业或个人,均属于《中华人民共和国民法通则》第 122 条规定的"产品制造者"和《中华人民共和国产品质量法》规定的"生产者"。

② 参见广东省高级人民法院(2013)粤高法民四终字第 65 号民事裁定书。

③ 参见詹森林:《民事法理与判决研究(四)》,台北:元照出版公司,2006 年版,第 92 页。

《产品质量法》第 33 条确立了销售者的进货检查验收义务。[①] 当消费者使用缺陷产品遭受损害时,如果销售者不能指明缺陷产品的生产者,将可能导致受害人求偿无着的局面。因此,有必要将不能指明缺陷产品生产者或供应商的销售者拟制为产品生产者的法律地位,这也能够在一定程度上督促销售者选择可靠的生产商谨慎进货[②],从而增强对消费者的安全保障。

(二)销售者的主要类型

产品销售者,是指以盈利为目的从事产品销售业务的自然人或者组织。产品销售者是处于生产者与消费者之间的流通领域的负责主体,主要包括经销商、分销商、进口商、批发商、零售商等具体的销售主体类型。产品销售者的外延也在随着现代社会产品流通模式的多元化而不断扩展,其并不限于以转移产品所有权方式的实际销售者,还应当包括特殊情形下的销售者主体类型。

1. 允许实际销售者使用其营业执照的名义销售者

所谓名义销售者,是指虽未实际上参与产品的销售行为,但是却通过转让其身份标识,将自己置于销售者地位的主体。依据我国《消费者权益保护法》第 42 条的规定,允许他人使用自己营业执照的销售者,也应当承担与实际销售者相同的产品责任。[③]

2. 拟制销售者

拟制销售者,是指在特殊情形下将非产品销售者视为产品销售者的法律地位,并承担因产品缺陷致人损害的侵权责任。一般而言,拟制销售者主要包括展销会的举办者、租赁柜台销售产品的出租者以及不能提供产品销售者身份的网络交易平台提供者。展销会、租赁柜台都是产品的灵活销售

---

① 《产品质量法》第 33 条规定:"销售者应当建立并执行进货检查验收制度,验明产品合格证明和其他标识。"

② 参见卞耀武:《中华人民共和国产品质量法释义》,北京:法律出版社,2000 年版,第 94 页。

③ 《消费者权益保护法》第 42 条规定:"使用他人营业执照的违法经营者提供商品或者服务,损害消费者合法权益的,消费者可以向其要求赔偿,也可以向营业执照的持有人要求赔偿。"

方式,但是展销会的举办者和租赁柜台的出租者通常并不是产品销售者。鉴于在展销会、租赁柜台上购买产品而受到损害的消费者往往很难找到产品的实际销售者,《消费者权益保护法》据此规定了展销会举办者、租赁柜台销售产品出租者的拟制销售者地位。① 为了切实保障消费者的合法权益,展销会的举办者和租赁柜台的出租者事实上就充当了产品销售者的法律地位,承担产品缺陷致人损害的先行赔偿责任。《消费者权益保护法》第44条第1款对不能提供产品销售者身份的网络交易平台提供者的责任主体地位进行了规定。② 此外,《食品安全法》第131条第2款③和《最高人民法院关于审理食品药品纠纷案件适用法律若干问题的规定》第9条第1款④也有所规定。

---

① 从展销会、租赁柜台购买的缺陷产品造成消费者损害的,消费者可以直接向展销会的举办者、租赁柜台的出租者主张赔偿责任。参见《消费者权益保护法》第43条规定:"消费者在展销会、租赁柜台购买商品或者接受服务,其合法权益受到损害的,可以向销售者或者服务者要求赔偿。展销会结束或者柜台租赁期满后,也可以向展销会的举办者、柜台的出租者要求赔偿。展销会的举办者、柜台的出租者赔偿后,有权向销售者或者服务者追偿。"

② 《消费者权益保护法》第44条第1款规定:"消费者通过网络交易平台购买商品或者接受服务,其合法权益受到损害的,可以向销售者或者服务者要求赔偿。网络交易平台提供者不能提供销售者或者服务者的真实名称、地址和有效联系方式的,消费者也可以向网络交易平台提供者要求赔偿;网络交易平台提供者作出更有利于消费者的承诺的,应当履行承诺。网络交易平台提供者赔偿后,有权向销售者或者服务者追偿。"

③ 《食品安全法》第131条第2款规定:"消费者通过网络食品交易第三方平台购买食品,其合法权益受到损害的,可以向入网食品经营者或者食品生产者要求赔偿。网络食品交易第三方平台提供者不能提供入网食品经营者的真实名称、地址和有效联系方式的,由网络食品交易第三方平台提供者赔偿。网络食品交易第三方平台提供者赔偿后,有权向入网食品经营者或者食品生产者追偿。网络食品交易第三方平台提供者作出更有利于消费者承诺的,应当履行其承诺。"

④ 《最高人民法院关于审理食品药品纠纷案件适用法律若干问题的规定》第9条第1款规定:"消费者通过网络交易平台购买食品、药品遭受损害,网络交易平台提供者不能提供食品、药品的生产者或者销售者的真实名称、地址与有效联系方式,消费者请求网络交易平台提供者承担责任的,人民法院应予支持。"

三、生产者与销售者之间不真正连带责任形态的学理争议及其评析

作为产品责任主体的生产者与销售者对于责任承担具有何种关系,我国现行法律未明确规定。[①] 我国理论与实务上对于生产者与销售者之间承担的是连带责任抑或不真正连带责任,存在不同的观点。

一种观点认为,生产者与销售者之间的责任形态为连带责任。产品责任的发生原因在于产品具有的缺陷状态,生产者与销售者的二元主体现象不能改变产品责任发生原因的本质特征,这决定了生产者与销售者之间的责任形态为连带责任。[②] 在司法实践中,也有法院认定生产者与销售者之间为连带责任的关系。如在"陕西大唐种业股份有限公司与蒋某某等产品责任纠纷再审案"中,法院认为,"大唐种业公司作为案涉大唐 8 号种子的生产经营者,应当在推广、销售农作物品种前依法承担审定义务,但是大唐种业公司在未经任何省级或者国家级审定的情况下擅自销售;新美特公司在未审查该种子是否经过审定及是否适合当地推广和种植的情况下,购买并销售给农户。两公司的行为违反上述法律规定,其违法行为共同造成农户实际损失,构成共同侵权……大唐种业公司和新美特公司应当承担连带赔偿责任"。[③]

另一种观点认为,生产者与销售者之间的责任形态为不真正连带责任。产品责任中存在最终责任原则,只有最终造成产品缺陷的主体,才应当最终承担责任。生产者和销售者之间存在追偿权,表明承担了责任的主体可以

---

① 《民法典》第 1203 条第 1 款规定:"因产品存在缺陷造成他人损害的,被侵权人可以向产品的生产者请求赔偿,也可以向产品的销售者请求赔偿。"

② 在产品责任中,责任规制的立足点在于产品因制造缺陷、设计缺陷或警示缺陷致人损害,产品责任产生原因具有同一性,因此产品责任本质上是生产者的责任。参见陈现杰:《产品责任诉讼中责任主体与责任形态》,《人民司法》,2016 年第 13 期,第 41 页。

③ 参见新疆维吾尔自治区高级人民法院(2019)新民再 109 号民事判决书。

向最终责任人全部追偿,这显然不同于一般的连带责任,而应当属于不真正连带责任。① 在司法实践中,也有法院认定生产者与销售者之间为不真正连带责任的关系。在"绍兴市越城新业车辆厂诉陆某某等产品责任纠纷案"中,法院认为,生产者与销售者在对外责任上应依据《侵权责任法》第43条的规定,由生产者及销售者向被侵权人承担所有责任,被侵权人有权选择向生产者或销售者要求赔偿,其选择任何一个主体均应承担全部责任,外部责任上不存在责任份额的划分……应为不真正连带责任。②

笔者认为,在产品责任的承担方面,生产者与销售者之间的责任形态应为不真正连带责任。具体理由如下。

第一,在连带责任中,每个责任主体都是最终的责任承担者,即使在责任主体之间发生内部追偿,但也要按照一定的比例共同分担全部责任。在产品责任中,生产者与销售者在内部追偿关系上并非责任比例的分担,而是最终责任的彻底转移。通常而言,生产者与销售者并不同时作为产品责任的最终承担者,在发生内部追偿之后往往只有一方作为产品责任的最终承担者。因此,生产者与销售者之间的责任形态并不符合连带责任中各个债务之间具有同一层次性的基本特征。③

第二,生产者与销售者各自承担产品责任的实际原因有所区别,也不符合连带责任对于责任发生原因的要求。在连带责任中,各个责任主体承担责任的依据要么是基于合同的约定,要么是基于共同的侵权行为,因此,责任产生的原因具有同一性。产品责任中的生产者基于对缺陷产品的控制力而承担严格责任,销售者则基于瑕疵担保责任而承担严格责任,生产者与销售者承担责任的实际原因明显不具有同一性,因此不符合连带责任的这一

---

① 参见王利明:《侵权责任法》,北京:中国人民大学出版社,2016年版,第260页;高圣平:《产品责任中生产者和销售者之间的不真正连带责任——以〈侵权责任法〉第五章为分析对象》,《法学论坛》,2012年第2期,第19页;冉克平:《产品责任理论与判例研究》,北京:北京大学出版社,2014年版,第208页。

② 参见浙江省杭州市萧山区人民法院(2016)浙0109民初15553号民事判决书。

③ 王洪亮:《债法总论》,北京:北京大学出版社,2016年版,第501页。

特征。①

　　第三,生产者与销售者之间的责任承担符合不真正连带责任的适用规则。一般而言,在不真正连带责任中,尽管受害人可以向不同的主体主张损害赔偿请求权,但是其最终责任归属于造成损害发生的责任人。② 将不真正连带责任从连带责任中独立出来,具有重要的价值意义。由于不真正连带责任与连带责任在内、外效力上存在差异,该制度既能够起到保护受害人利益的目的,同时也可避免连带责任的苛刻性,可以作为立法者进行政策考量和利益衡量的工具,以发挥价值缓冲的作用。③ 在我国,不真正连带责任被赋予了一种独特的价值,它突破了传统不真正连带责任偶然发生的要求,正逐渐适用于法定类型的责任情形。④ 生产者与销售者之间的产品责任就属于典型的法定型不真正连带责任的一种类型。

第二节　产品责任中损害预防的法律规则

　　我国现行法在产品责任领域确立了损害预防的责任方式。为了正确适用缺陷产品预防性责任规范,对于《民法典》第 1205 条所确立的停止侵害、排除妨碍、消除危险等侵权责任与第 1206 条所规定的产品跟踪观察义务之间存在何种逻辑关系需要进一步厘清;同时,生产者、销售者履行售后警示、召回等产品跟踪观察义务的具体方式以及违反该项义务的责任承担也有待准确认识。

---

　　① 参见冉克平:《产品责任理论与判例研究》,北京:北京大学出版社,2014 年版,第208 页。

　　② 参见杨立新:《论不真正连带责任类型体系及规则》,《当代法学》,2012 年第3 期,第 59 页。

　　③ 参见高圣平:《产品责任中生产者和销售者之间的不真正连带责任——以〈侵权责任法〉第五章为分析对象》,《法学论坛》,2012 年第 2 期,第 19 页。

　　④ 王竹:《论法定型不真正连带责任及其在严格责任领域的扩展适用》,《人大法律评论》,2009 年第 1 期,第 163 页。

一、损害预防性方式在产品责任领域的规范基础与适用意义

（一）产品责任领域损害预防性方式的规范基础

损害补偿和损害预防共同作为侵权责任法的两项机能而存在。如果法律仅赋予公民损害赔偿请求权,然而却不使其有机会制止即将发生的损害则是很难令人接受的。[1] 损害预防在侵权责任承担方式中的制度实现机制主要体现为预防性责任的具体规范。预防性责任是私法之侵权责任法的一部分,并且是必要的和先于损害赔偿制度的那一部分。[2] 随着法经济学理论的不断深入研究发展,损害预防的功能逐渐开始被引起重视。王泽鉴先生甚至认为,损害的预防胜于损害的补偿。[3] 损害预防为侵权责任法适应社会发展而进行必要的更新、重构以克服责任危机提供了理念支撑。[4] 合理的侵权责任法规则通过形成减少事故成本的威慑机制,将能够有效预防损害事故的发生。

我国《侵权责任法》第 1 条开宗明义将损害预防作为立法目的之一,彰显了损害预防功能所具备的独特法律价值。《侵权责任法》第 15 条[5]和第 21 条[6]明确将停止侵害、排除妨碍以及消除危险等作为一般性的侵权责任承担

---

[1]　[德]克雷斯蒂安·冯·巴尔:《欧洲比较侵权行为法》(下卷),焦美华译,北京:法律出版社,2004 年版,第 159 页。

[2]　对于个人来说,如果法律保护在发生损害之前即可介入,并且可以尽量避免所面临的法益损害,那么这种法律保护才是更为有效的。参见[德]马克西米利安·福克斯:《侵权行为法》,齐晓琨译,北京:法律出版社,2006 年版,第 132 页。

[3]　王泽鉴:《侵权行为》(第三版),北京:北京大学出版社,2016 年版,第 10 页。

[4]　龚赛红、王青龙:《论侵权责任法的预防功能——法经济学的分析视角》,《求是学刊》,2013 年第 1 期,第 109 页。

[5]　《侵权责任法》第 15 条规定:"承担侵权责任的方式主要有:(一)停止侵害;(二)排除妨碍;(三)消除危险;(四)返还财产;(五)恢复原状;(六)赔偿损失;(七)赔礼道歉;(八)消除影响、恢复名誉。以上承担侵权责任的方式,可以单独适用,也可以合并适用。"

[6]　《侵权责任法》第 21 条规定:"侵权行为危及他人人身、财产安全的,被侵权人可以请求侵权人承担停止侵害、排除妨碍、消除危险等侵权责任。"

方式,标志着我国《侵权责任法》正式确立了一种新型的预防性责任方式。①《民法典》相关条文也承继了这种预防性的责任方式。《民法典》第1205条②还特别规定将这种预防性责任方式适用于缺陷产品。依据《民法典》第1205条的规定,当产品存在缺陷危及他人人身、财产安全时,生产者、销售者应承担停止侵害、排除妨碍、消除危险等侵权责任,以防止缺陷产品致人损害事故的发生。该条规定强调和凸显了产品责任中的损害预防功能,以强化对消费者全面保护的价值目标。

此外,我国《民法典》第1206条③还对生产者、销售者在将产品投入流通后发现存在缺陷所应当采取停止销售、警示、召回等补救措施及承担侵权责任进行了规定。由于科技水平或者其他某种原因,生产者、销售者在产品投入流通时也许未能及时发现产品有缺陷,但是在此之后发现的仍应当负有采取补救措施的义务,而不能撒手不管。《民法典》第1206条规定的主要目的就在于明确生产者、销售者负有的产品跟踪观察义务,产品停止销售、售后警示、召回的意义正在于防患于未然。④ 因此,尽管《民法典》第1206条规定的是关于生产者、销售者的产品售后跟踪观察义务,但实质上仍然发挥了类似消除危险等预防性侵权责任方式的损害预防功能。

实际上,停止侵害、排除妨碍、消除危险等预防性侵权责任与产品跟踪

---

① 叶名怡:《论侵权预防责任对传统侵权责任法的挑战》,《法律科学》,2013年第2期,第121页。

② 《民法典》第1205条规定:"因产品缺陷危及他人人身、财产安全的,被侵权人有权请求生产者、销售者承担停止侵害、排除妨碍、消除危险等侵权责任。"

③ 《民法典》第1206条规定:"产品投入流通后发现存在缺陷的,生产者、销售者应当及时采取停止销售、警示、召回等补救措施;未及时采取补救措施或者补救措施不力造成损害扩大的,对扩大的损害也应当承担侵权责任。依据前款规定采取召回措施的,生产者、销售者应当负担被侵权人因此支出的必要费用。"

④ 对于在产品已经进入流通领域后才发现产品存在缺陷。在这种情形下,法律规定生产者、销售者应当及时以合理、有效的方式向产品使用人发出警示,或者采取召回缺陷产品等补救措施,以防止损害的发生或者进一步扩大。参见王胜明:《中华人民共和国侵权责任法解读》,北京:中国法制出版社,2010年版,第231–232页。

观察义务在规范功能上相辅相成。[①] 有学者进一步认为,《民法典》第1205条和第1206条之间为并列关系,前者规定了产品非损害赔偿请求权,作为个体的被侵权人可以通过私益诉讼获得预防性救济;后者规定了生产者、销售者的售后召回义务,主要是为了维护不特定消费者的公共利益与公共安全。[②] 笔者认为,《民法典》第1205条所确立的停止侵害、排除妨碍、消除危险等侵权责任与第1206条所规定的产品跟踪观察义务之间相互衔接,二者具有殊途同归的内在契合性。无论是停止侵害、排除妨碍、消除危险等侵权责任的承担方式,还是产品跟踪观察义务中的停止销售、警示、召回等补救措施,都旨在要求生产者、销售者对于缺陷产品存在的危险及时采取必要的应对措施,以消除缺陷或者降低产品安全风险。就终局的规范意义而言,《民法典》第1205条和第1206条的规定内容都共同彰显出了损害预防功能在产品责任领域中的具体适用。

(二)损害预防性方式适用于产品责任领域的意义

第一,将损害预防性方式适用于产品责任领域,有助于督促生产者、销售者及时采取预防措施以避免缺陷产品致损事故的发生。根据传统的侵权损害赔偿责任的规制效果,如果行为人对他人造成了损害,法律通常要求行为人对损害支付赔偿金,侵权行为人可能会因此尽量避免造成较大的损害事故。但是,法律规制人们从事安全行为的效果,更准确的解释是建立在经济原则之上的。如果行为人采取预防措施的成本少于损害的成本,他们就会采取预防措施防止损害的发生;如果采取预防措施的成本高于损害的成本,则行为人将不会采取预防措施。[③] 由此可见,作为传统损害赔偿功能的

---

①　关于生产者、销售者承担排除妨碍、消除危险等预防性侵权责任,与缺陷产品的跟踪观察义务,尤其是召回义务的规定是密切联系的。通常,在生产者、销售者未履行警示、召回等义务的情况下,即使没有造成被侵权人的实际损害,被侵权人也可以请求生产者、销售者承担排除妨碍、消除危险等侵权责任。参见王利明:《侵权责任法研究》(第二版)(下卷),北京:中国人民大学出版社,2016年版,第265页。

②　杨彪:《论侵权责任法对产品损害预防体系的改造——基于产品非损害赔偿请求权的确立》,《法商研究》,2011年第3期,第35页。

③　参见[澳]彼得·凯恩:《阿蒂亚论事故、赔偿与法律》(第六版),王仰光、朱呈义、陈龙业等译,北京:中国人民大学出版社,2008年版,第457页。

侵权制度的有效性主要取决于潜在的侵权人是否具有采取有效措施提前预防损害发生的意愿,这对于处于被动地位的受害人而言是不利的。通过在产品责任领域确立生产者、销售者承担排除妨碍、消除危险等预防性责任方式,也就相当于赋予了受害人要求潜在侵权人主动采取有效措施避免缺陷产品可能造成损害后果的请求权基础。这无疑有助于督促生产者、销售者提前采取预防损害发生的必要措施。

第二,将损害预防性方式适用于产品责任领域,有助于对受害人提供及时的民事救济手段,实现救济的效率原则。预防性责任的成立并不以行为人具有过错为前提,只要权利主体的法益遭受威胁即可满足责任成立要件。申言之,就此根本不需要认定行为人具有违反义务的行为,只要行为人威胁到他人受法律所保护的领域即满足事实构成该当性。从整个保护权益的法律救济体系来看,预防性请求权的首要意义体现在防止将来的潜在损害,只是令行为人不再从事威胁他人的特定行为,消除此种潜在的法律后果对行为人往往仅构成相对较小的负担。① 尽管产品责任中的惩罚性赔偿也具有威慑和预防效果,但是其适用要受到侵权人主观恶意、客观严重损害后果等严格法律要件的限定。因此,其相较于排除妨碍、消除危险等预防性责任方式,对于缺陷产品致损的预防效果要"稍逊一筹"。可以说,排除妨碍、消除危险等预防性责任方式能够实现最佳的预防效果,为受害人提供直接和便利的救济途径。

第三,将损害预防性方式适用于产品责任领域,能够有效预防大规模缺陷产品侵权责任事故。正如上文所述,《民法典》第 1206 条关于产品跟踪观察义务的规定与第 1205 条关于预防性责任相互呼应,尤其是跟踪观察义务中的召回制度作为缺陷产品潜在损害的一种补救措施,具有补救性与预防性的双重特征。在现代工业社会,大规模的风险往往是由于产品的大规模制造、大规模销售所造成的,在产品的设计、制造和警示阶段消灭产品缺陷

---

① 参见[奥]海尔姆特·库齐奥:《侵权责任法的基本问题(第一卷):德语国家的视角》,朱岩译,北京:北京大学出版社,2017 年版,第 21-22 页。

及其损害风险几无可能。① 缺陷产品召回制度是生产者针对所有同一批次产品有关的不特定消费者而采取的修理、更换、退货等补救措施,对于有效消除缺陷产品可能带来的潜在损害方面具有独特的预防功能。② 因此,当生产者在将产品投入流通后发现存在缺陷的,及时和有力地采取以产品召回制度为代表的预防性补救措施,能够有效预防大规模产品侵权责任事故的发生。

当然,损害预防的理念,不应局限于对已经发生的损害如何增加损害赔偿救济路径的问题,而且可以考虑针对预防目标采取更多的措施。③ 在产品责任领域,损害预防的理念能够得以更广泛的应用。以人工智能产品为例,由于人工智能产品具有自主决策能力和深度学习能力,一旦人工智能产品存在缺陷将可能造成广泛性、突发性、严重性的损害后果,易诱发大规模产品侵权责任事故。因此,对于人工智能产品致损的侵权责任应对,更应当注重预防损害的基本理念。尤其是在人工智能产品的研发阶段,通过运用算法程序规则的设计,以尽可能预防损害事故的发生。人工智能产品损害预防的设计理念本质上体现了人类中心主义的伦理原则与保障人类安全的优先价值。④

二、缺陷产品预防性责任的适用方法

(一)缺陷产品预防性责任的适用条件

我国所确立的多元化侵权责任承担方式被誉为是具有"中国元素"⑤的民事法律制度,其对于侵权责任法的立法体例发展具有重要意义。《民法

---

① 李友根:《论产品召回制度的法律责任属性——兼论预防性法律责任的生成》,《法商研究》,2011年第6期,第41页。

② 王利明:《关于完善我国缺陷产品召回制度的若干问题》,《法学家》,2008年第2期,第70页。

③ [奥]海尔姆特·库齐奥:《侵权责任法的基本问题(第一卷):德语国家的视角》,朱岩译,北京:北京大学出版社,2017年版,第5页。

④ 张建文:《阿西莫夫的教诲:机器人学三法则的贡献与局限》,载岳彩申、侯东德:《人工智能法学研究》,北京:社会科学文献出版社,2018年第1期,第3页。

⑤ 王轶:《论中国民事立法中的"中国元素"》,《法学杂志》,2011年第4期,第31页。

典》第 1205 条规定了缺陷产品预防性责任承担方式,这意味着产品责任体系包含了丰富的民事救济途径,不仅包括损害赔偿责任,而且包括停止侵害、排除妨碍、消除危险等损害预防性责任。在产品责任案件中,正确适用缺陷产品预防性责任规范,能够有效避免缺陷产品致人损害事故的发生。

依据《民法典》第 1206 条的规定,在产品责任领域适用预防性责任方式,应当满足两项基本的构成要件:其一,产品须存在缺陷;其二,产品因缺陷具有危及他人安全的客观危险状态。

第一,产品须存在缺陷。关于产品缺陷的认定标准应当与《产品质量法》第 46 条的解释保持一致,遵循产品缺陷认定的"单一标准"原则,只要产品具有不合理的危险就符合法律层面上的缺陷。笔者认为,为了有效发挥缺陷产品损害预防的效果,在具体适用预防性责任方式时,对于此处的"缺陷",应当界定为依据普通常识即可辨别的显而易见的缺陷。在我国司法实践中,缺陷产品预防性责任方式也通常适用于产品缺陷状态明显的案件类型。在"广州市煌嘉灯具照明有限公司(以下简称煌嘉公司)与广州市花都祈福置业有限公司(以下简称祈福公司)买卖合同纠纷案"中,法院认为,"煌嘉公司出售给祈福公司的厨房灯具,短时间内连续发生三次自燃事故,已经造成用户财产和人身损害的严重后果……灯具虽然经过一段时间的使用,可能因到达其使用寿命而无法正常照明,但绝不应该是以自燃的方式结束使命,同一小区同一批次的灯具短期内即发生三次自燃事故,无须经过专业认定,普通人以常识即可断定其存在严重的安全隐患,如果火灾未被及时发现和扑灭,后果更加不堪设想。因煌嘉公司经多次催告后仍未采取妥善措施彻底排除隐患,在此情况之下,祈福公司基于小区居民的人身和财产安全考虑,全面更换煌嘉公司提供的厨房灯具,合情、合理、合法,因此产生的合理费用,应由煌嘉公司承担"。①

第二,产品因缺陷具有危及他人人身、财产安全的潜在危险。这种状态是指产品因缺陷已经构成的客观存在的妨碍或者危险,但是损害尚未实际

---

① 参见广东省广州市花都区人民法院(2016)粤 0114 民初 2288 号民事判决书。

发生。① 需要注意的是,缺陷产品具有危及他人人身、财产安全的状态是客观存在的,但是不一定非得要求这种"危及状态"能够即刻转化为现实的损失后果,也有可能由此造成的损害后果具有长期潜伏性的特征,这对于缺陷产品危及人体健康的情形尤为典型。在"房县鸿润工贸有限公司(以下简称鸿润公司)与卢某焱等产品生产者责任纠纷案"中,法院认为:鉴定报告显示,鸿润公司出售给卢某焱、卢某全建房所用的砖放射性物质的内外照射指数均超过标准,内照射指数为1.8,外照射指数为1.2,内外照射指数均超过标准要求的≤1.0的标准,系不合格产品存在缺陷。卢某焱、卢某全虽未居住,也未造成实际人身损害,但存在潜在危害。卢某焱、卢某全从自身及家人生命健康安全考虑,有权选择侵权人鸿润公司对案涉房屋进行拆除重建或者对房屋拆除后赔偿重建房屋费用,并赔偿因此而产生的必要费用。②

此外,为了合理适用缺陷产品预防性责任,同时避免诉讼的泛滥,还应当对预防性责任的请求权主体范围进行适当限定。有学者主张通过"产品合同关系的依附性"对预防性责任请求权的主体进行限制,其认为只有与产品经营者具有合同关系的相对人或者合同可预见范围内的可能使用人才有资格主张请求预防性责任。③ 笔者认为,缺陷产品预防性责任请求权的主体应当进一步限定为与产品使用有直接实际关联的主体,原则上应当限于缺陷产品的所有权人和实际使用人。易言之,只有缺陷产品的所有权人和实际使用人才能直接向生产者、销售者主张预防性责任。④ 缺陷产品预防性责任与缺陷产品损害赔偿责任有所不同,之所以允许任何不特定的主体作为赔偿权利人,是因为其自身遭受了产品缺陷的现实损害,当然具备主张权利的主体资格。但是,当缺陷产品存在缺陷危及他人人身、财产安全时,产品的所有权人和实际使用人作为最直接的利益攸关方,其通常也处于诉讼上

① 参见杨立新:《〈中华人民共和国侵权责任法〉条文解释与司法适用》,北京:人民法院出版社,2010年版,第286—287页。

② 参见湖北省十堰市中级人民法院(2017)鄂03民终2005号民事判决书。

③ 杨彪:《论侵权责任法对产品损害预防体系的改造——基于产品非损害赔偿请求权的确立》,《法商研究》,2011年第3期,第31页。

④ 参见王竹、刘洋:《论缺陷产品预防性除险责任——以〈侵权责任法〉第45条为中心》,《北航法律评论》,2013年第1辑,第274页。

的最佳有利地位。将预防性责任的请求权做此限定,能够避免任何不特定主体任意主张预防性请求权而引发的滥诉现象。

(二)停止侵害、排除妨碍、消除危险及其他责任方式的适用 情形

《民法典》第1205条为了保持侵权责任编条文之间的对应性,将缺陷产品的预防性责任方式修改为"停止侵害、排除妨碍、消除危险等侵权责任"。这种条文修改进一步明确丰富了缺陷产品预防性责任的承担方式,有利于被侵权人自主选择适用。《民法典》第1205条明确规定了停止侵害、排除妨碍和消除危险作为缺陷产品预防性责任的承担方式,但这三种责任方式并非预防性责任的完全列举,该条同时使用"等侵权责任"的表述,从而为其他责任方式的适用预留了空间。

所谓停止侵害,是指生产者、销售者不实施某种侵害被侵权人合法权益的行为。这种责任方式能够及时制止侵害,防止损害后果的扩大。[①] 停止侵害责任方式的适用是以侵害状态正在进行或者仍在延续为条件,对未发生或者已经终止的侵害则不适用。[②] 需要注意的是,如果制造的产品已经存在缺陷,由于制造行为已经完成,仅存在产品缺陷造成的不合理危险状态,那么这种情形将不适用于停止侵害的责任方式。[③]

所谓排除妨碍,是指生产者、销售者采取一定的必要措施从而排除缺陷产品妨碍他人合法权益正常行使的某种有害状况,以使被侵权人正常行使合法权益的民事责任方式。排除妨碍请求权的适用前提是存在妨碍状态,妨碍体现为对被妨碍人在法律上可享有的法益构成限制,即构成事实上的"权利剥夺"[④]。需要注意的是,妨碍必须是不法的,既可以是已经发生的,也

---

① 黄薇:《中华人民共和国民法典总则编解读》,北京:中国法制出版社,2020年版,第581页。

② 参见全国人民代表大会常务委员会法制工作委员会:《中华人民共和国侵权责任法释义》(第二版),北京:法律出版社,2013年版,第88页。

③ 参见邹海林、朱广新:《民法典评注:侵权责任编》(第一册),北京:中国法制出版社,2020年版,第438页。

④ [奥]海尔姆特·库齐奥:《侵权责任法的基本问题(第一卷):德语国家的视角》,朱岩译,北京:北京大学出版社,2017年版,第29页。

可以是可能出现的,并构成权利人行使权利的障碍。① 因此,当产品因缺陷使得权利人在行使其权利时遭遇法律上的障碍,权利人即可主张排除妨碍的预防性救济。

所谓消除危险,是指当缺陷产品可能给使用者的人身、财产安全造成潜在威胁时,生产者、销售者应当采取必要的措施,以消除缺陷产品引发危险的预防性侵权责任方式。此处的"危险"是指随时可能发生的,而不是遥不可及的。② 对于在产品使用过程中发现的潜在危险,赋予消费者及时请求生产者、销售者采取消除危险必要措施的权利,能够防患于未然,有效预防缺陷产品致人损害的发生,充分保护民事主体的人身、财产安全。

另外,需要注意的是,《民法典》第 1205 条所规定的缺陷产品预防性责任方式具有扩展性,被侵权人可以根据缺陷产品的不同性能、特点、缺陷状况等具体情形,请求生产者、销售者采取有针对性的损害预防措施。③ 上述预防性责任方式,可以单独适用,也可以合并适用。

三、产品跟踪观察义务的理论基础与履行规则

(一)产品跟踪观察义务的理论基础

产品跟踪观察义务,是指生产者在将产品投入流通领域之后,负有持续观测产品安全状况以了解产品是否存在缺陷,并根据具体情况应当采取警示、召回等补救措施以避免缺陷产品致损后果的义务。学理上对于产品跟踪观察义务存在狭义和广义之分。④ 狭义上的产品跟踪观察义务仅指生产者负有持续观测产品安全状况以了解产品是否存在缺陷;广义上的产品跟踪观察义务不仅包括对售后产品可能出现危险状况的持续关注,而且包括

---

① 参见王胜明:《中华人民共和国侵权责任法解读》,北京:中国法制出版社,2010年版,第 228 页。

② 王胜明:《中华人民共和国侵权责任法解读》,北京:中国法制出版社,2010 年版,第 228 页。

③ 参见王竹、刘洋:《论缺陷产品预防性除险责任——以〈侵权责任法〉第 45 条为中心》,《北航法律评论》,2013 年第 1 辑,第 278 页。

④ 周友军:《民法典编纂中产品责任制度的完善》,《法学评论》,2018 年第 2 期,第 145 页。

积极采取相应的补救措施以避免缺陷产品的危险。本书采用广义的产品跟踪观察义务的概念。

产品跟踪观察义务产生的基础在于生产者负有的交易安全义务。交易安全义务在产品责任领域体现为生产者的产品安全义务,具体包括提供产品前的安全制造义务、安全设计义务与指示说明义务,以及提供产品后的跟踪观察义务。① 生产者的交易安全义务并不因产品投入流通而终结,而是相应地从提供产品之前延伸至提供产品之后。产品制造人有义务使其产品于设计上、制造上及借由相关之警告指示符合流入市场当时之最新科学技术水准应具备之安全性,制造人依据一般侵权行为法之规定更系统地去审查其产品在实际上运用的情形。② 生产者在将产品投入流通后,有义务对已投放市场的产品进行观察,对其可能的危险发展予以监测,并根据情况应当进行产品召回,或者至少应当警告这种危险。③

产品跟踪观察义务的理论依据在于生产者将产品投入流通领域开启了缺陷产品致人损害的危险源,并且能够从产品的市场交易活动中获得利润,生产者为此应当承担必要的法定义务,以积极采取必要措施预防产品致人损害事故的发生。同时,产品跟踪观察义务还能够弥补作为产品责任抗辩事由的发展风险所可能存在的对于消费者保护不足的局限性。发展风险所涉及的情形是,产品通常是根据当时的技术水平进行设计和制造的,但是随着后来技术的发展才揭示出产品存在的潜在危险,在这种情形下,生产者将免于承担产品责任。发展风险抗辩事由的存在无疑是为了鼓励产品创新,却在一定程度上削弱了对消费者的保护力度。通过让生产者履行跟踪观察义务,当产品出现潜在危险时及时采取补救措施从而避免损害发生,能够克服发展风险的弊端。如果生产者违反产品跟踪观察义务造成他人损害的,

---

① 参见李昊:《交易安全义务论——德国侵权行为法结构变迁的一种解读》,北京:北京大学出版社,2008年版,第484页。

② 郭丽珍:《论制造人之产品召回与警告责任》,载苏永钦等:《民法七十年之回顾与展望纪念论文集(一)总则·债编》,北京:中国政法大学出版社,2002年版,第199页。

③ 参见[德]埃尔温·多伊奇、[德]汉斯-于尔根·阿伦斯:《德国侵权责任法——侵权行为、损害赔偿及痛苦抚慰金》(第五版),叶名怡、温大军译,北京:中国人民大学出版社,2016年版,第133页。

则不能再以发展风险为由主张抗辩。由于产品跟踪观察义务具有预防缺陷产品损害发生的作用,能够有效应对现代工业社会可能出现的大规模产品风险,因此被大多数国家的产品责任法所接受。

(二)产品跟踪观察义务的履行规则

我国《民法典》第1206条在沿袭《侵权责任法》第46条的基础上确立了生产者、销售者承担产品跟踪观察义务的内容。从该条文的字面来看,明确列举了停止销售、警示义务和召回义务,未直接规定狭义上的跟踪观察义务,即对产品潜在危险持续关注的义务。笔者认为,该条中所谓"发现存在缺陷"的表述,实际上应当理解为其已经暗含了生产者、销售者关于产品投入流通后的持续关注义务。"发现"既可能是指生产者、销售者主动获取和分析与自身产品缺陷有关的信息,也可能是指生产者、销售者通过消费者就其遭受产品不合理危险的损害事实进行投诉或起诉因而知悉其产品确实存在缺陷。法律规定生产者、销售者负有产品跟踪观察义务的主要目的在于要求其对投入流通后的产品不能撒手不管,而是应当继续跟踪服务,以便及时采取措施预防产品缺陷可能带来的风险。相较于停止销售而言,以售后警示义务和召回义务为典型的补救措施在产品跟踪观察义务的内容体系中发挥着更为重要的作用。基于此,下文将主要围绕售后警示义务和召回义务展开论述。

1. 售后警示义务的履行

售后警示义务是与售前警示义务相对应的一个概念,它是指生产商对投入流通后的产品所存在的危险或者产品的正确使用方法给予提醒和说明,防止或减少产品使用者因产品危险造成的损害。

美国商务部公布的《统一产品责任示范法》较早地对生产商的售后警示

义务进行了规定。① 但是,美国早期的司法判例普遍不认可生产商负有产品售后警示义务,而是将其视为生产商售前警示义务的一部分,直到 20 世纪 90 年代中期才开始认可售后警示义务的独立法律地位。② 美国《侵权法重述第三版:产品责任》第 10 节在总结司法判例的基础上,对生产商的售后警示义务进行了规定。③ 从美国客观实践来看,大多数售后警示义务是在销售之后,有关产品使用或消费的风险的新信息提交给销售者引起其注意的情况下产生的。当事故风险不是在事实上提交销售者引起其注意的时候,要让其在有关领域不时检测售后产品品质效果、主动发现有关风险,这样的负担通常过高,而无法进一步提升售后警示的义务。然而,当存在合理理由令销售者怀疑到目前为止可能有某种未知的风险存在,尤其当该风险非常大时,合理谨慎的义务可能就会要求销售者着手调查。对于像处方药物和医疗器械这类产品,法院在传统上就要求在售后继续测试和监控产品以发现有关产品风险这项合理谨慎的持续义务。因此,美国司法实践关于售后警示义务的标准采取的是客观性标准,即一个理性的产品销售者在通常情况

---

① 1979 年美国商务部公布的《统一产品责任示范法》第 104 条(c)(6)规定:"除根据本条(c)款(1)项规定提起诉讼外,当一个合理谨慎的制造者在产品制造后应当知道与产品有关的危险的情形下,受害人也可以根据本款规定提起诉讼。在这种情形下,制造者有义务对与产品有关的危险采取一个合理谨慎的制造者在相同或相似的情况下所应当采取的行动。如果制造者作出合理的努力来通知产品使用者或可合理预期的人,保证他们采取避免危险的行动,或者向产品实际使用者说明了损害的危险,即为履行了义务。"参见国家技术监督局政策法规司:《国外产品质量与产品责任法规选编》,北京:中国计量出版社,1992 年版,第 10 页。

② 张民安:《美国侵权责任法上的售后危险警告义务研究》,《北方法学》,2008 年第 6 期,第 43-44 页。

③ 美国《侵权法重述第三版:产品责任》第 10 节规定:"(a)如果销售者未能在产品销售或者分销之后提出警示,而一个在销售者地位的符合理性的人应该会提出这样的警示,因这样的不作为而导致他人财产或人身伤害的,从事销售或者其他分销产品的商业行为者,应承担民事责任。(b)在下列情形下,一个符合理性的处于销售者地位的人,应该会提出警示:(1)销售者知道或者理应知道产品对于人身或财产具有重大的伤害风险;(2)那些可能应该被提供警示的人能够确定,并且可以推断他们对于该伤害风险并不知悉;(3)警示能够被有效地传递给那些可能应该被提供警示的人,并且他们能够在收到警示之后采取相应行动;(4)伤害的风险足够大,因而有必要为提供这样的警示付出必要的费用成本。"参见美国法律研究院:《侵权法重述第三版:产品责任》,肖永平、龚乐凡、汪雪飞译,北京:法律出版社,2006 年版,第 272-273 页。

下应该会采取的警示。① 在以德国为代表的欧洲大陆法系国家,生产商的售后警示义务是由法院通过一系列司法判例的方式确立的。② 生产商的交往安全义务并不因将产品投入流通而终结,如果生产商在产品投入流通后才知悉因产品缺陷可能引发的危险,仍有义务将此种危险向消费者予以警示。

我国《民法典》第 1206 条在总结相关法律规定与司法实践的基础上并充分借鉴国外的做法,确立了生产者、销售者的售后警示义务。在此之前,我国《消费者权益保护法》第 18 条③对经营者的警示义务也有所规定,只是在时间点上更加侧重于对产品销售之前的警示义务。实际上,《民法典》第1206 条中的售后警示义务主要针对产品存在发展缺陷与售前警示缺陷的情形。④ 通常而言,售后警示义务不应适用于产品制造缺陷与设计缺陷,因为对于这两种产品缺陷类型,仅采取售后警示的补救措施往往不足以有效消除危险、预防损害的发生。申言之,对于售后警示或召回等补救措施的选择适用,需要结合不同产品缺陷类型所可能导致的危险程度,从而实现预防功能的最大限度发挥。

一般而言,售后警示在于向产品使用者警惕产品可能存在的潜在危险,以提醒产品使用者在使用时保持谨慎态度以及采取正确的使用方法,防止产品不正当使用所可能带来的危险。售后警示发挥损害预防的功效主要还是有赖于使用者的注意行为,并不能从根本上消除产品的潜在危险。因此,

---

① 参见美国法律研究院:《侵权法重述第三版:产品责任》,肖永平、龚乐凡、汪雪飞译,北京:法律出版社,2006 年版,第 274-275 页。

② 参见[德]马克西米利安·福克斯:《侵权行为法》,齐晓琨译,北京:法律出版社,2006 年版,第 122 页。

③ 《消费者权益保护法》第 18 条规定:"经营者应当保证其提供的商品或者服务符合保障人身、财产安全的要求。对可能危及人身、财产安全的商品和服务,应当向消费者作出真实的说明和明确的警示,并说明和标明正确使用商品或者接受服务的方法以及防止危害发生的方法。经营者发现其提供的商品或者服务存在严重缺陷,即使正确使用商品或者接受服务仍然可能对人身、财产安全造成危害的,也应当立即向有关行政部门报告和告知消费者,并采取防止危害发生的措施。"

④ 发展缺陷是指产品在投入流通时的科学技术水平尚不足以发现该产品存在不合理的危险,而在投入流通后,由于科学技术水平的提高等原因,生产者发现了产品不合理的危险,应向公众提示该不合理的危险以预防损害的发生。参见王利明:《侵权责任法研究》(第二版)(下卷),北京:中国人民大学出版社,2016 年版,第 268 页。

售后警示措施应当适用于危险程度较低的产品发展缺陷类型。相较于售后警示,产品召回对于防止潜在危险转化为实际损害更具有彻底性。[①] 产品召回能够将市场上存在缺陷的同一批次产品予以收回,对于消除产品缺陷以及降低安全风险具有"釜底抽薪"般的功效。因此,一般而言,召回措施应当适用于危险强度较高的且普遍性的产品缺陷类型。

生产商履行产品售后警示义务应当符合合理性的标准。合理性标准能够灵活适应存在冲突的社会价值目标,不但能为产品使用者提供完整的产品信息,而且能同时防止对生产商施加不平等或者不合理的压力。[②] 关于产品售后警示义务的对象、内容以及形式,均与售前警示义务具有相似性,只是对于售后警示义务的信息传达需要注意采取特别的方式。关于产品的售后警示信息,既属于商业信息,又属于公共信息,应当以公众得以知悉的商业信息传播方法予以公告[③],也可借助政府信息公开途径进行传播,如通过在国家市场监督管理总局缺陷产品管理中心网站发布产品售后警示信息。

2. 召回义务的履行

(1)召回义务的含义及立法规定。关于召回的含义也存在狭义说与广义说之分。[④] 狭义说认为,召回是指产品的生产者、销售者公开要求产品的购买人、使用者等送回有缺陷(安全隐患)的产品,以进行修理、更换或者退货的一项制度。[⑤] 广义说认为,召回除包括狭义说的范畴,还应当包括售后

---

① 参见朱柏松:《消费者保护论》,台北:翰芦图书出版有限公司,2004 年版,第 139 页。

② 具体而言,一个案件中的特定事实,如伤害的严重程度和可能性,受影响的人员范围,以及发现和联系目前产品用户在经济上和现实上的问题,与认定一个生产商是否令人满意地履行了售后警示的义务具有相关性。Victor Schwartz, The Post-Sale Duty to Warn: Two Unfortunate Forks in the Road to a Reasonable Doctrine, New York University Law Review, Vol. 58, Issue 4, 1983, p. 896.

③ 马一德:《论生产者的产品后续安全保障义务》,《法学》,2015 年第 6 期,第 48 页。

④ 王利明、周友军、高圣平:《侵权责任法疑难问题研究》,北京:中国法制出版社,2012 年版,第 400 页。

⑤ 张新宝:《侵权责任法》(第四版),北京:中国人民大学出版社,2016 年版,第 242 页。

警示在内。① 笔者认为,关于召回义务的狭义说的观点更为妥当。售后警示义务与召回义务是两种不同的产品跟踪观察义务类型,如果按照广义说的观点,则售后警示义务被包含在召回义务之中,相当于直接排除了售后警示义务单独适用的空间,这在法律逻辑上不甚合理。

召回义务主要包括主动召回和责令召回两种方式。顾名思义,主动召回是指生产者发现产品可能存在缺陷的,主动组织调查分析,在确认产品存在缺陷后立即实施召回,对缺陷产品进行修理、更换、退货的活动。责令召回是指生产者不按照法律规定实施召回的,由主管机关责令其实施召回。

美国是世界范围内最早确立缺陷产品召回制度的国家。早在1966年美国《国家交通与机动车安全法》就明确规定了汽车制造商针对缺陷汽车产品的召回义务。此外,美国《消费者产品安全法》《保护儿童和玩具安全法案》《联邦食品、药品及化妆品法》等都对召回义务进行了详细规定。作为美国产品责任理论学说与司法实践的集大成者《侵权法重述第三版:产品责任》也对召回义务进行了明确规定。②《欧盟一般产品安全指令》(2001/95/EC)在欧共体层面明确了生产者、销售者的产品召回义务。

我国缺陷产品召回制度的初步建立,以2004年3月通过的《缺陷汽车产品召回管理规定》③为标志。该管理规定是专门为规范消除缺陷汽车产品对使用者及公众人身、财产安全造成的危险,而制定的部门规章。④ 2009年颁布的《食品安全法》第53条首次在法律层面规定了食品召回制度,同年颁布

---

① 广义说认为,召回是指生产者对存在缺陷的消费品,通过补充或者修正警示标识、修理、更换、退货等补救措施,消除缺陷或者降低安全风险的活动。参见2019年11月8日国家市场监督管理总局通过的《消费品召回管理暂行规定》第3条第3款。

② 《侵权法重述第三版:产品责任》第11节规定:"在下列情形下,应对销售者未能在产品出售后分销后追回该产品从而导致的人身或财产损害承担责任:(a)(1)依据成文法或者行政法规所颁发的政府命令,具体要求销售者或者分销者追回该产品;或者(2)在没有(a)(1)追回产品的过程中合理谨慎地行事。"参见美国法律研究院:《侵权法重述第三版:产品责任》,肖永平、龚乐凡、汪雪飞译,北京:法律出版社,2006年版,第285—286页。

③ 《缺陷汽车产品召回管理规定》由国家质量监督检验检疫总局、发改委、商务部和海关总署联合颁布,是专门为了加强对缺陷汽车产品召回事项的管理而制定的。

④ 在2004年之后,我国先后颁布了《食品召回管理规定》《儿童玩具召回管理规定》《药品召回管理办法》,分别对食品、儿童玩具以及药品等产品的召回做了详细的规定。不过,上述有关产品召回的规范多属部门规章,规范层级较低。

的《侵权责任法》第 46 条则以基本法律的形式确立了适用于各类产品的召回制度,并为《民法典》第 1206 条所吸收。当前,《消费者权益保护法》《药品管理法》以及《疫苗管理法》等多部法律对缺陷产品召回都有所涉及。另外,为了在部门规章层面统一规范缺陷消费品的召回工作,2019 年 11 月 8 日,国家市场监督管理总局通过了《消费品召回管理暂行规定》,该规定是我国消费品召回管理制度的里程碑,将召回产品的范围明显扩大,增强了对缺陷产品致损风险的预防。缺陷产品召回的实施,有效减少了产品安全事故的发生①,极大地维护了我国消费者的人身和财产安全。

(2)召回制度的法律性质。关于产品召回制度的法律性质,理论上存在不同的观点。其一,法律义务说。该种观点认为,召回产品是生产者承担的一项法定义务,而不是生产者违反义务的后果。② 其二,法律责任说。此种观点认为,应当将产品召回制度理解为一种新型的预防性法律责任,适应现代社会法律责任的新发展。③ 其三,折中说。还有观点认为,召回措施是侵权责任法上的一项作为义务,同时还构成一种侵权预防责任。④

笔者认为,将召回定位为一项法律义务较为合理。主要理由在于:

第一,将召回理解为一项法定义务,更加契合该项制度所产生的理论基础及法律性质。召回是产品跟踪观察义务的重要内容之一,是生产者在发

---

① 截至 2019 年 3 月 12 日,我国已累计实施缺陷汽车产品召回 1769 次,涉及车辆 6925.04 万辆;实施消费品召回 1828 次,涉及数量 5851 万件。参见王春艳:《我国缺陷产品召回制度日趋完善》,《中国市场监管报》,2019 年 3 月 12 日,第 1 版。

② 参见王利明:《关于完善我国缺陷产品召回制度的若干问题》,《法学家》,2008 年第 2 期,第 71 页;杨立新、陈璐:《论药品召回义务的性质及其在药品责任体系中的地位》,《法学》,2007 年第 3 期,第 92 页;周友军:《论侵权责任法上的产品跟踪观察义务》,《法律科学》,2014 年第 4 期,第 128 页;马一德:《论生产者的产品后续安全保障义务》,《法学》,2015 年第 6 期,第 45 页;陶丽琴、陈佳:《论〈食品安全法〉的法定召回义务及其民事责任》,《法学杂志》,2009 年第 11 期,第 47 页。

③ 参见冉克平:《产品责任理论与判例研究》,北京:北京大学出版社,2014 年版,第 163 页;李友根:《论产品召回制度的法律责任属性——兼论预防性法律责任的生成》,《法商研究》,2011 年第 6 期,第 42 页;杨慧:《论缺陷产品召回制度对消费者权益的保护》,《安徽大学学报》(哲学社会科学版),2007 年第 4 期,第 90 页。

④ 郗伟明:《论我国汽车召回制度缺漏及民事责任完善——以速腾车辆召回案件为例》,《当代法学》,2015 年第 3 期,第 105 页。

现产品存在缺陷后采取的补救措施,以预防缺陷产品可能的潜在损害风险。产品跟踪观察义务是侵权责任法上典型的交易安全义务。① 按照这种层层递进的义务层次关系可知,召回也应当属于一项义务,而非法律责任。依据我国《民法典》第1206条的规定,召回是生产者、销售者应当主动实施的补救措施,受害人通常无权直接请求强制实施召回。生产者、销售者违反召回义务,如果产品仍存在危及人身、财产安全但尚未造成实际损害的,受害人可以依据《民法典》第1205条主张停止侵害、排除妨碍、消除危险等预防性责任;如果造成实际损害的,受害人可以主张损害赔偿责任。由此可见,召回本身应当是属于一项法定义务,只有在违反召回义务造成损害的,才应当承担相应的法律责任。

第二,将召回措施理解为一项法定义务,更加符合法律义务与法律责任之间的逻辑关系。② 召回措施作为一种事前的危险预防机制,在于防患于未然,尽管有些类似消除危险的侵权责任方式,但是召回措施与消除危险是有区别的。③ 尽管有学者主张召回是一种新型的法律责任④,但是该主张本身也难以形成逻辑上的自洽。召回是生产者、销售者在将产品投入流通后发现存在缺陷而主动采取的产品安全风险预防措施,是法律督促生产者、销售者积极采取补救措施的一项要求。当生产者、销售者在实施产品召回时,并未处于违法者的法律地位,这与作为民事违法行为法律效果的民事责任的性质明显不同。另外,民事责任通常可以依据被侵权人的请求予以主张承担,但是《民法典》第1206条事实上并未赋予被侵权人的召回请求权。因此,召回措施并不符合法律责任的一般特征,将其归入法律责任的体系过于牵强,并将导致法律义务与法律责任内在关联的紊乱。

---

① 马一德:《论生产者的产品后续安全保障义务》,《法学》,2015年第6期,第53页。

② 王利明:《关于完善我国缺陷产品召回制度的若干问题》,《法学家》,2008年第2期,第71页。

③ 召回是生产者、销售者将缺陷产品从流通环节中撤回,阻断可能发生的危害,因而与消除危险是不同的。参见王胜明主编:《中华人民共和国侵权责任法解读》,北京:中国法制出版社,2010年版,第231页。

④ 李友根:《论产品召回制度的法律责任属性——兼论预防性法律责任的生成》,《法商研究》,2011年第6期,第42页。

第三,将召回理解为一项法律义务,更加有利于督促召回义务人积极采取召回措施,从而有效预防和降低缺陷产品安全风险。产品跟踪观察义务是要求生产者、销售者对投入流通后的产品进行跟踪服务,而不能撒手不管。召回是跟踪观察义务中对于预防缺陷产品的潜在危险较为有力的一项补救措施。将召回措施定位为一项法律义务而非法律责任,更加有利于促进生产者、销售者积极对市场上的产品进行持续的监测,及时对消费者反馈的产品缺陷信息进行调查处理,从而有针对性地实施召回措施。从现行关于产品召回规范的立法目的来看,实际上是在鼓励和督促召回义务人在法定情形下主动实施召回措施,对于召回义务人未主动实施召回措施的,有关主管部门则会通知召回义务人实施召回甚至责令其实施召回措施。如果将召回定位为一项法定义务,则有助于激励召回义务人主动召回并积极树立良好的企业形象,从而更加有效地采取召回措施以预防产品潜在危险。

(3)召回义务的实施。尽管召回分为主动召回和责令召回两种方式,但是两种召回方式的性质存在差别。主动召回属于私法层面上的民事义务,而责令召回具有行政强制性,应归属于行政法的调整范畴。《民法典》第1206条规定的召回措施应当限定为主动召回的方式,即生产者、销售者负有的一项民事义务。

依据《民法典》第1206条的规定,召回义务的实施主体是产品的生产者和销售者。① 需要说明的是,由于产品是由生产者进行设计和制造的,生产者对于产品缺陷的调查、分析以及维修等事项更为专业,因此召回义务通常由生产者实施更为妥当,销售者多是以召回辅助人的身份履行该义务。②

生产者实施召回义务应当同时具备以下条件:其一,产品已投入流通领域。只有针对进入市场的缺陷产品,才有必要实施召回措施。其二,产品存在普遍性缺陷。召回的对象是具有普遍性缺陷的产品,即同一批次的产品

---

① 此处所谓的生产者和销售者,应当与产品责任的主体作统一解释,应当包括成品、半成品、原材料、零部件的生产者和销售者。

② 参见2019年11月8日国家市场监督管理总局通过的《消费品召回管理暂行规定》第16条规定:"其他经营者接到生产者通知的,应当立即停止经营存在缺陷的消费品,并协助生产者实施召回。"

中普遍存在的危及人身、财产安全的不合理危险。如果产品缺陷仅具有个别性,则不适用于召回措施。因此,召回应当主要适用于设计缺陷的类型。其三,产品缺陷对公共安全已经构成不合理的危险。由于产品召回对于生产者而言意味着要付出不小的成本,为了协调生产者与消费者之间的利益关系,因此只有当缺陷产品对不特定的公共安全造成了潜在危险,才有必要实施召回措施。

原《侵权责任法》第 46 条并未明确规定实施召回措施所支出必要费用的负担问题。尤其是关于消费者是否应当支付必要的交通费用等问题,理论上存在争议。① 2013 年修改后的《消费者权益保护法》第 19 条②对于商品召回的费用负担进行了明确,并规定由经营者承担召回所产生的必要费用支出。2019 年 11 月 8 日,国家市场监督管理总局通过的《消费品召回管理暂行规定》第 16 条进一步明确规定:"生产者应当承担消费者因消费品被召回支出的必要费用。"值得注意的是,《民法典》第 1206 条第 2 款也新增了对于产品召回费用负担的规定,并明确由召回义务人承担召回的必要费用。③

在我国司法实践中,对于存在普遍性缺陷的产品,法院可以依法判令生产者实施召回等补救措施。在"重庆大力医疗设备有限公司与王某某产品生产者责任纠纷案"中,法院认为,"案涉 XKY 型净水机产品本身及其包装上没有任何标识或文件能够证明上诉人生产的净水机系合格产品。同时,从该型净水机存在漏水、渗水等情况看,该型净水机机身存在严重的质量问题,不具备产品应当具备的基本使用性能,更不具有产品宣传的可将酸性水制成弱碱性水的功能……通过对案涉净水机现场勘查,该净水机无生产、出厂日期,无审批部门及文号,无中国强制产品认证标识,合格证、保修卡缺乏

---

① 参见周友军:《论侵权责任法上的产品跟踪观察义务》,《法律科学》,2014 年第 4 期,第 130 页。

② 参见《消费者权益保护法》(2013 年修订) 第 19 条规定:"经营者发现其提供的商品或者服务存在缺陷,有危及人身、财产安全危险的,应当立即向有关行政部门报告和告知消费者,并采取停止销售、警示、召回、无害化处理、销毁、停止生产或者服务等措施。采取召回措施的,经营者应当承担消费者因商品被召回支出的必要费用。"

③ 参见《民法典》第 1206 条第 2 款规定:"依照前款规定采取召回措施的,生产者、销售者应当负担被侵权人因此支出的必要费用。"

相关主要信息,且该净水机某些部件为塑料产品,极易破裂。以上情况无法证明案涉净水机系合格产品,相反如将该产品投入实际使用,将存在诸多安全隐患……作为生产厂商,上诉人应当及时发现该批净水机存在缺陷,并采取相应的补救措施。依照《侵权责任法》第46条的规定,上诉人应当依法召回存在缺陷的XKY型净水机"。①

四、违反产品跟踪观察义务的责任承担

在我国《民法典》出台之前,《侵权责任法》第46条并未明确规定生产者、销售者违反售后警示、召回等产品跟踪观察义务应当具体承担何种侵权责任,有关此种侵权责任的性质及承担方式尚不清晰,这在一定程度上减损了法律赋予产品跟踪观察义务的规范价值。为此,在《民法典》实施的背景下,仍有必要对违反产品跟踪观察义务的责任承担作进一步探究。

(一)违反产品跟踪观察义务的法律认定

依据《民法典》第1206条的规定,生产者、销售者违反产品跟踪观察义务的形态主要包括三种基本类型:不履行跟踪观察义务、采取补救措施不及时、采取补救措施不力。

第一,不履行跟踪观察义务。生产者、销售者不履行跟踪观察义务,一方面包括未尽到对售后产品安全状况应有的持续监测义务,导致应当发现而未能发现产品存在缺陷的情形;另一方面包括虽然了解到产品存在缺陷的事实,但是基于生产经营成本的考虑及市场占有率降低的担心等应当采取售后警示、召回或其他补救措施而未采取,导致损害结果的发生。②

第二,采取补救措施不及时。生产者、销售者采取补救措施不及时,是指在发现产品存在缺陷后,未能在合理期限内采取相应的补救措施及时消除产品缺陷,从而阻断产品缺陷致人损害事故的发生。依据2019年11月8日国家市场监督管理总局通过的《消费品召回管理暂行规定》第19条第

---

① 参见吉林省通化市中级人民法院(2017)吉05民终708号民事判决书。
② 参见张云:《违反产品后续观察义务的侵权责任构成及抗辩》,《法治研究》,2018年第5期,第96页。

2 款的规定,生产者应当在规定的 3 个工作日内采取适当的方式发布召回信息。① 在针对上述有关消费品的召回措施中,如果生产者未能在所规定的 3 个工作日内发布召回信息,造成损害扩大的,也构成对产品跟踪观察义务的违反。

第三,采取补救措施不力。生产者、销售者采取补救措施不力,主要表现为其虽然采取了相应措施,但是并不能有效预防损害事故的发生。② 判断所采取的补救措施是否有效充分应当以是否能够消除缺陷为标准。在 2021 年上半年发生多起且备受社会关注的"特斯拉汽车召回事件"中,特斯拉汽车公司在召回进口 Model 3 电动汽车后检查发现 B 柱安装孔螺纹及"D"形环出现了损伤,如果采取的补救措施仅仅是对 B 柱安装孔螺纹进行维修,却未对"D"形环进行维修或更换,那么所采取的补救措施实际上并未有效解决安全隐患。③ 在上述召回事件中,由于特斯拉汽车公司所采取的补救措施并未有效消除缺陷,因而实际上并未尽到适当的跟踪观察义务。

(二)违反产品跟踪观察义务的侵权责任之归责原则

关于生产者、销售者因违反跟踪观察义务而承担侵权责任应适用何种归责原则,理论上存在不同的认识,主要有以下三种观点。

其一,过错责任说。该种观点认为违反跟踪观察义务的责任是不作为的责任,此种解释有利于减轻生产者的责任。④ 其二,过错推定责任说。该种观点认为,先推定违反跟踪观察义务的责任是由于生产者存在不作为,然

---

① 《消费品召回管理暂行规定》第 19 条第 2 款规定:"生产者应当自召回计划报告之日起 3 个工作日内以便于公众知晓的方式发布召回信息,并接受公众咨询。其他经营者应当在其门店、网站等经营场所公开生产者发布的召回信息。"

② 生产者、销售者采取补救措施不力,是指所采取的补救措施在内容、方式、程度等方面与产品缺陷所造成的潜在危险程度不相当,未能有效预防潜在危险转化为实际损害的发生。参见王竹、王毅纯:《论违反产品普遍性缺陷流通后补救义务的侵权责任——以〈侵权责任法〉第 46 条为中心》,《北航法律评论》,2011 年第 1 辑,第 181 页。

③ 参见《特斯拉汽车(北京)召回部分进口 Model 3》,载 https://www.sohu.com/a/471090250_118790,访问时间:2021 年 6 月 16 日。

④ 参见周友军:《论侵权责任法上的产品跟踪观察义务》,《法律科学》,2014 年第 4 期,第 131 页;郜伟明:《论我国汽车召回制度缺漏及民事责任完善——以速腾车辆召回案件为例》,《当代法学》,2015 年第 3 期,第 100 页;焦艳玲:《论产品售后义务——兼评〈侵权责任法〉第 46 条》,《重庆大学学报》(社会科学版),2016 年第 2 期,第 164 页。

后由其反证不存在此种过错的情形。① 其三,无过错责任说。该种观点认为,关注个别性缺陷引致的产品责任适用无过错责任,那么跟踪观察义务主要是基于系统性缺陷而对公共安全和公共政策的保障,更应当适用无过错责任。②

笔者认为,过错责任说更为合理。从《民法典》第 1206 条的表述来看,"未及时采取补救措施或者补救措施不力"明显是针对生产者、销售者的售后行为表现,表明立法关注的是生产者、销售者是否妥善尽到跟踪观察义务,只有过错才真正是生产者、销售者依据本条规定承担侵权责任的基础。从比较法的相关规范来看,对生产商是否违反产品跟踪观察义务的判断,通常依据理性人的标准,即坚持过错责任的原则。③ 我国对于产品跟踪观察义务的立法规定在相当程度上充分借鉴了比较法上的有益经验,对此也应当持相同的解释立场。

(三)违反产品跟踪观察义务的责任承担

关于违反产品跟踪观察义务的侵权责任之性质,理论上也有分歧。一种观点认为,违反产品跟踪观察义务的责任严格来说并非产品责任,只能认定是与产品责任有关的责任。其理由在于产品责任是以产品缺陷为核心而构建的严格责任,而违反产品跟踪观察义务的责任是以义务的违反为核心构建的过错责任。④ 另一种观点认为,违反产品跟踪观察义务的责任实质上仍然是缺陷产品责任,承担责任的方式包括产品责任的各种形式。⑤

---

① 过错推定责任说认为,鉴于消费者与制造商之间的实力对比,以及生产者在跟踪观察义务履行中的积极地位,应该实行过错推定责任,先推定其存在过错,然后由其反证其没有过错。参见杨立新:《侵权责任法》(第三版),北京:法律出版社,2018 年版,第 341 页。

② 张云:《突破与超越:〈侵权责任法〉产品后续观察义务之解读》,《现代法学》,2011 年第 5 期,第 180 页。

③ 参见[德]克雷斯蒂安·冯·巴尔:《欧洲比较侵权行为法》(下卷),焦美华译,北京:法律出版社,2004 年版,第 348 页。

④ 参见周友军:《民法典编纂中产品责任制度的完善》,《法学评论》,2018 年第 2 期,第 145 页。

⑤ 参见王利明:《侵权责任法研究》(第二版)(下卷),北京:中国人民大学出版社,2016 年版,第 275 页;王竹、王毅纯:《论违反产品普遍性缺陷流通后补救义务的侵权责任——以〈侵权责任法〉第 46 条为中心》,《北航法律评论》,2011 年第 1 辑,第 170 页。

笔者认为,违反产品跟踪观察义务的侵权责任并非其他的侵权责任类型,还应当是属于产品责任的范畴。《民法典》第1206条规定产品跟踪观察义务的目的在于督促生产者、销售者对投入流通后的产品持续关注,当发现产品存在缺陷时,及时、有效采取相应的补救措施,以预防损害的发生。如果生产者、销售者违反产品跟踪观察义务,未能有效阻却缺陷产品的潜在危险实际发生,由此产生的侵权责任仍然是属于产品缺陷所造成的产品责任。申言之,被侵权人遭受的损害事实与生产者、销售者违反跟踪观察义务之间不具有侵权责任构成要件意义上的因果关系。被侵权人的损害事实与产品缺陷之间的因果关系才是违反跟踪观察义务的侵权责任成立意义上的因果关系。对于生产者和销售者而言,其履行产品跟踪观察义务的法律意义在于能够对抗受害人提起的产品责任诉讼以及避免承担过重的产品责任。

一方面,生产者、销售者尽到产品跟踪观察义务的,能够对抗受害人提起的产品责任诉讼。产品责任并非绝对责任,生产者对于不能预见的发展风险将免于承担责任,发展风险抗辩的存在正是基于此。但是,发展风险抗辩的援用也受到生产者负有产品跟踪观察义务的限制。[①] 易言之,产品跟踪观察义务与发展风险抗辩之间存在密切的逻辑关联,前者对于后者能够发挥功能上的补救作用。[②] 由于发展风险的客观存在,产品在投入流通时的科学技术水平或许并不能发现缺陷,但是如果一直允许生产商主张发展风险的抗辩,则对受害人而言有失公允。法律要求生产者适当履行产品跟踪观察义务,就在于以弥补发展风险抗辩可能带来的损害,从而起到预防危险的作用。如果生产者、销售者在发现产品存在缺陷后,未及时有效采取补救措施,那么对由此造成的实际损害,则不能再主张发展风险的抗辩以逃避责任。如果他们遵守了产品跟踪观察义务的所有要求,但客观上仍造成了某

[①] 在产品责任体系中,严格责任、发展风险抗辩、跟踪观察义务三者之间形成了连续制衡的链条,如果说发展风险抗辩是为了防止严格责任的绝对化而对严格责任进行的修正,那么跟踪观察义务就是为了防止发展风险抗辩的绝对化而对发展风险抗辩进行的修正。参见焦艳玲:《论产品售后义务——兼评〈侵权责任法〉第46条》,《重庆大学学报》(社会科学版),2016年第2期,第162页。

[②] 参见杨立新、陈璐:《论药品召回义务的性质及其在药品责任体系中的地位》,《法学》,2007年第3期,第95页。

种损害后果,生产者、销售者则无须对该缺陷造成的损害承担侵权责任。当然,对于投入流通时的科学技术水平能够发现的产品缺陷造成损害的,生产者、销售者并不能以其在投入流通后所采取的补救措施为由进行抗辩。

另一方面,生产者、销售者尽到产品跟踪观察义务的,能够避免承担过重的产品责任。正如前文所述,违反产品跟踪观察义务的侵权责任本质上属于产品责任,那么生产者、销售者在发现产品存在缺陷后未采取相应的补救措施,而是放任缺陷产品潜在危险的发生,因而其在主观上具有恶意,对由此造成的严重损害后果,应当承担比补偿性赔偿责任更重的产品责任甚至惩罚性赔偿责任。《民法典》第1207条对产品责任惩罚性赔偿进行了规定,只要生产者、销售者在主观上具有恶意,且在客观上造成严重人身伤亡的损害后果,则应当承担相应的惩罚性赔偿责任。因此,对于生产者、销售者明知产品存在缺陷却未采取法定补救措施,造成严重人身伤亡后果的,则可以参照适用惩罚性赔偿责任。需要注意的是,在《民法典》的编纂过程中,立法机关自《民法典(草案)》第一次审议稿第982条开始增加规定了生产者、销售者未采取法定补救措施的惩罚性赔偿责任①,最终通过的《民法典》第1207条也予以确认。由此可见,如果生产者、销售者尽到了产品跟踪观察义务,在发现产品存在缺陷后,依法采取了补救措施,则不承担相应的惩罚性赔偿责任。

正如前文所述,违反跟踪观察义务的侵权责任属于产品责任的范畴,因此生产者、销售者应承担的责任方式包括产品责任的各种形式。如果尚未造成实际损害的,生产者、销售者应当承担预防性责任;如果已经造成了实际损害,生产者、销售者应当承担损害赔偿责任;如果造成了受害人死亡或者健康严重损害的,则还应当承担惩罚性赔偿责任。

---

① 参见《民法典(草案)》第一次审议稿第982条规定:"明知产品存在缺陷仍然生产、销售,或者没有依照前条规定采取补救措施,造成他人死亡或者健康严重损害的,被侵权人有权请求相应的惩罚性赔偿。"

第三节　产品责任中惩罚性赔偿的适用规则

关于产品责任中的惩罚性赔偿,目前我国已经形成了涵盖《消费者权益保护法》《食品安全法》《民法典》等不同法律领域的规范体系。如何正确理解我国产品责任中惩罚性赔偿的规范构造,需要厘清不同法律领域相关规范之间的内在体系关联及规范竞合问题。为了合理发挥产品责任惩罚性赔偿制度的规范功能,对于惩罚性赔偿的适用条件与赔偿数额量定仍需要进一步的厘清。

一、产品责任惩罚性赔偿制度的功能

惩罚性赔偿,是指在实际损害赔偿范围之外,要求恶意的加害人给付受害人超过其实际损害数额的赔偿费用,以惩罚和威慑行为人未来实施类似不法行为的一种赔偿责任。惩罚性赔偿作为与补偿性赔偿相对应的赔偿责任类型,是一种兼具补偿、制裁和遏制等功能的制度。[①]自 20 世纪中期以来,惩罚性赔偿制度在美国产品责任法等领域得到了广泛的应用。

尽管惩罚性赔偿具有惩罚的性质,[②]但仍是一项私法制度,作为一种民事责任的承担方式,适用于平等的民事主体之间。之所以在受害人的实际损害之外对侵权人苛加惩罚性赔偿,是因为侵权人实施加害行为时主观状态存在恶意,仅依靠补偿性损害赔偿并不能有效保护受害人,更难以遏制侵权行为人再次实施类似行为。可以说,惩罚性赔偿是一种目的和功能具有多样性、蕴含丰富法政策思想的民事责任承担方式。

惩罚性赔偿制度对原告个人和社会都具有多方面的功能。美国有学者

①　王利明:《美国惩罚性赔偿制度研究》,《比较法研究》,2003 年第 5 期,第 1 页。

②　惩罚性赔偿是一种破除常规的特殊惩罚制度,它实质上授予私人一种惩罚特权,以弥补刑法在维持公共利益上的缺漏,并满足受害人对加害人的报应需求。参见朱广新:《惩罚性赔偿制度的演进与适用》,《中国社会科学》,2014 年第 3 期,第 124 页。

主张,惩罚性赔偿具有补偿、报应和遏制三项功能。① 另外一种更具有影响力的观点认为,惩罚性赔偿通常具有四个方面的功能:惩罚被告、阻遏未来类似不法行为的再次发生、激励个人协助执行法律、增强对原告损失的补偿。② 笔者将在下文对该学说有关惩罚性赔偿的四种功能展开进一步阐述,以有助于准确认识惩罚性赔偿制度在我国产品责任法律体系中的功能定位。

第一,惩罚功能。侵权人故意或恶意伤害他人,不仅违反了侵权责任法与刑法所规定的一般行为准则,而且违反了社会行为的基本规范。如果未能对违反社会规则的行为施以惩罚,将削弱社会的法律和道德结构。由法院实施惩罚表明社会对严重的不当行为持否定评价态度,并重申社会致力于维持其道德和法律标准。③ 惩罚性赔偿在强迫罪恶昭著的冒犯者偿还他们的"债务"、恢复受害人和社会平等方面具有重要的作用。当生产商公然无视给消费者带来伤害的严重风险仍然出售产品,受害人和社会的恢复需求就具有实质性。④ 在恶意产品责任案件中,生产商为了获取商业利益往往漠视甚至牺牲消费者的人身安全作为牟利的代价,如果仅要求生产商承担补偿性质的损害赔偿责任,无疑是对生产商恶意行为的纵容。因为在产品责任案件中,生产商最精于对违法行为成本进行计算,当生产商进行利益衡量后发现实施违法行为获得的收益要高于承担补偿性的损害赔偿数额,那么将很难保证生产者不再继续实施类似的恶意产品侵权行为。只有通过让生产商承担超出实际损害的惩罚性赔偿责任,才能对生产商产生威慑机制,预防其实施恶意产品侵权行为。

第二,阻遏功能。阻遏功能是惩罚性赔偿所具有的另一项被认可的基

---

① Bruce Chapman; Michael Trebilcock, Punitive Damages: Divergence in Search of a Rationale, Alabama Law Review, Vol. 40, Issue 3, 1989, p. 741.

② David G. Owen, Punitive Damages in Products Liability Litigation, Michigan Law Review, Vol. 74, Issue 7, 1976, p. 1277.

③ David G. Owen, Punitive Damages in Products Liability Litigation, Michigan Law Review, Vol. 74, Issue 7, 1976, pp. 1280–1281.

④ [美]戴维·G. 欧文:《产品责任法》,董春华译,北京:中国政法大学出版社,2012年版,第362页。

本功能。阻遏功能主要是指通过让侵权人承担较高数额的损害赔偿责任，以威慑和遏制生产商未来不敢实施类似的不法行为。惩罚性赔偿的阻遏功能发挥有效性的程度主要取决于三个因素：首先，潜在的违法者必须知道其将要实施的特定行为是被禁止和惩罚的。其次，潜在的违法者必须能够改变自己的行为以避免惩罚。最后，潜在的违法者必须愿意改变自己的行为以避免惩罚。① 惩罚性赔偿的阻遏功能旨在促使生产商在计算成本和费用时考虑消费者的生命、健康，预防违法生产经营行为。惩罚性赔偿侧重阻遏预防作用，运用惩罚性赔偿的威慑力，警示生产商遵纪守法，尊重消费者的合法权益，不从事恶意的产品生产经营行为。② 如果没有惩罚性损害赔偿，许多制造商可能会被诱使通过销售明知有缺陷的产品来实现利润最大化，并把由此产生的损害索赔作为经营成本来进行内化。

第三，激励个人协助执行法律的功能。运用惩罚性赔偿作为激励个人协助执行法律的工具在两个方面对社会产生有益作用。一方面，惩罚性赔偿作为一种对受害人的"奖赏"，将鼓励受害人积极主张诉讼救济，从而有助于让从事违法生产经营的生产商得到其应有的惩罚；另一方面，惩罚性损害赔偿有助于实体法各项规则的实施。③ 通过资助受害人对生产商故意或肆意违反规则行为的调查、证明和惩罚，惩罚性损害赔偿增加了第一次查明违法生产商并在其后给予更严厉惩罚的可能性。如果潜在的违法生产商认为惩罚的可能性和惩罚赔偿金额有所增加，那么其不当行为的获利能力也相应减少，因此也就会制止其类似违反法律规则的行为，并进而改善实体法律规则的执行效果。④ 如果要保持公众对法律制度的信任，就必须采取补救措施，惩罚和制止公然违反法律规则的行为。当违法行为使消费者面临不合

---

① David F. Partlett, Punitive Damages: Legal Hot Zones, Louisiana Law Review, Vol. 56, Issue 4, 1995, p. 798.

② 参见杨立新：《我国消费者保护惩罚性赔偿的新发展》，《法学家》，2014 年第 2 期，第 80 页。

③ David G. Owen, Punitive Damages in Products Liability Litigation, Michigan Law Review, Vol. 74, Issue 7, 1976, pp. 1287–1288.

④ David G. Owen, Punitive Damages in Products Liability Litigation, Michigan Law Review, Vol. 74, Issue 7, 1976, pp. 1289–1290.

理的人身伤害风险,而且仅仅是出于制造商增加利润的愿望时,情况尤其如此。惩罚性损害赔偿原则在产品责任方面很好地满足了这一目的。如果制造商由于此类行为将受到惩罚性损害赔偿,基于对惩罚的评估,制造商则应在利润下降的同时提高对安全规则的遵守。

第四,增强对原告损失的补偿。尽管惩罚性赔偿的目的是惩罚被告和制止不当行为,而不是补偿原告,但惩罚性赔偿的确起着重要的补偿功能——其通常具有"剩余补偿"的作用。这种惩罚性赔偿金在一定程度上补偿了原告通常不能作为补偿性损害赔偿获得的损失,如原告无法证明的实际损失或依据损害赔偿规则不能提供救济的损失,包括提起诉讼的费用和聘请律师的费用等。[①] 由于种种原因,法律并没有通过补偿性损害赔偿来充分保护受害人的情绪安宁,而要求犯有公然不当行为的被告对这种伤害做出充分赔偿有助于填补这一空白。法律向原告提供具有报复性质的惩罚性赔偿,能够以这种方式实现被告的恶意行为对其造成心理伤害的补偿,并恢复其情绪。[②]

就我国产品责任法上惩罚性赔偿的功能而言,理论上也存在不同的认识。有观点认为,惩罚性赔偿的功能包含赔偿、制裁和遏制三大功能。[③] 有观点认为,产品责任惩罚性赔偿的功能主要是补偿和惩罚,阻遏等功能实质上是通过补偿、惩罚等方式而发挥出来的。[④] 也有观点认为,惩罚性赔偿旨在实现填补损失、惩罚侵权以及抚慰受害三重功能,于实际损失弥补之外重罚侵权人,加大救济力度。[⑤] 也有观点认为,我国惩罚性赔偿的主要功能是

---

① 参见董春华:《中美产品缺陷法律制度比较研究》,北京:法律出版社,2010 年版,第 221 页。

② David G. Owen, Punitive Damages in Products Liability Litigation, Michigan Law Review, Vol. 74, Issue 7, 1976, p. 1297.

③ 王利明:《惩罚性赔偿研究》,《中国社会科学》,2000 年第 4 期,第 115–116 页。

④ 王利明、周友军、高圣平:《侵权责任法疑难问题研究》,北京:中国法制出版社,2012 年版,第 409 页。

⑤ 中国审判理论研究会民商事专业委员会:《〈民法总则〉条文理解与司法适用》,北京:法律出版社,2017 年版,第 325 页。

惩罚与威慑,惩罚只是手段,威慑才是真正的目的。① 也有观点认为产品责任惩罚性赔偿的功能主要包括教育、惩罚、威慑、补偿和法律适用。② 还有观点认为,惩罚性赔偿的功能应从不法行为人和受害人两个角度予以考虑,对不法行为人的功能体现为惩罚与威慑,对受害人的功能体现为安抚与激励。③ 另外,除了考虑不法行为人和受害人两个角度之外,有观点认为惩罚性赔偿的功能还应包括对社会其他人的功能,主要包括预防功能、保护功能、补偿功能和激励功能。④

笔者认为,我国产品责任法上惩罚性赔偿制度应当主要包含三大功能,即惩罚功能、威慑功能,以及充分保护消费者的功能。

第一,在产品责任中规定惩罚性赔偿,其首要目的在于惩罚主观上具有恶意的生产者和销售者,而不是填补因缺陷产品导致的损害。惩罚性赔偿的首要功能正如在一般情况下惩罚的主要功能一样,是对压迫性、恶意性、欺诈性,以及具有类似特征的其他形式侵权行为的惩戒,而非一般损害的填补或者侵权行为获得利益的返还。⑤ 如果仅让恶意生产或销售产品的主体承担一般的补偿性赔偿责任,则很难起到惩罚的效果,也无法有效制止侵权行为的发生。针对主观上具有恶意的生产、经营产品的行为,只有加大处罚力度,才能真正彰显惩罚性赔偿的惩戒功能。

第二,在产品责任中规定惩罚性赔偿还在于对其他不特定的生产者和销售者产生威慑作用,从而阻遏恶意生产与销售行为的再次发生。正如有学者所言,惩罚性赔偿是通过对已经出现的不法行为进行惩罚与威慑,以此

---

① 高圣平:《食品安全惩罚性赔偿制度的立法宗旨与规则设计》,《法学家》,2013年第6期,第58页。

② 董春华:《中美产品缺陷法律制度比较研究》,北京:法律出版社,2010年版,第218页。

③ 陈年冰:《中国惩罚性赔偿制度研究》,北京:北京大学出版社,2016年版,第27-29页。

④ 金福海:《惩罚性赔偿制度研究》,北京:法律出版社,2008年版,第83页。

⑤ 损害赔偿一般可分为补偿性赔偿与惩罚性赔偿,其中补偿性赔偿重在对受害人损失的填补,旨在恢复损害;而惩罚性赔偿则是独立于补偿性赔偿之外另行支付的一笔赔偿金,并不以受害人所遭受的损失为限,而是更侧重对恶意生产者和销售者的惩戒。参见张新宝、李倩:《惩罚性赔偿的立法选择》,《清华法学》,2009年第4期,第6页。

作为典范来遏制未来可能出现的类似不法行为再次发生。① 从经济分析的角度来看,惩罚性赔偿责任通过给不法行为人增加经济上的额外负担,使其为自己的行为付出更高的代价,督促其采取措施防止损害的发生。② 对于侵权行为人而言,惩罚性赔偿追求的目标在于使得实施不法行为比避免不法行为更为昂贵,从而使其产生预防损害行为的动机。产品责任中的惩罚性赔偿责任通过利益消除的方式,使生产者和销售者考量违法成本,从而真正实现最优化的遏制机制。③

第三,在产品责任中规定惩罚性赔偿能够强化对消费者的保护。在恶意产品责任案件中,受害人往往遭受较为严重的人身健康损害,可能由此导致残疾甚至生命安全受到威胁。通过适用惩罚性赔偿责任,能够在一定程度上抚慰受害人的痛苦。④ 近年来,我国相继发生了缺陷食品和药品致人损害等性质恶劣的事件,引发了大规模的产品责任案件,给广大消费者的人身健康安全带来了严重损害。在这种情况下,如果仅让恶意的生产者或销售者承担补偿性的赔偿责任,既不足以惩戒责任人,也不足以抚慰受害人。因此,在产品责任中的补偿性赔偿之外,针对恶意的产品生产、销售行为苛以惩罚性赔偿,能够有效预防恶性产品责任事件的发生⑤,从而为消费者的合法权益提供更加充分、切实的保护。

二、比较法上产品责任惩罚性赔偿制度

在侵权责任法的历史上,惩罚性赔偿金是最具有争议性的问题之一,至

---

① 高圣平:《食品安全惩罚性赔偿制度的立法宗旨与规则设计》,《法学家》,2013年第6期,第58页。

② See Rober D. Cooter, Punitive Damages for Deterrence: When and How Much? Alabama Law Review, Vol. 40, Issue 3, 1989, p. 1148.

③ See Hylton Keith N., Punitive Damages and the Economic Theory of Penalties, Georgetown Law Journal, Vol. 87, Issue 2, 1998, p. 421.

④ 对于那些主观上存在恶意,采取轻率、漠视的态度生产或销售缺陷产品的主体施以惩罚性赔偿责任,是抚平受害人所受创伤、实现社会正义的需要。参见冉克平:《产品责任理论与判例研究》,北京:北京大学出版社,2014年版,第279页。

⑤ 在产品责任中适用惩罚性赔偿,可以促使制造商有效地提高产品质量,防止危险产品投入市场损害消费者安全。参见王雪琴:《惩罚性损害赔偿制度研究》,载梁慧星:《民商法论丛》(第20卷),香港:金桥文化出版有限公司,2001年版,第135页。

今仍然如此。尤其是在产品责任领域适用较高数额的惩罚性赔偿金,在不同国家和地区的立法、司法及学理中更是饱受争议。通过对比较法上产品责任惩罚性赔偿制度进行分析,有助于了解该项制度适用的不同社会背景、适用条件以及适用标准,从而为我国所参考与借鉴。

(一)英美法系国家产品责任惩罚性赔偿制度

18 世纪 60 年代,惩罚性赔偿金在英格兰首次见诸判例法。英国普通法的法官针对被告非常恶劣的行为判决了非补偿性的赔偿金。在此后 200 多年里,惩罚性赔偿金不仅在殴打、非法监禁、诽谤、诱奸以及恶意诉讼的案件中,而且在非法侵入土地甚至侵夺动产的案件中也相继被适用。1964 年,英国最高法院在"Rookes v. Barnard 案"中,将这种非补偿性的赔偿金专门地界定为"惩罚性"或"惩戒性",并限定了惩罚性赔偿金适用的案件类型:其一,政府官员进行的迫害、专断或违宪的行为;其二,被告本人已算计好为其自身获利,从其侵权行为中获取的金钱会超过其冒险所承担的损害赔偿;其三,法律明确授权的任何可判决惩罚性损害赔偿的案件。[①]　不过,英国新近发展趋势开始扩大惩罚性赔偿责任的适用范围。1997 年,英国法律委员会在相关报告中表明支持扩展惩罚性赔偿的适用。[②] 2002 年,英国最高法院废弃了惩罚性赔偿对特定侵权行为事实构成的限制,即所谓的诉因检验(cause of action test)。2007 年,英国政府在关于《损害赔偿法》的咨询报告中采纳了这种改变。[③]　由此可见,在英国产品责任案件中,对于那些唯利是图的恶意制造商侵害消费者的行为,当然可以适用惩罚性赔偿。

在美国法上,惩罚性赔偿金先后经历了三个阶段,即对侮辱与羞辱的惩罚、对滥用权力的惩罚,以及对产品责任和商业侵权的惩罚。其中,惩罚性

---

① 参见[德]格哈德·瓦格纳:《损害赔偿法的未来:商业化、惩罚性赔偿、集体性损害》,王程芳译,北京:中国法制出版社,2012 年版,第 116 页。

② Peter Jaffey, The Law Commission Report on Aggravated, Exemplary and Restitutionary Damages, Modern Law Review, Vol. 61, Issue 6, 1998, p. 869.

③ Department for Constitutional Affairs, The Law on Damages, Consultation Paper 9/07, May 2007.

赔偿扩展适用至产品责任领域始于 20 世纪 70 年代晚期。① 尽管在产品责任诉讼中采用严格责任的标准与惩罚性赔偿诉求中对责任主体严重过失或者不顾后果的忽视之证明要求并不相适应,但是一些法院认为,只要原告在产品责任诉讼中能够证明产品的缺陷状态是对原告权利的一种"有意的或者不顾后果的忽视"结果,那么就可以请求惩罚性赔偿金。② 美国《侵权法重述第二版》③与《统一产品责任示范法》④均对惩罚性赔偿进行了规定。在美国产品责任司法实践中,惩罚性赔偿经常适用于生产商的六种行为:①欺诈;②故意违反安全标准;③未实施充分实验以发现缺陷;④未通过设计排除已知危险;⑤未警告已知危险;⑥未实施售后警告。在多数案件中,惩罚性赔偿往往适用于涉及上述非法行为不同形式的组合。⑤

　　当前,美国联邦和大多数州的判例法大都认可在产品责任案件中适用惩罚性赔偿,只是对于具体的适用标准在各州之间存在一定程度的差别。⑥但近几年来,随着侵权责任法改革的呼声越来越高,产品责任惩罚性赔偿也遭受一些非议,尤其是针对惩罚性赔偿的数额量定等问题,批评家们迫切要

---

　　① 　[奥]赫尔穆特·考茨欧、[奥]瓦内萨·威尔科克斯:《惩罚性赔偿金:普通法与大陆法的视角》,窦海洋译,北京:中国法制出版社,2012 年版,第 204-205 页。

　　② 　David G. Owen, Punitive Damages in Products Liability Litigation, Michigan Law Review, Vol. 74, Issue 7, 1976, p. 1257.

　　③ 　美国《侵权法重述第二版》第 908 条第 1 款规定:"惩罚性损害赔偿是在补偿性与象征性赔偿或名义上的赔偿之外,为惩罚该赔偿交付方的恶劣行为并阻遏他与相似者在将来实施类似行为而给予的赔偿。"

　　④ 　1979 年美国商务部公布的《统一产品责任示范法》第 120 条 A 款规定:"如果原告能够提供清晰可信地证据证明所受到的损害是由于产品销售者漠视产品使用者、消费者和其他可能受到损害的人的安全所造成的,那么原告可以获得惩罚性赔偿。"

　　⑤ 　[美]戴维·G. 欧文:《产品责任法》,董春华译,北京:中国政法大学出版社,2012 年版,第 364 页。

　　⑥ 　John Y. Gotanda, Punitive Damages: A Comparative Analysis, Columbia Journal of Transnational Law, Vol. 42, Issue 2, 2004, p. 422.

求进行改革。① 一些法院和立法机关已经采纳的基本改革包括：限制惩罚性赔偿责任、明确惩罚性赔偿数额的正式标准、对原告的证明责任提出要求以及对惩罚性赔偿进行严格司法审查等措施。② 美国联邦最高法院还通过"Pacific Mutual Life Insurance Co. V. Haslip"③"BMW of North America, Inc. v. Gore"④"Philip Morris USA v. Williams"⑤等一系列案件的判决确立了惩罚性赔偿的宪法限制原则，其中明确要求惩罚性赔偿数额的量定方法须符合《美国宪法第十四修正案》所规定的正当法律程序条款（due process of law clause）。

（二）大陆法系国家产品责任惩罚性赔偿制度

欧洲大陆法系国家对惩罚性赔偿的态度是模棱两可的，但可以肯定的是，惩罚性赔偿不属于欧洲共同私法的核心范围。欧洲侵权责任法一体化计划暗示拒绝采纳惩罚性赔偿机制。⑥《欧洲侵权责任法原则》第 10-101 条规定："损害赔偿是以金钱的方式赔偿受害方，即在金钱可能的范围内，使受害方恢复到损害未发生的状态。损害赔偿亦可达到预防损害的目的。"⑦由此可见，欧洲侵权责任法一体化计划是将侵权损害赔偿的目的限定在"补偿性"的基础之上。《欧共体产品责任指令》对惩罚性赔偿也未作出规定。惩罚性赔偿对于欧洲大陆法系国家之所以较为陌生，主要原因在于其对公法

---

① 近年来，美国产品责任民事审判中的陪审团裁判惯例遭受越来越多的批评。尽管数额适中的普通惩罚性损害赔偿判决是完全可以接受的，但事实上平均水平的判决就引发了担忧。此外，早年的实验性研究表明，因为陪审团的判断明显受情绪影响，包括道德上的愤怒、刑罚欲望，陪审团裁决制度几乎不可能满足理性化要求。参见［德］格哈德·瓦格纳：《损害赔偿法的未来：商业化、惩罚性赔偿、集体性损害》，王程芳译，北京：中国法制出版社，2012 年版，第 112—113 页。

② David G. Owen, Products Liability in a Nutshell, Saint Paul：West Academic Publishing, 2008, pp. 522-523.

③ Pacific Mutual Life Insurance Co. V. Haslip, 499 U. S. 1 (1991).

④ BMW of North America, Inc. v. Gore, 517 U. S. 559 (1996).

⑤ Philip Morris USA v. Williams, 540 U. S. 801 (2003).

⑥ ［德］格哈德·瓦格纳：《损害赔偿法的未来：商业化、惩罚性赔偿、集体性损害》，王程芳译，北京：中国法制出版社，2012 年版，第 114 页。

⑦ ［奥］海尔姆特·库齐奥：《侵权责任法的基本问题（第一卷）：德语国家的视角》，朱岩译，北京：北京大学出版社，2017 年版，第 353 页。

与私法进行严格区分,并强调二者所具有的不同功能,如果允许私人执行惩罚性赔偿制度,则打破了传统上惩罚系由公法规制的惯例,会存在侵蚀私法的危险。①

但是近年来,一些大陆法系国家和地区对于惩罚性赔偿的适用态度也大有转变,开始呈现出逐渐接受惩罚性赔偿的发展趋势。德国和法国在一些领域的具体实践中已经隐秘性地接受惩罚性赔偿的适用,很多学者对此给予关注并展开了热烈的讨论,有一部分学者认为应当在某些侵权领域引入惩罚性赔偿。② 我国台湾地区则在一些民事特别法中直接规定了惩罚性赔偿制度。

德国隐秘地接受惩罚性赔偿制度在知识产权领域表现得尤为明显。正是基于知识产权易受侵害性以及受害人享有的各种请求权在预防功能方面的不足,目前德国法院已经认可双倍于知识产权特许费用的损害赔偿,此种赔偿应当属于惩罚性赔偿实际适用的情形。③ 1994 年,德国联邦法院在著名的"摩纳哥公主案"中,针对恶意侵害他人人格权的行为,判决被告承担惩罚性损害赔偿责任。④ 同时,德国法院针对恶意制造产品责任诉讼个案,也作出了超出补偿性赔偿数额的判决。在立法方面,《德国产品责任法》第 10 条⑤规定了缺陷产品致人损害的赔偿数额最高可达 1.6 亿马克,这显然超出了一般补偿性赔偿的标准。此项规定可以理解为对德国司法实践中产品责任惩罚性赔偿的适用预留了必要的空间。

① 朱广新:《惩罚性赔偿制度的演进与适用》,《中国社会科学》,2014 年第 3 期,第 115 页。

② 参见张新宝、任鸿雁:《我国产品责任制度:守成与创新》,《北方法学》,2012 年第 3 期,第 14 页。

③ 参见[奥]海尔姆特·库齐奥:《侵权责任法的基本问题(第一卷):德语国家的视角》,朱岩译,北京:北京大学出版社,2017 年版,第 51 页。

④ 参见张新宝、李倩:《惩罚性赔偿的立法选择》,《清华法学》,2009 年第 4 期,第 9 页。

⑤ 《德国产品责任法》第 10 条规定:"缺陷产品是指不能提供人们有权期待的安全性,因产品缺陷造成人身伤害的,赔偿额可达 1.6 亿马克;如果人身损害是由于一项产品或有同样缺陷的数种产品而发生,赔偿义务人在不超过 1.6 亿马克的最高限额内承担责任;对多数人应付的赔偿额,超过第 1 款规定的最高额时,每一笔赔偿额应在总额不超过最高限额内按比例减少。"

在法国,尽管《法国民法典》并未明文规定惩罚性赔偿,但也同样存在隐秘适用惩罚性赔偿金的具体实践。依据法国《知识产权法》第331-1-4条的规定,当对一部受知识产权法保护的著作进行非法复制的情况下,民事法院可以责令对通过仿造所获得收入的全部或部分进行没收,并将其交给受害人。这意味着受害人可以获得超出他因被告的不法行为而遭受实际损失的金钱数额。[①] 另外,法国学界也有支持惩罚性赔偿适用的呼声。2012年,法国学术权威机构"法兰西学院"院士弗朗索瓦·泰雷先生组织专家起草并向法国司法部提交了一份《民事责任法改革草案》,该草案在关于精神损害赔偿数额量定方面规定了针对侵害人存在主观故意的情况下,允许法官判决数额较高的惩罚性赔偿,以保留对侵权人的恫吓与威慑(第69条第2款)。[②]

三、民法典时代产品责任惩罚性赔偿的规范体系及其适用关系

(一)我国产品责任惩罚性赔偿的规范体系

我国现行惩罚性赔偿制度是以1993年《消费者权益保护法》第49条为基础而逐渐建立起来的,目前已经形成了涵盖《消费者权益保护法》《食品安全法》《民法典》等不同法律领域的规范体系。如何正确理解我国产品责任中惩罚性赔偿的规范构造,需要厘清不同法律领域相关规范的内在体系关联及规范竞合问题。

1. 消费领域的惩罚性赔偿

我国惩罚性赔偿制度最初是在消费领域予以规范的,这集中体现在1993年《消费者权益保护法》第49条的规定。[③] 该条首开先河确立了我国

---

① [奥]海尔姆特·库齐奥:《侵权责任法的基本问题(第一卷):德语国家的视角》,朱岩译,北京:北京大学出版社,2017年版,第358—359页。

② 李世刚:《法国侵权责任法改革:基调与方向》,北京:人民日报出版社,2017年版,第155页。

③ 1993年通过的《消费者权益保护法》第49条规定:"经营者提供商品或者服务有欺诈行为的,应当按照消费者的要求增加赔偿其受到的损失,增加赔偿的金额为消费者购买商品的价款或者接受服务的费用的一倍。"

私法上的惩罚性赔偿制度。《消费者权益保护法》第 49 条以缔约上的欺诈为规制对象,学界主流观点认为,该条文所规定的惩罚性赔偿金在性质上是属于经营者构成违约而适用的惩罚性赔偿责任。① 如果经营者在销售产品时存在欺诈情形,则买受人可以依据此条规定主张惩罚性赔偿。但是由于赔偿数额是以商品价款的一倍为计算方法,并未考虑消费者所遭受的实际损失,因此可能会存在惩罚性赔偿金畸轻的问题。

2013 年修改后的《消费者权益保护法》第 55 条对旧法第 49 条的内容进行了全面完善,既有对旧法的重要修改②,也有对惩罚性赔偿制度创新的新增规定。③ 从法律效果来看,惩罚性赔偿金数额从原来商品或服务价款的一倍增加到三倍,并规定了最低赔偿限额,既对违法经营者加大了惩罚力度,也有助于激励受害人积极维权。另外,新增规定第 55 条第 2 款首次将消费者"所受损失"确定为惩罚性赔偿金的数额标准,并吸收了《侵权责任法》《食品安全法》有关惩罚性赔偿的构造要素,已经形成了典型意义上的惩罚性赔偿规范样态,标志着我国的惩罚性赔偿制度趋于规范化。④

新《消费者权益保护法》第 55 条所规定的惩罚性赔偿责任体系由违约责任和侵权责任两个部分构成。⑤ 如果经营者在向消费者提供缺陷产品时存在欺诈行为,并因此缺陷产品导致消费者健康严重损害后果的,则应当分

---

① 参见王利明:《惩罚性赔偿研究》,《中国社会科学》,2000 年第 4 期,第 119 页;杨立新:《〈消费者权益保护法〉规定惩罚性赔偿责任的成功与不足及完善措施》,《清华法学》,2010 年第 3 期,第 9 页。

② 新《消费者权益保护法》第 55 条第 1 款做如下修改规定:"经营者提供商品或者服务有欺诈行为的,应当按照消费者的要求增加赔偿其受到的损失,增加赔偿的金额为消费者购买商品的价款或者接受服务的费用的三倍;增加赔偿的金额不足五百元的,为五百元。法律另有规定的,依照其规定。"

③ 新《消费者权益保护法》第 55 条第 2 款规定:"经营者明知商品或者服务存在缺陷,仍然向消费者提供,造成消费者或者其他受害人死亡或者健康严重损害的,受害人有权要求经营者依照本法第四十九条、第五十一条等法律规定赔偿损失,并有权要求所受损失二倍以下的惩罚性赔偿。"

④ 朱广新:《惩罚性赔偿制度的演进与适用》,《中国社会科学》,2014 年第 3 期,第 110 页。

⑤ 杨立新:《〈消费者权益保护法〉规定惩罚性赔偿责任的成功与不足及完善措施》,《清华法学》,2010 年第 3 期,第 20 页。

别适用《消费者权益保护法》第 55 条第 1 款规定的欺诈消费惩罚性赔偿及第 55 条第 2 款规定的严重侵权责任惩罚性赔偿,两种性质的责任承担并行不悖,可以同时适用。[①]

2. 违反食品安全义务的惩罚性赔偿

2009 年通过的《食品安全法》第 96 条第 2 款对生产者、销售者违反食品安全义务的惩罚性赔偿责任进行规定[②],扩宽了惩罚性赔偿的适用领域。依据该条款,在食品领域适用惩罚性赔偿的条件不再局限于欺诈的情形,而是关注于生产者、销售者是否存在违反食品安全保障义务的违法行为,即生产或销售不符合食品安全标准的食品。在一定程度上而言,《食品安全法》第 96 条第 2 款率先在食品领域大胆抛弃了《消费者权益保护法》第 49 条中惩罚性赔偿的主观欺诈要件,侧重对违反食品安全标准的客观不法行为进行评价,弘扬了适度倾斜消费者的现代法治理念。[③]

《食品安全法》第 96 条第 2 款所确立的食品安全惩罚性赔偿对于生产者与销售者的主观归责标准存在差异,针对销售者适用的是具有主观故意的"明知"要件,而针对生产者则采取了更严厉的无过错要件,此种区别对待的立法规范值得商榷,也与惩罚性赔偿的基本法理不相符合。[④] 从《食品安全法》第 96 条第 1 款和第 2 款的内在逻辑关联来看,食品安全惩罚性赔偿的适用是不以造成消费者的实际损害为前提的,这更体现出食品安全惩罚性赔偿过于宽泛的适用情形。此外,对于惩罚性赔偿金的数额量定,该条仍未

[①] 有学者对此认为,新《消费者权益保护法》第 55 条第 1 款和第 2 款规定的是违约责任和侵权责任两种不同的惩罚性赔偿责任,但是惩罚的目的相同。经营者的商品欺诈行为同时又构成恶意商品致害行为的,应择其重者而适用,没有必要两个惩罚性赔偿同时适用。参见杨立新:《我国消费者保护惩罚性赔偿的新发展》,《法学家》,2014 年第 2 期,第 90 页。

[②] 《食品安全法》第 96 条第 2 款规定:"生产不符合食品安全标准的食品或者销售明知是不符合食品安全标准的食品,消费者除要求赔偿损失外,还可以向生产者或者销售者要求支付价款十倍的赔偿金。"

[③] 刘俊海、徐海燕:《我国惩罚性赔偿制度的解释与创新》,《法律适用》,2013 年第 10 期,第 30 页。

[④] 高圣平:《食品安全惩罚性赔偿制度的立法宗旨与规则设计》,《法学家》,2013 年第 6 期,第 58 页。

摆脱以商品价款作为赔偿计算方法的窠臼。尽管赔偿数额从商品价款的一倍提到了十倍,但是仍可能面临由于商品价款较低而赔偿数额远低于消费者遭受的实际损失,从而使得惩罚性赔偿"威力不足"。[①] 直到 2015 年新修订的《食品安全法》第 148 条第 2 款在原《食品安全法》第 96 条第 2 款的基础上,修改规定为:"……支付价款十倍或者损失三倍的赔偿金;增加赔偿的金额不足一千元的,为一千元。"修改后的惩罚性赔偿数额彰显出对食品消费者的特别保护。当然,违反食品安全义务的惩罚性赔偿规范仅适用于食品类产品,并不能扩展适用于其他种类的产品缺陷致人损害责任。

3. 产品责任惩罚性赔偿

2009 年《侵权责任法》第 47 条首次确立了适用于所有产品的惩罚性赔偿责任[②],该条同时也是惩罚性赔偿在整个侵权责任中的开创性规定,并被《民法典》第 1207 条所吸收。依据《民法典》第 1207 条的规定,适用产品责任惩罚性赔偿需要以生产者、销售者在主观上存在故意为前提条件,并且将损害事实限制在造成严重损害后果的范围内,表明立法者认识到应当将惩罚性赔偿限制适用于行为人主观恶性大、行为性质恶劣的恶意产品侵权行为。[③] 对于惩罚性赔偿数额的量定,该条规定了"相应的惩罚性赔偿"这一模糊性的标准,[④]实际上赋予了法官对于确定惩罚性赔偿数额的自由裁量权。

在我国惩罚性赔偿的法律体系中,产品责任惩罚性赔偿的规定具有基础性的地位,其规范思想与构造方法对研究我国惩罚性赔偿制度具有见微知著的意义。[⑤] 在《民法典》之前的侵权责任体系中,只有产品责任才能适用

---

① 李响:《我国食品安全法"十倍赔偿"规定之批判与完善》,《法商研究》,2009 年第 6 期,第 43 页。

② 《侵权责任法》第 47 条规定:"明知产品存在缺陷仍然生产、销售,造成他人死亡或者健康严重损害的,被侵权人有权请求相应的惩罚性赔偿。"

③ 孔东菊:《论惩罚性赔偿在我国立法中的确立和完善——从〈消费者权益保护法〉到〈侵权责任法〉》,《法学杂志》,2010 年第 8 期,第 58 页。

④ 这里的"相应",主要是指被侵权人要求的惩罚性赔偿金的数额应当与侵权人的恶意相当,与侵权人造成的损害后果相当,与对侵权人威慑相当。参见王胜明主编:《中华人民共和国侵权责任法解读》,北京:中国法制出版社,2010 年版,第 236 页。

⑤ 朱广新:《惩罚性赔偿制度的演进与适用》,《中国社会科学》,2014 年第 3 期,第 113 页。

惩罚性赔偿,而产品责任之外的其他侵权行为类型则不得适用,其立法目的也同样值得重视。①

长期以来,作为我国民事基本法的《民法通则》对惩罚性赔偿没有相应的规定。2017 年通过的《民法总则》作为民法典的开篇之作,现为《民法典》总则篇,以"提取公因式"的方法规定了民事法律制度中的基础性共通性的制度规范,对民法典各分编具有统领作用。《民法典》总则篇第 179 条第 2 款规定,"法律规定惩罚性赔偿的,依照其规定"。此条款增加了惩罚性赔偿的责任方式,衔接了其他法律中已有的惩罚性赔偿规定,符合时代的发展需求。尽管该条款作为一种提示性的规定,只有在其他法律有特别规定的情况下才能实际适用,但是毕竟为我国其他民商事法律构造和适用惩罚性赔偿做出了指引,可谓意义重大。②《民法典》侵权责任编在继续保留恶意生产、销售缺陷产品适用惩罚性赔偿的规范基础上,针对生产者、销售者违反跟踪观察义务并且造成严重损害后果的情形,增加规定了惩罚性赔偿责任。此外,《民法典》侵权责任编还将惩罚性赔偿责任延伸适用于产品责任类型之外的领域,分别针对恶意侵害知识产权③、恶意损害生态环境④的侵权行为新增了惩罚性赔偿的规定。可以说,在产品责任惩罚性赔偿的立法规范与司法实践基础上,我国惩罚性赔偿责任体系正在逐渐扩展其适用范围,以增强对相关重要民事权益的保护力度。

(二)民法典时代产品责任惩罚性赔偿规范之间的适用关系

在我国现行有关产品责任惩罚性赔偿的规范体系中,《民法典》第 1207 条、《食品安全法》第 148 条第 2 款及《消费者权益保护法》第 55 条均有惩罚性赔偿的相关规定。这些规范之间在产品类型、主观要件、损害后果、赔偿标准等方面不尽相同。如何妥善协调上述条文规范之间的法律适用关系,

---

① 梁慧星:《中国民事立法评说:民法典、物权法、侵权责任法》,北京:法律出版社,2010 年版,第 369 页。

② 邹海林:《民法总则》,北京:法律出版社,2018 年版,第 428 页。

③ 《民法典》第 1185 条规定:"故意侵害他人知识产权,情节严重的,被侵权人有权请求相应的惩罚性赔偿。"

④ 《民法典》第 1232 条规定:"侵权人违反法律规定故意污染环境、破坏生态造成严重后果的,被侵权人有权请求相应的惩罚性赔偿。"

无疑是产品责任惩罚性赔偿在司法实践中面临的难题。

《消费者权益保护法》第 55 条第 1 款是有关产品欺诈惩罚性赔偿的规定,其与《侵权责任法》第 47 条、《食品安全法》第 148 条第 2 款中有关产品责任的规范性质有所区别。对产品欺诈规制的着眼点在于其交易过程中存在欺诈行为,损害后果是合同预期利益的损失,属于违约责任的损害赔偿;而对产品责任规制的着眼点在于行为人存在主观恶意,损害后果是受害人的人身健康等固有利益遭受损害,属于侵权责任的损害赔偿。① 当两种责任同时存在时,各规范相互之间并不影响。如果经营者在提供缺陷产品时存在欺诈行为,并且缺陷产品造成受害人严重人身损害的,受害人对此可以同时主张基于产品欺诈的惩罚性赔偿和基于恶意产品责任的惩罚性赔偿。

《消费者权益保护法》第 55 条第 2 款、《民法典》第 1207 条、《食品安全法》第 148 条第 2 款之间存在规范竞合的关系。当食品存在缺陷造成他人严重损害后果时,关于惩罚性赔偿责任的 3 种规范可能会同时成立。相较于《民法典》第 1207 条的规定而言,《消费者权益保护法》第 55 条第 2 款对于惩罚性赔偿的数额标准有明确的可预见性,当出现规范竞合的情形时,后者具有适用上的优先性。《消费者权益保护法》第 55 条第 2 款与《食品安全法》第 148 条第 2 款的规定相比,后者对于惩罚性赔偿数额明确规定了"损失三倍的赔偿金",并且受害人对惩罚性赔偿数额的适用标准具有选择可能性以及最低赔偿数额的保障激励。因此,后者对于受害人的救济更加有利,应当优先予以适用。

对于《民法典》第 1207 条与《食品安全法》第 148 条第 2 款之间的适用关系,学界主要存在两种不同的观点。一种观点认为,二者之间是一般法与特别法的竞合关系;②另一种观点认为,二者交叉的领域属于责任竞合的规范,不适用特别法优于一般法的规则。③ 笔者认为,《民法典》第 1207 条与

---

① 参见杨立新:《对我国侵权责任法规定惩罚性赔偿金制裁恶意产品侵权行为的探讨》,《中州学刊》,2009 年第 2 期,第 69—70 页。

② 陈玲、黄晨:《食品安全惩罚性赔偿责任竞合的选择适用》,《人民司法》,2014 年第 8 期,第 21 页。

③ 周江洪:《惩罚性赔偿责任的竞合及其适用——〈侵权责任法〉第 47 条与〈食品安全法〉第 96 条第 2 款之适用关系》,《法学》,2010 年第 4 期,第 114 页。

《食品安全法》第 148 条第 2 款这两种责任规范在主观构成要件、客观损害后果方面均有所不同。在主观要件方面,前者要求"明知",后者仅对经营者规定了"明知"要件,但对于生产者并不要求"明知"的要件;在损害后果方面,前者要求造成人身伤亡的严重损害后果,后者甚至并不要求造成实际的损害后果。[①] 由此可见,上述两种责任规范的构成要素不具有涵括关系[②],不应当属于一般规范与特别规范的关系。实际上,《民法典》第 1207 条与《食品安全法》第 148 条第 2 款之间存在交叉和重叠的关系,当经营者恶意销售缺陷食品造成他人伤亡的严重损害后果时,上述两种规定构成请求权规范的竞合,受害人应当有权自由选择请求权规范基础。

四、我国产品责任惩罚性赔偿的适用条件与数额量定

依据《民法典》第 1207 条的规定,产品责任惩罚性赔偿的适用条件主要包括侵权人主观上须具有恶意,并且客观上造成严重损害后果。对于惩罚性赔偿数额的量定应当坚持罚过相当的原则。

(一)产品责任惩罚性赔偿的适用条件

1. 生产者、销售者须具有主观恶意

我国《民法典》第 1207 条要求惩罚性赔偿的适用须以生产者、销售者主观上具有明知为前提,即明知产品存在缺陷仍然生产、销售。对于"明知"的理解,理论上存在不同的认识。有观点认为,从惩罚性赔偿适用的严格性角度考虑,"明知"不应当扩张适用于应当知道的情形,而仅限于已经知道产品存在缺陷的情形。[③] 也有观点认为,"明知"不仅包括确实知道,也包括应当

---

① 参见信春鹰:《〈中华人民共和国食品安全法〉解读》,北京:中国法制出版社,2015 年版,第 392-394 页。

② 税兵:《惩罚性赔偿的规范构造——以最高人民法院第 23 号指导性案例为中心》,《法学》,2015 年第 4 期,第 103 页。

③ 王利明:《侵权责任法研究》(第二版)(下卷),北京:中国人民大学出版社,2016 年版,第 281 页;高圣平:《论产品责任损害赔偿范围——以〈侵权责任法〉、〈产品质量法〉相关规定为分析对象》,《华东政法大学学报》,2010 年第 3 期,第 112 页;冉克平:《产品责任理论与判例研究》,北京:北京大学出版社,2014 年版,第 282 页。

知道和推定知道;①甚至有观点认为,应当对"明知"作扩大化解释,不仅指故意还包括重大过失的情形,以更好地预防生产者和销售者对严重侵害公众人身健康行为的放任与漠视。②

笔者认为,对于《民法典》中惩罚性赔偿适用条件的认定,还需要回归惩罚性赔偿自身的功能。③《民法典》第 1207 条关于产品责任惩罚性赔偿的规定,旨在惩罚和威慑那些主观上具有恶意、为了追逐经济利益而漠视他人人身健康、具有道德上可非难性的生产者、销售者的行为。将"明知"限定为故意,能够实现惩罚性赔偿"精确制导"打击的目标,以最大限度地发挥惩罚性赔偿制度的功能。④ 因此,应当对"明知"做限缩性解释,限于已经知道却仍然从事侵权行为,有"故意"甚至"恶意"之意,限缩性的"明知"应作为惩罚性赔偿的主观构成要件。⑤ 如果将产品责任惩罚性赔偿的主观要件扩大适用于包含重大过失的行为,则可能导致产品责任"过度震慑"的后果。⑥

对于生产者、销售者明知产品存在缺陷仍然生产、销售的举证责任,通常由受害人承担。在司法实践中,缺陷产品的受害人主张产品责任惩罚性赔偿的诉讼请求,往往囿于举证责任方面的困境而难以得到人民法院的支持。如在"彭某某诉邹某等产品责任纠纷案"中,法院认为:"原告要求被告承担明知缺陷产品仍销售造成其健康损害,要求加倍赔偿,因未提供相关证

---

① 张保红、唐明:《惩罚性赔偿条款"明知产品存在缺陷"之证明》,《人民司法》,2016 年第 1 期,第 89 页。

② 黄娅琴、叶萍:《我国产品责任的惩罚性赔偿研究》,《南昌大学学报》(人文社会科学版),2012 年第 4 期,第 111 页。

③ 惩罚性赔偿的主要目的不在于弥补受害人的损害,而在于惩罚有主观恶意的侵权行为,并遏制这种侵权行为的发生。参见黄薇主编:《中华人民共和国民法典侵权责任编解读》,北京:中国法制出版社,2020 年版,第 168 页。

④ 税兵:《惩罚性赔偿的规范构造——以最高人民法院第 23 号指导性案例为中心》,《法学》,2015 年第 4 期,第 105 页。

⑤ 王竹:《〈民法典·侵权责任编〉(编纂建议稿)附立法理由书》,北京:清华大学出版社,2019 年版,第 210 页。

⑥ [德]汉斯-贝恩德·舍费尔、克劳斯·奥特:《民法的经济分析》(第四版),江清云、杜涛译,北京:法律出版社,2009 年版,第 373 页。

据证明,该项诉求不予支持。"①因此,在某些情况下,应当允许采用推定的方式来证明生产者、销售者主观上具有明知产品存在缺陷的故意。在"新乡市金龙车业有限公司(以下简称新乡金龙公司)诉陈光阳等产品责任纠纷案"中,法院认为:"新乡金龙公司作为案涉产品生产者,其提供产品合格证中载明车速、车重的参数与其提供的企业标准要求明显不一致,车辆前轮无制动系统,后轴制动性能无效,新乡金龙公司未严格按照备案登记的企业标准生产,对出厂产品也未尽质量检查把关义务,对案涉产品存有缺陷应是明知行为。"②

2. 客观上造成严重损害后果

产品责任惩罚性赔偿的法律适用,客观上要求造成人身伤亡的严重损害后果。依据《民法典》第 1207 条的规定,惩罚性赔偿的客观要件是指"造成他人死亡或者健康严重损害"。具体而言,缺陷产品造成的损害后果包括:一是造成消费者、使用者死亡,即因为缺陷产品使受害人的生命权遭受侵害;二是造成消费者、使用者身体健康严重受损。这表明产品责任中的惩罚性赔偿并不是针对一般的侵权行为损害后果提供救济,而是针对遭受人身伤亡的严重损害后果进行救济,这也是产品责任惩罚性赔偿严格慎用的限制条件之一。

其中,缺陷产品对受害人的健康造成严重损害的标准并不清晰,为了增强司法实践的可操作性及保持法律适用的统一性,应当对其进一步明确。首先,受害人的健康遭受严重损害,必须是指客观上已经实际发生的损害后果,而不能仅是一种潜在的危险。如果缺陷产品会对受害人的健康造成严重损害危险的,则不能主张惩罚性赔偿。③ 其次,关于受害人的健康严重损害的情况可以参照身体伤残的标准来认定。最后,受害人的健康严重损害

---

① 参见江西省上饶市中级人民法院(2018)赣 11 民终 169 号民事判决书。类似案件裁判观点参见"倪志军等与张康前产品责任纠纷上诉案"(江苏省连云港市中级人民法院(2017)苏 07 民终 2463 号民事判决书);"张甲与龙甲等产品责任纠纷上诉案"(湖南省长沙市中级人民法院(2012)长中民一终字第 3943 号民事判决书)。

② 参见重庆市第一中级人民法院(2017)渝 01 民终 1515 号民事判决书。

③ 最高人民法院侵权责任法研究小组:《〈中华人民共和国侵权责任法〉条文理解与适用》,北京:人民法院出版社,2016 年版,第 343 页。

不仅包括身体上的严重损害,而且包括精神上的严重损害。如受害人因使用缺陷产品导致毁容,长期遭受精神痛苦,也可以主张惩罚性赔偿。值得注意的是,由于精神损害抚慰金与惩罚性赔偿金二者在功能上有所不同,因此受害人可以同时主张此两种诉讼赔偿请求。[①]

(二)产品责任惩罚性赔偿的数额量定

依据《民法典》第1207条的规定,在产品责任中适用惩罚性赔偿的数额确定标准过于模糊,如何量定产品责任惩罚性赔偿的数额,成为该制度在适用中最具争议性的一个问题。正如有学者所言,惩罚性赔偿备受诘难之处是其"不可预测性(unpredictable)"的特征。[②] 由于该条文将惩罚性赔偿数额确定的自由裁量权完全赋予法官,如果对其数额的量定因素不加以限制,将可能导致司法实践中出现惩罚性赔偿数额畸轻或者畸重的问题,进而导致滥用惩罚性赔偿或者难以发挥其应有的威慑功效。为了能够在司法实践中妥当判定惩罚性赔偿金的数额,应当对惩罚性赔偿金的考量因素进行明确,以适当增强数额量定的可预见性。[③]

就英美法上惩罚性赔偿金的考量因素而言,其大体标准可归纳为三个因素:惩罚性因素、遏制性因素以及诉讼补偿与激励因素。[④] 也有学者认为,在确定惩罚性赔偿数额时,相关的考虑因素应当包括行为人的过错程度、造成的损害后果、行为的方式以及行为人的获利情况。[⑤] 还有学者认为,确定惩罚性赔偿的数额有两种方法:一是应当设置最高数额的限制;二是考量惩罚性赔偿数额与补偿性赔偿数额之间的比例关系。[⑥]

---

① 参见杨立新:《对我国侵权责任法规定惩罚性赔偿金制裁恶意产品侵权行为的探讨》,《中州学刊》,2009年第2期,第70页。

② 朱凯:《惩罚性赔偿制度在侵权责任法中的基础及其适用》,《中国法学》,2003年第3期,第90页。

③ 白峻:《产品责任惩罚性赔偿数额量定的比较研究》,《东南学术》,2013年第3期,第188页。

④ 参见金福海:《惩罚性赔偿制度研究》,北京:法律出版社,2008年版,第124-125页。

⑤ 王利明:《侵权责任法研究》(第二版)(下卷),北京:中国人民大学出版社,2016年版,第284页。

⑥ 高圣平:《论产品责任损害赔偿范围——以〈侵权责任法〉、〈产品质量法〉相关规定为分析对象》,《华东政法大学学报》,2010年第3期,第113页。

　　笔者认为,对于在产品责任中设置惩罚性赔偿最高限额的做法应当持慎重态度。如果对所有的恶意产品责任预先设定统一标准的最高数额,那么将可能导致生产商得以事先计算损害成本,并通过一些手段去除惩罚性赔偿可能对企业造成的不利影响。基于对成本—效益的计算后,实施恶意生产行为的企业在面对惩罚性赔偿规范时将更加肆无忌惮,惩罚性赔偿责任的威慑功能至此将不复存在。① 因此,不宜直接对产品责任惩罚性赔偿作出最高数额的限制。此外,主张惩罚性赔偿数额与补偿性赔偿数额之间保持适当的比例关系具有一定程度上的合理性,有助于防止惩罚性赔偿金过重的弊端。但是,确定惩罚性赔偿也不能仅仅单纯考虑实际损害后果,因为有时候可能存在生产者或销售者主观恶性较大但却造成较小实际损害后果的情形,如果固守与补偿性损害后果之间的比例原则,将难以起到惩罚性赔偿的威慑效果。

　　笔者认为,对于产品责任惩罚性赔偿数额的量定应当坚持过罚相当的原则,实现惩罚数额的适当性是一项系统的工程,应当综合考虑以下因素:

　　第一,生产者、销售者的主观恶意程度。惩罚性赔偿的数额应当与侵权主体实施不法行为的主观恶意程度相当,其可非难性程度越深,赔偿数额应当越高。

　　第二,缺陷产品导致的实际损害后果。赔偿数额应当与缺陷产品造成的实际损害后果维持适当的比例。具体的比例关系可以参照2013年修改的《消费者权益保护法》第55条第2款中的"所受损失二倍以下"的规定,该指引规定实质上是将《民法典》第1207条的规定在消费者保护领域的具体化。② 如果是食品类产品,则可以参照所受损失三倍的惩罚性赔偿的标准。

　　第三,系统协调与其他类型惩罚性赔偿之间的关系。由于现行惩罚性

---

　　① 制造商或通过转嫁给消费者,或通过购买保险等方式,将惩罚性赔偿金的成本外部化后,对于企业本身并无损失。基于经济上理性与获利之考虑,制造商将不惜牺牲消费者之人身安全,而从事缺陷产品之生产制造,法律所规定的惩罚性赔偿金的惩罚、威慑功能将荡然无存。参见陈聪富:《侵权归责原则与损害赔偿》,北京:北京大学出版社,2006年版,第246页。

　　② 参见贾东明:《中华人民共和国消费者权益保护法解读》,北京:中国法制出版社,2013年版,第282页。

赔偿体系包含多个法律领域,针对侵权主体的同一行为,既可能存在私法上的惩罚性赔偿,也可能存在公法上的行政处罚或者罚金。即使在私法层面上,可能符合基于欺诈行为的惩罚性赔偿,同时也可能符合产品责任惩罚性赔偿。为了避免惩罚过度,在确定产品责任惩罚性赔偿的数额时,应当注重体系性思维,兼顾不同类型惩罚性赔偿的处罚情形,以合理发挥惩罚与威慑效果。

本章小结

　　本章主要研究产品责任的承担规则。我国产品责任的主体包括生产者和销售者。生产者的主要类型应包括实际生产者、标示生产者以及拟制生产者;销售者主要包括经销商、分销商、进口商、批发商、零售商等具体的销售主体类型,以及名义销售者和拟制销售者。生产者与销售者之间的责任形态应当是不真正连带责任的关系。《民法典》第 1205 条与第 1206 条相互衔接,都旨在要求生产者、销售者对投入流通后的产品潜在危险采取应对措施,以消除产品缺陷或者降低产品安全风险,共同彰显了损害预防理念在产品责任领域中的具体适用。为了避免预防性责任诉讼的泛滥,应当将其请求权主体范围限定为与产品使用有直接实际关联的主体。在产品跟踪观察义务中,售后警示措施应当适用于危险程度较低的产品发展缺陷类型,召回措施应当适用于危险强度较高的且普遍性的产品缺陷类型。生产者、销售者违反产品跟踪观察义务的责任仍应当界定为产品责任的范畴,其履行该项义务的法律意义在于能够对抗受害人提起的产品责任诉讼,以及避免承担过重的产品责任。

　　我国产品责任法上惩罚性赔偿制度应当主要包含惩罚、威慑以及充分保护消费者三大功能。对于《民法典》第 1207 条的适用条件,应当对"明知"做限缩性解释,限于已经知道却仍然从事侵权行为,有"故意"甚至"恶意"之意,限缩性的"明知"应作为惩罚性赔偿的主观构成要件。为了增强司法实践的可操作性及保持法律适用的统一性,应当对缺陷产品造成受害人严重损害的标准进一步地明确,对此可以参照身体伤残的标准来认定。对于产品责任惩罚性赔偿数额的量定应当坚持过罚相当的原则,实现惩罚数额的适当性是一项系统的工程,应当综合考虑生产者、销售者的主观恶意程度,缺陷产品造成的实际损害后果,以及系统协调与其他类型的惩罚性赔偿之间的关系。

结　论

产品责任作为一种独立的侵权责任类型,其形成与发展蕴含着深层次的法律政策因素。现代产品责任普遍奉行严格责任原则,主要是基于工业化生产背景下缺陷产品导致的严重危害后果、消费者运动促使消费者权利保护思想的兴起,以及缺陷产品致损民事责任具备的特殊侵权形态。通过强化缺陷产品致损责任制度的规范功能,对于促进企业产品安全具有重要的作用。从我国现行产品责任的立法规范及司法实践来看,目前仍存在一些突出的问题亟待解决。另外,随着新兴科技的迅猛发展,以智能机器人、自动驾驶汽车等为典型的人工智能产品逐渐被投入市场应用。由于人工智能产品构造高度复杂且具有一定程度的自主性和学习能力,当因缺陷发生致损事故后,将使得现行产品责任规则在具体适用时遭遇新的挑战。

本书在探究产品责任制度发展脉络的基础上,围绕现代产品责任的归责原则、构成要件、抗辩事由、承担规则四个部分展开研究,针对理论与实务中的争议焦点问题进行深入剖析和评判,并对人工智能产品缺陷问题可能带来的法律挑战提出应对之策。

第一,关于产品责任的归责原则。归责原则的确定是产品责任法律体系中的基础性问题。严格归责原则在产品责任领域的适用,弥补了一般过错侵权责任、合同担保责任的不足之处,能够为受害人提供有效救济并降低产品风险。严格归责原则的理论依据主要包括"损失分散理论""威慑与激励理论""市场遏制理论"。美国《侵权法重述第三版:产品责任》有关归责原则的最新改革具有其自身特殊的经济与社会因素,既未从根本上动摇现代产品责任制度所确立的严格归责原则基本精神,也并不具有普遍借鉴意义。从产品责任归责原则的规范意旨、历史解释以及体系解释来看,我国

《民法通则》《产品质量法》《侵权责任法》《民法典》关于产品责任归责原则的立法意旨是一脉相承的,对于生产者、销售者的责任均实行严格归责原则,只有在认定责任主体之间内部追偿时才有必要考虑销售者的主观过错情形。

　　第二,关于产品责任的构成要件。对于产品的界定则是产品责任法律体系的基本前提。作为产品构成要素之"加工、制作"应当解释为能够涵盖生产者对产品价值创造过程的全部人为介入活动,"用于销售"主要是指限定产品的流通目的,应理解为投入流通的各种方式。随着社会的不断发展,有关产品的外延也应处于动态化的调整之中。对于一些具有争议性的特殊类型产品,有必要尽快明晰其产品的客体属性及强调产品安全的重要价值,亟待从立法层面予以正面列举,主要包含电力、热能、天然气等能源,初级农产品,计算机软件,血液。产品责任的成立需要同时符合三个要件:产品具有缺陷、产品致人损害、产品缺陷和损害之间存在因果关系。其一,关于产品缺陷的认定。本书认为,在产品缺陷的认定方面,应将"不合理的危险"标准作为决定性标准,同时将强制性标准作为重要的辅助性标准。由于"不合理的危险"标准过于抽象,为了增强法律适用的可操作性,需要进一步细化该标准的具体判定方法。对于产品制造缺陷,可以依据产品违反既定设计规格和产品发生故障的规则;对于产品设计缺陷,可以综合运用消费者合理期待标准和风险—效用标准进行判定;对于产品警示缺陷,需要结合产品警示的内容与形式是否达到充分性的要求进行判定。其二,关于产品责任中损害范畴的认定。本书认为,将产品自身损失纳入《民法典》第 1202 条中"损害"的范畴未尝不可,而完全将其排除在产品责任的损害赔偿范围并不合理。同时,为了防止产品责任法益保护范围的过度扩张,避免责任无限制扩大导致生产者与消费者之间利益失衡,应当对产品自身损失的发生原因和发生方式进行严格限定。只有当产品自身损失是因产品缺陷的原因,并以一种危及他人人身、财产安全的危险方式而发生自损,才能够依据产品责任的路径主张损害赔偿。其三,关于因果关系的认定。本书认为,为了合理分配产品缺陷致人损害案件中因果关系证明的举证责任,对于诸如人工智能产品等科技含量较高、制造工艺特殊复杂及因果关系难以查明的产品责任案件,应当采取产品缺陷与损害之间因果关系推定的方式。在面临侵权人不明的大规模产品责任案件时,我国有必要考虑借鉴美国产品责任法上的市场份额责任规则。在具体适用时,应当明确市场份额责任规则的适用案件类型,合理界定市场份额,并限制市场份额责任的承担方式。

第三,关于产品责任的抗辩事由。在产品责任体系中,抗辩事由的规范价值体现着法律对产品领域中生产者与消费者之间风险的合理分配,可以使产品责任制度更具有经济上的合理性。为了避免严格责任原则与发展风险抗辩之间存在的逻辑冲突,可以采取将发展风险抗辩融入产品缺陷判断标准这一可行的解释路径,以消除发展风险抗辩与严格责任体系不能兼容的困境。为了克服我国司法实践中发展风险抗辩适用标准的模糊,当前有必要厘清其具体适用规则。首先,应当将产品投入流通时的"科学技术水平"界定为世界范围内最先进的科技水平,同时还应当注意考量生产者对于最新科学技术知识是否具有信息获取的可行性;其次,应当将发展风险抗辩限定适用于产品设计缺陷和警示缺陷的案件中,同时也应当允许销售者援引该项抗辩主张。为了预防发展风险抗辩可能导致对消费者保护不利的局面,当前亟须确立相关的配套制度。一方面,应当在产品跟踪观察义务与发展风险抗辩之间构建合理的衔接适用关系,以督促生产者、销售者在发现产品具有不合理的危险时及时采取必要的补救措施;另一方面,为了填补发展风险抗辩适用情形中受害人的实际损害,也有必要考虑引入产品责任保险的救助机制。

第四,关于产品责任的承担规则。我国产品责任的承担主体包括生产者和销售者,二者之间的责任形态应当是不真正连带责任的关系。生产者的主要类型应包括实际生产者、标示生产者以及拟制生产者,销售者主要包括经销商、分销商、进口商、批发商、零售商等具体的销售主体类型,以及名义销售者和拟制销售者。《民法典》第1205条与第1206条相互衔接,都旨在要求生产者、销售者对投入流通后的产品潜在危险采取应对措施,以消除产品缺陷或者降低产品安全风险。为了避免预防性责任诉讼的泛滥,应当将其请求权主体范围限定为与产品使用有直接实际关联的主体。在产品跟踪观察义务中,售后警示措施应当适用于危险程度较低的产品缺陷类型,召回措施应当适用于危险强度较高的且普遍性的产品缺陷类型。生产者、销售者履行产品跟踪观察义务的法律意义在于能够避免承担过重的产品责任。为了合理发挥产品责任惩罚性赔偿的规范功能,《民法典》第 1207 条中的"明知"应限缩性解释为"已经知道",具有故意性质;对于缺陷产品造成受害人严重损害的后果,可以参照身体伤残的标准予以认定。对于产品责任惩罚性赔偿数额的量定应当坚持过罚相当的原则,应当综合考虑生产者、销售者的主观恶意程度,缺陷产品造成的实际损害后果,以及系统协调其他类型的惩罚性赔偿之间的关系。

参考文献

一、中文类参考文献

（一）著作类

[1]黄薇.中华人民共和国民法典总则编解读[M].北京:中国法制出版社,2020.

[2]黄薇.中华人民共和国民法典侵权责任编解读[M].北京:中国法制出版,2020.

[3]于敏.日本侵权行为法[M].3版.北京:法律出版社,2015.

[4]于敏,李昊,等.中国民法典侵权行为编规则[M].北京:社会科学文献出版社,2012.

[5]王竹.侵权责任法疑难问题专题研究[M].2版.北京:中国人民大学出版社,2018.

[6]王竹.《民法典·侵权责任编》（编纂建议稿）附立法理由书[M].北京:清华大学出版社,2019.

[7]王利明.侵权责任法[M].北京:中国人民大学出版社,2016.

[8]王利明.侵权责任法研究（上卷）[M].2版.北京:中国人民大学出版社,2016.

[9]王利明.侵权责任法研究（下卷）[M].2版.北京:中国人民大学出版社,2016.

[10]王利明.中华人民共和国侵权责任法释义[M].北京:中国法制出版社,2010.

[11]王利明.中国民法典学者建议稿及立法理由[M].北京:法律出版社,2005.

[12]王利明,周友军,高圣平.侵权责任法疑难问题研究[M].北京:中国法制出版社,2012.

[13]王泽鉴.民法学说与判例研究·第八册[M].北京:北京大学出版

社,2009.

［14］王泽鉴.侵权行为［M］.3 版.北京:北京大学出版社,2016.

［15］王泽鉴.损害赔偿［M］.北京:北京大学出版社,2017.

［16］王泽鉴.英美法导论［M］.北京:北京大学出版社,2012.

［17］王胜明.《中华人民共和国侵权责任法》条文解释与立法背景［M］.北京:人民法院出版社,2010.

［18］王胜明.中华人民共和国侵权责任法解读［M］.北京:中国法制出版社,2010.

［19］王洪亮.债法总论［M］.北京:北京大学出版社,2016.

［20］中国社会科学院语言研究所词典编辑室.现代汉语词典［M］.5 版.北京:商务印书馆,2005.

［21］中国审判理论研究会民商事专业委员会.《民法总则》条文理解与司法适用［M］.北京:法律出版社,2017.

［22］卞耀武.中华人民共和国产品质量法释义［M］.北京:法律出版社,2000.

［23］冉克平.产品责任理论与判例研究［M］.北京:北京大学出版社,2014.

［24］冯珏.英美侵权法中的因果关系［M］.北京:中国社会科学出版社,2009.

［25］朱岩.侵权责任法通论·总论［M］.北京:法律出版社,2011.

［26］朱柏松.消费者保护论［M］.台北:翰芦图书出版有限公司,2004.

［27］朱柏松.商品制造人侵权行为责任法之比较研究［M］.台北:五南图书出版有限公司,1991.

［28］全国人大常委会法制工作委员会民法室.侵权责任法立法背景与观点全集［M］.北京:法律出版社,2010.

［29］全国人大常委会法制工作委员会民法室.《中华人民共和国侵权责任法》条文说明、立法理由及相关规定［M］.北京:北京大学出版社,2010.

［30］农产品质量安全法释义编写组.中华人民共和国农产品质量安全法释义［M］.北京:中国法制出版社,2006.

［31］刘静.产品责任论［M］.北京:中国政法大学出版社,2000.

[32]许传玺.美国产品责任制度研究[M].北京:法律出版社,2013.

[33]李世刚.法国侵权责任法改革:基调与方向[M].北京:人民日报出版社,2017.

[34]李昊.交易安全义务论:德国侵权行为法结构变迁的一种解读[M].北京:北京大学出版社,2008.

[35]李昌麒,许明月.消费者保护法[M].4版.北京:法律出版社,2014.

[36]李响.美国产品责任法精义[M].长沙:湖南人民出版社,2009.

[37]李适时.中华人民共和国产品质量法释义[M].北京:中国法制出版社,2000.

[38]杨立新:《中华人民共和国侵权责任法》条文解释与司法适用[M].北京:人民法院出版社,2010.

[39]杨立新.侵权责任法[M].3版.北京:法律出版社,2018.

[40]杨立新.侵权法论[M].北京:人民法院出版社,2013.

[41]杨立新.侵权损害赔偿[M].6版.北京:法律出版社,2016.

[42]杨立新.中华人民共和国侵权责任法草案建议稿及说明[M].北京:法律出版社,2007.

[43]杨立新.世界侵权法学会报告(1)产品责任[M].北京:人民法院出版社,2015.

[44]邱聪智.民法研究(一)[M].北京:中国人民大学出版社,2002.

[45]佟柔.中华人民共和国民法通则简论[M].北京:中国政法大学出版社,1987.

[46]邹海林.民法总则[M].北京:法律出版社,2018.

[47]邹海林,朱广新.民法典评注:侵权责任编(第一册)[M].北京:中国法制出版社,2020.

[48]张民安.现代法国侵权责任制度研究[M].北京:法律出版社,2007.

[49]张新宝.侵权责任法立法研究[M].北京:中国人民大学出版社,2009.

[50]张民安.侵权法上的作为义务研究[M].北京:法律出版社,2010.

[51]张新宝.侵权责任构成要件研究[M].北京:法律出版社,2007.

[52]张新宝.侵权责任法[M].4版.北京:中国人民大学出版社,2016.

［53］张新宝.侵权责任法原理［M］.北京:中国人民大学出版社,2005.

［54］陈年冰.中国惩罚性赔偿制度研究［M］.北京:北京大学出版社,2016.

［55］陈聪富.侵权归责原则与损害赔偿［M］.北京:北京大学出版社,2006.

［56］陈璐.药品侵权责任研究［M］.北京:法律出版社,2010.

［57］金福海.消费者法论［M］.北京:北京大学出版社,2005.

［58］金福海.惩罚性赔偿制度研究［M］.北京:法律出版社,2008.

［59］周友军.侵权法学［M］.北京:中国人民大学出版社,2011.

［60］周友军.交往安全义务理论研究［M］.北京:中国人民大学出版社,2008.

［61］周新军.产品责任立法中的利益衡平:产品责任法比较研究［M］.广州:中山大学出版社,2007.

［62］房维廉,赵惜兵.新产品质量法释义与问答［M］.北京:中国工商出版社,2000.

［63］赵相林,曹俊.国际产品责任法［M］.北京:中国政法大学出版社,2000.

［64］段晓红.产品责任适用范围研究［M］.北京:中国社会科学出版社,2009.

［65］信春鹰.《中华人民共和国食品安全法》解读［M］.北京:中国法制出版社,2015.

［66］侯国跃.中国侵权法立法建议稿及理由［M］.北京:法律出版社,2009.

［67］贾东明.中华人民共和国消费者权益保护法解读［M］.北京:中国法制出版社,2013.

［68］奚晓明.《中华人民共和国侵权责任法》条文理解与适用［M］.北京:人民法院出版社,2010.

［69］高圣平.中华人民共和国侵权责任法立法争点、立法例和经典案例［M］.北京:北京大学出版社,2010.

［70］郭丽珍.论制造人之产品召回与警告责任//苏永钦,等.民法七十年之回顾与展望纪念论文集(一)总则·债编［M］.北京:中国政法大学出版社,2002.

［71］郭丽珍.产品瑕疵与制造人行为之研究:客观典型之产品瑕疵概念与产

品安全注意义务[M].台北:台湾神州图书出版有限公司,2001.

[72]郭丽珍.瑕疵损害、瑕疵结果损害与继续侵蚀性损害[M].台北:翰芦图书出版有限公司,1999.

[73]崔建远.合同法[M].5版.北京:法律出版社,2010.

[74]曹建明.国际产品责任法概说[M].上海:上海社会科学院出版社,1987.

[75]梁慧星.中国民事立法评说:民法典、物权法、侵权责任法[M].北京:法律出版社,2010.

[76]梁慧星.裁判的方法[M].北京:法律出版社,2003.

[77]梁慧星.中国民法典草案建议稿附理由·侵权行为编[M].北京:法律出版社,2013.

[78]梁慧星.民法学说判例与立法研究[M].北京:法律出版社,2003.

[79]董春华.中美产品缺陷法律制度比较研究[M].北京:法律出版社,2010.

[80]韩世远.合同法总论[M].3版.北京:法律出版社,2011.

[81]最高人民法院民法典贯彻实施工作领导小组.中华人民共和国民法典侵权责任编理解与适用:上册[M].北京:人民法院出版社,2020.

[82]中国审判理论研究会民事审判理论专业委员会.民法典侵权责任编条文理解与司法适用[M].北京:法律出版社,2020.

[83]最高人民法院中国应用法学研究所.人民法院案例选(总第64辑)[M].北京:人民法院出版社,2009.

[84]最高人民法院侵权责任法研究小组.《中华人民共和国侵权责任法》条文理解与适用[M].北京:人民法院出版社,2016.

[85]最高人民检察院民事行政监察厅.人民检察院民事行政抗诉案例选(第8集)[M].北京:法律出版社,2005.

[86]程啸.侵权责任法[M].3版.北京:法律出版社,2020.

[87]曾隆兴.详解损害赔偿法[M].北京:中国政法大学出版社,2004.

[88]詹森林.民事法理与判决研究(四)[M].台北:台湾元照出版有限公司,2006.

［89］田山辉明.日本侵权行为法［M］.顾祝轩,丁相顺,译.北京:北京大学出版社,2011.

［90］吉村良一.日本侵权行为法［M］.张挺,文元春,译.北京:中国人民大学出版社,2013.

［91］圆谷峻.判例形成的日本新侵权行为法［M］.赵莉,译.北京:法律出版社,2008.

［92］艾利斯代尔·克拉克.产品责任［M］.黄列,等译.北京:社会科学文献出版社,1992.

［93］小詹姆斯·A.亨德森,理查德·N.皮尔森,道格拉斯·A.凯萨,等.美国侵权法:实体与程序［M］.王竹,丁海俊,董春华,等译.北京:北京大学出版社,2014.

［94］文森特·R.约翰逊.美国侵权法［M］.赵秀文,等译.北京:中国人民大学出版社,2004.

［95］理查德.A.波斯纳.法律的经济分析(上)［M］.蒋兆康,译.北京:中国大百科全书出版社,1997.

［96］戴维·G.欧文.产品责任法［M］.董春华,译.北京:中国政法大学出版社,2012.

［97］肯尼斯·S.亚伯拉罕,阿尔伯特·C.泰特.侵权法重述:纲要［M］.许传玺,石宏,等译.北京:法律出版社,2016.

［98］美国法律研究院.侵权法重述第二版:条文部分［M］.许传玺,石宏,和育东,译.北京:法律出版社,2012.

［99］美国法律研究院.侵权法重述第三版:产品责任［M］.肖永平,龚乐凡,汪雪飞,译.北京:法律出版社,2006.

［100］J.施皮尔·侵权法的统一:因果关系［M］.易继明,译.北京:法律出版社,2009.

［101］赫尔穆特·考茨欧,瓦内萨·威尔科克斯.惩罚性赔偿金:普通法与大陆法的视角［M］.窦海洋,译.北京:中国法制出版社,2012.

［102］海尔姆特·库齐奥.侵权责任法的基本问题(第一卷):德语国家的视角［M］.朱岩,译.北京:北京大学出版社,2017.

[103]海因茨·雷伊. 瑞士侵权责任法[M]. 贺栩栩,译. 北京:中国政法大学出版社,2015.

[104]马克西米利安·福克斯. 侵权行为法[M]. 齐晓琨,译. 北京:法律出版社,2006.

[105]汉斯-贝恩德·舍费尔,克劳斯·奥特. 民法的经济分析[M]. 江清云,杜涛,译. 4 版. 北京:法律出版社,2009.

[106]克雷斯蒂安·冯·巴尔. 欧洲比较侵权行为法(上卷)[M]. 张新宝,译. 北京:法律出版社,2004.

[107]克雷斯蒂安·冯·巴尔. 欧洲比较侵权行为法(下卷)[M]. 焦美华,译. 北京:法律出版社,2004.

[108]迪特尔·施瓦布. 民法导论[M]. 郑冲,译. 北京:法律出版社,2006.

[109]迪特尔·梅迪库斯. 德国债法总论[M]. 杜景林,卢湛,译. 北京:法律出版社,2004.

[110]迪特尔·梅迪库斯. 德国债法分论[M]. 杜景林,卢谌,译. 北京:法律出版社,2007.

[111]埃尔温·多伊奇,汉斯-于尔根·阿伦斯. 德国侵权法:侵权行为、损害赔偿及痛苦抚慰金[M]. 叶名怡,温大军,译. 5 版. 北京:中国人民大学出版社,2016.

[112]格哈德·瓦格纳. 损害赔偿法的未来:商业化、惩罚性赔偿、集体性损害[M]. 王程芳,译. 北京:中国法制出版社,2012.

[113]彼得·凯恩. 阿蒂亚论事故、赔偿与法律[M]. 王仰光,朱呈义,陈龙业,等译. 6 版. 北京:中国人民大学出版社,2008.

[114]法国民法典[M]. 罗结珍,译. 北京:北京大学出版社,2010.

(二)论文类

[1]程啸. 中国民法典侵权责任编的创新与发展[J]. 中国法律评论,2020(3):46-61.

[2]丁峻峰. 对《产品责任法》中的"产品"的再思考[J]. 法学,2001(1):60-64.

[3]马一德. 论生产者的产品后续安全保障义务[J]. 法学,2015(6):44-53.

[4]马一德.论消费领域产品自损的民事责任[J].法商研究,2014,31(6):107-115.

[5]马新彦,孙大伟.我国未来侵权法市场份额规则的立法证成:以美国侵权法研究为路径而展开[J].吉林大学社会科学学报,2009,49(1):93-101.

[6]贺琛.我国产品责任法中发展风险抗辩制度的反思与重构[J].法律科学,2016,34(3):135-144.

[7]王竹,王毅纯.论违反产品普遍性缺陷流通后补救义务的侵权责任:以侵权责任法第46条为中心[J].北航法律评论,2011(1):169-182.

[8]王竹,刘洋.论缺陷产品预防性除险责任:以《侵权责任法》第45条为中心[J].北航法律评论,2013(1):269-279.

[9]王竹."趋同进化"、"杂交育种"与"基因遗传":中国大陆产品责任制度的三大发展阶段[J].月旦民商法杂志,2016(53):52-72.

[10]王竹.论医疗产品责任规则及其准用:以《中华人民共和国侵权责任法》第59条为中心[J].法商研究,2013(3):58-64.

[11]王竹.论法定型不真正连带责任及其在严格责任领域的扩展适用[J].人大法律评论,2009(1):163-172.

[12]王利明.关于完善我国缺陷产品召回制度的若干问题[J].法学家,2008(2):69-76.

[13]王利明.论产品责任中的损害概念[J].法学,2011(2):45-54.

[14]王利明.侵权责任法与合同法的界分:以侵权责任法的扩张为视野[J].中国法学,2011(3):107-123.

[15]王利明.美国惩罚性赔偿制度研究[J].比较法研究,2003(5):1-15.

[16]王利明.惩罚性赔偿研究[J].中国社会科学,2000(4):112-122,206-207.

[17]王忠.产品责任法中的警示缺陷研究[J].国家检察官学院学报,2001(3):113-117.

[18]王轶.论中国民事立法中的"中国元素"[J].法学杂志,2011,32(4):27-32,144.

[19]王晨.揭开"责任危机"与改革的面纱:试论经受挑战的美国严格产品责

任制度[J].比较法研究,2001(1):38-43.

[20]王翔.产品责任法中产品概念的比较研究[J].上海交通大学学报(社会科学版),2002(2):54-57.

[21]王翔.关于产品责任抗辩事后的比较研究[J].政治与法律,2002(4):25-28.

[22]孔东菊.论惩罚性赔偿在我国立法中的确立和完善:从《消费者权益保护法》到《侵权责任法》[J].法学杂志,2010,31(8):56-58.

[23]叶名怡.论侵权预防责任对传统侵权法的挑战[J].法律科学,2013,31(2):121-131.

[24]叶金强.相当因果关系理论的展开[J].中国法学,2008(1):34-51.

[25]冉克平.论产品设计缺陷及其判定[J].东方法学,2016(2):12-22.

[26]冉克平.缺陷产品自身损失的救济路径[J].法学,2013(4):92-103.

[27]白峻.产品责任惩罚性赔偿数额量定的比较研究[J].东南学术,2013(3):182-190.

[28]冯洁语.人工智能技术与责任法的变迁:以自动驾驶技术为考察[J].比较法研究,2018(2):143-155.

[29]司晓,曹建峰.论人工智能的民事责任:以自动驾驶汽车和智能机器人为切入点[J].法律科学,2017,35(5):166-173.

[30]朱广新.惩罚性赔偿制度的演进与适用[J].中国社会科学,2014(3):104-124.

[31]朱岩.当代德国侵权法上因果关系理论和实务中的主要问题[J].法学家,2004(6):145-152.

[32]朱岩.危险责任的一般条款立法模式研究[J].中国法学,2009(3):30-52.

[33]朱凯.惩罚性赔偿制度在侵权法中的基础及其适用[J].中国法学,2003(3):86-93.

[34]朱晓喆,冯洁语.产品自损、纯粹经济损失与侵权责任:以最高人民法院(2013)民申字第908号民事裁定书为切入点[J].交大法学,2016(1):162-176.

[35]刘大洪,张剑辉.论产品严格责任原则的适用与完善:以法和经济学为视角[J].法学评论,2004(3):107-112.

[36]刘彤.发展水平抗辩的制度构建与消费者保护的协调[J].北京联合大学学报(人文社会科学版),2017,15(1):48-56.

[37]刘俊海,徐海燕.我国惩罚性赔偿制度的解释与创新[J].法律适用,2013(10):26-33.

[38]韩旭至.自动驾驶事故的侵权责任构造:兼论自动驾驶的三层保险结构[J].上海大学学报(社会科学版),2019,36(02):90-103.

[39]江平.民法中的视为、推定与举证责任[J].政法论坛,1987(4):1-5.

[40]季义流.论产品的范围[J].当代法学,2002(11):133-135.

[41]孙宏涛.产品责任立法中的产品概念分析[J].海南大学学报(人文社会科学版),2012,30(4):74-79.

[42]孙宏涛.信息产品责任之正当性分析[J].兰州学刊,2012(10):150-160.

[43]孙波.产品责任法原则论[J].国家检察官学院学报,2004(3):78-102.

[44]孙维飞."三鹿问题奶粉事件"与侵权法中的因果关系[J].法学,2008(11):30-34.

[45]杜景林,卢湛.论德国新债法积极侵害债权的命运:从具体给付障碍形态走向一般性义务侵害[J].法学,2002(2):112-121.

[46]卢玮.我国食品安全责任保险制度的困境与重构[J].华东政法大学学报,2019(6):123-136.

[47]李友根.论产品召回制度的法律责任属性:兼论预防性法律责任的生成[J].法商研究,2011,28(6):33-43.

[48]李玉文,胡钧.我国农产品质量立法探析[J].法学,2003(5):111-118.

[49]李永军."产品自损"的侵权法救济置疑[J].中国政法大学学报,2015(3):90-98,159.

[50]李昊.对民法典侵权责任编的审视与建言[J].法治研究,2018(5):64-76.

[51]李响.我国食品安全法"十倍赔偿"规定之批判与完善[J].法商研究,

2009,26(6):42-49.

[52]李俊,刘梦云.美国产品责任法中的市场份额责任规则及其启示[J].中州学刊,2018(11):73-78.

[53]李俊,马春才.欧美发展风险抗辩制度及其启示[J].河南社会科学,2018,26(12):22-27.

[54]李雯静.论输血及血液制品感染的侵权责任:基于日本法上的经验[J].时代法学,2014,12(4):94-103.

[55]李剑.论销售者的产品缺陷责任:兼议《产品质量法》第42条与第43条的关系[J].当代法学,2011,25(5):115-121.

[56]李胜利.论产品责任法中的产品[J].法商研究,2000(6):87-93.

[57]杨立新.《民法典》对侵权责任规则的修改与完善[J].国家检察官学院学报,2020,28(4):33-49.

[58]杨立新,杨震.有关产品责任案例的中国法适用:世界侵权法学会成立大会暨第一届学术研讨会的中国法报告[J].北方法学,2013,7(5):5-17.

[59]杨立新,陈璐.论药品召回义务的性质及其在药品责任体系中的地位[J].法学,2007(3):91-98.

[60]杨立新,岳业鹏.医疗产品损害责任的法律适用规则及缺陷克服:"齐二药"案的再思考及《侵权责任法》第59条的解释论[J].政治与法律,2012(9):110-123.

[61]杨立新.《消费者权益保护法》规定惩罚性赔偿责任的成功与不足及完善措施[J].清华法学,2010,4(3):7-26.

[62]杨立新.对我国侵权责任法规定惩罚性赔偿金制裁恶意产品侵权行为的探讨[J].中州学刊,2009(2):67-72.

[63]杨立新.论不真正连带责任类型体系及规则[J].当代法学,2012,26(3):57-64.

[64]杨立新.医疗产品损害责任三论[J].河北法学,2012,30(6):16-22.

[65]杨立新.我国消费者保护惩罚性赔偿的新发展[J].法学家,2014(2):78-90,177-178.

［66］杨立新.侵权责任法立法最新讨论的 50 个问题［J］.河北法学,2009,27
　　　（12）:2-12.

［67］杨立新.《最高人民法院关于审理医疗损害责任纠纷案件适用法律若干
　　　问题的解释》条文释评［J］.法律适用,2018（1）:38-51.

［68］杨彪.论侵权责任法对产品损害预防体系的改造:基于产品非损害赔偿
　　　请求权的确立［J］.法商研究,2011,28（3）:28-36.

［69］杨慧.论缺陷产品召回制度对消费者权益的保护［J］.安徽大学学报(哲
　　　学社会科学版),2007（4）:88-92.

［70］吴秀尧.消费者权益保护立法中信息规制运用之困境及其破解［J］.法
　　　商研究,2019,36（3）:115-126.

［71］宋锡祥.欧盟产品责任法的最新修正及其在英国的实施:兼论我国的法
　　　律对策,政治与法律［J］.2005（2）:151-154.

［72］张鸣起.民法典分编的编纂［J］.中国法学,2020,（3）:5-28.

［73］张云.违反产品后续观察义务的侵权责任构成及抗辩［J］.法治研究,
　　　2018,（5）:93-104.

［74］张云.突破与超越:《侵权责任法》产品后续观察义务之解读［J］.现代法
　　　学,2011,33（5）:174-183.

［75］张平华.英美产品责任法上的纯粹经济损失规则［J］.中外法学,2009,
　　　21（5）:765-779.

［76］张民安.美国侵权法上的售后危险警告义务研究［J］.北方法学,2008
　　　（6）:41-60.

［77］张民宪,马栩生.荷兰产品责任制度之新发展［J］.法学评论,2005（1）:
　　　102-106.

［78］张再芝,谢丽萍.论产品责任中发展缺陷抗辩的排除［J］.政治与法律,
　　　2007（2）:75-80.

［79］张建文.阿西莫夫的教诲:机器人学三法则的贡献与局限:以阿西莫夫
　　　短篇小说《汝竟顾念他》为基础［J］.岳彩申,侯东德.人工智能法学研
　　　究,社会科学文献出版社,2018（1）:3-20,227.

［80］张保红,唐明.惩罚性赔偿条款"明知产品存在缺陷"之证明［J］.人民司

法,2016(1):88-91.

[81] 张骐.产品责任中的损害与损害赔偿:一个比较研究[J].法制与社会发展,1998(4):23-30.

[82] 张新宝.侵权责任编:在承继中完善和创新[J].中国法学,2020(4):109-129.

[83] 张新宝,任鸿雁.我国产品责任制度:守成与创新[J].北方法学,2012,6(3):5-19.

[84] 张新宝,李倩.惩罚性赔偿的立法选择[J].清华法学,2009,3(4):5-20.

[85] 张新宝.从公共危机事件到产品责任案件[J].法学,2008(11):15-20.

[86] 张新宝.侵权责任法立法的利益衡量[J].中国法学,2009(4):176-190.

[87] 张江莉.论销售者的产品责任[J].法商研究,2013,30(2):122-130.

[88] 张桂红.美国产品责任法的最新发展及其对我国的启示[J].法商研究,2001(6):100-105.

[89] 张岚.产品责任法发展史上的里程碑:评美国法学会《第三次侵权法重述:产品责任》[J].法学,2004(3):118-123.

[90] 陈现杰.产品责任诉讼中责任主体与责任形态[J].人民司法,2016(13):37-41.

[91] 陈忠五.论消费者保护法商品责任的保护法益范围[J].台湾法学杂志,2009(134):77-96.

[92] 陈玲,黄晨.食品安全惩罚性赔偿责任竞合的选择适用[J].人民司法,2014(8):19-22.

[93] 陈莹莹.中国转基因食品安全风险规制研究[J].华南师范大学学报(社会科学版),2018(4):121-127,191.

[94] 范小华.发展风险抗辩制度及其启示[J].法律适用,2013(5):44-48.

[95] 金印.论作为绝对权侵害的产品自损:兼论"物质同一说"的能与不能[J].政治与法律,2015(9):107-121.

[96] 周友军.《民法典》侵权责任编的守成与创新[J].当代法学,2021,35

（1）:15-25.

[97]周友军.民法典编纂中产品责任制度的完善[J].法学评论,2018,36
　　（2）:138-147.

[98]周友军.论侵权法上的产品跟踪观察义务[J].法律科学,2014,32（4）:
　　127-132.

[99]周友军.我国危险责任一般条款的解释论[J].法学,2011（4）:152-159.

[100]周江洪.惩罚性赔偿责任的竞合及其适用:《侵权责任法》第47条与
　　《食品安全法》第96条第2款之适用关系[J].法学,2010（4）:
　　108-115.

[101]周新军,容缨.论我国产品责任归责原则[J].政法论坛,2002（3）:
　　67-71.

[102]周新军.中美产品责任中因果关系与中介原因探析[J].南京工业大学
　　学报（社会科学版）,2012,11（4）:51-61.

[103]郑志峰.自动驾驶汽车的交通事故侵权责任[J].法学,2018（4）:
　　16-29.

[104]赵西巨.再访我国《侵权责任法》第59条:情景化、类型化与限缩性适
　　用[J].现代法学,2014,36（2）:176-193.

[105]侯国跃.输血感染损害责任的归责原则和求偿机制[J].社会科学,
　　2014（2）:91-100.

[106]郗伟明.论我国汽车召回制度缺漏及民事责任完善:以速腾车辆召回
　　案件为例[J].当代法学,2015,29（3）:96-105.

[107]姚建军.产品质量检验合格并不等于产品无缺陷[J].人民司法,2014
　　（2）:42-46.

[108]姚佳.中国消费者法理论的再认识:以消费者运动与私法基础为观察
　　重点[J].政治与法律,2019（4）:131-140,117.

[109]钱玉文.论我国产品责任归责原则的完善:以《产品质量法》第41、42
　　条为分析对象[J].中国政法大学学报,2017（2）:84-91,160-161.

[110]殷秋实.智能汽车的侵权法问题与应对[J].法律科学,2018,36（5）:
　　42-51.

[111]高圣平.产品责任中生产者和销售者之间的不真正连带责任:以《侵权责任法》第五章为分析对象[J].法学论坛,2012,27(2):16-22.

[112]高圣平.论产品责任的责任主体及归责事由:以《侵权责任法》"产品责任"章的解释论为视角[J].政治与法律,2010(5):2-9.

[113]高圣平.论产品责任损害赔偿范围:以《侵权责任法》、《产品质量法》相关规定为分析对象[J].华东政法大学学报,2010(3):107-113.

[114]高圣平.食品安全惩罚性赔偿制度的立法宗旨与规则设计[J].法学家,2013(6):55-61,47,175.

[115]郭明瑞.侵权责任构成中因果关系理论的反思[J].甘肃政法学院学报,2013(4):1-6.

[116]郭明瑞,张平华.侵权责任法中的惩罚性赔偿问题[J].中国人民大学学报,2009,23(3):28-33.

[117]郭洁.美国产品责任中的纯粹经济损失规则探析:兼论我国相关法律制度的构建[J].法学杂志,2012,33(3):151-155.

[118]郝建志.美国产品责任法归责原则的演进[J].河北法学,2008,33(10):151-155.

[119]何鹰.强制性标准的法律地位:司法裁判中的表达[J].政法论坛,2010,28(2):179-185.

[120]涂永前,韩晓琪.论产品责任之发展风险抗辩[J].西南民族大学学报(人文社科版),2010,31(10):104-108.

[121]陶丽琴,陈佳.论《食品安全法》的法定召回义务及其民事责任[J].法学杂志,2009,30(11):40-49.

[122]黄娅琴,叶萍.我国产品责任的惩罚性赔偿研究[J].南昌大学学报(人文社会科学版),2012,43(4):109-113.

[123]龚赛红,王青龙.论侵权法的预防功能:法经济学的分析视角[J].求是学刊,2013,40(1):103-110.

[124]梁亚.论产品制造缺陷的认定和证明[J].法律适用,2007(7):42-45.

[125]梁亚.美国产品责任法中归责原则变迁之解析[J].环球法律评论,2008(1):104-109.

[126]梁慧星.中国产品责任法:兼论假冒伪劣之根源和对策[J].法学,2001
　　　(6):38-44.

[127]梁慧星.中国侵权责任法解说[J].北方法学,2011,5(1):5-20.

[128]梁慧星.论产品制造者、销售者的严格责任,法学研究,1990(5):
　　　58-65.

[129]董春华.再论产品责任的责任主体及归责原则:兼与高圣平教授商榷
　　　[J].法学论坛,2011,26(5):112-128.

[130]董春华.产品自身损害赔偿研究:兼评《侵权责任法》第41条[J].河北
　　　法学,2014,32(11):44-53.

[131]董春华.论影响产品自损侵权法救济的规则:以中美司法实践为视角
　　　[J].比较法研究 2016,(1):126-139.

[132]董春华.论产品责任法中的符合强制性标准抗辩[J].重庆大学学报
　　　(社会科学版),2015,21(4):141-147.

[133]董春华.论美国侵权法限制运动及其发展趋势[J].比较法研究,2014
　　　(2):59-76.

[134]董春华.种子致害责任属性探究[J].兰州学刊,2013(10):135-140.

[135]税兵.惩罚性赔偿的规范构造:以最高人民法院第23号指导性案例为
　　　中心[J].法学,2015(4):98-104.

[136]焦艳玲.血液致害侵权责任的再思考:以《侵权责任法》第59条为中心
　　　[J].河北法学,2019,37(5):78-92.

[137]焦艳玲.论产品售后义务:兼评《侵权责任法》第46条[J].重庆大学学
　　　报(社会科学版),2016,20(2):160-166.

[138]鲁晓明.论美国法中市场份额责任理论及其在我国的应用[J].法商研
　　　究,2009,26(3):52-60.

[139]温世扬,吴昊.论产品责任中的"产品"[J].法学论坛,2018,33(3):
　　　71-80.

[140]谢远扬.论侵害人不明的大规模产品侵权责任:以市场份额责任为中
　　　心[J].法律科学,2010,28(1):98-106.

[141]张童.人工智能产品致人损害民事责任研究[J].社会科学,2018(4):

103-112.

[142]谭启平.符合强制性标准与侵权责任承担的关系[J].中国法学2017
(4):174-187.

[143]谭玲."产品"范围的比较分析[J].政法学刊,2004(1):13-15.

[144]迈克尔·D.格林.产品责任:北美视角的比较法评论[J].王竹,邵省,
译.北方法学,2014,8(4):11-17.

[145]格哈特·瓦格纳.当代侵权法比较研究[J].高圣平,熊丙万,译.法学
家,2010(2):103-127,179.

二、外文类参考文献

（一）著作类

[1]ARTHUR TAYLOR VON M,JAMES RUSSELL G. The civil law system:an
introduction to the comparative study of law[M]. Boston:Little Brown & Co
Law & Business,1977.

[2]BASIL S M,HANNES U. The German law of torts:a comparative treatise
[M].4th ed. Oxford:Hart Publishing,2002.

[3]DAVID G O. Products liability law[M]. Eagan:Thomson West,2005.

[4]DAVID G O. Products liability in a nutshell[M]. Saint Paul:West Academic
Publishing,2008.

[5]DUNCAN F. Product liability in comparative perspective[M]. Cambridge:
Cambridge University Press,2005.

[6]JAMESM ANDERSON ET AL. Autonomous vehicle technology:A guide for
policymakers[M]. Santa Monica:Rand Corporation,2016.

[7]JAMES A H,AARON D T. Products liability:problems and process[M].北
京:中信出版社,2003.

[8]JERRY J P. Products liability[M].北京:法律出版社,1999.

[9]DAN B D. The law of torts[M]. Eagan:West Group,2000.

[10]GUIDO C. The costs of accidents:a legal and economic analysis[M]. New
Haven:Yale University Press,1970.

[11]MICHAEL J M,W KIP V. Product liability entering the twenty-first centu-

ry:the U. S. perspective[M]. Washington:AEI-Brookings Joint Center for Regulatory Studies,2001.

（二）论文类

[1]AARON D T. Market share:A tale of two centuries[J]. Brooklyn Law Review,1989,55(3):869-882.

[2]BRUCE C,MICHAEL T. Punitive damages:divergence in search of a rationale[J]. Alabama Law Review,1989,40(3):741-830.

[3]CHRISTOPHER H. Development risks:unanswered questions[J]. Modern Law Review,1998,61(4):560-570.

[4]CHRISTOPHER N. The development risk defence of the Consumer Protection Act 1987[J]. Cambridge Law Journal,1988,47(3):455-476.

[5]DAVID F P. Punitive damages:legal hot zones[J]. Louisiana Law Review,1995,56(4):781-824.

[6]DAVID G O. Defectiveness restated:exploding the strict product liability myth[J]. University of Illinois Law Review,1996(3):743-788.

[7]DAVID G O. Punitive damages in products liability litigation[J]. Michigan Law Review,1976,74(7):1257-1371.

[8]DAVID G O. Toward a proper test for design defectiveness:micro-balancing costs and benefits[J]. Texas Law Review,1997,75(7):1661-1698.

[9]DAVID G O. Products liability law restated[J]. South Carolina Law Review,1998,49(2):273-292.

[10]DAVID G O. Rethinking the policies of strict products liability[J]. Vanderbilt Law Review,1980,33(3):681-716.

[11]DAVID G O. The fault pit[J]. Georgia Law Review,1992,26(3):703-724.

[12]DAVID G O. The evolution of products liability law[J]. Review of Litigation,2007,26(4):955-990.

[13]DAVID G O. Moral foundations of products liability law:toward first principles[J]. Notre Dame Law Review,1993,68(3):427-506.

[14] DOROTHY J G. Autonomous and automated and connected cars—oh my! first generation autonomous cars in the legal ecosystem[J]. Minnesota Journal of Law, Science & Technology, 2015, 16(2):619-691.

[15] F PATRICK H. Reasonable human expectations: a normative model for imposing strict liability for defective products[J]. Mercer Law Review, 1978, 29(2):465-492.

[16] GEORGE L P. Market share liability in personal injury and public nuisance litigation: an economic analysis[J]. Supreme Court Economic Review, 2010, 18(1):109-134.

[17] GARY C R. Practical approach to use of state of the art evidence in strict products liability cases[J]. Northwestern University Law Review, 1982, 77(1):1-33.

[18] GERAINT G H, MARK M. Is European products liability more protective than the restatement(third) of torts: products liability[J]. Tennessee Law Review, 1998, 65(4):985-1030.

[19] JAMES A JR H. Coping with the time dimension in products liability[J]. California Law Review, 1981, 69(4):919-968.

[20] JAMES A JR H, AARON D T. Achieving consensus on defective product design[J]. Cornell Law Review, 1998, 83(4):867-920.

[21] JAMES A JR H, AARON D T. Intent and recklessness as bases of products liability: one step back, two steps forward[J]. Alabama Law Review, 1980, 32(1):31-68.

[22] JEFFREY K G. Sue my car notme: products liability and accidents involving autonomous vehicles[J]. University of Illinois Journal of Law, Technology & Policy, 2013, 2013(2):247-278.

[23] JERRY J P. Consumer expectations[J]. South Carolina Law Review, 2002, 53(4):1047-1066.

[24] JOHN W W. On the nature of strict tort liability for products[J]. Mississippi Law Journal, 1973, 44(5):825-851.

［25］JANE S. Products liability reform – real or illusory［J］. Oxford Journal of Legal Studies,1986,6(3):392−422.

［26］MARY J D. Design liability:in search of a standard of responsibility［J］. Wayne Law Review,1993,39(3):1217−1284.

［27］MARIE−EVE A. Portrait of development risk as a young defence［J］. McGill Law Journal,2014,(59):913−942.

［28］ROGER J T. The ways and meanings of defective products and strict liability［J］. Tennessee Law Review,1965,32(2):363−376.

［29］F PATRICK H. Reasonable human expectations:a normative model for imposing strict liability for defective products［J］. Mercer Law Review,1978, 29(2):465−492.

［30］HOWARD L. Good warning, bad products, and cognitive limitation［J］. UCLA Law Review,1994,41(5):1193−1296.

［31］HYLTON KEITH N. Punitive damages and the economic theory of penalties［J］. Georgetown Law Journal,1998,87(2):421−472.

［32］JOHN Y G. Punitive damages:a comparative analysis［J］. Columbia Journal of Transnational Law,2004,42(2):391−444.

［33］PETER J. The law commission report on aggravated,exemplary and restitutionary damages［J］. Modern Law Review,1998,61(6):860−869.

［34］LORI M L. The products liability directive:a mandatory development risks defense［J］. Fordham International Law Journal,1990,14(2):478−509.

［35］MARC A F. When worlds collide:liability theories and disclaimers in defective−product cases［J］. Stanford Law Review,1966,18(5):974−1020.

［36］MICHAEL C G. Product liability and software［J］. Rutgers Computer & Technology Law Journal,1981,8(2):173−204.

［37］NAOMI S. DES and proposed theory of enterprise liability［J］. Fordham Law Review,1978,46(5):5−50.

［38］ROBER D C. Punitive damages for deterrence:when and how much?［J］. Alabama Law Review,1989,40(3):1143−1196.

[39] ROBERT V K, JAY M H. Adversaries of consumption: consumer movements, activism, and ideology[J]. Journal of Consumer Research, 2004, 31 (3): 691-704.

[40] REIMANN M. Liability for defective products at the beginning of the twenty -first century: emergence of a worldwide standard[J]. American Journal of Comparative Law, 2003, 51(4): 751-838.

[41] SHEILA L B. Unmasking the test for design defect: from negligence "to warranty" to strict liability to negligence[J]. Vanderbilt Law Review, 1980, 33 (3): 593-650.

[42] SHEILA L B, Barbara W. State of the art and strict products liability[J]. Tort & Insurance Law Journal, 1985, 21(1): 30-43.

[43] SEYYED ROHALLAH G. The economic and legal bases of the development risk defence in European product liability: a critical approach to proponents' bases of the defence[J]. European Review of Private Law, 2019, 27 (5): 1023-1050.

[44] SUNGHYO K. Crashed software: assessing product liability for software defects in automated vehicles[J]. Duke Law & Technology Review, 2018, 16: 300-317.

[45] VICTOR S. The post-sale duty to warn: two unfortunate forks in the road to a reasonable doctrine[J]. New York University Law Review, 1983, 58(4): 892-905.

[46] VIRGINIA E N, EDMUND U. Enterprise liability and the economic analysis of tort law[J]. Ohio Staw Law Journal, 1996, 57(3): 835-862.

[47] TAIVO L. Liability of a manufacturer of fully autonomous and connected vehicles under the product liability directive[J]. International Comparative Jurisprudence, 2018, 4(2): 178-189.

[48] TIMOTHY M T. The tail that wags the dog: the problem of pre-merit-decision interim fees and moral hazard in the national vaccine injury compensation program[J]. Kansas Law Review, 2014, 63(1): 1-40.

［49］WILLIAM L P. The fall of thecitadel（strict liability to the consumer）［J］.
　　Minnesota Law Review,1966,50（5）:1099−1148.

（三）其他类

［1］Barker v. Lull Engineering Co. , Barker v. Lull Engineering Co. ,573 P. 2d
　　443,20 Cal. 3d 413,143 Cal. Rptr. 225（Cal. 1978）.

［2］Baxter v. Ford Motor Co. ,456P. 2d 409（Wash. 1932）.

［3］Beshada v. Johns − Manville Products Co. 90 N. J. 191, 447 A. 2d 539
　　（1982）.

［4］Caterpillar Tractor Co. v. Beck,593 P. 2d 871,881−882（Alaska 1979）.

［5］Hunt v. Harley−Davidson Motor Co. ,248 S. E. 2d 15,15017（Ga. Ct. App.
　　1978）.

［6］Cosse v. Allen Bradley Co. 601 So. 2d 1349,1351（La. 1992）.

［7］Bilatta v. Kelley Co. ,346 N. W. 2d 616,621−622（Minn. 1984）.

［8］Cotton v. Buckeye Gas Products Co. ,840 F. 2d 935（D. C. Cir. 1988）.

［9］Cushing v. Rodman,82F. 2d 864（D. C. Cir. 1936）.

［10］Donoghue v. Stevenson,［1932］AC 562 HL.

［11］Ducko v. Chrysler Motors Corp. ,433 Pa. Super. Ct. 47,639 A. 2d 1204
　　（1994）.

［12］East River Streamship Corp. v. Transamerica Delvaval Inc. ,476 U. S. 858,
　　106 S. Ct. 2295,90 L. Ed. 2d 865（1986）.

［13］Escala v. Coca Cola Bottling company, 24 Cal. 2d 453, 150 P. 2d 436
　　（1994）.

［14］Fitzpatrick v. Madonna,623 A. 2d 322（Pa. Super. Ct. 1993）.

［15］Fyssakis v. Knigt Equip. Corp. ,108 Nev. 212,826 P. 2d 570（Nev 1992）.

［16］Feldman v. Lederle Laboratories,479 A. 2d 374（N. J. 1984）.

［17］Gray v. Badger Mining Corp. ,676 N. W. 2d 268,274（Minn. 2004）.

［18］Greenman v. Yuba Power Products, Inc. , 59 Cal. 2d 57, 377 P. 2d 897
　　（Cal. 1963）.

［19］Henningsen v. Bloomfield Motors. Inc. 32 N. J. 358,161 A. 2d 69（1960）.

[20] Jackson v. Nestle-Beich, Inc. , 147 Ill. 2d 408, 589 N. E. 2d 1992).

[21] Jarke v. Jackson Products, 631 N. E. 2d 233 (Ill. App. Ct. 1994).

[22] Mckenzie v. S K Hand Tool Corp, 650 N. E. 2d 612 (Ill. App. Ct. 1995).

[23] Reeves v. Cincinnati, Inc. , 439 N. W. 2d 326, 329 (1989).

[24] Santor v. A and M. Karagheusian Inc. , 44 N. J. 52, 207 A 2d. 305 (1965).

[25] Appleby v. Miller, 554 N. E. 2d 773 (Ill. App. Ct. 1990).

[26] BMW of North America, Inc. v. Gore, 517 U. S. 559 (1996).

[27] Bockrath v. Aldrich Chem. Co. , 980 P. 2d 398 (Cal. 1999).

[28] McCormack v. Hankscraft Co. , 278 minn. 154 N. W. 2d 488 (1967).

[29] Pacific Mutual Life Insurance Co. v. Haslip, 499 U. S. 1 (1991) .

[30] Philip Morris USA v. Williams, 540 U. S. 801 (2003).

[31] Small v. Pioneer Mach. , Inc. , 494 S. E. 2d 835, 844 (S. C. Ct. App. 1997).

[32] Seely v. White Motor Co. , 403 P. 2d. 145 (Cal. 1965).

[33] Sindell v. Abbott Laboratories, 26 Cal. 3d 588 (Cal. 1980).

[34] United States v. Carroll Towing Co. , 159 F. 2d 169 (2d Cir. 1947).

[35] Voss v. Black & Decker Manufactuing, 450 N. E. 2d 204, 208 (N. Y. 1983).

[36] Fourth report on the application of Council Directive 85/374/EEC of 25 July 1985 on the approximation of the laws, regulations and administrative provisions of the Member States concerning liability for defective products amended by Directive 1999/34/EC of the European Parliament and of the Council of 10 May 1999, Brussels, 2011.

[37] Expert Group on Liability and New Technologies – New Technologies Formation, Liability for Artificial Intelligence and Other Emerging Digital Technologies, 2019.

[38] Marija Karanikic, Development Risks, Annals of the Faculty of Law in Begrade International Edition, 2006.

后　记

　　时间总是稍纵即逝,不知不觉博士研究生的求学时光已经接近了尾声,而我与西南政法大学结缘也已整整十年。回顾在西南政法大学学习和生活的点点滴滴,令人思绪万千,我的内心充满了感谢与感激之情。

　　感谢我的导师张建文教授和梁慧星教授。张老师是我硕士和博士阶段的指导老师,六年多来,张老师在学习和生活上都给予我极大的关怀和帮助。张老师治学严谨、教导有方且身体力行,为我树立了榜样。在我读博期间,张老师经常带领我参加重要学术会议,指引我了解最新学术动向,培养我发掘前沿问题意识。可以说,我在硕博阶段的任何成长都离不开张老师的悉心教诲。梁慧星教授也是我博士阶段的导师,能够成为梁老师的学生,既让我倍感荣幸,又使我压力陡增。梁老师是著名民法学家,学识渊博,著作等身,荣誉等身,还一直不忘关爱和提携后生。在我读博期间,梁老师经常通过短信和电子邮件对我进行指导,有针对性地为我的研究方向提出宝贵建议,并督促我加强对外文文献的掌握与运用能力。在此,我谨向两位恩师表达由衷的感激之情。

　　感谢西南政法大学民法学导师组的谭启平教授、王洪教授、孙鹏教授、徐洁教授、张力教授、侯国跃教授、黄忠教授。在中期考核、论文开题以及预答辩的过程中,各位老师对我的论文选题及写作思路提出了非常有价值的意见,使我得到很大启发。

　　感谢刘云生教授、范雪飞教授、周清林教授、徐银波教授、毋爱斌教授、郑志峰教授、杨雨昕老师、刘樱老师、李昌超老师,还有我的辅导员简敏教授,他们给予我在西南政法大学求学期间的重要指导和帮助。

　　在本书的写作过程中,感谢廖磊、李红玲、赵自轩、应建均、谭吉、陈存款、姬蕾蕾、汤敏、刘博、王勇旗、潘林青、时诚、刘秀丽、钱春雁等师兄、师姐、师弟、师妹们所提供的各种帮助,感谢刘玖林师弟赴我国台湾地区交流期间

带回来的珍贵资料。在此，还要感谢唐旭、李倩、李怡、何鞠师、
悦、钟文财等博士班同窗好友，他们也都为本书的写作提供了智识上的建议和精神上的鼓舞！

最后，我要特别感谢我的家人。感谢我的父亲高恒信先生和母亲叶爱芳女士含辛茹苦地将我养育成人。尽管我的父母自身接受学历教育的层次较低，但是父母的品格是高贵的，他们从我小时候起就用心教导我勤恳做事、踏实做人的道理。在当时家庭经济条件并不宽裕的情况下，父母坚决支持供我攻读硕士、博士学位，为我默默付出，无怨无悔。在我远赴重庆求学和撰写书稿期间遇到困境的时候，每每想起父母的艰辛付出和殷切期望，我都顿时充满了勇往直前的动力。

真正的力量不是永不止步，而是再次出发。这本著作只是我学术研究的起点，书中不成熟的观点请方家批评指正。今后我会继续保持踏实上进、戒骄戒躁的学术态度，以饱满的热情、昂扬的斗志迎接新阶段的各种挑战。书山有路勤为径，我会继续保持勤奋好学的习惯，争取每一天都有所收获、有所进步。

是为后记。